Einführungsphase

Kursbuch Geschichte

Nordrhein-Westfalen

Herausgegeben von
Karin Laschewski-Müller
und Robert Rauh

Cornelsen

**Kursbuch Geschichte – Nordrhein-Westfalen
Einführungsphase**

Herausgegeben von Karin Laschewski-Müller und Robert Rauh

Bearbeitet von
Karin Laschewski-Müller, Dr. Björn Onken, Robert Rauh und Ursula Vogel

Redaktion: Britta Köppen

Karten und Grafik: Klaus Becker, Frankfurt/M.; Dr. Volkhard Binder, Berlin; Carlos Borrell, Berlin; Peter Kast, Schwerin; Skip G. Langkafel, Berlin

Bildassistenz: Dagmar Schmidt

Umschlaggestaltung: Ungermeyer, grafische Angelegenheiten, Berlin

Layout und technische Umsetzung: Uwe Rogal, Berlin

Umschlagbild: Begegnung zwischen Lodovico III. Gonzaga und seinem Sohn Kardinal Francesco (1472), Ausschnitt aus einem Fresko von Andrea Mantegna (1431–1506), 1465/74, Mantua, Palazzo Ducale, Camera degli Sposi, Westwand/akg-images

www.cornelsen.de

Die Webseiten Dritter, deren Internetadressen in diesem Lehrwerk angegeben sind, wurden vor Drucklegung sorgfältig geprüft. Der Verlag übernimmt keine Gewähr für die Aktualität und den Inhalt dieser Seiten oder solcher, die mit ihnen verlinkt sind.

1. Auflage, 3. Druck 2024

Alle Drucke dieser Auflage sind inhaltlich unverändert
und können im Unterricht nebeneinander verwendet werden.

© 2014 Cornelsen Schulverlag GmbH, Berlin
© 2024 Cornelsen Verlag GmbH, Berlin

Das Werk und seine Teile sind urheberrechtlich geschützt.
Jede Nutzung in anderen als den gesetzlich zugelassenen Fällen bedarf der vorherigen schriftlichen Einwilligung des Verlages.
Hinweis zu §§ 60a, 60b UrhG: Weder das Werk noch seine Teile dürfen ohne eine solche Einwilligung an Schulen oder in Unterrichts- und Lehrmedien (§ 60b Abs. 3 UrhG) vervielfältigt, insbesondere kopiert oder eingescannt, verbreitet oder in ein Netzwerk eingestellt oder sonst öffentlich zugänglich gemacht oder wiedergegeben werden. Dies gilt auch für Intranets von Schulen und anderen Bildungseinrichtungen.

Druck: Grafisches Centrum Cuno GmbH & Co.KG, Calbe

ISBN: 978-3-06-064443-8

PEFC zertifiziert
Dieses Produkt stammt aus nachhaltig bewirtschafteten Wäldern und kontrollierten Quellen.

www.pefc.de

PEFC/04-31-1370

Lernen und arbeiten mit dem *Kursbuch Geschichte* 5

Themeneinführung Kapitel 1 6

1 Erfahrung mit Fremdsein in weltgeschichtlicher Perspektive 10

Grundwissen 12

1.1 Die Darstellung der Germanen in römischer Perspektive 14
   Methode: Schriftliche Quellen interpretieren 22
   Geschichtskultur: Arminius – ein „deutscher" Held? 24
1.2 Mittelalterliche Weltbilder in Europa und Asien 26
1.3 Selbst- und Fremdbild in der Frühen Neuzeit 33
   Methode: Geschichtskarten analysieren 41
1.4 Migration am Beispiel des Ruhrgebiets im 19./20. Jahrhundert 43
   Kompetenzen überprüfen 54

Themenabschluss 56

Themeneinführung Kapitel 2 58

2 Die islamische Welt und Europa 62

Grundwissen 64

2.1 Griechischer Osten, lateinischer Westen und islamische Welt um 800 – Kaiser, Päpste und Kalifen 66
2.2 Wirtschaftliche und soziale Entwicklungen im 8. bis 13. Jahrhundert 72
2.3 Die Kreuzzüge – Kriege im Namen Gottes? 80
2.4 Al-Andalus – vom Zusammenleben der Kulturen 88
   Methode: Historische Fallanalyse 93
   Geschichtskultur: Die Alhambra – Weltkulturerbe 96
2.5 Das Osmanische Reich – auf dem Weg in die Moderne? 98
   Methode: Ein Porträt interpretieren 105
2.6 Die Türkei – ein Teil Europas? 107
   Kompetenzen überprüfen 112

Themenabschluss 114

Themeneinführung Kapitel 3 116
   Methode: Thematischer Längsschnitt 120

3 Die Menschenrechte in historischer Perspektive 122

Grundwissen 124

3.1 Ideengeschichtliche Voraussetzungen des Menschenrechtsgedankens 126
3.2 Die Umsetzung der Menschenrechte in der Französischen Revolution 134
   Methode: Schriftliche Quellen vergleichen 146
3.3 Die Entwicklung der Menschenrechte in Deutschland im 19. und 20. Jahrhundert 149
   Methode: Verfassungsschaubilder interpretieren 155
3.4 Universeller Anspruch und Wirklichkeit der Menschenrechte 157
   Methode: Darstellungen analysieren 163
   Geschichtskultur: Der 10. Dezember – Tag der Menschenrechte 170
   Kompetenzen überprüfen 172

Themenabschluss 174

Anhang

Methoden im Überblick 176
Arbeitsaufträge in der Abiturklausur 182
Formulierungshilfen für die Bearbeitung von Textquellen und Darstellungen ... 184
Zitieren in Klausuren und Facharbeiten 185
Tipps zur Anfertigung einer Präsentation 187
Tipps zur Anfertigung einer Facharbeit 193
Tipps zur Arbeit mit einem Portfolio 198
Tipps zur Vorbereitung auf Klausurthemen 203
Klausurbeispiel 205
Die schriftliche Abiturprüfung 207
Checkliste zum Schreiben einer Geschichtsklausur 208
Fachliteratur 209
Begriffslexikon 210
Personenlexikon und Personenregister 218
Sachregister 220
Bildquellen 223

Die Arbeitsaufträge in diesem Buch sind nach Kompetenzbereichen unterschiedlich farblich markiert.

■ Sachkompetenz
■ Methodenkompetenz
■ Urteilskompetenz
■ Handlungskompetenz

Produktionsorientierte Arbeitsaufträge sind durch die Rubrik „Geschichte produktiv" gekennzeichnet.

Die Rubrik „Zusatzaufgabe" kennzeichnet binnendifferenzierende Arbeitsaufträge, die zum selben Material Arbeitsaufträge für ein erhöhtes Anforderungsniveau vorschlagen.

Kontroverse Materialzusammenstellungen sind durch grüne Schrift und die Rubrik „Geschichte kontrovers" gekennzeichnet.

Lernen und arbeiten mit dem *Kursbuch Geschichte*

Das vorliegende Lehrwerk ist für die gymnasiale Oberstufe konzipiert und deckt alle Kompetenzanforderungen und Inhaltsfelder des Kernlehrplans für die Einführungsphase ab.

Kursbuch Geschichte Nordrhein-Westfalen – Einführungsphase bereitet auch methodisch auf alle Anforderungen der Oberstufe vor. Jedes Kapitel bietet daher **Grundwissen-, Methoden-** und **„Kompetenzen überprüfen"-Seiten** sowie Sonderseiten zur **Geschichtskultur**. Alle Arbeitsaufträge sind nach Kompetenzbereichen – Sach-, Methoden-, Urteils- und Handlungskompetenz – farblich markiert. Darüber hinaus stehen im Anhang ein ausführliches **Klausurentraining** (S. 205 f.) sowie umfangreiche Hilfen für **Arbeitstechniken** (S. 176 ff.) zur Verfügung. Der Aufbau des Buches bzw. der Kapitel umfasst folgende Elemente:

Themeneinführungen (rote Kolumne) führen in die langfristigen und übergreifenden Prozesse, Strukturen und Leitfragen der Inhaltsfelder des Kernlehrplans ein.

Auftaktseiten mit Bild, Überblickstext, Zeitstrahl, Orientierungskarte und Kompetenzerwartungen dienen als Einstieg in das Kapitelthema.

Die Doppelseite **Grundwissen** reaktiviert mit relevanten Daten und Begriffen sowie Wiederholungsaufgaben das Wissen aus der Sekundarstufe I. Ausführliche Begriffserläuterungen stehen im Lexikon des Anhangs (S. 210 ff.).

Themeneinheiten bereiten die Unterrichtsinhalte mit verständlichen Darstellungstexten und vielfältigen Materialien auf. Die **Marginalspalte** nennt wichtige Personen, Daten und Ereignisse, erläutert Begriffe und verweist auf Webcodes. Die **Arbeitsaufträge** entsprechen den „Einheitlichen Prüfungsanforderungen" (EPA) und sind nach Kompetenzbereichen farblich markiert. Zusätzlich gibt es zahlreiche Präsentationsvorschläge. Die **„Operatoren"** der Abiturprüfung werden im Anhang, S. 182 f., erläutert.

Methodenseiten (gelber Fond) unterstützen mit Checklisten, Übungen und Lösungshinweisen das selbstständige Training der Fachmethoden und Arbeitstechniken.

Sonderseiten zur **Geschichtskultur** (blaue Kolumne) untersuchen Darstellung und Deutung historischer Themen in Kunst, Medien oder Politik.

Die Doppelseite **Kompetenzen überprüfen** (am Kapitelende) wiederholt zentrale Begriffe und vertieft die historischen Kenntnisse durch Anwendungsaufgaben und durch wiederholende, nach Kompetenzbereichen unterschiedene Arbeitsaufträge. Ausführliche Begriffserläuterungen stehen im Lexikon des Anhangs (S. 210 ff.).

Themenabschlussseiten (rote Kolumne) greifen die Leitfragen der Themeneinführung auf und bieten Material zur Vertiefung.

Themeneinheiten

Methodenseiten

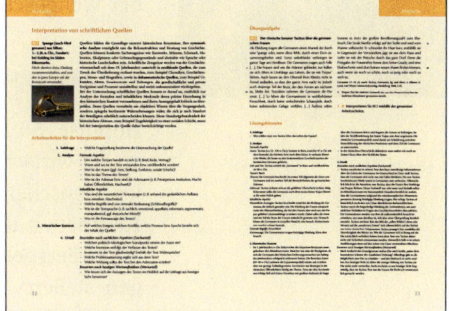

Geschichtskultur

Kompetenzen überprüfen

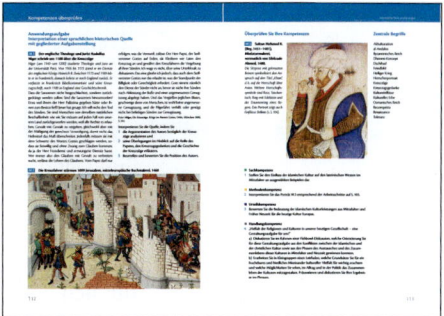

Themeneinführung

Einführung in das Inhaltsfeld 1: Erfahrung mit Fremdsein in weltgeschichtlicher Perspektive

M1 „Die Auswandernden", Gemälde von Hans Baluschek, 1924

Fremdenhass

Zwischen 2000 und 2006 wurden in der Bundesrepublik neun Menschen mit der gleichen Waffe ermordet. Da es sich bei den Opfern um Gewerbetreibende mit Migrationshintergrund handelte, vermutete die Polizei lange, dass hinter den Taten eine „Türken-Mafia" stehe, die Schutzgeld von den Geschäftsleuten erpressen wollte. Erst 2011 kam sie durch Zufall auf die Spur der rechtsradikalen Gruppe „Nationalsozialistischer Untergrund" (NSU). Deren Mitglieder propagierten den „Erhalt der deutschen Nation" und wollten die „Fremden" in Deutschland durch Mordanschläge auf Mitbürger mit ausländischen Wurzeln terrorisieren. Die Angehörigen dieser Bevölkerungsgruppe sollten verunsichert und aus Deutschland vertrieben werden. Diese Mordserie ist einer der jüngsten Höhepunkte der Konflikte mit „Fremden", die in der Weltgeschichte immer wieder anzutreffen sind.

Konstruktive Impulse

Die Begegnung zwischen Menschen verschiedener Gruppen birgt aber auch Chancen für konstruktive Impulse. So haben in der Bundesrepublik Migranten einen wesentlichen Anteil an der wirtschaftlichen Entwicklung seit den 1950er-Jahren. Die Reisetätigkeit vieler Menschen zeugt von einer großen Neugierde auf andere Kulturen und der Faszination des Fremden. Wer sich mit der Erfahrung mit Fremdsein in historischer Perspektive beschäftigt, muss sich aber zunächst ganz grundlegenden Fragen stellen: Was ist Fremdsein, was ist Fremdheitserfahrung, wo beginnt das Fremde und was bedeutet Ankommen und Verbleiben in der Fremde?

Wie entsteht Fremdsein?

Der Mensch strebe nach einer Gemeinschaft mit anderen Menschen, behauptete bereits der griechische Philosoph Aristoteles (384–322 v. Chr.). Die Definition einer Gruppe von Menschen bedeutet aber immer auch eine Abgrenzung gegen die Menschen außerhalb der Gruppe: die Fremden. In einer Lehrgeschichte über eine Eisenbahnfahrt erläutert der Soziologe **Georg Simmel** (1858–1918), wie Gruppen und Fremdheit entstehen. Man stelle sich ein Zugabteil mit sechs freien Plätzen vor. Am Ausgangsbahnhof steigen zwei Personen mit viel Gepäck ein. Sie belegen das Abteil und verteilen ihre Habe über die Sitzplätze. Während der Fahrt machen sie sich miteinander bekannt und führen ein oberflächliches Gespräch. Diese beiden Zugreisenden bilden nun eine Gruppe. Am nächsten Bahnhof fragt ein weiterer Fahrgast nach einem Platz in dem Abteil. Die beiden zuerst Eingestiegenen empfinden den Neuankömmling als „Fremden", der in das Territorium ihrer Gruppe eindringt. Eher widerwillig räumen sie ihr Gepäck zusammen, sodass auch der „Fremde" in dem Abteil Platz findet. Bei der Einfahrt in den nächsten Bahnhof erkennen die drei Personen, dass viele Menschen zusteigen werden. Um im Abteil möglichst viel Platz zu haben, werfen die drei nun den Platzsuchenden auf dem Gang des Waggons ablehnende Blicke zu. Bei der Abwehr weiterer Neuankömmlinge ist der ehemals „Fremde" nun Mitglied der Gruppe geworden.

Fremdheit als Zuschreibung

Mit dieser Geschichte veranschaulicht Simmel, dass Fremdheit **keine persönliche Eigenschaft** ist. Allein für sich betrachtet lässt sich keine Einzelperson – in ihrer Sprache, ihrem Aussehen, Verhalten oder kulturellen Hintergrund – als „fremd" kategorisieren. In Simmels Geschichte wird der zugestiegene Fahrgast erst im Vergleich mit anderen zum Fremden. Dieser Status ist jedoch keineswegs festgeschrieben, denn an der nächsten Station agieren die drei Personen im Abteil gemeinsam als Gruppe, um weitere Neuankömmlinge abzuwehren. Der ehemals Fremde ist zum Mitglied der Gruppe geworden. Das Beispiel lässt sich auf die staatliche Ebene übertragen: Die häufig als Kriterium für Fremdheit genutzte **Staatsangehörigkeit** kann durch eine **Einbürgerung** juristisch verändert und damit angeglichen werden.

Wann wird der „Fremde" zum Fremden?

Darüber hinaus verdeutlicht Simmels Geschichte weitere Aspekte der Interaktion mit Fremden: Die Gruppe empfindet den Fremden als störend, weil er offensichtlich länger bleiben möchte und damit ihre Ressourcen beansprucht. Damit unterscheidet sich diese Person grundsätzlich von einem Gast, der nur vorübergehend bleibt. In der Begegnung mit dem Fremden liegt aber auch die Chance zu einem interessanten Austausch in einem Gespräch. Zudem wird die Gruppe durch die Aufnahme des Fremden beispielsweise in der Abwehr gegen weitere Neuankömmlinge gestärkt. Die Geschichte zeigt noch einen weiteren Aspekt auf: Es ist sehr viel beschwerlicher, eine Zugfahrt auf dem Gang zu verbringen als in einem Abteil zu reisen. Fremde befinden sich in der Regel in einer unangenehmen Situation, die sie dazu bringt, in das Territorium einer Gruppe einzudringen. Viele Fremde sind Migranten, die aus politischen oder wirtschaftlichen Gründen ihre Heimat verlassen haben. Es besteht also häufig eine enge Verbindung von Fremdheit und räumlicher Verortung. Erst in der Fremde wird der Fremde zum Fremden.

Integration

Ob aus dem Fremden ein Mitglied der Gruppe wird, hängt von vielen Faktoren ab. Teilweise werden Neuankömmlinge und ihre Familien über viele Generationen von der aufnehmenden Gruppe nicht vollständig akzeptiert. Dabei können Konflikte zwischen Einheimischen und Fremden zu fremdenfeindlichen Gewaltausbrüchen führen. Wenn das Verhältnis dagegen friedlich bleibt, kann es sich in vier Richtungen entwickeln: **Assimilation**, **Integration**, **Segregation** oder **Exklusion***.
Für die Zuschreibung der Kategorie „fremd" ist es nicht erforderlich, dass sich die Fremden sichtbar von der Gruppe unterscheiden. Manchmal werden jedoch äußere Merkmale oder Verhaltensweisen von Menschen pauschal als „fremd" definiert. Diese Merkmale können dabei von der Realität stark abweichen. Beispielsweise wurde Christen in der römischen Kaiserzeit unterstellt, sie seien Kannibalen. Der Vorwurf beruhte auf einer nur oberflächlichen Wahrnehmung der christlichen Religion, in der die Gläubigen in Erinnerung an das letzte Abendmahl Jesu Christi Brot als den „Leib des Herrn" zu sich nehmen.
Für die Bundesrepublik gehört der Umgang mit Migranten und Mitbürgern mit Migrationshintergrund heute zum Alltag. Nach langem Zögern erkannte die Politik mit dem **neuen Staatsangehörigkeitsgesetz** im Jahre 2000 diese Realität an: Deutschland wurde auch offiziell zum **Einwanderungsland**. Die Integration der eingewanderten Menschen in die deutsche Gesellschaft birgt dabei bis heute sowohl Konfliktpotenzial als auch große Chancen.

Webcode:
KB644438-007

Assimilation
Sprache, Kultur und Lebensgewohnheiten der Mehrheitsgesellschaft werden von der Minderheit übernommen.

Integration
Es gibt enge Kontakte zwischen der Minderheit und der Mehrheitsgesellschaft, die von gegenseitigem Respekt und Toleranz geprägt sind.

Segregation bzw. Separation
Es findet nur da ein Zusammenleben statt, wo es notwendig ist. Ansonsten werden Sprache und Gewohnheiten beibehalten.

Exklusion
Die Mehrheitsgesellschaft und eine „Parallelgesellschaft" leben weitgehend ohne Berührungspunkte nebeneinander her.

1 ■ Beschreiben Sie anhand von Simmels Geschichte, wann der „Fremde" zum Fremden wird.
2 ■ Berichten Sie über eigene Erfahrung mit Fremdsein.
3 ■ Erläutern Sie den Unterschied von Assimilation, Integration, Segregation oder Exklusion anhand von Beispielen.
4 ■ **Zusatzaufgabe:** Informieren Sie sich über die wichtigsten Regelungen des Staatsangehörigkeitsgesetzes aus dem Jahr 2000 und diskutieren Sie mögliche Auswirkungen.

M 2 Anteil der ausländischen Bevölkerung an der Gesamtbevölkerung in den kreisfreien Städten und Landkreisen in Deutschland (Stand: 31. Dezember 2011)

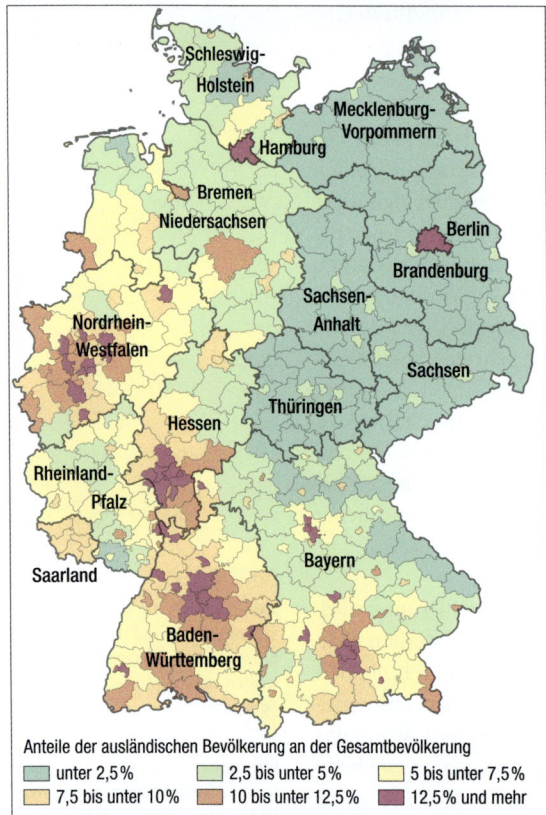

Quelle: Ausländerzentralregister © Statistisches Bundesamt 2012.

1 ▪ Beschreiben Sie die Anteile der ausländischen Bevölkerung an der Gesamtbevölkerung.
2 ▪ Erläutern Sie Unterschiede in der regionalen Verteilung.

M 3 Karikatur von Tom, 2011

1 ▪ Interpretieren Sie die Karikatur.
2 ▪ Formulieren Sie einen eigenen Titel.

M 4 Das ist die Geschichte von Tonio Schiavo
Der Liedermacher Franz-Josef Degenhardt veröffentlichte dieses Lied 1966.

Das ist die Geschichte von Tonio Schiavo[1],
geboren, verwachsen im Mezzogiorno[2].
Frau und acht Kinder, und drei leben kaum,
und zweieinhalb Schwestern in einem Raum.
Tonio Schiavo ist abgehaun. 5
Zog in die Ferne, ins Paradies,
und das liegt irgendwo bei Herne.

Im Kumpelhäuschen oben auf dem Speicher
mit zwölf Kameraden vom Mezzogiorno
für hundert Mark Miete und Licht aus um neun, 10
da hockte er abends und trank seinen Wein.
Manchmal schienen zum Dachfenster rein
richtige Sterne ins Paradies,
und das liegt irgendwo bei Herne.

Richtiges Geld schickte Tonio nach Hause. 15
Sie zählten's und lachten im Mezzogiorno.
Er schaffte und schaffte für zehn auf dem Bau.
Und dann kam das Richtfest und alle waren blau.
Der Polier, der nannte ihn: „Itaker-Sau".
Das hört er nicht gerne im Paradies, 20
und das liegt irgendwo bei Herne.

Tonio Schiavo, der zog sein Messer,
das Schnappmesser war's aus dem Mezzogiorno.
Er hieb's in den fetten Bauch vom Polier
und daraus floss sehr viel Blut und viel Bier. 25
Tonio Schiavo, den packten gleich vier.
Er sah unter sich Herne, das Paradies,
und das war gar nicht mehr so ferne.

Und das ist das Ende von Tonio Schiavo,
geboren, verwachsen im Mezzogiorno: 30
Sie warfen ihn zwanzig Meter hinab.
Er schlug auf das Pflaster, und zwar nur ganz knapp
vor zehn dünne Männer, die war'n müde und schlapp,
die kamen grad aus der Ferne
– aus dem Mezzogiorno – ins Paradies, 35
und das liegt irgendwo bei Herne.

Text und Musik: Franz-Josef Degenhardt © Masterphon Musikverlag GmbH, Bergisch Gladbach

1 Schiavo: ein in Italien häufiger Familienname, bedeutet aber auch „Sklave"
2 Mezzogiorno: Süditalien

M5 Griechischer Wein

Das Lied von 1974 (Gesang: Udo Jürgens und Text: Michael Kunze) war für 37 Wochen an der Spitze der deutschen Charts. Der griechische Ministerpräsident Karamanlis empfing Jürgens und Kunze, um ihnen für ihre feinfühlige Beschreibung der Lage der griechischen Gastarbeiter zu danken.

Es war schon dunkel, als ich durch Vorstadtstraßen heimwärts ging. / Da war ein Wirtshaus, aus dem das Licht noch auf den Gehsteig schien. / Ich hatte Zeit und mir war kalt, drum trat ich ein. / Da saßen Männer mit braunen Augen
5 und mit schwarzem Haar, / und aus der Jukebox erklang Musik, die fremd und südlich war. / Als man mich sah, stand einer auf und lud mich ein.

Griechischer Wein ist so wie das Blut der Erde.
Komm', schenk dir ein und wenn ich dann traurig werde,
10 liegt es daran,
dass ich immer träume von daheim; du musst verzeih'n.

Griechischer Wein, und die altvertrauten Lieder.
Schenk' nochmal ein! Denn ich fühl' die Sehnsucht wieder;
in dieser Stadt werd' ich immer nur ein Fremder sein, und
15 allein.

Und dann erzählten sie mir von grünen Hügeln, Meer und Wind, / von alten Häusern und jungen Frauen, die alleine sind, / und von dem Kind, das seinen Vater noch nie sah. / Sie sagten sich immer wieder: Irgendwann geht es zurück. /
20 Und das Ersparte genügt zu Hause für ein kleines Glück. / Und bald denkt keiner mehr daran, wie es hier war.

Griechischer Wein ...

Text: Michael Kunze; Musik: Udo Jürgens © Montana Musikverlag, München

M6 Der in Deutschland lebende Dichter türkischer Herkunft Yüksel Pazarkaya, 1981

„Vati, bin ich Türke oder Deutscher?" Sein Vater war sprachlos.
„Warum fragst Du?", sagte er nach kurzem Überlegen.
„Ich möchte es wissen", sagte Ender entschlossen.
5 „Was würdest du lieber sein, ein Türke oder ein Deutscher?", fragte sein Vater.
„Was ist besser?", gab Ender die Frage wieder zurück.
„Beides ist gut, mein Sohn", sagte sein Vater.
„Warum hat dann Stefan heute nicht mit mir gespielt?"

Yüksel Pazarkaya: Heimat in der Fremde?, 3. Aufl., Ararat, Berlin 1981, S. 15 ff.

1 ■ Arbeiten Sie heraus, was in den Texten M4 bis M6 den „Fremden" vom „Einheimischen" unterscheidet.
2 ■ Beschreiben Sie, wie die Fremden ihre Lage empfinden.
3 ■ Vergleichen Sie die verschiedenen Fremdheitserfahrungen.
4 ■ Beurteilen Sie das Verhalten der Einheimischen.

M7 Der Soziologe Petrus Han zu den psychologischen Grundlagen des Umgangs mit Fremden, 2007

Es ist allgemein bekannt, dass jeder Mensch eine kultur- und gesellschaftsspezifische Sozialisation[1] durchläuft, um in seiner Kultur und Gesellschaft lebensfähig zu werden. Dabei wird er gleichzeitig kultur- und gesellschaftsspezifisch fixiert und eingegrenzt. Jeder Mensch hat daher einen durch die Sozialisation angelegten und verborgenen Hang zum Ethnozentrismus[2]. Die grundlegende geistige Haltung, die Welt durch das Wertsystem der eigenen Gruppe zu sehen. Die Eigengruppe wird als Mittelpunkt und Maßstab aller Dinge begriffen und bewertet. Damit wird die Eigengruppe (*we-group*) überlegener (*superior*), kann göttlich und sogar zur Religion werden, während die Fremdgruppen (*others-group/out-group*) als minderwertig herabgestuft werden. Diese in die Wiege des Menschen hineingelegte Prädisposition[3] zum Ethnozentrismus bedeutet zweierlei: Zum einen grenzt man diejenigen, die der Eigengruppe nicht zugehören, als Fremde (*outsider*) aus. Die Mitglieder der Eigengruppe verstehen sich als „Wir" bzw. Einheimische (*insider*) und entwickeln ein Gruppengefühl (*group sentiment*) in Abgrenzung zu allen anderen Fremdgruppen. Die Beziehung der Menschen in der Wir-Gruppe sind durch Kameradschaft und Frieden geprägt, während ihre Beziehungen zu Fremdgruppen durch Feindseligkeit [...] bestimmt sind, wie unzählige historische Beispiele belegen. Zum anderen begegnet man dem Fremden mit Angst und Misstrauen. Latente Xenophobie[4] wird somit als Produkt der Erziehung und Sozialisation jedem in die Wiege gelegt. [...]
Es ist daher eine Utopie, eine Gesellschaft frei von Angst vor Fremden zu erreichen. Das Ziel der offenen Gesellschaft muss vielmehr sein, die Angst vor dem Fremden positiv anzunehmen und damit konstruktiv umzugehen. Dies setzt einen grundlegenden Einstellungswandel der Gesellschaft voraus, in dem sie bereit wird, sich mit der Angst vor Fremden konstruktiv auseinanderzusetzen. Die Xenophobie ist kein unlösbares Problem. Ihre konstruktive Überwindung ist eine gesamtgesellschaftliche Aufgabe.

Petrus Han, Angst vor dem Fremden und Migrationsrealität – ein unlösbarer Widerspruch?, in: Theda Borde/Matthias David (Hg.), Migration und psychische Gesundheit. Belastungen und Potentiale, Mabuse Verlag, Frankfurt/M. 2007, S. 23–38, hier S. 28 und 38.

1 Sozialisation: Übernahme der üblichen Verhaltensweisen und Werte in einer Gesellschaft
2 Ethnie: Menschengruppe mit einheitlicher Kultur
3 Prädisposition: Angeborene Eigenschaft
4 Xenophobie: Fremdenfeindlichkeit

1 ■ Beschreiben Sie, wie Han die Entstehung von Xenophobie begründet.
2 ■ Erläutern Sie, welche Folgerungen Han aus seinen psychologischen Angaben zur Xenophobie zieht.

1 Erfahrung mit Fremdsein in weltgeschichtlicher Perspektive

M1 **Die Landung des Kolumbus auf der Insel San Salvador am 12. Oktober 1492, kolorierter Kupferstich von Theodor de Bry, 1594**

27 v. Chr.–476 n. Chr. Römische Kaiserzeit

4.–6. Jh. Völkerwanderung

500 v. Chr.–300 n. Chr. Ausbreitung des germanischen Siedlungsgebietes

ca. 5.–10. Jh. Frühmittelalter

100 v. Chr. | 0 | 100 | 200 | 300 | 400 | 500 | 600 | 700 | 800

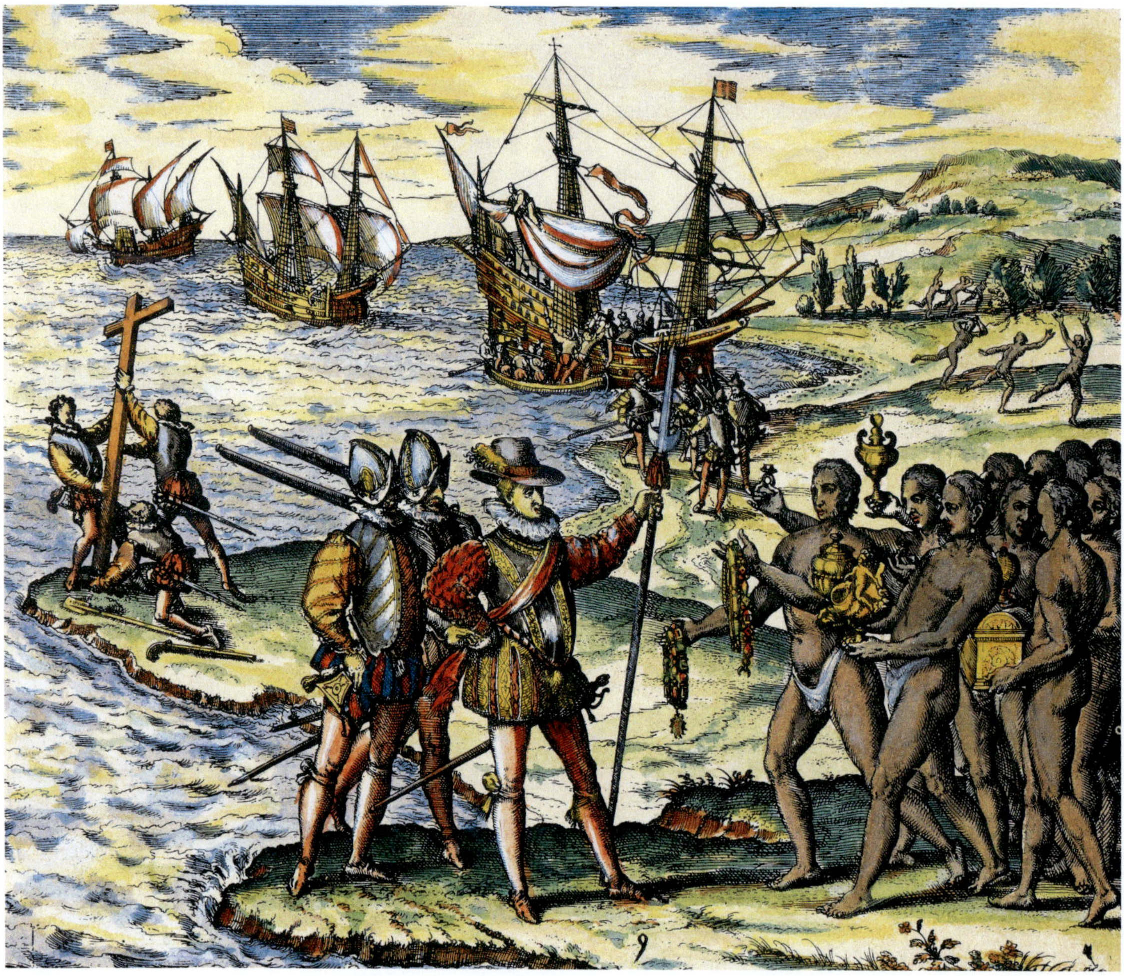

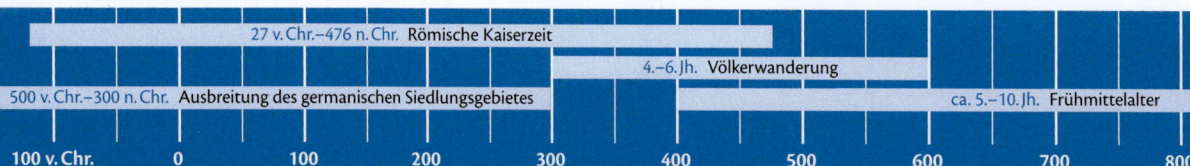

Die Begegnungen zwischen Angehörigen verschiedener Kulturen sind Schlüsselmomente der Weltgeschichte. Es können sich Handelskontakte entwickeln, Ideen und Erfindungen ausgetauscht werden, aber auch Kriege, Eroberung und Versklavung entstehen. Am Anfang solcher Begegnungen steht die Erkenntnis des Fremdseins, die oft zwiespältige Emotionen auslöst: Im Unbekannten können Gefahren lauern, aber auch vielfältige Chancen liegen. Mögliche Formen des Umgangs müssen erst ausgelotet werden. In der Zeit der Globalisierung gehört die Begegnung mit dem Fremden zum Alltag und es ist eine große Herausforderung, diese Zusammentreffen konstruktiv zu gestalten.

Historische Erfahrungen mit dem Fremdsein können dabei Erkenntnisse zu wichtigen Fragen vermitteln: Was ist Fremdsein? Was erfährt man in der Fremde? Wie sehen die Fremden uns „Fremde"? Was bedeutet Ankommen und Verbleiben in der Fremde?

Als Beispiele für verschiedene Erfahrungen mit Fremdsein in weltgeschichtlicher Perspektive werden in diesem Kapitel thematisiert: die Darstellung der Germanen in römischer Perspektive, die verschiedenen mittelalterlichen Weltbilder in Europa und Asien, die Selbst- und Fremdbilder der Europäer, Amerikaner und Afrikaner in der Frühen Neuzeit sowie die Migration ins Ruhrgebiet im 19. und 20. Jahrhundert.

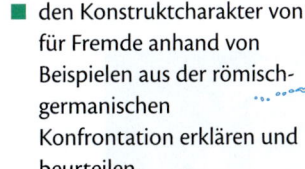

Kompetenzerwerb: Nach Bearbeitung des Kapitels 1 können Sie …

- den Konstruktcharakter von Bezeichnungen für Fremde anhand von Beispielen aus der römisch-germanischen Konfrontation erklären und beurteilen,
- mittelalterliche Weltbilder in Europa und Asien und die jeweilige Sicht auf das Fremde anhand von Karten erklären sowie den Einfluss wissenschaftlicher Erkenntnisse auf die Weltbilder beurteilen,
- die Problematik des eurozentrischen Weltbildes in der Frühen Neuzeit erörtern,
- die Situation der Migranten im Ruhrgebiet darstellen und die in Urteilen über die dortigen Migranten enthaltenen Prämissen hinterfragen.

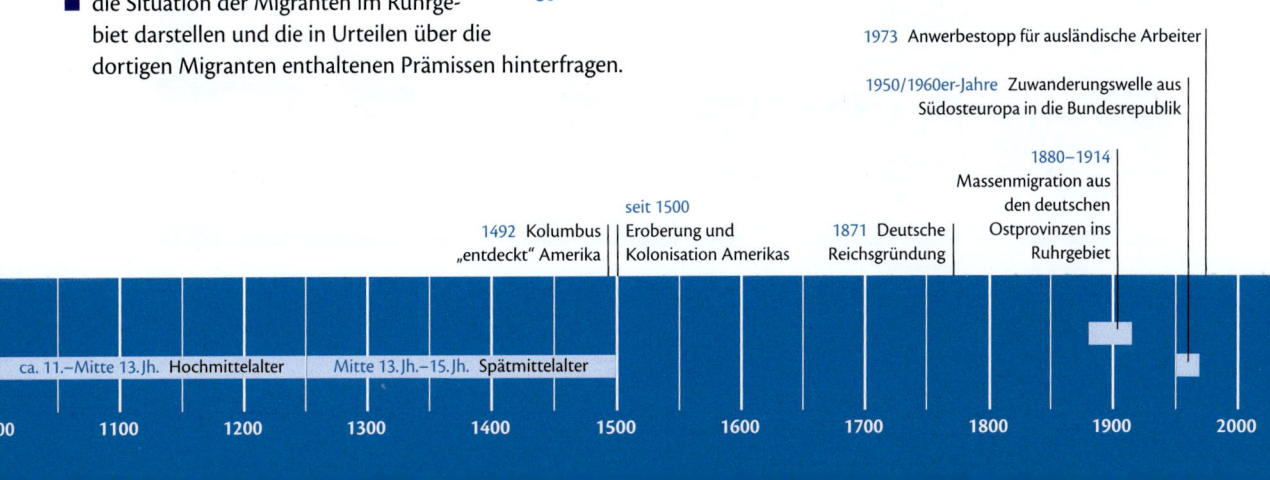

Grundwissen

Altamerikanische Kulturen

Vor ca. 10 000 Jahren ist der amerikanische Kontinent von Menschen besiedelt worden. Im Laufe der Jahrhunderte war dann in Amerika eine Vielzahl von unterschiedlichen Kulturen entstanden. Einige lebten als Jäger und Sammler, andere entwickelten den Ackerbau und in Mittel- und Südamerika entstanden die Hochkulturen der Maya, Azteken und Inka. Die Maya auf der Halbinsel Yucatan in Mexiko lebten in eigenständigen Stadtstaaten und hatten eine eigene Schrift. Auf den Gebieten der Architektur und der Astronomie erwarben die Maya ausgezeichnete Kenntnisse. Die Azteken errichteten in Zentralmexiko im 14. Jahrhundert ein Großreich. Die Inka eroberten im gleichen Zeitraum in Südamerika weite Gebiete an der Westküste. Da die Indianer weder Eisen noch das Rad kannten, waren sie den Europäern aber militärisch weit unterlegen. Nach der Entdeckung Amerikas durch Kolumbus 1492 zerstörten spanische Konquistadoren (Heerführer) die Reiche der Indianer im 16. Jahrhundert.

Chinesisches Kaiserreich

In Ostasien entstand entlang der Flüsse Huang-he (Gelber Fluss) und Jangtsekiang die chinesische Hochkultur, die zu den ältesten der Welt gehört. Sie entwickelte im 2. Jahrtausend v. Chr. eine eigene Schrift und seit dem 3. Jahrhundert v. Chr. ist der Kulturraum in einem Reich vereint. An der Spitze des Reiches stand der Kaiser. Er galt als Sohn des Himmels und herrschte mithilfe seiner Beamten, die sehr angesehen waren, weil sie lesen und schreiben konnten. Zu Beginn der Ming-Dynastie (1389–1644) erforschten die Chinesen zunächst mit Entdeckungsfahrten intensiv den Indischen Ozean, nach 1435 aber ging ihr Engagement in der Seefahrt stark zurück.

Imperium Romanum

In der Stadt Rom wurde um 500 v. Chr. eine Republik eingerichtet. Die führende Rolle hatte dabei die Versammlung der Großgrundbesitzer, die sich Senat nannte. In den folgenden Jahrhunderten behauptete sich Rom in Kriegen gegen alle Nachbarstaaten und hatte bis 133 v. Chr. die Vorherrschaft im Mittelmeerraum errungen. Die Republik wurde allerdings von sozialen Konflikten erschüttert, da es viele arme Bürger gab, während viele Senatoren mit skrupellosen Methoden einen märchenhaften Reichtum anhäuften und im Luxus schwelgten. Der grundsätzliche Konsens innerhalb der Oberschicht zerbrach.

Julius Caesar erwarb sich durch die Eroberung Galliens 58 bis 51 v. Chr. großes Prestige und wurde zu einer bestimmenden Figur in der römischen Politik. Nach einem Bürger-

M1 Die Ankunft der Spanier unter Cortez in Veracruz 1519, Freskogemälde des mexikanischen Künstlers Diego Rivera, fertiggestellt 1951 (Ausschnitt)

krieg errichtete er eine Diktatur. Trotz seiner Ermordung wurde die Republik 44 v. Chr. nicht wiederhergestellt und im folgenden Bürgerkrieg setzte sich der spätere Augustus durch, dessen Alleinherrschaft in das römische Kaisertum mündete. Nach der Teilung des Imperium Romanum Ende des 4. Jh. ging zunächst das Weströmische Reich mit der Absetzung des letzten Kaisers durch den germanischen Heerführer Odoaker 476 unter und das Oströmische Reich 1453 nach der Eroberung durch die Türken.

Industrialisierung und Ruhrgebiet

Im späten 18. Jahrhundert begann in England durch die Erfindung der Dampfmaschine und weitere technische Entwicklungen eine grundlegende Umwälzung der Arbeitswelt und Gesellschaft. Die bisherige Dominanz der Landwirtschaft in der Volkswirtschaft wurde durch die maschinelle Warenproduktion beendet. Die meisten Arbeitsplätze gab es nun in den Fabriken. Daneben entwickelten sich der Kohlebergbau und die Stahlproduktion sich zu grundlegenden Wirtschaftszweigen. Da es auch ein großes Bevölkerungswachstum gab, wanderten viele Menschen zu den neuen Arbeitsplätzen in den Industriegebieten. Dort wuchsen die Städte rasant. Deutschland erfasste die Industrialisierung vor allem in der zweiten Hälfte des 19. Jahrhunderts.
Zwischen den Flüssen Rhein, Ruhr und Lippe entstand im 19. Jahrhundert im Zuge der Industrialisierung einer der größten Verdichtungsräume Europas. Vor allem die Kohlevorkommen trugen zum schnellen Wachstum von Wirtschaftsleistung und Bevölkerung in der Region bei. Im späten 19. Jahrhundert kamen die Stahlerzeugung und viele weitere Industriezweige hinzu.

Islam

Im Jahr 610 wurde der Araber Muhammad nach seiner Aussage vom Erzengel Gabriel zum Propheten des allmächtigen Gottes Allah berufen. Seine neue Lehre formulierte er im heiligen Buch „Koran". Es gelang Muhammad, in Arabien viele Anhänger zu finden, und bei seinem Tod 632 hatte sich die gesamte Halbinsel dem neuen Glauben angeschlossen. In Mekka befindet sich das größte Heiligtum des Islam, das jeder Muslim in seinem Leben besuchen sollte. Bis zum 8. Jahrhundert eroberten die Muslime Nordafrika, Spanien und den Vorderen Orient bis zum Indus. Der geistliche Führer der Muslime, der Kalif, war zunächst auch der weltliche Herrscher. Im 9. Jahrhundert aber zerfiel die islamische Welt in verschiedene Teilreiche.
In den Kreuzzügen versuchten Heere aus Europa die Muslime aus Palästina zu vertreiben, was nach anfänglichen Erfolgen im 12. Jahrhundert am Ende des 13. Jahrhunderts endgültig scheiterte. Auf der iberischen Halbinsel allerdings verloren die islamischen Reiche stetig an Macht. 1492 fiel das letzte islamische Reich dort an Spanien.

Konquista (span. = Eroberung)

Begriff für die Eroberung und Unterwerfung Mittel- und Südamerikas durch die Spanier. Die Eroberer suchten zunächst vor allem nach Gold, um schnell zu großem Reichtum zu kommen. Die eroberten Gebiete der indianischen Hochkulturen wurden dem spanischen Königreich einverleibt und bildeten die Grundlage für die jahrhundertelange Herrschaft der Spanier in Mittel- und Südamerika.

Migration

Die auf einen längerfristigen Aufenthalt angelegte räumliche Verlagerung des Lebensmittelpunktes von Individuen, Familien, Gruppen oder auch ganzen Bevölkerungen. Sie kann freiwillig oder erzwungen erfolgen.

Mittelalterliche Gesellschaft

Die frühmittelalterliche Gesellschaft bestand aus Adligen, Geistlichen und Bauern. Die meisten Menschen konnten nicht lesen und schreiben. Selbst einige Adlige hatten damit Probleme. Gebildet waren vor allem einige Geistliche, die neben christlichen Schriften die Werke antiker Autoren lasen, aber auch eigene Forschungen betrieben.
Im späten Mittelalter wurden die Bürger der Städte zu einer bedeutenden Gruppe in der Gesellschaft. Durch Handel und Handwerk erwarben einige von ihnen beachtliche Vermögen. Die Geschäftsführung erforderte auch die Fähigkeit zu schreiben und so wurden die Städte zu einem weiteren Schwerpunkt der Bildung. In der Renaissance begannen in italienischen Städten ab dem 14. Jahrhundert die Bürger auch unabhängig von der Kirche die Welt zu erforschen.

Grundwissentraining

1 Wissen wiederholen – mit der Arbeitskartei
  a) Erfassen Sie das Grundwissen auf Karteikarten: Vorderseite: Stichwort; Rückseite: kurze Erläuterungen mit eigenen Worten (nutzen Sie auch ein Lexikon).
  b) Prägen Sie sich mithilfe Ihrer Arbeitskartei das Grundwissen ein, z. B. in Partnerarbeit.

2 Zusammenhänge herstellen – mithilfe von Vergleichskriterien
  Vergleichen Sie anhand von geeigneten Kriterien die beiden Imperien: Romanum Imperium und Chinesisches Kaiserreich, z. B. Lage und Ausdehnung.

3 Anwendungsaufgabe
  Beschreiben Sie das Gemälde M 1 und erläutern Sie, welche Aspekte des Grundwissens mit diesem Bild in Zusammenhang gebracht werden können.

1 Fremdsein

1.1 Die Darstellung der Germanen in römischer Perspektive

Leitfrage:
Wie sahen die Römer ihre germanischen Nachbarn?

Der Germanenbegriff

Unter dem Begriff „Germanen" stellen sich heute die meisten Deutschen ein Volk vor, das im antiken Mittel- und Nordeuropa gelebt und gegen die Römer gekämpft habe. In der Tat hat Rom lange Kriege an der Nordgrenze seines Reiches geführt und die Vorstellung, dass alle Nord- und Mitteleuropäer östlich des Rheins Germanen seien, stammt von dem Römer Julius Caesar. Diese Annahme setzt voraus, dass die Germanen eine politische, religiöse und kulturelle Einheit gebildet haben. Lässt sich die römische Darstellung jedoch wissenschaftlich belegen?

Problematisch für eine fundierte Begriffsdefinition ist vor allem, dass die Germanen als einheitliches Volk nicht durch archäologische Funde klar erkennbar sind. Die Ergebnisse der Ausgrabungen in Mittel- und Nordeuropa lassen zwar auf gewisse Ähnlichkeiten in der Lebensweise schließen, aber es gibt auch **bedeutsame Unterschiede in den archäologischen Funden**. So war es in vorchristlicher Zeit in Nord- und Mitteleuropa üblich, die Toten zu verbrennen und die Asche beizusetzen. Zur Zeit Caesars aber gab es in Dänemark, Südschweden und an der Weichsel Gruppen, die ihre Toten unversehrt begruben. Nicht einmal für das heutige Deutschland östlich des Rheins kann man eine kulturell einheitliche Gruppe von Völkern annehmen. Südlich des Mains haben bis zum 1. Jahrhundert v. Chr. Kelten ihre Spuren hinterlassen. Nördlich davon lebten vom Rhein bis zur Elbe die Menschen offenbar in einer **„Kontaktzone*"**. Hier stießen die Archäologen bei den Ausgrabungen zwar auf viele Gegenstände, die man sonst bei Kelten findet, aber auch auf Funde, die offenbar nicht keltischen Ursprungs sind.

Kontaktzone
Region, in der es zu Begegnungen zweier oder mehrerer Völker oder Ethnien kommt

Germanische Sprachen

Nur in der Sprachforschung lassen sich die „Germanen" klar definieren. Charakteristisch für die germanischen Sprachen ist vor allem eine **Lautverschiebung von p zu f**. Dies wird am Wort *Vater* deutlich, das in vielen indogermanischen Sprachen mit p beginnt (Altindisch: *pitar*; Latein: *pater*; Griechisch: *patär*). In den germanischen Sprachen beginnt es dagegen mit einem f-Laut (Deutsch: *Vater*; Schwedisch: *fader*; Norwegisch: *far*). Da die antiken Bewohner Mittel- und Nordeuropas aber kaum Schriftzeugnisse hinterlassen haben, kann man nicht genau bestimmen, wo diese „germanischen" Sprachen damals gesprochen wurden.

Trotz dieser Schwierigkeiten wird das Wort „Germanen" bis heute in wissenschaftlichen Veröffentlichungen in der Regel beibehalten, weil es in der deutschen Sprache tief verwurzelt ist. Die modernen Wissenschaftler verwenden das Wort aber in dem Bewusstsein, dass es ein **problematischer Begriff** ist, der verschiedene Völker östlich des Rheins bezeichnet (M 5).

Griechen und Barbaren

Angesichts der heutigen Probleme mit dem Germanenbegriff drängt sich die Frage auf, warum Caesar undifferenziert von *den* Germanen sprach. Dabei ist zunächst zu bedenken, dass die römische Wissenschaft und Kultur sich an den **Griechen als Lehrmeister** orientierte. Die Griechen teilten die Menschen nach ihrer Sprache in zwei Gruppen. Die einen waren die **Hellenen**, die Griechisch sprechen konnten, und die anderen waren die **Barbaren**, die andere Sprachen hatten. Zu den Barbaren zählten auch die Völker Vorderasiens und die Ägypter, denen die Griechen durchaus hohes kulturelles Niveau zugestanden. So gehörten die ägyptischen Pyramiden und die hängenden Gärten der Semiramis in Babylon nach griechischer Auffassung zu den sieben Weltwundern. Von den Nachbarn im Norden hatten die Griechen allerdings keine hohe Meinung und sie zeigten auch wenig Interesse, diese Völker genauer kennen zu lernen. In grober Verallgemeinerung bezeichneten die Griechen die Barbaren im Nordwesten als Kelten und jene im Nordosten als Skythen. Merkmale einer barbarischen Lebensweise im Norden waren nach Ansicht der Griechen die Wildheit, maßlose Leidenschaften und geringe Neigung zum Ackerbau. Mit zunehmendem Abstand der Völker zur zivilisierten Welt des Mittelmeerraumes waren diese Charakteristika der Barbaren in der Vorstellung der Griechen immer stärker ausgeprägt. Vereinzelt lobten griechische Autoren aber auch nördliche Barbaren, weil sie tapfere Krieger seien und ein naturgemäßes Leben führten.

Römer und Griechen Auch die Römer galten nach den griechischen Kriterien als Barbaren. Doch übernahmen sie viele Elemente der griechischen Kultur in Kunst, Wissenschaft und Religion. Angehörige der Oberschicht erlernten in der Regel die griechische Sprache und mit dem Gründungsmythos der Stadt stellten die Römer einen Bezug zur griechischen Mythologie her, indem sie den Trojaner Aeneas zu ihrem Stammvater erklärten. Viele griechische Intellektuelle akzeptierten jedoch auch die gebildeten Römer nicht als kulturell ebenbürtig. In römischen Kreisen betrachtete man sich deshalb als neue, dritte Kategorie neben Griechen und Barbaren. Im Unterschied zu den Griechen waren die Römer aber bereit, auch Fremde als Bürger aufzunehmen und damit zu Römern zu machen, wenn sie nach den römischen Sitten lebten. In der Mitte des 1. Jahrhunderts n. Chr. erhielten Nachfahren der Gallier, die in Burgund lebenden Häduer, das Recht, in den Senat aufgenommen zu werden.

Caesars Germanenbild Im Zuge der kulturellen Annäherung an die Griechen übernahmen die Römer zunächst auch deren Ansichten über die nördlichen Barbaren. Als Caesar 58 v. Chr. seinen Eroberungszug in Gallien begann, stellte er jedoch fest, dass die Kategorien „Kelten" und „Skythen" ungenau waren. Neben den „Kelten" lebten seiner Ansicht nach im Westen Galliens noch die „Aquitanier" und im Norden die „Belger" (M 6). Sehr bald reichte ihm auch diese Erweiterung der alten Kategorien nicht mehr. So gehörte König Ariovist, der mit einem starken Heer aus dem Nordwesten nach Gallien kam, offenbar einer ganz anderen Gruppe an. Caesar bemerkte, dass Ariovists Muttersprache sich deutlich von den Sprachen der Bewohner Galliens unterschied. Von den Kelten übernahm Caesar die Bezeichnung „Germanen" für Ariovist und dessen Gefolgsleute, die er geografisch zwischen den Kelten und Skythen verortete. Caesar berichtete folglich, dass die Germanen östlich des Rheins beheimatet waren, während die Kelten westlich des großen Flusses lebten. Bei zwei Vorstößen über den Rhein nach Osten sammelte er 55 und 53 v. Chr. weitere Erkenntnisse über die Germanen. Allerdings verfolgte er als Feldherr vor allem militärische Ziele, und als er seinen Bericht über den Kriegszug verfasste, ergänzte Caesar seine eigenen, noch sehr geringen Erfahrungen mit Ansichten über die Nordbarbaren, die er in griechischen Büchern fand.

M1 Marmorbüste Caesars, undatiert

Übereinstimmend waren Römer und Griechen der Auffassung, dass die Germanen aufgrund der großen Entfernung zum Mittelmeerraum eine besonders barbarische Lebensweise hätten. Caesar schrieb den Germanen beispielsweise zu, sie betrieben kaum Ackerbau, was den archäologischen Funden widerspricht. Außerdem berichtete Caesar, dass sich die Germanen nur mit knappen Fellen bekleideten, weswegen sie fast nackt gewesen seien (M 7). Da er selbst Germanen begegnet war, hätte Caesar wissen müssen, dass sie sehr wohl das grundlegende Textilhandwerk beherrschten und Kleidung aus gewebten Stoffen trugen. Zudem war es in den klimatischen Verhältnissen Mitteleuropas auch gar nicht möglich, nur knapp bekleidet zu überleben. Diese Widersprüche lassen sich nicht allein mit den Barbaren-Klischees erklären, die Caesar von den Griechen übernommen hatte. Offenbar wich Caesar in seinem Bericht ganz bewusst von den eigenen Erfahrungen ab. Es war nicht Caesars Ziel, den Leser möglichst genau über den Feldzug in Gallien zu informieren. Vielmehr wollte er seine Leistungen besonders positiv darstellen, um seinen Ruf in Rom zu verbessern. Denn seine innenpolitischen Gegner in der Hauptstadt wollten ihn wegen seiner Amtsführung verklagen. Mit seinem Bericht präsentierte sich Caesar als Beschützer der zivilisierten Welt vor den barbarischen Germanen. Als sinnvolle Begrenzung für die römisch kontrollierten Gebiete erschien Caesar der Rhein, den er als natürliche Grenze zwischen den Kulturen darstellte. Außerdem nutzte Caesar seine Berichte über die Germanen, um Verfehlungen seiner politischen Gegner in Rom anzuprangern. Er schrieb den Germanen Sitten zu, die sich positiv gegen das Verhalten vieler Mitglieder der römischen Oberschicht abhoben (M 8, M 9), in der Caesar viele politische Gegner hatte. Die Verzerrungen in Caesars Darstellung der Germanen waren also einerseits Folge seiner kritiklosen Übernahme griechischer Vorstellungen und andererseits bewusste Konstruktion aus politischen Gründen.

Römer und Germanen im 1. Jahrhundert n. Chr.

Caesars Nachfolger Augustus schob im heutigen Süddeutschland die Grenze des Römischen Reiches von den Alpen bis an die Donau vor und versuchte im Nordwesten das Gebiet vom Rhein bis zur Elbe zu unterwerfen. Seine Germanienpolitik erlitt aber 9 n. Chr. einen herben Rückschlag, als ein römisches Heer mit 20000 Mann unter dem Kommando des Quinctilius Varus in der berühmten „Varusschlacht" bei Kalkriese von Germanen vernichtend geschlagen wurde. Obwohl nach dieser Niederlage noch einige Jahre große römische Heere die umkämpfte Region durchzogen, gaben die Römer spätestens 17 n. Chr. die Eroberungspläne zunächst auf. Die Friedensjahre ermöglichten in der Folge einen regen Handel zwischen Germanen und Römern.

Zwanzig Jahre später nahm Kaiser Gaius (Caligula) die Germanenfeldzüge wieder auf. Sein vorrangiges Ziel war es, die Kämpfe gegen die seit der Varusschlacht noch mehr gefürchteten Germanen propagandistisch auszunutzen. Obwohl ihm kein entscheidender militärischer Erfolg gegen die Germanen gelang, ließ er sich auf Münzen als Germanensieger „Germanicus" verherrlichen. Am Ende des 1. Jahrhunderts n. Chr. konnten die Kaiser aus der Familie der Flavier (69–96) zumindest einige fruchtbare Landstriche östlich des Rheins besetzen. Das neu erworbene Land sicherten sie durch Grenzbefestigungen, aus denen der Limes hervorging. Als Kaiser Domitian (81–96) zwei germanische Provinzen einrichtete, bestanden sie vor allem aus Gebieten westlich und südlich des Rheins. Dennoch ließ auch er sich für diese eher bescheidenen Erfolge als Sieger über die Germanen feiern.

Die „Germania" des Tacitus

Im Jahr des Regierungsantritts von Kaiser Trajan 98 n. Chr. veröffentlichte der Senator Tacitus eine kleine Schrift über die Germanen: die „Germania" (M 12, M 13). Er verwendete nicht nur Angaben von Caesar, sondern auch neuere Erkenntnisse der Römer über die Germanen. Um seinen Lesern die Religion der Germanen verständlich zu machen, identifizierte Tacitus die germanischen Götter jeweils mit einer römischen Gottheit. Eine zuverlässige Schilderung über die römischen Nachbarn in Mitteleuropa ist aber auch das Werk von Tacitus nicht. Vermutlich ist er nie selbst in Germanien gewesen. Offenbar bemühte er sich wie Caesar, die Germanen als „edle Wilde" zu präsentieren, um damit indirekt das lasterhafte Leben der römi-

M2 Römische Münze, 85 n. Chr.

Auf der Vorderseite ist Kaiser Domitian zu sehen. In der Umschrift erscheinen seine Titel mit Germ(anicus). Auf der Rückseite sitzt ein Germane auf einem germanischen Langschild und einem zerbrochenen Speer.

1 ■ Erläutern Sie, was diese Münzdarstellung aussagen soll.

schen Oberschicht und die Alleinherrschaft der Kaiser zu kritisieren. In der Geschichtswissenschaft wird auch eine Botschaft an den neuen Kaiser Trajan vermutet. Ob Tacitus den Kaiser mit seiner Schrift von einem neuen Germanenkrieg abhalten oder ihn gerade dazu auffordern wollte, wird kontrovers beurteilt (M 14). Denkbar ist auch, dass Tacitus die Propaganda des verstorbenen Kaisers Domitian als Lügengebäude entlarven wollte, indem er zeigte, dass trotz der Siegesfeiern Domitians alle wichtigen germanischen Stämme weiterhin in Freiheit lebten.

M 3 Kopf eines Germanen, 1.–3. Jh. n. Chr.

Der Kopf wurde im Moor bei Osterby in Schleswig-Holstein gefunden. Er war in ein Stoffstück gehüllt und daher schon in der Antike vom Körper getrennt worden.

Webcode:
KB644438-017

Spätantike

Ab dem 4. Jahrhundert verlor der allgemeine Germanenbegriff für die Römer an Bedeutung. Durch die Kontakte mit den Römern traten nun die einzelnen Stämme der Germanen mehr in Erscheinung, sodass ein diffuser Allgemeinbegriff nicht mehr gebraucht wurde. Inzwischen dienten auch viele Germanen in der römischen Armee. Sie wurden vor allem für die „Hilfstruppen" rekrutiert, die aus Reichsangehörigen ohne römisches Bürgerrecht oder aus Fremden bestanden. Im 4./5. Jahrhundert waren Germanen auch auf höchster Ebene in der Armeeführung vertreten. Außerhalb des Reiches beteiligten sich viele Germanen im 4. Jahrhundert bei der Suche nach neuen Lebensgrundlagen an der „Völkerwanderung". Dieser Ansturm der Nordvölker, den Rom schließlich nicht mehr abwehren konnte, war eine entscheidende Ursache für den Untergang des Römischen Reiches.

1 ■ Erläutern Sie die Problematik einer Definition von „Germanen".
2 ■ Erklären Sie am Beispiel von Caesars Germanenbild den Konstruktcharakter der Bezeichnungen „der Germane" und „der Barbar".
3 ■ Beurteilen Sie die römische Darstellung der Germanen.
4 ■ **Zusatzaufgabe:** Stellen Sie die Motive des Tacitus für die Abfassung der „Germania" in einem Schaubild dar.

M 4 Römische Provinzen und Germanien im 2. Jahrhundert n. Chr.

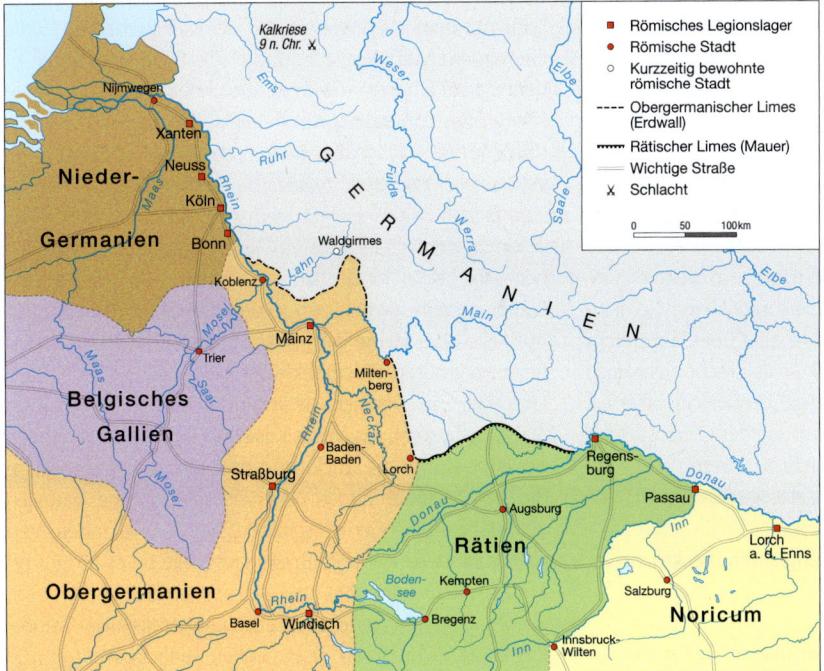

M5 Der Historiker Bruno Bleckmann zu den Schwierigkeiten einer Germanendefinition, 2009

Das insgesamt negative Ergebnis, zu dem man bei der Suche nach einem germanischen Gemeinschaftsbewusstsein gelangt ist, kann eigentlich nicht überraschen. Ethnisches Selbstbewusstsein bei den Germanen anzunehmen, würde
5 voraussetzen, dass es bei ihnen irgendeine übergeordnete Instanz gab. [...] Bei den Germanen kann [...] ein kollektives Identitätsempfinden nur bei kleineren Gemeinschaften, also bei Einzelstämmen und eventuell bei regional begrenzteren Stammesgruppen existiert haben. [...] Auch ohne das Emp-
10 finden einer eigenen Identität und Tradition kann ein Volk oder eine Völkergruppe – diese Bezeichnung ist für die Germanen angemessener – eine historisch relevante Rolle spielen. [...] Wenn die Germanen nur von den Römern als Einheit wahrgenommen worden sind und nicht von sich selbst,
15 so schließt das also keineswegs aus, dass sie in irgendeiner Form tatsächlich zusammengehörig waren. [...] Auch hier sind die Schwierigkeiten aber beträchtlich.
Zwar gibt es ein Kriterium, das die Zugehörigkeit zu den Germanen relativ genau bestimmt, nämlich die Sprache.
20 Doch dies hat bei den Germanen ebenso wenig wie in den meisten späteren Epochen vor dem Nationalismus einen wie auch immer gearteten gemeinsamen Aktionshorizont bestimmt. [...] Die Germanen der griechisch-römischen Quellen stellen nur eine Teilmenge der nach (modernen)
25 sprachlichen Kriterien definierten Germanen dar. In diesen Quellen [der Griechen und Römer] sind Germanen zunächst Bewohner der Germania. Mit *Germania* oder *Germania magna* (modern auch *Germania libera*) ist das nicht von den Römern beherrschte Germanien gemeint, im Ge-
30 gensatz zu den beiden linksrheinischen germanischen Provinzen. [...] Während die Sprache eine unbestrittene Gemeinsamkeit unter Germanen darstellt und auch für die Goten der südrussischen Steppe auf einen wie auch immer gearteten Ursprung aus der Germania hinweist, bleibt es
35 problematisch, Germanen über kulturelle oder religiöse Gemeinsamkeiten zu definieren. [...]
Angesichts der Unmöglichkeit, Germanen im weiteren Sinne anders zu definieren als über die sprachlichen Gemeinsamkeiten, die in der Antike nur vage oder überhaupt nicht
40 wahrgenommen worden sind und die erst recht nicht dazu geführt haben, dass die Germanen gar gemeinsam agierten, ist eine völlig befriedigende Bestimmung des Gegenstandes einer Geschichte der Germanen nicht zu leisten.

Bruno Bleckmann, Die Germanen, C. H. Beck, München 2009, S. 15–41.

1 ■ Erklären Sie, welche Schwierigkeiten Bleckmann bei der Verwendung des Begriffes „Germanen" sieht.
2 ■ **Geschichte produktiv:** Formulieren Sie für ein Schülerlexikon eine kurze Definition des Begriffs „Germanen". Nutzen Sie auch den Darstellungstext.

M6 Caesar über die Germanen als Nachbarn der Belger, 1. Jahrhundert v. Chr.

Julius Caesar beginnt seinen Bericht über den Gallischen Krieg mit einer Beschreibung der betroffenen Gebiete und Völker.
Das Gesamtgebiet Galliens zerfällt in drei Teile, in dem einen leben die Belger, in dem zweiten die Aquitanier und im drit-
5 ten die Völker, die in der Landessprache Kelten heißen, bei uns jedoch Gallier. Sie unterscheiden sich alle nach Sprache, Tradition und Recht. Der Fluss Garonne trennt das Gebiet der Gallier von dem der Aquitanier, während die Flüsse Marne und Seine ihr Land gegen das der Belgern abgrenzen.
10 Die Belger sind von allen erwähnen Stämmen die tapfersten, weil sie von der verfeinerten Lebensweise und hochentwickelten Zivilisation der römischen Provinz am weitesten entfernt sind. Denn nur selten gelangen Händler zu ihnen mit Waren, die die Lebensweise verweichlichen können. Zu-
15 dem leben sie in unmittelbarer Nähe der Germanen, die das Gebiet jenseits des Rheins bewohnen und sich ständig im Kriegszustand mit den Belgern befinden.

Caesar, Der Gallische Krieg 1,1, übers. v. Marie Luise Deißmann, Philipp Reclam Jun., Stuttgart 1991, S. 5.

1 ■ Skizzieren Sie in einer Karte die Verteilung der Völker im Norden nach Caesar.
2 ■ Erläutern Sie mithilfe des Darstellungstextes, welche griechischen Barbarenklischees Caesar in seiner Einleitung verwendet.

M7 Caesar über die Germanen, 1. Jh. v. Chr.

Das ganze Leben besteht aus der Jagd und der Beschäftigung mit dem Militärwesen; von klein auf streben sie [= die Germanen] nach Ausdauer und Härte. Diejenigen unter ihnen, die am längsten die Keuschheit bewahrt haben, tragen
5 sehr großes Lob davon; die einen glauben, dass dadurch die Körpergröße wächst, die anderen, dass dies Kraft und Muskeln stärkt. Vor dem zwanzigsten Lebensjahr intime Bekanntschaft mit einer Frau gemacht zu haben, gehört bei ihnen zu den schändlichsten Dingen. In dieser Angelegen-
10 heit wird keine Geheimhaltung betrieben, da Männer und Frauen sowohl gemeinsam in den Flüssen baden als auch nur Felle oder kleine Pelzgewänder tragen, sodass der Körper zum größten Teil unbekleidet bleibt.
Um Ackerbau kümmern sie sich nicht viel, der Großteil ihrer
15 Nahrung besteht aus Milch, Käse und Fleisch. Auch hat keiner ein bestimmtes Stück Land oder Grundbesitz, sondern die Stammesoberhäupter und führenden Männer verteilen jedes Jahr an die Gemeinschaften, Sippen und andere Verbände Land, so viel und an welcher Stelle sie es für gut er-
20 achten; nach einem Jahr aber zwingen sie die Landempfänger, woandershin zu ziehen. Hierfür nennen sie viele Gründe: Damit sie nicht durch Sesshaftigkeit verlockt werden und ihren Kriegseifer daraufhin mit dem Ackerbau vertauschen; dass sie nicht danach streben, sich ausgedehntes Land zu

verschaffen und die Mächtigeren die Schwächeren von ihren Grundstücken vertreiben; dass sie nicht allzu sorgfältig Häuser bauen, um Kälte oder Hitze zu vermeiden; weiterhin, dass keine Geldgier unter den Stammesgenossen aufkommt, da durch diese Parteien und Streit entstehen; und schließlich, dass sie die Zufriedenheit der Angehörigen der niederen Schicht bewahren, da jeder von ihnen dann sieht, dass sein Vermögen dem der Mächtigsten entspricht.

Caesar, Der Gallische Krieg 6, 21–22; zit. nach: http://www.gutenberg.org/cache/epub/18837/pg18837.html; neu übers. v. Karla Schulte.

M8 Der römische Politiker und Historiker Sallust (86 bis 35 v. Chr.) zum Zustand der Römischen Republik in seiner Zeit

Übrigens war das Unwesen der Parteien und Cliquen mit all ihrem üblen Betrieb erst vor wenigen Jahren in Rom aufgekommen, und zwar infolge der Friedenszeit und des Überflusses an all den Dingen, die die Menschen am höchsten achten. Denn bis zur Zerstörung Karthagos [146 v. Chr.] verwalteten Volk und Senat von Rom friedlich und maßvoll den Staat, und es gab keinen Wettstreit um Ruhm oder Herrschaft zwischen den Bürgern. Sowie aber diese Besorgnis aus den Herzen geschwunden war, da freilich trat leider das ein, was das Glück gern mit sich bringt: Zügellosigkeit und Übermut. So wurde es mit der Ruhe, die sie in widrigen Zeiten so ersehnt hatten – seit sie sie bekommen hatten, nur noch schlimmer und drückender. Denn der Adel begann seine bevorrechtete Stellung, das Volk seine Freiheit in Willkür zu verkehren, jeder suchte an sich zu ziehen, zu raffen und zu rauben. So wurde alles in zwei Parteien zerrissen, der Staat, der in der Mitte lag, zerfleischt. [...] Nach dem Willen einer Minderheit wurde daheim und draußen Politik gemacht. In ihren Händen lagen auch Staatsschatz, Provinzen, Ämter, Ruhmestitel und Triumphe. Das Volk stand unter dem Druck von Kriegsdienst und Not. Die Beute in den Feldzügen teilten sich die Feldherren gierig mit einigen Freunden. Inzwischen wurden die Eltern oder kleinen Kinder der Soldaten, sofern die an einen mächtigeren Nachbarn grenzten, aus ihrem Besitz gejagt. So riss mit der Macht Habsucht ohne Maß und Grenzen ein, besudelte und verwüstete alles, kannte nichts Hohes noch Heiliges mehr, bis sie endlich sich selbst in den Abgrund stürzte. Denn sowie sich im Adel Männer fanden, die wahren Ruhm ungerechter Macht vorzogen, geriet die Bürgerschaft in Bewegung, und es entstand eine Spaltung der Bürger ähnlich einer Umschichtung von Erdmassen.

Sallust, Der Krieg gegen Jugurtha 41, übers. v. Heinrich Weinstock, in: Walter Arend (Hg.), Geschichte in Quellen, Bd. 1: Altertum, bsv, München 1965, S. 469.

1 ■ Analysieren Sie, inwiefern in Caesars Ausführungen (M7) über die Germanen auch Bezüge zur römischen Innenpolitik deutlich werden. Berücksichtigen Sie dazu M8.

M9 Der römische Schriftsteller Sallust (86 bis 35 v. Chr.) beschreibt die Lebensführung der Sempronia

Zu dieser Zeit soll Catilina sehr viele Leute aus allen Schichten an sich gezogen haben, auch einige Frauen [...]. Übrigens befand sich unter ihnen auch Sempronia, die schon viele Untaten geliefert hatte, welche oft männlichen Wagemut verlangten. Diese Dame war durch ihre Abkunft und Schönheit, ferner durch ihren Mann und ihre Kinder in einer recht glücklichen Lage; sie war wohlunterrichtet in griechischer und lateinischer Literatur, konnte kunstgerechter musizieren und tanzen, als es für eine anständige Frau nötig ist, und kannte vieles andere, was zu den Mitteln des Wohllebens gehört. Doch war ihr immer schon alles andere lieber als Ehrbarkeit und Keuschheit. Ob sie mit ihrem Geld oder ihrem guten Ruf weniger schonend umging, hätte man nicht leicht entscheiden können; ihre Sinnlichkeit war so entfacht, dass sie häufiger Männer begehrte als selbst begehrt wurde. Oft schon hatte sie vordem ihr Wort gebrochen, ein Darlehen mit einem Meineid abgeleugnet, um eine Mordtat gewusst: infolge ihrer Genusssucht und der Knappheit ihrer Mittel war es mit ihr abwärtsgegangen. Dabei war sie kein ungeschickter Kopf: Sie verstand es, Verse zu machen, Scherz zu treiben, ein Gespräch sittsam oder schnippisch oder auch anzüglich zu führen; kurz, sie besaß viel Witz und viel Charme.

Sallust, Catilina 24–25, übers. v. Josef Lindauer, Artemis, Zürich 1985, S. 37–39.

1 ■ Vergleichen Sie Caesars Darstellung der germanischen Frauen (M7) mit den Aussagen von Sallust zu Sempronia (M9).

M10 Germanische Familie in der Vorstellung eines Zeichners um 1800, kolorierter Kupferstich, 1803.

Das Bild stammt aus einem Bilderbuch, das das Wissen der Kinder fördern sollte.

M 11 Germanischer Wollkittel, gefunden nach 1850 im Thorsberger Moor in der Nähe von Schleswig, angefertigt im 1.–3. Jahrhundert n. Chr., Fotografie, 2011.

Teile solcher Kleidungsstücke wurden auch für die Zeit Caesars in Germanien gefunden.

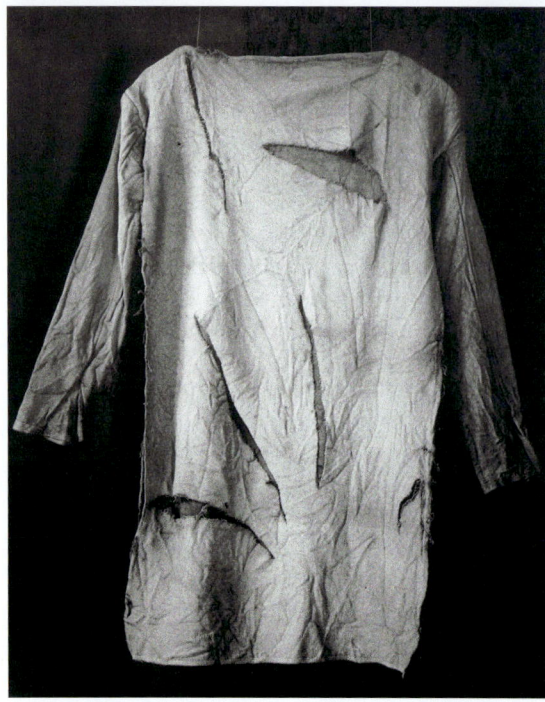

1 ■ Vergleichen Sie die Kleidung der Germanen in Caesars Beschreibung (M 7) mit dem Kupferstich (M 10) und dem Moorfund (M 11).
2 ■ Beurteilen Sie Caesars Darstellung der Germanen.

M 12 Tacitus in der „Germania" zu Ernährung und Ackerbau der Germanen, 1. Jahrhundert n. Chr.

Als Getränk stellen die Germanen eine Flüssigkeit aus Gerste her, die durch Gärung eine gewisse Ähnlichkeit mit Wein erhält. Ihre Speisen sind einfach: wildes Obst, frisches Wildbret oder Quark. Ohne Tafelgeschirr und ohne Gewürze vertreiben sie den Hunger. Dem Durst gegenüber haben sie kein entsprechendes Maß. Würde man ihrer Trunksucht stattgeben und ihnen ein so großes Quantum zu trinken geben, wie sie begehren, könnte man sie viel leichter durch dieses Laster als durch Waffengewalt besiegen. Kapital auszuleihen und durch Wucherzinsen wachsen zu lassen, ist den Germanen unbekannt; und deshalb wird dies besser verhindert, als wenn es gesetzlich verboten wäre. Die Äcker werden nach der Zahl der Besteller von allen gemeinsam in Gebrauch genommen. Darauf verteilen sie diese unter sich nach dem jeweiligen Rang. Die weite Ausdehnung der Flächen erleichtert die Verteilung des Bodens. Sie wechseln jährlich die Saatfelder, und es ist immer noch ackerfähiges Land im Überfluss vorhanden. Sie ringen nämlich nicht in mühsamer Arbeit mit dem Überfluss und mit der Weite des Bodens, um Obstbäume zu pflanzen, getrennte Wiesenflächen anzulegen und Obstgärten zu bewässern; nur die Saat wird der Erde aufgezwungen. Deshalb teilen sie auch das Jahr nicht in so viele Teile wie wir; nur für Winter, Frühling und Sommer haben sie Begriffe und Bezeichnungen, den Herbst kennen sie nicht, weder seinen Namen noch seine Gaben.

Tacitus, Germania 23, 26; zit. nach: Tacitus, Germania, hg. und übers. von Allanus A. Lund, Carl Winter Universitätsverlag, Heidelberg 1988, S. 89–91.

1 ■ Vergleichen Sie die Aussagen von Tacitus (M 12) mit dem Germanenbild bei Caesar (M 6, M 7).

M 13 Tacitus über germanische Frisuren, 1. Jh. n. Chr.

Nun muss man einiges über die Sueben[1] sagen. [...] Der größte Teil Germaniens wird von ihnen bewohnt. [...] Ein besonderes Merkmal der Sueben ist es, dass sie ihr Haar zur Seite kämmen und an der Schläfe zu einem Knoten zusammenbinden. So unterscheiden sie sich von den übrigen Germanen und auch von ihren Sklaven. Die sehr mutigen Krieger richten bis ins hohe Alter das Schrecken erregende Haar auf und binden es oft zu einem Knoten direkt über dem Scheitel. Die Anführer haben noch kunstvollere Haartracht. Andere Schönheitspflege betreiben sie nicht und auch die Mühe für die Frisuren braucht nicht kritisiert zu werden. Die Sueben wollen mit ihrer Haartracht nämlich nicht in Liebesdingen erfolgreich sein, sondern in den Augen der Feinde groß und furchterregend erscheinen und so im Krieg davon profitieren.

Tacitus, Germania 38; zit. nach: Tacitus, Germania, hg. und übers. von Allanus A. Lund, Carl Winter Universitätsverlag, Heidelberg 1988, S. 98–100; neu übers. v. Björn Onken.

[1] Sueben: germanischer Stamm, lebte nach Tacitus im heutigen Thüringen, Sachsen, Brandenburg und im angrenzenden Polen

1 ■ Vergleichen Sie die Aussagen von Tacitus zur Haartracht der Sueben (M 13) mit M 3.
2 ■ Beurteilen Sie die Darstellung der Germanen bei Tacitus (M 12, M 13).

M 14 Die Historikerin Beatrix Günnewig zur Glaubwürdigkeit von Tacitus, 2009

Die ausführlichste Darstellung der Germanen liefert Tacitus in seiner *Germania*. [...] Einig ist sich die moderne wissenschaftliche Forschung darin, dass man dieses Werk keineswegs ungefiltert als Quellenbuch für die germanische Altertumskunde auffassen darf. Man geht davon aus, dass Tacitus bewusst das Bild eines kriegerischen Volkes entworfen hat [...]. Realien interessieren ihn weit weniger als eine Auswahl und Gestaltung seines Werkes nach politischen und ethischen Gesichtspunkten. [...] Abhandlungen zur Glaubwürdigkeit der *Germania* des Tacitus aus historischer Sicht zeigen, dass einigen taciteischen Aussagen eine reale Erfahrung oder Beobachtung zugrunde liegt, während andere nachweislich falsch sind. So behauptet der römische Autor beispielsweise, die Bewohner des Landesinneren seien an Gold und Silber nicht interessiert, sondern lebten nur vom Tauschhandel (Tacitus, Germania 5,2 f.). Silberfunde widerlegen diese Behauptung des Tacitus und lassen vermuten, dass es dem Autor hier vor allem wichtig war, die Unverdorbenheit der Germanen zu betonen. Im Weiteren behauptet er, die Germanen besäßen kaum Eisen. Mit dieser Aussage steht er in der Folge griechischer Ethnografie, in der Eisenlosigkeit ein Kennzeichen der Naturvölker ist (Tacitus, Germania 6,1). Tatsächlich jedoch kann für das 1. Jh. n. Chr. archäologisch nachgewiesen werden, dass in Germanien durchaus Eisen durch Verhüttung gewonnen wurde.

Lassen sich dann umgekehrt Behauptungen des Tacitus archäologisch verifizieren, so heißt das noch lange nicht, dass solche Aussagen unproblematisch sind. Tacitus berichtet in Bezug auf die Rechtsprechung, Feiglinge, Kriegsuntaugliche und körperlich Geschändete versenke man im Schlamm der Sümpfe und über sie werde ein Flechtwerk aus Zweigen geworfen (Tacitus, Germania 12,1). Bestattungen im Moor auf die von Tacitus angegebene Weise sind durch zahlreiche Funde belegt. Nur, stimmt die Erklärung, warum diese Menschen im Moor versenkt wurden? Gefunden wurden auch Frauen und Kinder. [...]

Innerhalb seiner Darstellung muss Tacitus häufig und beinahe zwangsläufig germanische Gebräuche aus dem römischen Denk- und Erfahrungshorizont heraus erklären. Die Verleihung von Schild und Frame[1] setzt er mit der römischen Verleihung der Männertoga gleich (Tacitus, Germania 13,2), ohne natürlich zu beachten, dass es sich hier um zwei ganz unterschiedliche Gesellschaften handelt, deren Strukturen so gar nicht vergleichbar sind. Und wenn Tacitus angibt, die Germanen seien durch keine verlockenden Schauspiele verführt und niemand lache dort über Laster (Tacitus, Germania 19,1), so gibt diese Bemerkung mehr Aufschluss über die römischen als über die germanischen Verhältnisse. Mithilfe einer idealisierten und konstruierten Gegenwelt prangert der Autor römische Missstände an und hält seinem Publikum einen Sittenspiegel vor.

Beatrix Günnewig, Zum Germanenbild der Römer aus literarischer Perspektive, in: Landesverband Lippe (Hg.), 2000 Jahre Varusschlacht, Bd. 3, Mythos, Konrad Theiss, Stuttgart 2009, S. 30–34, hier S. 33 f.

1 Frame: Speer

1 ■ Beschreiben Sie die Schwierigkeiten, die Günnewig bei der Auswertung der „Germania" des Tacitus als Quelle zu den Germanen sieht.

M 15 Germanen in der römischen Armee, Gipsabguss eines Reliefs von der Trajanssäule in Rom, 113 n. Chr.
Kaiser Trajan wollte mit dem Säulenrelief seine Siege in den Kriegen gegen die Daker im Donauraum 106 n. Chr. verherrlichen. Das abgebildete Relief zeigt Germanen und Bogenschützen aus Palmyra in Syrien, die in den Hilfstruppen dienten.

1 ■ Beschreiben Sie die Darstellung der Germanen.

Methode

Schriftliche Quellen interpretieren

M1 **Spange (auch Fibel genannt) aus Silber; 1.–3. Jh. n. Chr., Fundort: bei Kolding im Süden Dänemarks.**
Fibeln dienten dazu, Kleidung zusammenzuhalten, und wurden in ganz Europa seit der Bronzezeit verwendet.

Quellen bilden die Grundlage unserer historischen Kenntnisse. Ihre **systematische Analyse** ermöglicht uns die Rekonstruktion und Deutung von Geschichte. Quellen können konkrete Sachzeugnisse wie Bauwerke, Münzen, Schmuck, Malereien, Skulpturen oder Gebrauchsgegenstände und abstrakte wie Sprache oder historische Landschaften sein. Schriftliche Zeugnisse werden von der Geschichtswissenschaft seit dem 19. Jahrhundert unterteilt in **erzählende Quellen**, die zum Zweck der Überlieferung verfasst wurden, zum Beispiel Chroniken, Geschichtsepen, Mono- und Biografien, sowie in **dokumentarische Quellen**, zum Beispiel Urkunden, Akten, Gesetzestexte und Zeitungen, die gesellschaftliche und private Ereignisse und Prozesse unmittelbar und meist unkommentiert wiedergeben.

Bei der Untersuchung schriftlicher Quellen kommt es darauf an, zusätzlich zur Analyse der formalen und inhaltlichen Merkmale deren präzise Einordnung in den historischen Kontext vorzunehmen und ihren Aussagegehalt kritisch zu überprüfen. Denn Quellen vermitteln nie objektives Wissen über die Vergangenheit, sondern spiegeln bestimmte Wahrnehmungen wider, die sich je nach Standort der Beteiligten erheblich unterscheiden können. Diese Standortgebundenheit der historischen Akteure, zum Beispiel Zugehörigkeit zu einer sozialen Schicht, muss bei der Interpretation der Quelle daher berücksichtigt werden.

Arbeitsschritte für die Interpretation

1. Leitfrage
– Welche Fragestellung bestimmt die Untersuchung der Quelle?

2. Analyse
Formale Aspekte
– Um welche Quellengattung handelt es sich (z. B. Brief, Rede, Vertrag)?
– Wann und wo ist der Text entstanden bzw. veröffentlicht worden?
– Wer ist der Autor (ggf. Amt, Stellung, Funktion, soziale Schicht)?
– Was ist das Thema des Textes?
– Wer ist der Adressat bzw. sind die Adressaten (z. B. Privatperson, Institution, Machthaber, Öffentlichkeit, Nachwelt)?

Inhaltliche Aspekte
– Was sind die wesentlichen Textaussagen (z. B. anhand des gedanklichen Aufbaus bzw. einzelner Abschnitte)?
– Welche Begriffe sind von zentraler Bedeutung (Schlüsselbegriffe)?
– Wie ist die Textsprache (z. B. sachlich, emotional, appellativ, informativ, argumentativ, manipulierend, ggf. rhetorische Mittel)?
– Welche Überzeugungen, Interessen oder Intentionen vertritt der Verfasser?
– Welche Wirkung soll der Text bei den Adressaten erzielen?

3. Historischer Kontext
– Auf welches Ereignis, welchen Konflikt, welche Prozesse bzw. Epoche bezieht sich der Inhalt der Quelle?

4. Urteil
Beurteilen nach sachlichen Aspekten (Sachurteil)
– Welchen politisch-ideologischen Standpunkt nimmt der Autor ein?
– Inwieweit ist der Text glaubwürdig? Enthält der Text Widersprüche?
– Welche Problematisierung ergibt sich aus dem Text?

Bewerten nach heutigen Wertmaßstäben (Werturteil)
– Wie lassen sich die Aussagen des Textes im Hinblick auf die Leitfrage aus heutiger Sicht bewerten?

Methode

Übungsaufgabe

M 2 **Der römische Senator Tacitus über die germanischen Frauen**

Als Kleidung tragen alle Germanen einen Mantel, der durch eine Spange oder, wenn diese fehlt, durch einen Dorn zusammengeheftet wird. Sonst unbekleidet verbringen sie ganze Tage am Herdfeuer. Die Germanen tragen auch Felle [...]. Die Frauen sind wie die Männer gekleidet; nur hüllen sie sich öfters in Umhänge aus Leinen, die sie mit Purpur[1] färben. Auch lassen sie den Oberteil ihres Kleides nicht in Ärmel auslaufen, sodass der ganze Arm nackt ist. Jedoch auch derjenige Teil der Brust, der den Armen am nächsten ist, bleibt frei. Trotzdem nehmen die Germanen die Ehe ernst. [...] So leben die Germaninnen in wohlbehüteter Keuschheit, durch keine verlockenden Schauspiele, durch keine aufreizenden Gelage verführt. [...] Äußerst selten kommt es trotz der großen Bevölkerungszahl zum Ehebruch. Die Strafe hierfür erfolgt auf der Stelle und wird vom Manne vollstreckt: Er schneidet ihr Haar kurz, entblößt sie in Gegenwart der Verwandten, jagt sie aus dem Haus und treibt sie mit der Peitsche durch das ganz Dorf. Denn die Preisgabe der Frauenehre kennt dort keine Gnade, und eine Ehebrecherin wird dort keinen neuen Mann finden können, auch wenn sie noch so schön, noch so jung oder noch so reich ist.

Germania 17–19, zit. nach: Tacitus, Germania, hg. und übers. v. Allanus A. Lund, Carl Winter Universitätsverlag, Heidelberg 1988, S. 85.

1   Purpur: rot bis violetter Farbstoff, der aus den Purpurschnecken im östlichen Mittelmeer gewonnen wurde

1 ■ Interpretieren Sie M 2 mithilfe der genannten Arbeitsschritte.

Lösungshinweise

1. Leitfrage
– Was erfährt man von Tacitus über das Leben der Frauen?

2. Analyse
Formale Aspekte
Autor: Tacitus (ca. 55–120 n. Chr.); Senator in Rom, erreichte 97 n. Chr. mit dem Konsulat das höchste Amt nach dem Kaiser. Er verfasste historische Werke, die heute zu den bedeutendsten Geschichtswerken der lateinischen Literatur gehören.
Zeit und Ort: Tacitus schrieb die „Germania" in Rom und veröffentlichte sie 98 n. Chr.
Quellengattung: Fachbuch zu Geografie und Geschichte
Thema: Die Germania beschreibt im ersten Teil allgemein die Sitten von Germanen und im zweiten Teil die Besonderheiten der germanischen Stämme.
Adressat: Tacitus richtete sich an die gebildete Oberschicht in Rom. Möglicherweise sollte die Germania auch dem neuen Kaiser Trajan Hinweise für seine Politik geben.
Inhaltliche Aspekte
Wesentliche Aussagen: Tacitus beschreibt zunächst die Kleidung der Germanen, die einfach gestaltet war. Die Kleidung der Frauen entsprach meist der Männerkleidung, die bei den Frauen aber noch um mit Purpur gefärbte Leinenumhänge erweitert wurde. Dabei sollen die Arme und ein Teil der Brust der Frauen unbedeckt gewesen sein. Dennoch lebten die Germanen in sexueller Hinsicht sehr keusch. Ehebrecherinnen wurden schwer bestraft.
Zentrale Begriffe: Keuschheit
Kernaussage: Die Germaninnen tragen freizügige Kleidung, leben aber keusch.

3. Historischer Kontext
– Im 1. Jahrhundert n. Chr. beherrschte das Imperium Romanum unangefochten den Mittelmeerraum. Unsicher war aber die Nordgrenze, da sich die Germanen den römischen Eroberungsversuchen am Anfang des Jahrhunderts erfolgreich widersetzt hatten. Die flavischen Kaiser (69–96 n. Chr.) nahmen die Expansionspolitik wieder auf, erzielten aber nur geringe Geländegewinne. Germanien war deswegen in der römischen Öffentlichkeit häufig ein Thema. Trotz der eher bescheidenen Erfolge ließ sich Kaiser Domitian mit großem Aufwand als Sieger über die Germanen feiern und begann die Grenze zu befestigen. Im Jahr der Veröffentlichung hat Kaiser Trajan sein Amt angetreten. Die römische Germanienpolitik stand damit am Scheideweg zwischen Konsolidierung der römischen Positionen und dem Ziel, die Germanen zu unterwerfen.
– In der römischen Oberschicht diskutierte man zudem wie noch zu Zeiten Caesars über den Verfall der Sitten.

4. Urteil:
Beurteilen nach sachlichen Aspekten (Sachurteil)
– Tacitus verarbeitet in seinem Text durchaus zuverlässige Informationen über das Leben der Germanen. Im Unterschied zu Caesar weiß Tacitus, dass die Germanen sich nicht nur mit Fellen kleideten. Die von Tacitus beschriebenen Fibeln waren in Germanien weit verbreitet. Offensichtlich falsch ist die Annahme von Tacitus, dass die Frauen ihre Umhänge mit Purpur färbten. Dieser Farbstoff war sehr teuer und deshalb selbst im Mittelmeerraum ein Statussymbol. Unwahrscheinlich ist zudem, dass die Germaninnen aufgrund der mitteleuropäischen Wintertemperaturen derartig freizügige Kleidung trugen. Hier erliegt Tacitus offensichtlich noch den von Caesar überlieferten Barbarenklischees.
– Tacitus nutzt die fragwürdige Kleidung der Germaninnen, um zum sittlichen Verhalten in Fragen des Geschlechtsverkehrs überzuleiten. Die Germaninnen werden von ihm als außerordentlich keusch beschrieben, was zwar denkbar ist, sich aber einer Überprüfung letztlich entzieht. Tacitus zeichnet hier das Bild der „edlen Wilden", denn sein Verweis auf die „modernen Zeiten" zielt offensichtlich auf das Verhalten seiner römischen Zeitgenossen. Tacitus prangert hier zweifellos die Sittenlosigkeit der Römer an. Wie die Germanen sich in Bezug auf die Ehe tatsächlich verhalten haben, kann dem Text von Tacitus daher nicht mit Sicherheit entnommen werden. Vermutlich fußt er in seinen Ausführungen dazu auf den schon von Caesar verwendeten Klischees.
Bewerten nach heutigen Wertmaßstäben (Werturteil)
– Nach Artikel 6 des Grundgesetzes stehen Ehe und Familie „unter dem besonderen Schutze der staatlichen Ordnung". Allerdings gibt es die Möglichkeit, eine Ehe zu scheiden – und der Ehebruch ist nicht strafbar. Aus heutiger Sicht ist daher die strenge Haltung von Tacitus zur Ehe nicht mehr vertretbar. Auch erscheint es aus heutiger Sicht fragwürdig, dass im Tacitus-Text nur die Frauen für Ehebruch verantwortlich gemacht werden.

Arminius – ein „deutscher" Held?

In der Varusschlacht 9 n. Chr. stand das römische Heer einem Aufgebot von verbündeten germanischen Stämmen unter der Führung des jungen Arminius (um 18 v. Chr.–21 n. Chr.) gegenüber. Arminius war Spross einer germanischen Adelsfamilie aus dem Stamm der Cherusker, stand 9 n. Chr. jedoch in römischen Diensten. Er hatte im Imperium Romanum gelebt, besaß das römische Bürgerrecht und hatte in der Armee Karriere gemacht. Als es zwischen Römern und Germanen zu Konflikten kam, erkannte Arminius, dass er mit einem Sieg über die Römer in Germanien mehr Einfluss gewinnen könne. Er sammelte heimlich Verbündete und täuschte Varus, indem er vorgab, noch immer auf der Seite der Römer zu stehen. Tatsächlich lockte er das römische Heer in einen tödlichen Hinterhalt. Die Hoffnung auf eine Führungsrolle unter den Germanen erfüllte sich für Arminius nach dem Sieg aber nur zum Teil. Mit 37 Jahren wurde er 21 n. Chr. von Verwandten ermordet. Im Mittelalter geriet Arminius zunächst in Vergessenheit; lediglich Siegfried – Figur im Nibelungenlied – erinnert vermutlich an den Sieger der Varusschlacht.

Erst in der Renaissance änderte sich das Arminiusbild. Während in dieser Zeit Griechen und Römer bei europäischen Gelehrten in hohem Ansehen standen, konnten die Deutschen für die eigenen Vorfahren keine vergleichbaren kulturellen Errungenschaften vorweisen. Deutsche Gelehrte griffen deshalb gern auf den römischen Historiker Tacitus (um 55–um 120 n. Chr.) zurück, der Arminius in seinen „Annalen" zum „Befreier Germaniens" stilisiert hatte. Sie wollten zeigen, dass ihre Vorfahren den Römern zivilisatorisch zwar unterlegen, aber moralisch überlegen gewesen seien. Ebenso schien der Sieg des Arminius über die Römer eine militärische Überlegenheit zu belegen. Die Reformatoren betrachteten im 16. Jahrhundert den Kampf des Arminius gegen Rom als frühen Vorläufer der Auseinandersetzung zwischen Martin Luther und dem Papst – und erhoben Arminius in ihren Schriften zum deutschen Nationalhelden. Da „Arminius" offensichtlich ein römischer und kein cheruskischer Name ist und sein ursprünglicher Name sich nicht überliefert hatte, nannten die neuen Arminius-Verehrer ihren Helden „Hermann" – abgeleitet aus der lateinischen Bezeichnung „dux belli" (Anführer im Krieg), die mit „Heer man" übersetzt wurde.

Mit dem Erstarken des Nationalismus in Deutschland am Anfang des 19. Jahrhunderts nahm die Verehrung des Arminius weiter zu. So diente der Widerstand der Germanen gegen die Römer in der napoleonischen Zeit als Vorbild für die Befreiung von der französischen Fremdherrschaft. Der Cherusker wurde zum Symbol von nationaler Größe und heldenhaftem Mut. In seiner Einigung der Stämme für den Kampf gegen die Römer sah man auch ein Vorbild für die Schaffung eines deutschen Nationalstaates. Seit der Reichsgründung 1871 sollte der Kult um Hermann vor allem das deutsche Nationalbewusstsein stärken. Höhepunkt dieser politischen Instrumentalisierung war 1875 die feierliche Einweihung des schon 1838 begonnenen Hermann-Denkmals bei Detmold (M 1). Die Kriegerfigur reckt das Schwert zum Himmel nach Westen gegen den „Erbfeind" Frankreich. Als nach dem Zweiten Weltkrieg der Nationalismus in Deutschland an Bedeutung verlor, begann eine versachlichte Auseinandersetzung mit Arminius. Es setzte sich die Erkenntnis durch, dass er nicht als Vorfahr der jetzigen Deutschen gelten kann. Das Denkmal bei Detmold wandelte sich von einem Ort des nationalen Kultes zu einer Touristenattraktion. Das aufwändig begangene Jubiläum der Varusschlacht 2009 zeigt allerdings, dass die Geschichte vom Sieg über die Weltmacht Rom noch immer viele Menschen fasziniert.

M 1 Das Hermann-Denkmal bei Detmold, errichtet 1838 bis 1875, Fotografie, 2006

Auf dem Schwert ist folgende Inschrift angebracht: „Deutschlands Einigkeit meine Stärke, Deutschlands Stärke meine Macht".

Webcode:
KB644438-024

M2 Aus einem deutschen Schulbuch, 1902

Es beschwor in Norddeutschland der neue Statthalter Quinctilius Varus ein noch schweres Ungewitter über Rom herauf. An den knechtischen Sinn der Syrer, denen er früher geboten hatte, gewöhnt, verfuhr er auch in Norddeutschland bereits wie der Verwalter einer unterworfenen Provinz. Längere Zeit ertrugen es die Deutschen. Als er aber ihr heimisches Recht durch das römische verdrängte und alle die römischen Erpressungskünste, wie er sie vordem in der Provinz Syrien geübt hatte, rücksichtslos in Anwendung brachte, da schwoll unter dem Druck langsam, aber furchtbar der deutsche Zorn und Freiheitstrutz, und in Arminius, […] einem jungen Cheruskerfürsten, erstand dem Volk ein Rächer. Er war ein fünfundzwanzigjähriger Jüngling von edlem Geschlecht, tapferer Hand und schnellem Geist. Im römischen Dienst hatte er römische Kriegskunst und List erlernt. Er war's, der die norddeutschen Stämme, die Brukterer, Marser, Angrivarier, Chatten, vor allem aber seine Cherusker zur Empörung trieb. […] Varus stand indessen ruhig in seinem Sommerlager an der Weser und verachtete die Warnung des Cheruskerfürsten Segestes, der aus Hass gegen Arminius zum Verräter ward. Als die Eidgenossenschaft gebildet war, empörte sich der Verabredung gemäß zuerst ein kleiner abseits wohnender Stamm. Die gute Jahreszeit war vorüber und Varus gerade im Begriff, die Legionen in das Winterlager zurückzuführen. Auf einem Umweg wollte er dabei die Aufständischen unterwerfen, und so sicher war er seiner Sache, dass er sich von Arminius mit deutschen Hilfstruppen begleiten ließ. Aber plötzlich umringte ihn das gesamte Aufgebot der verschworenen Völkerschaften, […] am dritten Tage unterlagen […] drei stolze Legionen Roms. […] Der greise Augustus und mit ihm Rom zitterten vor einem möglichen Angriff der Germanen, doch begnügten sich diese damit, dass sie frei waren.

David Müller, Geschichte des deutschen Volkes in kurzgefasster übersichtlicher Darstellung zum Gebrauch an höheren Lehranstalten und zur Selbstbelehrung, 18. Aufl., Verlag von Franz Vahlen, Berlin 1902, S. 58.

1 ■ Erläutern Sie die Bedeutung von Arminius/Hermann für das deutsche Nationalbewusstsein seit dem 16. Jahrhundert.
2 ■ Analysieren Sie die Darstellung des Varus, des Arminius und der „Deutschen" im Schulbuchtext M 2.
3 ■ Bewerten Sie anhand dieses Beispiels den Umgang mit der Varusschlacht im Geschichtsunterricht um 1900.

M3 Postkarte „Deutschlands Befreier", 1933

1 ■ Interpretieren Sie das Postkartenmotiv im Hinblick auf die Instrumentalisierung des Hermann-Mythos durch die Nationalsozialisten (M 3).
2 ■ **Zusatzaufgabe:** Untersuchen Sie weitere Beispiele der Arminius-Darstellung in der deutschen Literatur, z. B. das Drama „Hermannschlacht" (1808) von Heinrich von Kleist oder das Versepos „Deutschland. Ein Wintermärchen" (1844) von Heinrich Heine. Präsentieren Sie Ihre Ergebnisse im Plenum.

1 Fremdsein

1.2 Mittelalterliche Weltbilder in Europa und Asien

Leitfrage:
Inwiefern spiegeln mittelalterliche Weltkarten die Weltbilder der damaligen Menschen in Asien und Europa?

„Weltbild"

Wer heute nach einer mittelalterlichen Weltkarte eine Reiseroute planen wollte, würde wenig Erfolg haben. Es fehlen die erst in der Neuzeit entdeckten Kontinente Amerika, Australien und Antarktis. Auch bei den schon im Mittelalter bekannten Gebieten stimmt kaum eine Küstenlinie mit denen in modernen Karten überein. Dass ihre Weltkarten keine präzisen Abbilder der Topografie darstellten, war den Gelehrten im Mittelalter bewusst. Die Karten halfen ihnen jedoch, die damalige Vorstellung der Menschen von der Welt zu veranschaulichen. Unter „Weltbild" verstehen wir heute das geografische Wissen über die Welt und das Weltall zusammen mit der damit verbundenen Lebenswirklichkeit. Zudem wird der Begriff bedeutungsgleich mit „Weltanschauung" oder Weltansicht für eine Sicht auf die Welt und eine Haltung gegenüber dem Leben verwendet. Im europäischen Mittelalter (ca. 500 bis 1500 n. Chr.) gab es unterschiedliche „Bilder" von der Welt, die auf die **Überlieferung durch das Alte Testament** sowie auf antike Vorstellungen auf der Grundlage von **Naturbeobachtungen** zurückgehen. Darüber hinaus sind im Mittelalter auch aus anderen Regionen der Erde Weltbilder überliefert, z. B. aus Asien.

T-O-Karte
Den Umriss der Welt bildet der kreisförmige Ozean, der den kleineren Kreis der Landmasse umschließt. Das Land wird durch ein T-förmiges Wassergebiet in die drei Kontinente Asien, Europa und Afrika aufgeteilt. Der Osten ist oben und der Norden links. Die Kreisform der T-O-Karten hat die Forscher im 19. Jahrhundert dazu verleitet, zu unterstellen, dass die Menschen im Mittelalter dachten, die Erde sei eine Scheibe. Genauere Forschungen haben aber ergeben, dass man im Mittelalter weiter an die schon in der Antike entdeckte Kugelgestalt der Erde geglaubt hat. Allerdings zeigen die T-O-Karten in der Regel nichts von der Unterseite der Kugel. Es war unter den mittelalterlichen Gelehrten umstritten, ob es dort auch Menschen gab.

T-O-Karten in Europa

Die Grundform der meisten Weltkarten in Europa im Mittelalter war die **T-O-Karte*** (M 1, M 5). Sie war geostet, weil im Osten die Sonne aufgeht. Von dort gehen Licht und Wärme aus. Außerdem fuhr Christus nach seiner Auferstehung gen Osten in den Himmel. Deshalb nahmen die Gelehrten an, dass im Osten auch das Paradies liegen müsse. Auf vielen mittelalterlichen Karten ist es genau am östlichsten Punkt der Erde platziert. Im Hochmittelalter wurde **Jerusalem** auf den Weltkarten zum Mittelpunkt des Universums. Die Stadt im Nahen Osten, gelegen zwischen Mittelmeer und Totem Meer, gewann im Rahmen der Kreuzzugsbewegung (12./13. Jh.) eine immense Bedeutung für das christliche Europa. In den Karten wurde sie größer und prächtiger als andere Städte eingezeichnet. Neben Jerusalem wurden auch zahlreiche andere Orte aus der Bibel in die Karten eingetragen. Die Weltkarten im europäischen Mittelalter dokumentieren damit den starken **Einfluss des Christentums**.

M1 T-O Weltkarte des gelehrten Bischofs Isidor von Sevilla (ca. 560–636), Buchmalerei, Nordfrankreich, um 1130

Fremdsein **1**

Karten als Speicher von Weltwissen
Neben der Eintragung von Orten und Küstenlinien wurden auf einigen mittelalterlichen Karten auch Bilder gezeichnet und mit Text erläutert. Dadurch bekamen diese Karten den Charakter von Enzyklopädien, die die christliche Heilsgeschichte, aber auch andere Informationen aus Geografie, Mythologie, Ethnologie und Geschichte vermittelten. Ein mythologisches Beispiel ist die häufige Darstellung von Fabelwesen an den Rändern der Welt (M 7, M 8). Und aus dem Johannes-Evangelium stammen die Völker Gog und Magog, die – nachdem sie am Jüngsten Tage vom Satan befreit werden – im Norden warten, um über die Menschen herzufallen. Ferner findet sich eine Reihe verschiedener Darstellungen von Menschen mit merkwürdigen Körpern und seltsamen Sitten.

Weltkarten im arabischen Raum
Auf den arabischen Weltkarten des Mittelalters (M 2) befindet sich die Arabische Halbinsel mit den heiligen Stätten des Islam Medina und Mekka meist im Zentrum der Darstellung. Eine bildhafte Hervorhebung unterblieb allerdings, da im Islam das Bilderverbot für Gott sehr viel strenger als im Christentum ausgelegt wird. Zudem sind auf arabischen Karten ohnehin kaum Bilder zu finden. In einigen Weltkarten aus dem islamischen Orient wird Europa als der „Kleine Kontinent", die Landmasse von Asien und Afrika als „Großer Kontinent" bezeichnet und damit die europäische Dreiteilung in Europa, Asien und Afrika überwunden. Auf geografischen Karten aus dem arabischen Raum sind die Küstenlinien im Mittelmeer etwas detaillierter dargestellt als auf den christlichen Weltkarten; sie erreichen insgesamt jedoch keine große Genauigkeit. Da den arabischen Seefahrern die langen Ost- und Nordküsten Afrikas viel besser als die tatsächliche Ausdehnung Asiens bekannt waren, erscheint Afrika auf den arabischen Karten als besonders groß. Im Norden finden sich auch auf arabischen Karten häufig zumindest schriftliche Hinweise auf die mythischen Völker Gog und Magog (M 9, M 10).

M 2 Arabische Weltkarte, ca. 1020–1050, aus dem ägyptischen „Buch der Kuriositäten".

Die Karte ist nach Süden ausgerichtet. Die halbmondförmigen Eintragungen sind Gebirge, die Linien über Land Flüsse. In der Mitte liegt die Arabische Halbinsel, links davon erstreckt sich der Indische Ozean und unten rechts das Mittelmeer.
Die Iberische Halbinsel, der italienische Stiefel und das heutige Griechenland sind hervorgehoben.
Die runde Insel im Mittelmeer ist Sizilien. Im Indischen Ozean sind die Inseln Java und Ceylon am größten gezeichnet. Über Java liegt in Afrika das fabelhafte Reich der Waq-Waq.

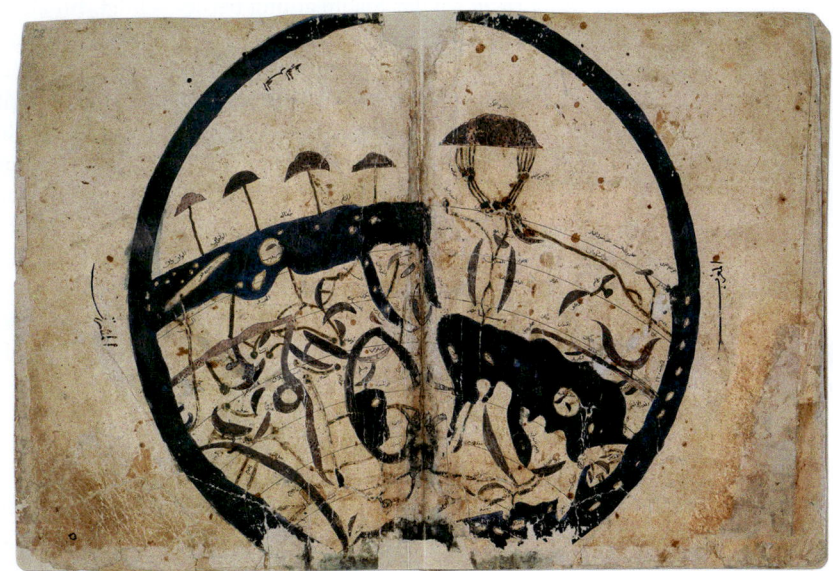

1 Fremdsein

M3 Niederländische Portulankarte der spanischen Küste, 1592

M4 Karavelle, spanischer Holzschnitt, 1502

Webcode:
KB644438-028

Neue Weltbilder im Spätmittelalter

Im Spätmittelalter engagierten sich die Europäer stärker als zuvor im überregionalen Handel. Einzelne Händler wie der Venezianer Marco Polo reisten sogar bis China. Um 1500 begannen die Entdeckungsfahrten der Portugiesen und Spanier. Voraussetzungen waren **Neuerungen in der Kartografie, im Schiffbau und der Navigation**. Auf der Grundlage wissenschaftlicher Erkenntnisse aus der Antike wurden seit 1300 Seehandbücher erstellt, die erstaunlich exakte Karten enthielten. Eine Grundlage bildete das zuvor schon von den Arabern genutzte Werk des Griechen Ptolemaios, das den Europäern in der Renaissance wieder bekannt wurde. Ptolemaios hatte ein Verfahren entwickelt, um die auf einer Kugeloberfläche gelegenen Orte der Erde mithilfe eines Koordinatensystems möglichst genau in eine Flächenkarte zu übertragen. Schon am Ende des 13. Jahrhunderts kam in Europa mit den **Portulankarten** ein neuer Kartentyp in Gebrauch, der sich um eine realistische Wiedergabe der Topografie bemühte. Die erhaltenen Portulankarten (M3) zeigen vorrangig die Küstenlinien, aber wie groß ihr praktischer Nutzen für die Seeleute war, ist in der Forschung umstritten. Mit der **Karavelle**, einem zwei- oder dreimastigen Segelschiff, wurde seit dem 14. Jahrhundert ein Schiffstyp entwickelt, der den speziellen Anforderungen der Atlantikfahrt entsprach (M4). Mit diesen Schiffen erkundeten die Portugiesen systematisch die Westküste Afrikas und 1492 brach Kolumbus mit drei Karavellen nach Westen auf. Entscheidend für die Überquerung der Ozeane im Zeitalter der Entdeckungsfahrten waren die Entwicklung geeigneter Navigationsinstrumente wie das **Astrolabium** und vor allem der **Kompass**.

Weltbild im mittelalterlichen China

Im mittelalterlichen Weltbild der Chinesen wurde der Himmel als rund und die Erde als quadratische Scheibe mit vier Meeren am jeweiligen Rand angenommen. Das Quadrat strahlte im chinesischen Denken eine besondere Harmonie aus. Dieses Weltbild beeinflusste auch den Städtebau. Die ideale Stadt sollte das **Abbild des Universums** widerspiegeln: Sie hatte eine quadratische Grundfläche und war in weitere Quadrate aufgeteilt; sie war von Mauern umgeben und mit zwölf Toren versehen, die der Zahl der Monate in einem Jahr entsprechen. Ein solcher Grundriss liegt beispielsweise der Verbotenen Stadt, dem chinesischen Kaiserpalast im Zentrum des heutigen Pekings, zugrunde. Bis heute werden in China diese Gestaltungsgrundsätze bei der Stadtplanung berücksichtigt. Im alten China ging man davon aus, das Zentrum der Welt zu sein, und nannte sich das „**Reich der Mitte**". Gegenüber den Nachbarvölkern fühlte sich die chinesische Zivilisation überlegen. Korea, Annam (Vietnam) und Tibet mussten regelmäßig Tribute zahlen. Die chinesische Weltsicht hat die Joseon-Dynastie (1392–1910) in Korea stark beeinflusst. Die koreanische Weltkarte „Kangnido" (M11, M12) beruhte zum großen Teil auf chinesischen Vorbildern; sie zeigt mit der Darstellung Koreas aber auch die Fähigkeiten koreanischer Geografen bei der Erfassung der Küstenlinien.

1 ■ Erläutern Sie den Einfluss des Christentums auf die Weltkarten des europäischen Mittelalters.
2 ■ Beschreiben Sie den typischen Aufbau einer arabischen Weltkarte aus dem Mittelalter.
3 ■ Erläutern Sie die Voraussetzungen für die Entwicklung neuer Kartendarstellungen im spätmittelalterlichen Europa.
4 ■ Erklären Sie das chinesische Weltbild.
5 ■ **Zusatzaufgabe:** Vergleichen Sie anhand von zwei selbst gewählten Kriterien die mittelalterlichen Weltbilder des europäischen, arabischen und asiatischen Raumes.

Europäische Weltkarten

M5 Ebstorfer Weltkarte, Faksimile eines Originals von ca. 1300.
Die Karte ist die größte bekannte Weltkarte des Mittelalters. Sie wurde in Norddeutschland angefertigt und im Kloster Ebstorf 1843 gefunden. 1943 ging sie bei einem Bombenangriff verloren, konnte aber rekonstruiert werden. Sie enthält über 2000 Bild- und Texteinträge und hat einen Durchmesser von 3,57 m.

1. Beschreiben und interpretieren Sie die Lage von Christus' Kopf, Händen und Füßen auf der Karte.
2. **Zusatzaufgabe:** Stellen Sie mithilfe der Internetversion der Karte (*www.uni-lueneburg.de/hyperimage/EbsKart/start.html*) die Informationen der Ebstorfer Weltkarte zum Gebiet des heutigen Bundeslandes Nordrhein-Westfalen zusammen.

M6 Die Historikerin Ute Schneider zur Ebstorfer Karte, 2011

Die Wiedergabe „richtiger" geografischer Verhältnisse im Sinne von Vermessung und Maßstäben ist Bestandteil kartografischer Ansprüche und Wertvorstellungen der Neuzeit. Für den oder die Zeichner der Ebstorfer Karte ergab
5 sich die Größe der Kontinente und Regionen aus ihrer heils- und weltgeschichtlichen Bedeutung sowie dem Grad der Vertrautheit. […] Die Auswahl und Darstellung aufgrund qualitativer Kriterien, das heißt gemäß ihrer Bedeutung im Kontext der Welt- und Heilsgeschichte zeigt sich an der
10 Darstellung Asiens und Europas. Die Größe Asiens erklärt sich vornehmlich aus seiner heilsgeschichtlichen Bedeutung, während im Fall Europas realhistorische und geografische Bedeutungen im Vordergrund standen. Orte wie Lüneburg und Braunschweig mit dem Stadtwappen des Löwen
15 sind im Verhältnis mit anderen Orten hervorgehoben, denn hier bewegten sich die Zeichner auf bekanntem Terrain, und ein Wiedererkennen war auch für mittelalterliche Karten ein relevantes Kriterium, das für die Topografie ebenso wie für die Heilsgeschichte Anwendung fand. Auffällig ist in
20 Europa ein ausgeprägtes und geradezu verdichtetes Flusssystem, das viele der abgebildeten Städte miteinander verbindet. Da Flüsse im Mittelalter die zentralen Handelswege darstellten, waren sie ein signifikantes Merkmal und von so großer Wichtigkeit, dass der Zeichner sie in seiner Karte her-
25 vorhob.

Ute Schneider, Weltdeutungen in Zeitgeschichten. Die Ebstorfer Weltkarte, in: Christoph Markschies u. a. (Hg.), Atlas der Weltbilder, Akademie Verlag, Berlin 2011, S. 132–141, hier S. 135f.

1 ■ Erläutern Sie, inwiefern die Ebstorfer Weltkarte nach anderen Kriterien angefertigt wurde als moderne Weltkarten.
2 ■ Beurteilen Sie die Darstellungsprinzipien der Ebstorfer Weltkarte. Nutzen Sie auch den Darstellungstext.

Geschichte kontrovers: Warum sind auf den mittelalterlichen Weltkarten Fabelwesen abgebildet?

M7 Der Historiker Arnold Bühler zu den Fabelwesen auf mittelalterlichen Karten, 1990

Bei unseren Versuchen, die Motive zu bestimmen, warum diese bizarre Welt erdacht und weitergedacht wurde, dürfen wir getrost einräumen, dass auch für die Menschen im Mittelalter der Horror und der Reiz des Exotischen – jenseits
5 aller didaktischen Absichten – einen ganz profanen Unterhaltungswert hatte. Schließlich schafft sich jede Welt ihre eigenen Fantasiegestalten, auch unsere eigene: Zwar ist unsere Erde keine *terra incognita* mehr, die für Fabelgestalten Raum ließe, aber wir haben immer noch die fernen Galaxi-
10 en, um sie mit Wesen wie Mr. Spock oder E.T. zu bevölkern.

Arnold Bühler, Imago Mundi. Bilder aus der Vorstellungswelt des Mittelalters, in: GWU 8 (1990), S. 457–488, hier S. 470f.

M8 Die Historikerin Marina Münkler, 2007

Die Weltkarten von Ebstorf und Hereford verknüpften in der Repräsentation der monströsen Völker […] unterschiedliche Sinn- und Deutungsebenen. Einerseits konnten sie für die Vielfältigkeit und Transzendenz[1] des geschöpfli-
5 chen *ordo*[2] stehen, andererseits konnten sie ebenso als Zeichen einer paradiesisch wie apokalyptischen Peripherie fungieren. Damit sind sie aber keineswegs der Ausdruck eines Zeitalters, das in den Weltkarten seinen Vorlieben für das Bizarre und Fantastische frönte, sondern vielmehr eine Aus-
10 einandersetzung mit dem Fremden, in der das Fremde dazu diente, die Grenze des Eigenen zu bestimmen. Die *monstra*[3] waren nicht nur an der Grenze des *ordo orbis*[4] angesiedelt, sie waren die Grenze. Zeitlich bildeten sie die Grenze von der Vertreibung des Menschengeschlechts aus dem irdi-
15 schen Paradies […], räumlich markierten sie die Grenze der Oikumene[5] im Norden, Süden und Osten, moraltheologisch bildeten sie die Grenze zwischen dem Erlösungsfähigen und dem Verdammungswürdigen und anthropologisch bezeichneten sie die Grenze des *genus humanum* [=
20 Menschengeschlecht].

Marina Münkler, monstra und mappae mundi. Die monströsen Völker des Erdrands auf mittelalterlichen Weltkarten, in: Jürg Glauser/Christian Kiening (Hg.), Text. Bild. Karte. Kartographien der Vormoderne, Rombach Verlag, Freiburg i. Br. 2007, S. 149–173, hier S. 173.

1 Transzendenz: das Überschreiten der Erfahrungs- und Bewusstseinsgrenze
2 Geschöpflicher Ordo: Ordnung der Schöpfung Gottes
3 *monstra:* Monster
4 *ordo orbis:* Ordnung der Erde
5 Oikomene: bewohntes Gebiet der Erde

1 ■ Vergleichen Sie die Darstellungen hinsichtlich der Funktion von Fabelwesen auf Weltkarten.
2 ■ Setzen Sie sich mit den Positionen der Historiker kritisch auseinander.

Außereuropäische Weltkarten

M9 Waq-Waq-Baum aus dem ägyptischen „Buch der Kuriositäten"
ca. 1020–1050.
Auf den arabischen Karten tauchen zwar keine Bilder auf, es gab dennoch viele arabische Berichte und Bilder von Fabelwesen vom Rande der Welt.

1 Fremdsein

M 10 Anonymer andalusischer Geograf, 12. Jh.

Die Insel der Waq-Waq erhielt ihren Namen von den großen hohen Bäumen mit dichtem Laub wie einem Feigenbaum, nur mit größeren Blättern. […] Im März bringt dieser Baum Früchte wie die einer Palme hervor, doch aus deren Unterseiten ragen Füße junger Mädchen heraus. Am zweiten Tag des Monats erscheinen zwei Unterschenkel und am dritten Tag zwei Beine und zwei Oberschenkel. So geht es weiter, jeden Tag erscheint etwas mehr, bis am letzten Tag des Aprils der gesamte Körper aufgetaucht ist. Im Mai erscheint der Kopf, die ganze Figur ist vollständig und hängt an ihren Haaren. Ihre Form und Gestalt ist äußerst schön und begehrenswert. Anfang Juni fallen sie nach und nach von den Bäumen, bis in der Mitte des Monats keine mehr übrig geblieben ist. Im Moment des Fallens geben sie zwei Schreie von sich: „Waq-Waq!" […] Aber einmal am Boden bestehen sie nur aus Fleisch ohne Knochen. Obwohl sie schöner sind als Worte beschreiben können, haben sie kein Leben und keine Seele. Sie werden in der Erde begraben, da sich sonst niemand ihnen nähern könnte wegen des Gestanks.

Zit. nach: Evelyn Edson/Emilie Savage-Smith/Anna Dorothee von den Brincken, Der mittelalterliche Kosmos. Karten der christlichen und islamischen Welt, Wissenschaftliche Buchgesellschaft, Darmstadt 2005, S. 95.

1 ■ Vergleichen Sie den Text (M 10) mit der bildlichen Darstellung (M 9).
2 ■ **Zusatzaufgabe:** Interpretieren Sie die Legende der Waq-Waq.

M 11 Kangnido-Weltkarte, Korea, 1402.

Die „Karte der zusammengefassten Länder und historisch gewachsenen Regionen mit den Hauptstädten" ist über eine japanische Kopie von 1470 erhalten. Ihre Originalgröße beträgt 164 × 172 cm. Rechts ist Korea gut zu erkennen, der große Block in der Mitte ist China, am linken Rand sind Indien, Arabien und Europa dargestellt.

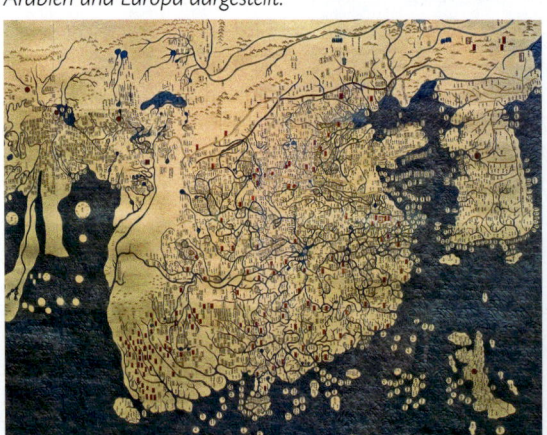

M 12 Erläuterung zur koreanischen Weltkarte, 1402

Die japanische Kopie der Kangnido von 1470 enthält folgenden, vermutlich aus dem Original übernommenen Einleitungstext:

Die Welt ist sehr groß. Wir können nicht wissen, wie viele zehn Millionen Li[1] von China in der Mitte bis zu den vier Meeren am Rand der Welt durchschritten werden müssen. Weil bei der Zeichnung der Karte eine Reduzierung auf ein Blatt Papier von wenigen Fuß Größe notwendig ist, ist es schwer, große Genauigkeit zu erreichen. Deshalb sind die Ergebnisse der Kartenzeichner in der Regel entweder zu unklar oder zu verkürzt. […] Was die Region östlich des Liao-Flusses und das Gebiet unseres eigenen Landes betrifft, so hatte Zemins Karte viele Lücken und Leerstellen, sodass der Kartenzeichner Yi Hoe eine Karte unseres Landes ergänzte und eine zu Japan hinzufügte, sodass eine neue Karte entstand, die gut aufgebaut und zu bewundern ist. Man kann jetzt in der Tat die Welt kennen lernen, ohne das Haus zu verlassen. Durch das Anschauen der Karten kann man die Entfernungen über Land ermitteln und Unterstützung bei der Regierungsarbeit bekommen. Die Sorgfalt und die Mühe bei der Herstellung der Karte durch die beiden Zeichner spiegeln sich in den großen Maßen der Karte.

Zit. nach: Gari Ledyard, Cartography in Korea, in: J. B. Hartley/David Woodward, The History of Cartography, Vol. 2,2, The University of Chicago Press, Chicago 1994, S. 235–345, hier S. 245, aus dem Engl. übers. v. Björn Onken.

1 Li: altes Chinesisches Längenmaß, ca. 500 m
2 Zemins Karte: heute verlorene Weltkarte des Zeichners Li Zemin of Wumen

1 ■ Beschreiben Sie die Karte (M 11).
2 ■ Geben Sie Probleme und Intention bei der Herstellung der Kangnido-Karte wieder.
3 ■ **Geschichte produktiv:** Schreiben Sie auf der Grundlage Ihrer Ergebnisse und der Informationen im Darstellungstext einen Zeitungsbeitrag über das asiatische Weltbild im Mittelalter.
4 ■ **Zusatzaufgabe:** Vergleichen Sie die Darstellungsprinzipien der Kangnido-Karte mit den zeitgenössischen Karten in Europa.

Präsentationsvorschlag

Die Londoner Psalterkarte von 1260 – vergleichbar mit der Ebstorfer Karte?

Die Londoner Psalterkarte ist im Unterschied zur Ebstorfkarte mit 8,5 cm Durchmesser winzig. Untersuchen Sie, ob sie dennoch vergleichbare Merkmale einer mittelalterlichen Weltkarte aufweist.

Literaturtipp:
Herma Kliege, Weltbild und Darstellungspraxis hochmittelalterlicher Weltkarten, Nodus Publikationen Münster 1991.

1.3 Selbst- und Fremdbild in der Frühen Neuzeit

Landnahme in Amerika

Als **Christoph Kolumbus** 1493 den ersten Bericht über seine Entdeckungen verfasste, hielt er es für erwähnenswert, dass er keinen Ungeheuern in Menschengestalt begegnet sei. Diese merkwürdigen Wesen, die angeblich die Randzonen der mittelalterlichen Weltkarten bevölkert hatten (M1), wurden durch die **Entdeckungsreisen des 15./16. Jahrhunderts** in das Reich der Fabel verwiesen. Stattdessen trafen die Europäer auf Menschen, die anders aussahen, eine andere Lebensweise pflegten und über einen niedrigen technischen Entwicklungsstand verfügten. Es bildeten sich zwei Betrachtungsmuster für die Fremden heraus: Einerseits wurden sie als primitive Barbaren verachtet und andererseits als „edle Wilde" bestaunt.

Diese Betrachtungsmuster sind nicht zu trennen von der Diskussion über die europäischen Ansprüche auf die „Neue Welt". Neben dem Entdeckungs- oder Finderrecht auf unbewohnte Inseln beriefen sich die Eroberer auf das päpstliche Verleihungsrecht und den Staatsvertrag zwischen den europäischen Seemächten. Zunächst hatte 1493 Papst Alexander VI. (Borgia) den Spaniern die Herrschaft über alle aktuellen und künftigen Entdeckungen im westlichen Ozean verliehen, damit sie die „barbarischen" Bewohner zum christlichen Glauben führten. Im **Vertrag von Tordesillas** von 1494 einigten sich Spanier und Portugiesen darauf, dass die Entdeckungen im Westen den Spaniern und diejenigen im Osten den Portugiesen gehören sollten. Die anderen europäischen Mächte und einige spanische Mönche akzeptierten diese Legitimationen jedoch nicht. Die juristischen Kontroversen drehten sich um den **Status der Indios** als Menschen: Waren sie Barbaren ohne Recht auf ihr Land oder waren sie Kinder Gottes, die in die Hände habgieriger und grausamer Eroberer gefallen waren?

Leitfrage:
Welche Bedingungen prägen die gegenseitigen Wahrnehmungen der Europäer, Amerikaner und Afrikaner?

M1 Fabelwesen, Holzschnitt aus Sebastian Münsters „Kosmographie", 1550

M2 Amerika und Europa, Karikatur von Carsten Märtin, 2013

1 ■ Interpretieren Sie die Karikatur.
2 ■ Formulieren Sie einen eigenen Titel.

1 Fremdsein

Konquistador
Sammelbegriff für die spanischen und portugiesischen Entdecker, Abenteurer und Soldaten, die während des 16. und 17. Jh. große Teile Nord- und Südamerikas und der Philippinen als Kolonien in Besitz nahmen.

Indigene Völker
(lat. *indiges* = eingeboren) sind die Nachkommen einer Bevölkerung vor einer Eroberung oder Kolonisation eines Staates oder einer Region, die sich als eigenständiges Volk verstehen und ihre sozialen, wirtschaftlichen und kulturellen Institutionen beibehalten.

Neben dem Papst und den Monarchen betraf die Frage nach den Besitzansprüchen auch die Interessen der Konquistadoren* und Siedler. Sie hatten nach der Eroberung das Land unter sich aufgeteilt und viele der indigenen Bewohner* zum Arbeitseinsatz gezwungen. 1503 erkannte die spanischen Krone diese Praxis faktisch an. Im System der Encomienda bzw. des Repartimiento erhielten die spanischen Landbesetzer den Boden und eine bestimmte Anzahl von Indios als Arbeitskräfte von der Krone offiziell zugeteilt. Die spanischen Herren sollten ihre Indios angemessen unterbringen und entlohnen sowie in der christlichen Religion unterweisen. Da der Königshof aber tausende Kilometer von den Kolonien entfernt lag, kümmerten sich die Konquistadoren nicht um ihre Fürsorgepflichten. Stattdessen beuteten sie die Indios hemmungslos aus. Dies führte zusammen mit den von den Europäern eingeschleppten Krankheiten zu einem dramatischen Rückgang der Bevölkerung. In der Karibik ging die Zahl der Indios in den ersten einhundert Jahren der spanischen Herrschaft um bis zu 90 Prozent zurück.

Kontroverse über Indios Diese Zustände in den Kolonien schwächten die fragwürdige Herrschaftslegitimation der Spanier. Spanische Mönche, die in Amerika missionieren sollten, mussten erkennen, dass ihre Landsleute durch ihr Verhalten alle Missionsbemühungen zunichte machten. Ohne Erfolge bei der Mission aber entfiel die vom Papst verliehene Berechtigung zur Herrschaft. Angesichts der brutalen Unterdrückung der Indios konnten die Spanier nicht mehr behaupten, durch ihre Herrschaft die Indios zu zivilisieren. Besonders scharfe Kritik an diesen Zuständen übte der Dominikanermönch und ehemalige Konquistador Bartolomé de Las Casas (M 3). Seit 1512 setzte er sich hartnäckig für die Indios ein und initiierte eine Grundsatzdebatte über deren Status. Las Casas berichtete, dass die Indios im Einklang mit der Schöpfung lebten (M 9). 1537 revidierte Papst Paul III. die Aussagen seines Vorgängers, indem er verkündete, dass die Indios „wahre Menschen" mit dem Anrecht auf ihren Besitz seien. Einige Gelehrte folgten dem Papst nicht und blieben bei der Ansicht, Indios seien von Natur aus Sklaven (M 10). Die spanische Herrschaft war ihrer Meinung nach notwendig, um die Indios von ihrer barbarischen Lebensweise abzubringen. Häufig führten sie in diesem Zusammenhang Kannibalismus und Menschenopfer als „unnatürliche Schandtaten" der Indios an (M 7). Diese Phänomene waren nur in einem Teil der vielfältigen altamerikanischen Kulturen tatsächlich anzutreffen, wurden jedoch in zahlreichen Berichten europäischer Reisender besonders hervorgehoben und als durchgängig auftretende Praktiken dargestellt. Das sollte die Reiseberichte für das europäische Publikum besonders interessant machen.

M 3 Bartolomé de Las Casas (1474–1566), Gemälde von Antonio Lara, 1566

Las Casas war als Konquistador nach Amerika gekommen, hatte aus moralischen Gründen „seine" Indios aber zurückgegeben und sich als Mönch dem Dominikanerorden angeschlossen.

Indianerschutzpolitik Faktisch hatte die spanische Krone im 16. Jahrhundert keine auswärtigen Mächte zu fürchten, aber die Misshandlung der Indios drohte die moralische Autorität des Herrschers zu untergraben. Zudem verloren die Kolonien durch den Bevölkerungsrückgang an Wert. In der Vorstellung des Königshauses blieben die Indios Barbaren, die nun jedoch im Sinne der Papstbulle von 1493 christianisiert und vor der Willkür der Herren wirksam geschützt werden sollten. Der Versuch, 1542 durch die „Neuen Gesetze" das Encomienda-System abzuschaffen, scheiterte noch am Widerstand der mächtigen Grundbesitzer in Amerika.

Im Rahmen der „Indianerschutzpolitik" ging Kaiser Karl V. nun dazu über, die Indios in eigenen Dörfern anzusiedeln, zu denen nur Missionare und staatliche Beamte Zutritt hatten. Auf diese Weise gelang es, den Bevölkerungsrückgang zu stoppen. Auf den Plantagen der Konquistadoren machte sich dennoch ein gravierender Mangel an Arbeitskräften bemerkbar. Diese Lücke schlossen afrikanische Sklaven, die die Spanier und Portugiesen daraufhin nach Amerika importierten.

M 4 Internationaler Waren- und Sklavenhandel im 17. und 18. Jahrhundert

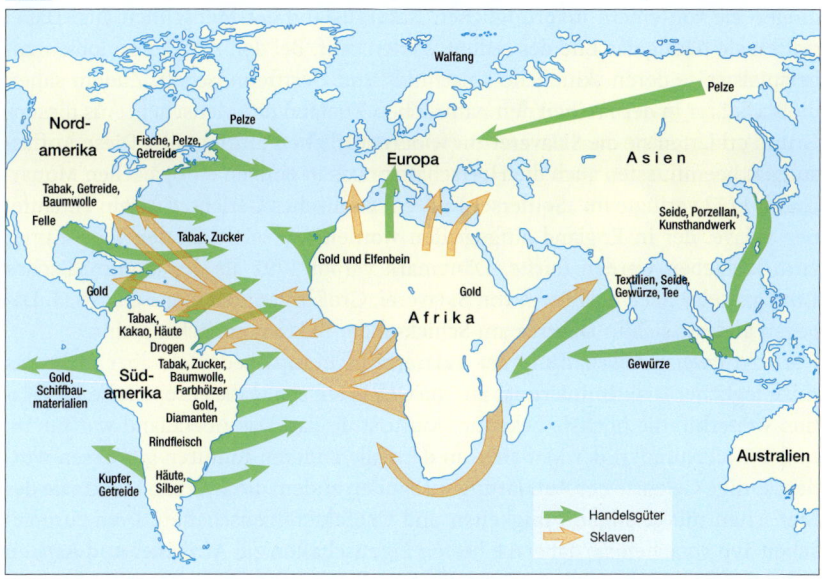

Afrikaner als Sklaven und Sklavenhändler

Der Sklavenhandel in Afrika reicht bis in die Antike zurück. Seit dem frühen Mittelalter waren dort islamische Sklavenhändler tätig. Im 15. Jahrhundert begannen die Portugiesen an der Westküste Afrikas Sklaven aufzukaufen, um sie bei anderen Afrikanern gegen Gold einzutauschen (M 4). Die dunkelhäutigen Afrikaner bewährten sich als Arbeitskräfte und noch im späten 15. Jahrhundert wurden sie auch auf die Iberische Halbinsel gebracht. Da die Afrikaner das tropische Klima aus ihrer Heimat gewohnt waren, schienen sie der ideale Ersatz für die Indios als Arbeitskräfte in den amerikanischen Kolonien zu sein. Portugiesen und – seit der zweiten Hälfte des 16. Jahrhunderts auch – Briten, Franzosen und Niederländer brachten bis zum 18. Jahrhundert schätzungsweise zwischen 11 und 15 Millionen Menschen gewaltsam nach Amerika. Anders als bei den Indios stieß der Einsatz der afrikanischen Sklaven zunächst nicht auf Kritik in Europa. Vermutlich hat dazu beigetragen, dass die Europäer selbst kaum Menschen versklavten. Dies übernahmen arabische und vor allem afrikanische Sklavenjäger, die ihre Opfer an die Küste brachten und den Europäern verkauften. Zu diesem Zweck unterhielten die Europäer Stützpunkte an der Küste. Ins Landesinnere stießen sie kaum vor. Beim Verkauf agierten die afrikanischen Händler nicht anders als ihre europäischen Geschäftspartner, indem jeder versuchte, möglichst viel zu verdienen. Aus diesem Grunde dominierten im 16./17. Jahrhundert bei den Europäern negative Klischees über angeblich „boshafte und habgierige Afrikaner" (M 14). Einige wenige Reisende differenzierten zwischen der Vielzahl unterschiedlicher afrikanischer Kulturen und berichteten auch von positiven Erfahrungen.

Neue Perspektiven in der Aufklärung

Adlige und reiche Bürgerfamilien nahmen seit dem 15. Jahrhundert gern „Mohren" als exotische Diener auf. Dieser „Trend" verstärkte sich im 18. Jahrhundert (M 5) und veränderte so das Bild der dunkelhäutigen Afrikaner in Europa. Einige der Afrikaner konnten mit Unterstützung ihrer Gönner eine gute Bildung erwerben. Der aus Ghana stammende Anton Wilhelm Amo promovierte als Schützling des Herzogs von Braunschweig-Wolfenbüttel 1734 als erster Afrikaner an der Universität Wittenberg. Die negativen Klischees verloren angesichts dieser Erfahrungen ihre Dominanz.

M 5 Statuette „Mohr mit Smaragdstufe", Dresden, 1724

Der Begriff Smaragdstufe bezeichnet die auf dem Tablett befindliche Erdplatte, in der die Smaragde noch fest stecken.

M 6 Olaudah Equiano oder Gustavus Vassa (ca. 1750–1797), Kupferstich, London, 1789

Equiano wurde wahrscheinlich als Junge aus Afrika nach Amerika verschleppt. Er war Sklave in den USA, Westindien und Großbritannien, konnte sich aber freikaufen, schrieb eine Autobiografie und engagierte sich gegen die Sklaverei.

Webcode:
KB644438-036

Die Philosophen der Aufklärung unterstützten diese Entwicklung. Grundsätzlich gingen sie von einem ursprünglichen Naturzustand der Menschheit aus. Dabei griffen sie häufig das Bild des „edlen Wilden" auf. Bei den Afrikanern lobte man beispielsweise deren „kindliche Unschuld" und Gastfreundschaft. Zudem sahen die Aufklärer in der Freiheit den natürlichen Zustand des Menschen. Aus diesem Grund erklärten sie die Sklaverei zur widernatürlichen Einrichtung. Diese Auffassungen beeinflussten auch die Herrschaftspraxis in einigen europäischen Monarchien: 1772 verfügte im „Somerset-Fall" ein englisches Gericht, dass ein entlaufener Sklave, der in England aufgegriffen worden war, nicht an den Eigentümer zurückgegeben werden durfte. Dänemark verbot 1792 als erstes europäisches Land grundsätzlich jede Form von Sklaverei, Großbritannien folgte erst 1833. Dagegen änderte sich in Übersee am Schicksal der Sklaven zunächst nichts.

Die schrittweise Abschaffung der Sklaverei in Europa bedeutete aber nicht das Ende jeglicher Diskriminierung. Für die Gelehrten stellte die europäische Zivilisation weiterhin die höchste bekannte Kulturstufe dar. Das Abendland war im 18. und 19. Jahrhundert der Maßstab, an dem alle anderen Kulturen gemessen wurden. Einige Gelehrte der Aufklärung verbanden zudem die äußeren Merkmale der Menschen mit geistigen Fähigkeiten und Charaktereigenschaften. Dem europäischen Typ sprachen sie dabei die besten Eigenschaften zu; Afrikaner und Asiaten ordneten sie dagegen auf einer angeblich niedrigeren Stufe der Menschheit ein.

Blicke auf die Europäer

Was Indios und Afrikaner von den Europäern dachten, kann nur ansatzweise ermittelt werden. Die indigenen Kulturgüter in Amerika haben die Spanier weitgehend vernichtet. Die wenigen überlieferten Zeugnisse sind nicht unabhängig, da europäische Missionare entschieden, ob sie überhaupt „überlieferungswürdig" seien. Die indianischen Berichte stellen die Europäer als goldgierig und grausam dar (M 12, M 13). Nach Ansicht der älteren Forschung nahmen die Indios die Europäer als „weiße Götter" wahr. Angesichts des unvertrauten Aussehens, der großen Schiffe sowie der den Indios unbekannten Feuerwaffen und Pferde ist dies nicht völlig auszuschließen, aber auch nicht hinreichend belegt (M 11).

Von der Sicht der Afrikaner ist noch weniger bekannt. Einige Europäer erzählen, wie die Afrikaner sie wahrnahmen. Dabei steht die Bewunderung der „Wilden" für die Europäer im Vordergrund; es wird aber auch von Ablehnung und Angst berichtet. Aus dem 18. Jahrhundert sind Berichte von in Europa oder Nordamerika lebenden Afrikanern bekannt. Allerdings wurden diese für ein „weißes" Publikum geschrieben und müssen daher kritisch interpretiert werden.

1 ■ Beschreiben Sie den Umgang der Europäer mit der indigenen Bevölkerung in Amerika.
2 ■ Stellen Sie die Positionen in der Grundsatzdebatte über den Status der Indios gegenüber.
3 ■ Erläutern Sie das Selbst- und Fremdbild der Europäer in der Frühen Neuzeit.
4 ■ Erklären Sie die Schwierigkeiten bei der Untersuchung amerikanischer und afrikanischer Perspektiven auf die Europäer in der Frühen Neuzeit.
5 ■ Interpretieren Sie die Karte M 4. Nutzen Sie dazu die Informationen aus dem Darstellungstext.

Die Indios in europäischer Perspektive

M 7 Kolorierter Holzschnitt aus der Erstausgabe des ersten Briefes aus Kolumbus' „Neuer Welt", 1493

M 8 Christoph Kolumbus, Der erste Brief aus der „Neuen Welt", 1493

Auf dieser und allen anderen Inseln, die ich gesehen habe oder von denen ich Kenntnis besitze, laufen die Bewohner beiderlei Geschlechts nackt wie am Tage ihrer Geburt umher. Die einzige Ausnahme bilden einige Frauen, die ihre Scham mit Blättern oder einem Baumwolltuch bedecken, welches sie sich zu diesem Zweck selbst weben. Die Menschen auf diesen Inseln kennen keine Form des Eisens. Sie haben auch keine Waffen, kennen diese nämlich nicht und wären für Waffen auch gar nicht geeignet, und zwar nicht weil ihnen dazu die körperlichen Voraussetzungen fehlten [...], sondern weil sie furchtsam sind und angsterfüllt. [...] Sobald sie sich aber sicher fühlen, legen sie jede Furcht ab und sind im höchsten Maße ehrlich und vertrauenswürdig und mit allem, was sie haben, überaus großzügig. Einem Bittsteller verweigert keiner, was er besitzt. Ja, sie fordern uns sogar selbst dazu auf, uns an sie zu wenden. Überhaupt begegnen sie allen Menschen mit großer Liebe. [...] Und so habe ich denn keine Ungeheuer erblickt und habe auch nirgendwo von solchen gehört, mit Ausnahme der Berichte über eine Insel namens Carib, die zweite, die man auf der Überfahrt von Spanien nach Indien erreicht. [...] Die Bewohner von Carib essen nämlich Menschenfleisch. Sie haben viele verschiedene Arten von Ruderbooten, mit denen sie zu allen Inseln Indiens fahren und dort plündern und rauben, so viel sie können. Sie unterscheiden sich in keiner Weise von den anderen, außer dass sie langes Haar wie sonst nur Frauen tragen.

Christoph Kolumbus, Der erste Brief aus der Neuen Welt, hg. und übers. v. Robert Wallisch, Reclam, Stuttgart 2000, S. 19–33.

1 ■ Vergleichen Sie den Holzstich mit dem Brief von Kolumbus und diskutieren Sie den Erkenntniswert der Darstellungen.

M 9 Der Dominikanermönch Bartolomé de Las Casas über Indios, 1542 (veröffentlicht 1550)

Westindien wurde im Jahre 1492 entdeckt. Im folgenden Jahr siedelten sich spanische Christen an. So hat sich denn seit neunundvierzig Jahren eine große Anzahl Spanier dorthin begeben. Und das erste Land, in das sie eindrangen, um sich anzusiedeln, war die große und überaus fruchtbare Insel Española[1]. [...] Überall rings um sie gibt es unzählige andere, sehr große Inseln [...]. Das Festland, das dieser Insel am nächsten liegt, ist etwas mehr als zweihundertfünfzig Meilen entfernt und davon wurde bisher über zehntausend Meilen entdeckt [...] und alles wimmelt dort in dem Gebiet von Menschen. [...] All diese unzähligen Leute von jeder Art schuf Gott ganz arglos, ohne Bosheit und Doppelzüngigkeit, ihrem natürlichen Herren und den Christen, denen sie nun dienen höchst gehorsam und treu, sie sind die demütigsten, geduldigsten, friedfertigsten und ruhigsten Menschen, die es auf der Welt gibt, sie kennen keinen Zwist und keinen Hader, sie sind keine Störenfriede und keine Zänker, ohne Groll, Hass oder Rachsucht. Zugleich sind es Leute von zartester, schwächlichster und empfindlichster Konstitution, die am schlechtesten Mühsal ertragen können und jeder Krankheit am leichtesten erliegen, sodass nicht einmal unsere Fürsten- oder Herrensöhne, die in Behaglichkeit und Wohlleben aufgezogen werden, empfindlicher als sie sind, selbst wenn sie zu denen gehören, die bei den Indios den Bauernstand bilden.

Außerdem sind sie bitterarme Leute, die ganz wenige Güter besitzen und besitzen wollen. Und darum sind sie nicht hochmütig, ehrgeizig oder habsüchtig. [...] Gewöhnlich gehen sie nackt einher und haben lediglich die Scham verhüllt, und sie bedecken sich höchstens noch mit einem Baumwollmantel, der ein etwas anderthalb oder zwei Ellen großes Tuch ist. [...] Auch haben sie einen klaren, unverdorbenen und scharfen Verstand, sind sehr geeignet und empfänglich für jede gute Lehre, und außerordentlich befähigt, unseren heiligen katholischen Glauben zu empfangen und tugendhafte Sitten anzunehmen, und von allen Menschen, die Gott in dieser Welt geschaffen hat, sind sie diejenigen, bei denen es hierfür die geringsten Hindernisse gibt.

Bartolomé de Las Casas, Kurzgefasster Bericht von der Verwüstung der Westindischen Länder, hg. v. Michael Sievernich, übers. v. Ulrich Kunzmann, Insel, Frankfurt/M. 2006, S. 15 f. © Übersetzung bei Verlag Schöningh Paderborn 1995.

[1] Española (auch: Hispaniola): zweitgrößte Antilleninsel, auf der die heutigen Staaten Dominikanische Republik und Haiti liegen; hier landete Kolumbus auf seiner ersten Reise

1 ■ Analysieren Sie M 9 hinsichtlich der Darstellung der Indios durch Las Casas.

2 ■ Vergleichen Sie die Aussagen von Las Casas mit dem Text von Kolumbus.

1 Fremdsein

M 10 Juan Gines de Sepulveda (1489–1573), Theologe, Jurist und Chronist von Kaiser Karl V., „Dialog über die gerechten Kriegsgründe", 1544

In Sepulvedas Streitschrift wird ein fiktiver Gesprächspartner mit „Du" angeredet.

Wenn ich das Gesamtergebnis der vorhergehenden Erörterung recht begreife, hast Du vier Gründe dargelegt, weshalb die Spanier mit diesen Barbaren gerechterweise Krieg beginnen können. Erstens, weil sie von Natur aus Sklaven und
5 Barbaren sind, unzivilisiert und unmenschlich, lehnen sie die Herrschaft klügerer, mächtigerer und vollkommenerer Menschen ab, eine Herrschaft, die sie zu ihren großen Vorteilen annehmen müssen; dies ist eine von Natur aus gerechte Sache, wo der Inhalt der Form, der Körper der Seele, der Trieb
10 der Vernunft, die unvernünftigen Tiere den Menschen, die Frauen den Männern, die Söhne den Vätern, in der Tat das Unvollkommene dem Vollkommenen und das Schlechte dem Besseren gehorchen muss, damit es beiden Seiten zugute kommt. Dies nämlich ist die natürliche Ordnung, die
15 aufgrund des göttlichen und ewigen Gesetzes überall eingehalten werden muss […]. Als zweiten Grund hast Du angeführt, dass die frevelhaften Begierden und die unnatürlichen Schandtaten, Menschenfleisch zu verspeisen, beseitigt werden sollen, Verbrechen, die gegen die Natur ganz besonders
20 verstoßen, und dass nicht – was Gottes Zorn vor allem reizt – Dämonen anstelle Gottes verehrt werden sollen, und zwar durch die Opferung von Menschen nach einem unnatürlichen Ritus. Als dritten Grund hast Du angeführt, was für mich großes Gewicht besitzt, um die Gerechtigkeit die-
25 ses Krieges darzutun, es sollten große Ungerechtigkeiten an zahlreichen unschuldigen Menschen, welche die Barbaren alljährlich opferten, verhindert werden. […] An vierter Stelle hast Du dargelegt, dass die christliche Religion mithilfe der Predigt des Evangeliums mit geeigneten Gründen verbreitet
30 werden müsse, wenn sich eine Gelegenheit dazu bietet, und jetzt ist der Weg für die Prediger und Lehrer der Sitten und der Religion offen und sicher; dieser Weg ist so gesichert, dass sie nicht nur selbst geschützt die Lehre des Evangeliums übermitteln können, sondern dass den Barbarenvöl-
35 kern jegliche Furcht vor ihren Fürsten und Priestern genommen wurde, sodass sie frei und ungestraft die christliche Religion annehmen können […]. Es ist offensichtlich, dass dies nur durch die Unterwerfung der Barbaren durch Krieg oder auf andere Art und Weise geschehen konnte.

Christoph Strosetzki (Hg.), Der Griff nach der neuen Welt, Fischer, Frankfurt/M. 1991, S. 256 f.

1 ■ Fassen Sie die wesentlichen Aussagen zusammen.
2 ■ Nehmen Sie zu den Aussagen von Sepulveda Stellung. Nutzen Sie auch den Darstellungstext.
3 ■ **Geschichte produktiv:** Formulieren Sie eine Antwort auf die Streitschrift des Autors. Sprechen Sie Ihren fiktiven Gesprächspartner auch mit „Du" an.

Die Europäer in der Perspektive der Indios

M 11 Der Historiker Felix Hinz über die Frage: Waren die Europäer für die Azteken „weiße Götter"?, 2005

Wenn mit den Götter-Legenden um Quetzalcóatl[1] argumentiert wird, wird Folgendes meist nicht hinreichend beachtet: Spricht man von Quetzalcóatl, so muss man den Gott von dem sagenhaften toltekischen Priesterfürsten Quetzalcóatl Topiltzin, der sich nach dem Gott benannte,
5 unterscheiden. Nur Letzerer hätte die Legitimation der Herrschaft Moctezumas II.[2] infrage stellen können, doch es bestand kein Zweifel daran, dass er sterblich und tot war. Der Gott wiederum hatte nichts mit Tollan[3] zu tun, und es gibt überhaupt keinen Grund für die Annahme, dass sich Moc-
10 tezuma vor ihm besonders gefürchtet haben sollte. […] Quetzalcóatl war […] einer der Hauptgötter im mexikanischen Pantheon, aber die mesoamerikanischen Götter waren nicht allmächtig. Ähnlich wie in der antiken europäischen Welt war jeder Krieg der Menschen auch ein Krieg
15 der Götter, die ihnen jeweils beistanden. Die Mexica hatten Cholula[4] unterworfen, in dem sich das zentrale Quetzalcóatl-Heiligtum befand, und Huitzilopochtli[5] hatte sich als der Stärkere erwiesen. […] Falls die Spanier mit Götternamen bedacht wurden, dann […] nur mangels anderer Na-
20 men für jemand Fremden, dem man eine besondere Beachtung schenkte.

Felix Hinz, „Hispanisierung" in Neu-Spanien 1519–1568. Transformation kollektiver Identitäten von Mexica, Tlaxkalteken und Spaniern, Bd. 1, Verlag Dr. Kovac, Hamburg 2005, S. 155–157.

1 Quetzalcóatl: aztekischer Gott
2 Moctezuma II.: 1502 bis 1520 aztekischer Herrscher
3 Tollán: aztekischer Name der toltekischen Stadt Tula im heutigen Mexiko
4 Cholula: Stadt im heutigen Mexiko
5 Huitzilopochtli: aztekischer Kriegs- und Sonnengott und Schutzpatron der Stadt Tenochtitlán

1 ■ Widerlegen Sie mithilfe von M 11 die Annahme der älteren Forschung, dass die Spanier von den Azteken für Götter gehalten wurden.

M 12 Die Spanier in den Augen der Azteken

Der Mönch Bernadino de Sahagún ließ 1579 von indianischen Schreibern die Geschichte der spanischen Eroberung Mexikos (1519–1521) aufschreiben.

Moctezuma sandte noch einmal verschiedene Fürsten aus. Tzihuacpopocatzin hatte die Führung dieser Gesandtschaft. Er nahm viele große Vasallen mit. Sie zogen aus, um die Spanier zwischen dem Popocatépetl und dem Iztaté-
petl zu treffen […]. Sie schenkten den Göttern[1] goldene 5
Banner und Fahnen aus Quetzalfedern[2] und goldene Halsketten. Als sie das Gold in den Händen hatten, brach Lachen aus den Gesichtern der Spanier hervor, ihre Augen funkelten vor Vergnügen, sie waren entzückt. Wie Affen griffen sie

nach dem Gold und befingerten es [...]. Gefräßig wurden sie in ihrem Hunger nach Gold, sie wühlten wie hungrige Schweine nach Gold. Sie rissen die goldenen Banner an sich, prüften sie Zoll für Zoll, schwenkten sie hin und her, und auf das unverständliche fremde Rauschen im Wind antworteten sie mit ihren wilden, barbarischen Reden.

Wolfgang Behringer, Lust an der Geschichte. Amerika. Die Entdeckung und Entstehung einer neuen Welt, Piper, München 1992, S. 157 f.

1 Götter: gemeint sind hier die Spanier
2 Quetzal: Vogelart in Lateinamerika

M 13 Die Spanier in der Sicht eines Nachfahren der Inka, Holzschnitt aus der Bilderchronik des Poma de Ayala, um 1615.

Felipe Guamán Poma de Ayala (um 1550–um 1615), indigener Schriftsteller aus dem heutigen Peru, erlernte die spanische Sprache und verfasste eine illustrierte Chronik seines Volks. Im Bild fragt ein Inka, wozu der Spanier das Gold braucht. Der Spanier antwortet: „Wir essen es."

1 ■ Beschreiben und interpretieren Sie M 13. Berücksichtigen Sie auch M 12.
2 ■ Bewerten Sie die Sicht der indigenen Bevölkerung auf die Spanier (M 12, M 13).
3 ■ **Geschichte produktiv:** Schreiben Sie ein fiktives Interview mit einem Indio über die spanischen Eroberungen in Amerika.

Europäer und Afrikaner

M 14 Willem Bosman, der ehemals hochrangigste niederländische Vertreter in Westafrika, 1704

Die Neger sind alle, ohne Ausnahme, listig, boshaft und betrügerisch und sehr selten vertrauenswürdig; sie sind darauf bedacht, sich keine Gelegenheit entgehen zu lassen, einen Europäer oder auch einen der ihren zu hintergehen. [...] Diese entarteten Laster gehen Hand in Hand mit ihren Schwestern, Faulheit und Müßiggang; diesen sind sie so sehr verfallen, dass nur die äußerste Notwendigkeit sie zur Arbeit zwingen kann. Im Übrigen sind sie so [...] wenig betroffen von ihren Missgeschicken, dass man kaum je anhand einer Veränderung an ihnen beobachten kann, ob ihnen Gutes oder Schlimmes zugestoßen sei. [...] Sie mögen Hüte sehr gern und können nie genug dafür ausgeben. Ihre Arme, Beine und Hüften sind mit Gold und mit [...] Korallen geschmückt. [...]. Das gemeine Volk, wie etwa Schankwirte, Fischer und Ähnliche, ist sehr ärmlich gekleidet, einige mit einer oder zwei Ellen dünnen Tuchs, andere mit einer Art von Riemen, den sie bloß zwischen den Beinen hochziehen und um sich schlingen, um knapp ihre Scham zu verbergen. [...] Die Männer hier sind nicht so sehr der üppigen Aufmachung ergeben; die Hoffart aber, unter den Wilden genauso wie in den Niederlanden und in ganz Europa, scheint ihren Thron unter dem weiblichen Geschlecht aufgeschlagen zu haben, und dementsprechend ist die Frauenkleidung reicher als jene der Männer. Die Damen flechten ihr Haar sehr kunstvoll, platzieren ihre Fetische, Korallen und das Elfenbein mit abwägender Miene und gehen weit feiner einher als die Männer. [...]
Die Niederkunft ist hier so wenig mühsam, wie es die Männer nur wünschen können: Da gibt es kein langes Wochenbett, keine teuren Klatsch- und Jammergelage. Einmal war ich zufällig in der Nähe des Hauses, worin eine Negerin innerhalb einer Viertelstunde von zwei Kindern entbunden wurde. Noch am selbigen Tag sah ich sie zum Strand gehen, wo sie sich wusch, ohne überhaupt daran zu denken, sie könnte nochmals in ihr Bett zurückkehren. [...] Kaum ist das Kind geboren, so schickt man nach dem Priester, der eine Menge von Bändern und Korallen und anderem Flitterzeug um Kopf, Leib, Arme und Beine des Säuglings wickelt. Danach treibt er die Geister aus, ihrem gewohnten Brauch gemäß, wodurch sie das Kind gegen alle Krankheiten und bösen Unfälle gewappnet glauben [...].

Urs Bitterli (Hg.), Die Entdeckung und Eroberung der Welt. Dokumente und Berichte. Bd. 1: Amerika, Afrika, C. H. Beck, München 1980, S. 212–214.

1 ■ Analysieren Sie M 14 im Hinblick auf die Darstellung der Afrikaner.
2 ■ Bewerten Sie diese Darstellung.
3 ■ **Zusatzaufgabe:** Vergleichen Sie die Darstellung der Afrikaner bei Bosman mit der Skulptur M 5, S. 35.

M 15 Der Historiker Urs Bitterli über europäisch-afrikanische Beziehungen im 17. und 18. Jahrhundert, 1980

Es lässt sich nicht leugnen, dass Europa im fünfzehnten und sechzehnten Jahrhundert denkbar schlecht darauf vorbereitet war, den folgenreichen und vielschichtigen Vorgang der Entdeckung fremder Völkerschaften geistig zu bewältigen. [...] Die Seefahrer und Kaufleute [...], die seit dem fünfzehnten Jahrhundert nach den afrikanischen Küsten aufbrachen, verfügten selten über die geistigen Voraussetzungen, welche es ihnen gestattet hätten, dem Eingeborenen mit Verständnis zu begegnen und dessen Wesen und Daseinsform ohne Voreingenommenheit zu beschreiben. Bei aller Bemühung um redliche Berichterstattung [...] war nicht zu vermeiden, dass an die Stelle der mittelalterlichen Kunde von fremdartigen Monstern und Fabelwesen neue Wahnvorstellungen und utopische Visionen traten, welche die Begegnung zwischen den Kulturen wiederum erschwerten. [...] Auch nach der Französischen Revolution ist es den wenigsten europäischen Betrachtern gelungen, das Trennende in Wesen [...] und Lebensstil des weißen und schwarzen Mannes anders als im Sinne eines Rangunterschiedes zu begreifen. [...] Die Händler, im Bestreben, aus einer gegebenen wirtschaftlichen Situation den größtmöglichen Profit zu schlagen, sahen keine Veranlassung, ihre Kenntnis der afrikanischen Zustände und ihr Handelsgeschick zur Vertiefung der menschlichen Beziehungen einzusetzen; umgekehrt fehlte es den idealistischer gesinnten Philanthropen vielfach an der unerlässlichen praktischen Erfahrung, um ihre Vorstellungen von einer echten Beziehung zwischen Schwarz und Weiß zu verwirklichen. [...] So zeigt das Bild der europäisch-afrikanischen Beziehungen im siebzehnten und achtzehnten Jahrhundert die verschiedenartigsten und widersprüchlichsten Züge, die sich ohne bedenkliche Simplifizierung kaum je auf den gemeinsamen Nenner einer historischen These werden bringen lassen. Der Prozess der Annäherung zwischen Schwarz und Weiß, der damals begann, bleibt auch heute noch beständig gefährdet und ist keineswegs abgeschlossen.

Urs Bitterli, Die Entdeckung des Schwarzen Afrikaners. Versuch einer Geistesgeschichte der europäisch-afrikanischen Beziehungen an der Guineaküste im 17. und 18. Jahrhundert, Atlantis Verlag, Zürich, 2. Auflage 1980, S. 209 f.

1 ■ Erläutern Sie die von Bitterli genannten Probleme bei der Begegnung von Europäern und Afrikanern in der Frühen Neuzeit.
2 ■ Diskutieren Sie die Aktualität der aufgezeigten Probleme.

M 16 Bericht des Kapitäns Cadamosto, 1455

Der Italiener Cadamosto stand in portugiesischen Diensten und erkundete 1455 die Mündung des Gambiaflusses in Westafrika.

Nachdem wir etwa vier Meilen flussaufwärts gesegelt waren, bemerkten wir plötzlich einige Kanus, die sich von hinten näherten. Weil wir das gesehen hatten, drehten wir in ihre Richtung. [...] Sie überprüften den Kurs und begannen zu rudern, wobei sie uns wie ein Wunder bestaunten. Wir schätzten, dass sie insgesamt höchstens 150 Mann seien. Sie schienen gut gebaute Körper zu haben, waren sehr schwarz und alle mit Baumwollhemden bekleidet: Einige trugen weiße Kappen auf dem Kopf, ganz ähnlich wie es die Deutschen tun, außer dass sie auf jeder Seite einen weißen Flügel und eine Feder in der Mitte der Kappe hatten. [...] Als wir sie erreichten, legten sie die Ruder weg und ohne jede andere Begrüßung fingen sie an, ihre Pfeile abzuschießen. Als Antwort auf diesen Angriff schickte unser Schiff vier Geschützsalven. [...] Daraufhin drehten die Neger ab, [...] wir warfen die Anker und versuchten mit ihnen zu verhandeln. Nach heftigem Gestikulieren und Rufen unserer Übersetzer kam eines der Kanus auf Bogenschießweite heran. Wir fragten sie nach den Gründen für den Angriff, obwohl wir doch Männer des Friedens seien und Handel treiben. Zudem hätten wir friedliche und freundschaftliche Beziehungen mit den Negern des Königreiches von Senega und wir wollten mit ihnen ein vergleichbares Verhältnis, wenn sie das möchten. Wir erwähnten, dass wir von einem fernen Land kämen und passende Geschenke für ihren König und Herren hätten. [...] Sie antworteten, dass sie von unserem Kommen und Handel mit Senega gehört hatten. Die Senega aber konnten nur schlechte Menschen sein, wenn sie unsere Freundschaft suchten. Sie nämlich waren davon überzeugt, dass wir Christen Menschenfleisch essen würden und dass wir die Neger nur kauften, um sie zu verspeisen. Sie wollten unsere Freundschaft auf keinen Fall!

G. R. Crone (Hg.), The Voyages of Cadamosto and other Documents on Western Afrika, Ashgate Verlag, Farnham 2010, S. 58–60, übersetzt aus dem Englischen von Björn Onken.

1 ■ Beschreiben Sie die Haltung der Afrikaner gegenüber den Europäern.
2 ■ Erklären Sie das Verhalten der Einheimischen.

Geschichtskarten analysieren

In unserer Lebenswelt sind Karten ein alltägliches Medium für eine bessere räumliche Orientierung. Journalisten nutzen Kartenskizzen, um ihren Lesern eine bessere räumliche Orientierung zu bieten. Auch Tourismus ist ohne Karten unvorstellbar. Die Vorzüge kartografischer Darstellungen liegen auf der Hand: Karten sind anschaulich, übersichtlich, sie reduzieren Tatsachen und Erscheinungen auf das Wesentliche. Die Geschichtswissenschaft unterscheidet zwischen historischen Karten und Geschichtskarten. **Historische Karten** wie mittelalterliche und frühneuzeitliche Karten, Postrouten- und Reisekarten, alte Stadtpläne und Propagandakarten sind Quellen der Vergangenheit, die Weltsichten und Erkenntnisse der jeweiligen Zeit widerspiegeln. **Geschichtskarten** dagegen stellen auf der Grundlage des heutigen Wissenschaftsstandes historische Sachverhalte aus Politik, Wirtschaft, Kultur und Gesellschaft dar. Geschichtskarten sind maßstäblich verkleinerte, vereinfachte und verebnete sowie durch verschiedene Zeichen kodierte Raummodelle. Sie stellen häufig einen begrenzten geografischen Raum zu einer bestimmten Zeit dar.

Die **Legende** erläutert die verwendeten Zeichen: Farbgebung, Symbole, Schrifttypen und Signaturen wie Punkte, Linien oder Pfeile. Dem Verwendungszweck entsprechend werden zum Beispiel Wand-, Atlas-, Schulbuch- oder digitale Karten hergestellt. **Interaktive Karten** im Internet oder auf CD-ROMs erweitern die Möglichkeiten der Kartennutzung: Detailausschnitte können gewählt, weitere verknüpfte Informationen durch Mausklick sichtbar gemacht werden. Für die Analyse unterscheidet man hinsichtlich der dargestellten Zeit zwischen statischen (Zustand) und dynamischen Karten (Entwicklung), hinsichtlich des Kartentyps zwischen **topografischen und thematischen** Geschichtskarten. Bei der Analyse muss berücksichtigt werden, dass kartografische Darstellungen stark abstrahieren und die historische Wirklichkeit bereits durch die Wahl des Kartenausschnitts und der Zeichen gedeutet wird.

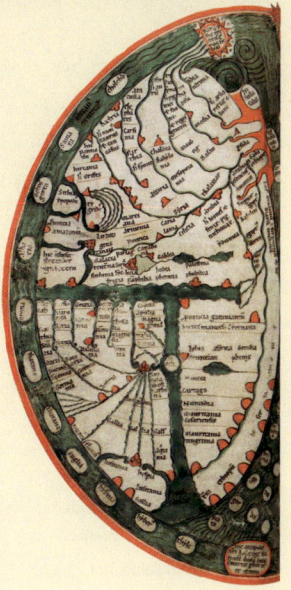

M 1 Weltkarte aus der Encyclopädie „Liber Floridus", Buchmalerei (Ausschnitt), 1112

Arbeitsschritte für die Analyse

1. Formale Merkmale
– Welchen Titel trägt die Karte?
– Welche Zeichen werden in der Legende verwendet und was bedeuten sie?

2. Inhaltliche Aspekte
– Welcher historische Gegenstand wird thematisiert?
– Welche Zeit stellt die Karte dar?
– Handelt es sich um eine statische oder dynamische Karte?
– Welchen Raum erfasst die Karte?
– Handelt es sich um eine topografische oder thematische Karte?

3. Analyse
– Welche Einzelinformationen lassen sich ablesen?
– Welche Beziehungen bestehen zwischen den Einzelinformationen?
– Welche weitergehenden Schlüsse lassen sich ziehen?

4. Kartenkritik
– Welche kartografischen Informationen fehlen?
– Welche thematischen, zeitlichen und räumlichen Aspekte werden unter- bzw. übergewichtet, welche fehlen?

5. Fazit
– Welche Gesamtaussage lässt sich formulieren?

Methode

Übungsaufgabe mit Lösungshinweisen

M 2 Die Entdeckungsfahrten der Europäer im 15. und 16. Jahrhundert

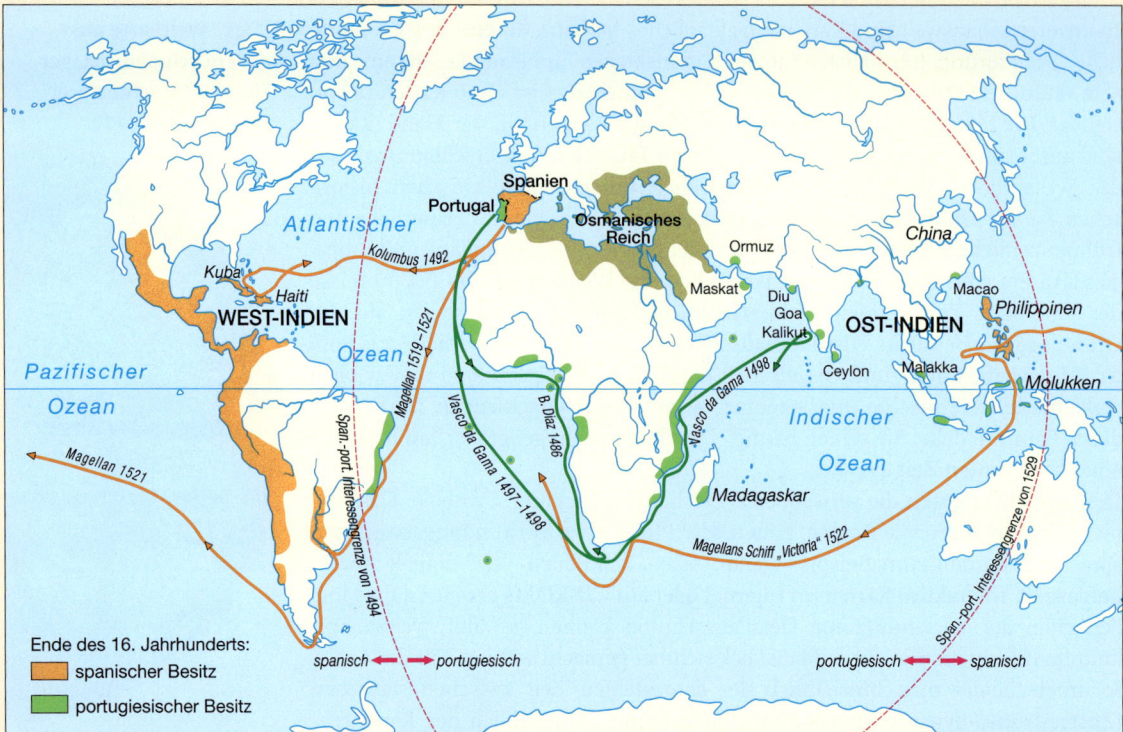

1 ■ Analysieren Sie M 2 mithilfe der Arbeitsschritte.

1. Formale Merkmale
- *Kartentyp*: Geschichtskarte
- *Kartentitel*: Die Entdeckungsfahrten der Europäer im 15. und 16. Jahrhundert
- *Zeichen der Legende*: Die Flächenfarben zeigen spanischen bzw. portugiesischen Besitz Ende des 16. Jahrhunderts an.

2. Inhaltliche Aspekte
- *Gegenstand*: spanische bzw. portugiesische Entdeckungen und Eroberungen in Amerika, Afrika und Asien
- *Zeit*: 15. und 16. Jahrhundert
- *Zeitebene*: Bei der Darstellung der spanischen und portugiesischen Eroberungen zeigt die Karte den Zustand am Ende des 16. Jahrhunderts. Die Fahrten der Entdecker aber liegen zu früheren Zeiten. Die Karte ist deshalb eine dynamische Karte.
- *Raum*: die Erde
- *Kartentyp*: thematische Karte → Entdeckungsgeschichte

3. Analyse
- *Einzelinformationen*: Die Karte zeigt die Reiserouten der Entdeckungsfahrten von Kolumbus, Diaz, Vasco da Gama, Magellan und Magellans Schiff Victoria (nach seinem Tod auf den Philippinen). Außerdem sind die Teilungslinien der spanischen und portugiesischen Interessensphären aus dem Vertrag von Tordesillas 1494 und dessen Ergänzung im Pazifik von 1529 zu sehen. Schließlich sind die Besitzungen der Spanier und Portugiesen in Europa und Übersee sowie die Ausdehnung des Osmanischen Reiches zu erkennen.
- *Beziehungen zwischen den Informationen*: Die Lage des Osmanischen Reiches zeigt, wie es den Handel zwischen Asien und Europa kontrollieren konnte. Die Entdeckungsfahrten waren die Voraussetzung für die Landnahme in den neu entdeckten Gebieten. Die Teilungslinien trennen die Räume der spanischen und portugiesischen Aktivitäten. Allerdings haben sie sich nicht exakt an die Linien gehalten.
- *Weitergehende Schlüsse*: Spanier und Portugiesen haben nach der Karte weltweit agiert. Man kann daher von einer Globalisierung in der Frühen Neuzeit sprechen, auch wenn der Einfluss der Portugiesen in China und Japan nur marginal war und Australien den Europäern noch unbekannt blieb.

4. Kartenkritik
- *Fehlende kartografische Informationen*: Außer den drei genannten Ländern sind keine weiteren Grenzen eingezeichnet.
- *Fehlende thematische Aspekte*: Da keine anderen Länder eingezeichnet sind, wird das Engagement der Engländer, Niederländer und Franzosen nicht sichtbar. Am Ende des 16. Jahrhunderts haben diese Länder die spanisch-portugiesische Seeherrschaft erfolgreich herausgefordert. Sir Francis Drake hat 1577–1580 ebenfalls die Welt umsegelt, 1588 wurde die spanische Armada (Seeflotte) von England vernichtend geschlagen.
- Aussagen über Auswirkungen der europäischen Expansion für die betroffenen Regionen in Übersee lassen sich der Karte nicht entnehmen. Das Motiv der Europäer, beim Indienhandel das Osmanische Reich zu umgehen, wird nur implizit vermittelt.

5. Fazit
- Die Karte zeigt die Entdeckungsfahrten der Spanier und Portugiesen Ende des 16. Jahrhunderts und verdeutlicht damit exemplarisch die Expansion der europäischen Großmächte in Amerika, Afrika und Asien in der Frühen Neuzeit. Die Entdeckungsfahrten leiteten die „Europäisierung" der Welt ein.

1.4 Migration am Beispiel des Ruhrgebiets im 19./20. Jahrhundert

Schmelztiegel Ruhrgebiet? Menschen aus über 170 Nationen leben heute im Ruhrgebiet, sodass Erfahrungen mit Fremdsein hier zum Alltag gehören (M 10). Seit mehr als einem Jahrhundert tragen Zuwanderer wesentlich zur wirtschaftlichen und kulturellen Entwicklung der Region bei (M 9); nicht immer ist dabei der Umgang zwischen Einheimischen und Zuwanderern konfliktfrei (M 17). Begonnen hat die massenhafte Migration ins Ruhrgebiet mit der Industrialisierung in der zweiten Hälfte des 19. Jahrhunderts; ihren ersten Höhepunkt fand sie in den Jahren 1880 bis 1914 mit der Einwanderung von Polen und Masuren* aus den preußischen Ostprovinzen. Die zweite große Welle der Zuwanderung kam im Zuge des Wirtschaftsaufschwungs in den 1950er-Jahren aus Südeuropa und setzte sich in den 1960er-Jahren mit Arbeitern aus der Türkei fort. Zwar erfolgte aufgrund der Ölkrise 1973 ein Anwerbestopp, durch den Nachzug von Familienangehörigen hielt die Zuwanderung jedoch weiterhin an. Im Folgenden liegt der Schwerpunkt auf diesen beiden Wanderungsbewegungen.

Leitfrage:
Wie entwickelte sich das Verhältnis zwischen Einheimischen und den polnischen, masurischen und türkischen Migranten im Ruhrgebiet?

Masuren
Obwohl die Masuren aus dem südlichen Ostpreußen eine dem Polnischen verwandte Sprache hatten, sahen sie sich nicht als Polen. Ihr Land hatte schon im Mittelalter zum Territorium des Deutschen Ritterordens gehört und im Unterschied zu den Polen waren sie Protestanten. Die Region Masuren gehört heute zu Polen.

„Ruhrpolen" Schwerindustrie und Bergbau entwickelten sich nach der deutschen Reichsgründung 1871 derart sprunghaft, dass die einheimische Bevölkerung den Bedarf an Arbeitskräften nicht abdecken konnte. Die Aussicht auf einen sicheren Arbeitsplatz im Ruhrgebiet lockte daher am Ende des 19. Jahrhunderts Zuwanderer aus vielen Teilen Deutschlands und ganz Europa an. Weil das jedoch nicht ausreichte, suchten die Unternehmer gezielt nach neuen Arbeitern – vor allem für die schweren Schichten im Bergbau unter Tage. Viele Zechenbetreiber schickten Anwerbe-Agenten in solche Gebiete des Deutschen Reiches, in denen Arbeitsplätze Mangelware waren (M 6). Besonders erfolgreich waren sie in Ostpreußen, Oberschlesien und den Regionen, die erst seit den Teilungen Polens* am Ende des 18. Jahrhunderts zu Preußen gehörten. Daher kamen in dieser Zeit vor allem Polen und Masuren ins Ruhrgebiet. Die „Ruhrpolen" hofften, der Armut ihrer Heimat zu entkommen und später mit ausreichend Erspartem wieder zurückzukehren. Im Jahr 1910 lebten

Die Teilungen Polens
In den Jahren 1772, 1793 und 1795 teilten die europäischen Großmächte Preußen, Russland und Österreich den Unionsstaat Polen-Litauen (1569–1795) schrittweise unter sich auf. Bis zum Ende des Ersten Weltkriegs 1918 existierte kein selbstständiger polnischer Nationalstaat mehr.

M1 Fahne des polnischen Knappenvereins Dortmund-Eving, 1898

schließlich circa 300 000 Polen im Ruhrgebiet. Dazu kamen ungefähr 150 000 Masuren, die in einigen Städten wie Gelsenkirchen (23 Prozent) oder Herne (19 Prozent) besonders stark vertreten waren. Gerade die Binnenwanderung der Polen wurde von den preußischen Behörden gern gesehen, denn sie wollten die polnische Kultur in den Ostprovinzen gern schwächen.

Reaktionen der einheimischen Bevölkerung
Die einheimische Bevölkerung stand den Zuwanderern aus dem Osten häufig ablehnend gegenüber (M 7), wobei sie nicht zwischen Polen und Masuren unterschied. Abwertend wurden polnischsprachige Arbeiter „Pollacken" oder „Ruhrpolen" genannt – Begriffe, die noch heute negativ besetzt sind. Die Ruhrpolen galten als roh, ärmlich und ungebildet. Die deutschen Kollegen warfen ihnen „Lohndrückerei" vor, da sie oft für einen geringeren Betrag arbeiteten als die restliche Belegschaft. Für die Zechenbesitzer waren sie als Arbeitskräfte zwar unverzichtbar, bekamen aber meist untergeordnete Arbeiten zugewiesen. Bei Protesten oder gar Streik drohte den Arbeitsmigranten die fristlose Kündigung.

M2 Schriftzug der ehemaligen „Bank Robotników" in Bochum, Fotografie, 2013

In der damaligen Klosterstraße (heute: Am Kortländer) konzentrierten sich viele polnische Einrichtungen. Die polnische Gewerkschaft ZZP, eine Filiale der „Bank Handlowy" (Handelsbank) und die Redaktion sowie die Druckerei des „Wiarus Polski" waren hier versammelt. Der Name der „Bank Robotników" (Polnische Arbeiterbank) ist heute noch immer an der Seitenwand des Hauses zu sehen.

„Kulturkampf" (1871–1886/87)
Nach der deutschen Reichsgründung 1871 forcierte der deutsche Reichskanzler Bismarck die strikte Trennung von Kirche und Staat und hoffte, durch die Eindämmung der Zentrumspartei als Vertreter des politischen Katholizismus die weitgehende Verdrängung der katholischen Kirche aus politischen und staatlichen Entscheidungsprozessen zu erreichen.

Leben der Migranten
Kontakte zwischen Einwanderern und Einheimischen gab es zunächst nur wenige. Der Großteil der Arbeitskräfte aus dem Osten wohnte in Werkskolonien, die sich häufig in den Vorstädten befanden. Es waren zumeist junge Menschen vom Lande mit niedriger Schulbildung, die ihr gewohntes, agrarisch geprägtes Umfeld verlassen hatten und sich nun in einer Industriegesellschaft wiederfanden, die ganz andere Verhaltensweisen von ihnen verlangte. Während auf dem Lande die Sonne den Tagesrhythmus strukturierte, mussten die Arbeiter in den Zechen und Fabriken der mechanischen Uhr auf die Sekunde gehorchen. Die starke Konzentration in den Werkssiedlungen förderte zudem langfristig „die ethnische Abkapslung, erschwerte bei den Bewohnern das Erlernen der deutschen Sprache und bei den Einheimischen den Abbau von Vorurteilen" (Christoph Kleßmann). So knüpften die Arbeitsmigranten in der fremden Umgebung vor allem Kontakte zu den Mitgliedern der eigenen Gruppe. Die gemeinsame regionale Herkunft, der gemeinsame Arbeitsplatz und vor allem die gemeinsame Konfession und Sprache ließen sie näher zusammenrücken. Aufgrund der unterschiedlichen Konfession blieben Polen und Masuren dabei voneinander getrennt (M 16).

Mit der Gründung von Vereinen schufen sich besonders die Polen eine organisatorische Grundlage zur Pflege ihrer Heimatkultur in der Fremde. Zum großen Teil hatten diese Vereine religiösen Charakter und boten damit Anknüpfungspunkte mit den einheimischen Katholiken. Aber es überwog das Trennende, da die Polen Gottesdienste, Lieder und Gebete in ihrer Sprache sowie polnischstämmige Seelsorger wünschten. Die Basis für polnische Aktivitäten im Ruhrgebiet bildete die 1891 in Bochum gegründete Zeitung „*Wiarus Polski*" („Polnischer Kämpe"). Sie entwickelte sich zur täglichen Informationsquelle und zu einer Art Zentralorgan der Polen im Ruhrgebiet. Im Umfeld des „*Wiarus Polski*" bildeten sich kirchlich unabhängige, überregionale politische Organisationen und schließlich eine polnische Infrastruktur mit Genossenschaften, Interessenverbänden, Konsumläden und Banken.

Germanisierungspolitik
Das Bestreben der Vereine, Unternehmen und Organisationen, die polnische Kultur zu pflegen, alarmierte schon früh die preußischen Behörden. Die traditionelle Verbundenheit der Polen zur katholischen Kirche war insbesondere zur Zeit des Kulturkampfes* verdächtig. Das Misstrauen der Obrigkeit wurde zusätzlich von der Befürchtung ge-

schürt, dass die Polen die Wiedererrichtung eines eigenen Staates anstrebten. Während die Österreicher seit der dritten polnischen Teilung 1795 in ihrem Teilungsgebiet Galizien tolerant agierten, versuchte Preußen im Rahmen einer „Germanisierungspolitik" die nationale und kulturelle Identität der Polen in seinem Teilungsgebiet zu unterdrücken und die Rechte der polnischen Bevölkerung zu beschneiden.

In den preußischen Ostgebieten Posen und Westpreußen wurde z. B. der Gebrauch der polnischen Sprache in Schule und Behörden verboten. Diese gewünschte Schwächung der polnischen Identität und Kultur in den östlichen Provinzen sollte nicht durch den Aufbau einer starken polnischen Gemeinde im Westen an Rhein und Ruhr konterkariert werden. Aus „Sicherheitsgründen" wurde 1899 untersagt, in den Schachtanlagen Polnisch zu sprechen. 1908 folgte ein Verbot der polnischen Sprache in öffentlichen Versammlungen. Darüber hinaus übten die preußischen Behörden Druck auf die Bischöfe aus, die Polenseelsorge nur noch in deutscher Sprache und ohne nationalpolnische Symbolik durchzuführen. Als so der Druck durch Kirche, Schule, Ortsbehörden und am Arbeitsplatz zunahm, reagierten die Polen mit Ablehnung. Sie forderten die Gleichberechtigung in den Kirchengemeinden, am Arbeitsplatz und in der Gesellschaft. Je größer der Druck von außen wurde, desto entschlossener verharrten die Polen in einer Distanz zur Mehrheitsgesellschaft, obwohl schon die zweite Generation der Migranten mehr Kontakt zu Einheimischen hatte und auch Deutsch sprach.

Nach dem Ersten Weltkrieg wurde der polnische Staat wiedergegründet. Durch den Versailler Vertrag (1919) erhielten die Ruhrpolen die Möglichkeit, zwischen deutscher und polnischer Staatsangehörigkeit zu wählen. Historiker gehen davon aus, dass rund ein Drittel der ca. 350 000 Polen in ihre Heimat zurückkehrten. Als 1923 der Ruhrkampf* die Wirtschaft im Ruhrgebiet erschütterte und der Strukturwandel in den frühen 1920er-Jahren die Zahl der Arbeitsplätze rapide senkte, verließ erneut eine große Zahl von Polen die Region, um nun in den Kohleregionen in Belgien und Frankreich ihren Lebensunterhalt zu verdienen. Die Zurückgebliebenen arrangierten sich mit der neuen Heimat und die Aktivitäten der Polenvereine gingen stark zurück. Nach dem Angriff auf Polen 1939 unterdrückten die Nationalsozialisten jegliche Reste des polnischen Kulturlebens im Ruhrgebiet. In den Nachkriegsjahren hatten sich die meisten verbliebenen Polen der Mehrheitsgesellschaft angepasst und sind heute bis auf viele polnische Nachnamen kaum von der einheimischen Bevölkerung mehr zu unterscheiden.

Ruhrkampf
Wegen eines Lieferrückstands deutscher Reparationen (Versailler Vertrag, 1919) an Frankreich besetzten französische Truppen das Ruhrgebiet im Januar 1923; die deutsche Reichsregierung rief die Bevölkerung zum passiven Widerstand dagegen auf. Aufgrund der immensen wirtschaftlichen Folgen musste dieser Widerstand im September 1923 abgebrochen werden.

Integration der Masuren

Anders als die Polen bildeten die Masuren kaum eigene Vereine. Ihr sozialer Treffpunkt wurden die einheimischen evangelischen Kirchengemeinden, in denen sie bald eine wichtige Rolle spielten. In dem zuvor mehrheitlich katholischen Ruhrgebiet waren die Masuren für die deutschen Protestanten eine willkommene Verstärkung, obwohl es vor allem aufgrund der Sprachbarrieren auch zu Spannungen kam. Da die masurischen Migranten mehrheitlich konservativ und monarchistisch eingestellt waren, kamen ihnen die Amtskirche und die preußischen Behörden entgegen. Die Verbreitung polnischsprachiger, masurischer sowie religiöser Zeitungen und Schriften wurde gefördert, um die Leser in ihrer Muttersprache an das „Deutschtum" heranzuführen. Obwohl auch die erste Generation der Masuren die Rückkehr in den Osten plante, verwurzelten sie sich immer mehr in der neuen Heimat. In der Regel erfolgte spätestens in der dritten Generation die vollständige Assimilierung an das deutsche Kultur- und Sprachmilieu. Um der noch lange vorhandenen Diskriminierung zu entgehen, ließen viele Masuren und auch Polen ihren Namen eindeutschen.

1 Fremdsein

Nordwanderung des Bergbaus
Die Anfänge des Ruhrbergbaus lagen am Südrand des Ruhrgebietes, da die Flöz führenden Schichten dort zutage traten. Seit 1840 „wanderte" der Abbau der Ruhrkohle um rund 50 Kilometer nach Norden. Je weiter die Front des Kohlenbergbaus nach Norden kommt, desto tiefer liegt die Kohle, und desto schwieriger gestaltet sich der Abbau.

Akkordlohn
Lohnform, bei der sich die Entlohnung des Mitarbeiters unmittelbar nach seiner Leistung richtet. Gemessen wird, in welcher Zeit die Arbeit bzw. der Arbeitsvorgang bewältigt wird oder welche Stückzahlen der Arbeitnehmer in einer bestimmten Zeit produziert.

Neue Einwanderergruppen ab 1955

Nach den Zerstörungen im Zweiten Weltkrieg erholte sich die westdeutsche Wirtschaft erstaunlich schnell, sodass man seit den 1950er-Jahren sogar von einem „Wirtschaftswunder" sprach. Zunächst sorgten die Eingliederung der Vertriebenen und die Zuwanderung aus der DDR für eine gute Versorgung mit Arbeitskräften. Mitte der 1950er-Jahre zeichnete sich aber ein steigender Bedarf ab. Die geplante Einführung der Wehrpflicht im Jahr 1956 drohte die Situation zusätzlich zu verschärfen, sodass die Bundesregierung 1955 auf das Angebot Italiens einging, italienische Arbeiter nach Deutschland zu vermitteln. Ein Anwerbeabkommen regelte die praktische Durchführung der Arbeitsvermittlung von der Auswahl der Bewerber in Italien bis zu Anreise, Lohnfragen und Familiennachzug. In Deutschland wurden die angeworbenen Arbeiter als „Gastarbeiter" bezeichnet. Die Italiener waren nicht nur die erste, sondern zunächst auch die größte Gruppe unter den Arbeitsmigranten in Deutschland. 1960 folgten ähnliche Vereinbarungen mit Griechenland und Spanien. Das Ruhrgebiet entwickelte sich zu einem Schwerpunkt der Zuwanderung, da es mit seinen Industriezweigen Kohle und Stahl viele Arbeitsplätze für gering qualifizierte Arbeitnehmer bot.

Die Türkei bot sich ebenfalls an, Arbeitskräfte zu entsenden, aber die Bundesregierung befürchtete zunächst, dass die Unterschiede in Kultur und Religion zwischen Deutschen und Türken Konflikte auslösen könnten. Die USA drängten allerdings auf eine bessere Einbindung der Türkei in Europa, um den NATO-Partner an der Südgrenze der Sowjetunion zu stärken. Als im August 1961 die Berliner Mauer den Zustrom von Arbeitskräften aus der DDR endgültig stoppte, schloss die Bundesrepublik im gleichen Jahr auch mit der Türkei ein Anwerbeabkommen. Anders als bei den Abkommen mit den südeuropäischen Staaten sollten die Türken eine Gesundheitsuntersuchung durchlaufen, nur zwei Jahre in Deutschland bleiben und keine Familienangehörigen nachkommen lassen dürfen. Die Türken wurden dennoch in der zweiten Hälfte der 1960er-Jahre zur größten Gruppe der Zuwanderer. Anders als im 19. Jahrhundert kamen jetzt auch viele Frauen als Arbeitsmigranten ins Ruhrgebiet. Da die Industrie es für unwirtschaftlich hielt, alle zwei Jahre neue Arbeiter anlernen zu müssen, wurde die Aufenthaltsbeschränkung aufgehoben.

Türkische Zuwanderung 1961 bis 1973

Für die Geschichte der türkischen Einwanderer und ihrer Familien in Deutschland lassen sich seit 1961 vier Phasen unterscheiden. Die erste Phase erstreckte sich vom Anwerbeabkommen bis zur Ölkrise 1973. Die türkischen Arbeiter erwarben sich Anfang der 1960er-Jahre in Deutschland den Ruf, besonders diszipliniert, anspruchslos und arbeitswillig zu sein. Da sie im Vergleich zu Italienern und Spaniern eine aufwändigere Anreise hatten, waren sie in der Tat oft bereit, Arbeiten zu übernehmen, die andere Arbeitsmigranten abgelehnt hatten. Weil die Arbeitsplätze im Bergbau zunehmend als unattraktiv empfunden wurden, stellten die Zechen in großem Umfang türkische Arbeiter ein. Noch heute leben die meisten türkischstämmigen Menschen im Ruhrgebiet im „Nordwanderungsgürtel"* des Bergbaus von Duisburg bis Hamm.

Den Unternehmern gefiel an den Türken zudem, dass sie in großem Umfang Akkordlöhne* akzeptierten. Bei den deutschen Kollegen machten sich die Türken damit allerdings unbeliebt, weil sie bis zur Erschöpfung arbeiteten und so die Akkordsätze in die Höhe trieben. Die Unternehmen verpflichteten sich, für die Unterbringung der ausländischen Arbeiter zu sorgen. Die Neuankömmlinge mussten dabei oft unter sehr beengten Verhältnissen leben. Durchschnittlich wohnten in den Unterkünften vier Personen in einem Zimmer. Privatsphäre gab es keine, Waschräume und Küchen waren Gemeinschaftsräume.

46

M 3 Griechische Einwandererfamilie in ihrer Küche in Düsseldorf, Fotografie, 1970

M 4 Türkische Arbeiter in ihrer Unterkunft in München, Fotografie, 1970

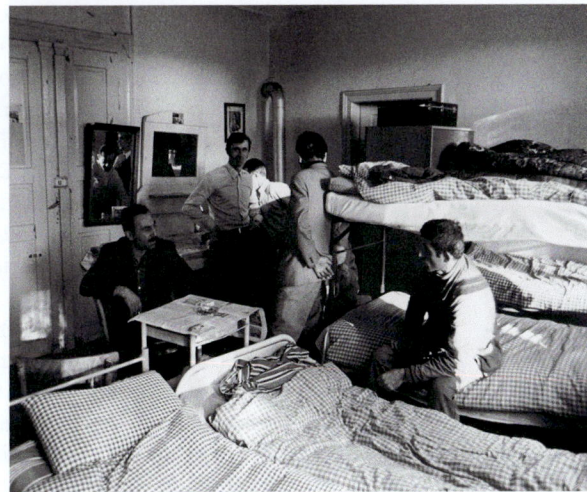

1 ■ Beschreiben Sie die Wohnverhältnisse der zugezogenen Menschen.
2 ■ Beurteilen Sie den Umgang mit den ausländischen Arbeitern. Berücksichtigen Sie auch M 12 bis M 14.

Anwerbestopp 1973 bis 1982

Die zweite Phase der türkischen Einwanderung begann mit der Ölkrise 1973, die in der Bundesrepublik zu einem unerwartet hohen Anstieg der Arbeitslosenzahlen führte. Noch im gleichen Jahr verfügte die Regierung daher einen Anwerbestopp. Um ihre Option auf den Arbeitsplatz nicht zu verlieren, entschlossen sich daraufhin viele türkische Arbeiter in der Bundesrepublik zu einem längeren Aufenthalt in Deutschland und ließen ihre Familien nachkommen. Dadurch veränderte sich die Sozialstruktur der türkischstämmigen Bevölkerung in Deutschland nachhaltig. Die reine Arbeitsmigration hatte sich nun in eine Familienmigration verwandelt. Dies führte auch zu einer Veränderung der Wohnsituation: Während 1970 noch 72 Prozent der türkischen Arbeiter als Einzelperson in Wohnheimen untergebracht waren, lebten am Ende der 1970er-Jahre 83 Prozent von ihnen außerhalb der Heime. Die türkischstämmigen Familien kamen somit im Alltagsleben stärker mit der einheimischen Bevölkerung in Kontakt.

In den Betrieben wuchs Anfang der 1970er-Jahre die Unzufriedenheit der türkischen Arbeiter, da sie ihre Benachteiligung gegenüber anderen Kollegen als ungerecht empfanden (M 13, M 14). 1973 eskalierte die Situation in den Ford-Werken in Köln, als die Werksleitung 300 türkische Arbeiter entlassen wollte. Spontan kam es zu einem „wilden Streik", an dem sich Tausende türkischer Arbeiter beteiligten. Die Gewerkschaften und die Mehrheit der deutschen Belegschaft solidarisierten sich nicht mit den Streikenden, die unter Anwendung von Gewalt zur Aufgabe gezwungen wurden. Je mehr sich die Migranten aber in der Bundesrepublik etablierten, konnten sie auch die Bestimmungen des Arbeitsrechtes kennen lernen und so Verbesserungen durchsetzen.

Angesichts der längeren Aufenthaltsdauer der Migranten entwickelte die Bundesregierung Ansätze für eine Integrationspolitik. Bundeskanzler Helmut Schmidt (SPD) berief 1978 den ehemaligen SPD-Ministerpräsidenten von Nordrhein-Westfalen Heinz Kühn zum ersten „Integrationsbeauftragten" der Bundesregierung. Die deutsche Mehrheitsgesellschaft unternahm allerdings kaum Anstrengungen, um die neuen Nachbarn zu integrieren.

1 Fremdsein

M 5 Der Fußballer Mesut Özil im deutschen Nationaltrikot, Fotografie, 2013

Mesut Özil wurde 1988 als Sohn türkischstämmiger Eltern in Gelsenkirchen geboren. Özil spielte in der Bundesliga, von 2010 bis 2013 für Real Madrid und ist seit 2013 beim FC Arsenal in London. 2009 gab er sein Debüt in der deutschen Nationalmannschaft.

Webcode:
KB644438-048

Ausländerpolitik 1983 bis 1990

Die seit 1982 regierende christlich-liberale Koalition unter Bundeskanzler Helmut Kohl (CDU) beendete die noch zaghaften Integrationsbemühungen und eröffnete damit die dritte Phase der türkischen Migration: Mit finanziellen Anreizen im Rückkehrhilfegesetz 1983 sollten die Arbeitsmigranten zur Heimkehr bewegt werden. Aus den „Gastarbeitern" waren nun „Ausländer" geworden, die in ihre Herkunftsländer zurückkehren sollten. In den Jahren 1983 bis 1985 verließen daraufhin etwa 300 000 türkischstämmige Menschen Deutschland. Doch viele der Rückkehrer konnten in ihrer alten Heimat nicht mehr Fuß fassen – sie erlebten wirtschaftliche und soziale Rückschläge. Die in Deutschland verbliebenen Migranten aus der Türkei überlegten immer stärker, langfristig in Deutschland zu bleiben. Aber auch hier gab es Probleme: die Bildung von „Ausländer"-Vierteln, Unsicherheit hinsichtlich der eigenen Identität, ein starker Anstieg der Migranten-Arbeitslosenquote, eine prekäre Schul- und Ausbildungssituation der Kinder und Jugendlichen und daraus wiederum resultierend eine verstärkte Ablehnung durch die einheimische Bevölkerung. Für die türkischstämmigen Familien gewannen der Islam als identitätsstiftendes Element sowie die Gebetsräume als Rückzugsort und Treffpunkt an Bedeutung.

Neue Ansätze zur Integration ab 1990

Mit der Neufassung des Ausländergesetzes von 1990 öffnete sich die CDU/FDP-Bundesregierung einer neuen Integrationspolitik: Sie räumte erstmals die Möglichkeit ein, dass eine Einbürgerung auch dann möglich sein soll, wenn keine Abstammung von einem deutschen Staatsbürger vorliegt. Aber erst die rot-grüne Bundesregierung reformierte das Staatsangehörigkeitsrecht im Jahr 2000 grundlegend und schuf so das Recht auf Einbürgerung nach acht Jahren Aufenthalt in der Bundesrepublik. 2005 folgte ein Zuwanderungsgesetz und 2008 führte die Große Koalition aus CDU und SPD unter Bundeskanzlerin Angela Merkel (CDU) den Einbürgerungstest ein.

Vielen Türken fiel es aber schwer, sich von der alten Heimat auch juristisch zu verabschieden. Der Kontakt zur Türkei war nie abgebrochen worden und ihre kulturellen, politischen und religiösen Wurzeln sind vielen türkischstämmigen Menschen in der Bundesrepublik nach wie vor wichtig. Ungeachtet dessen sind aus den ehemaligen „Gastarbeitern" (1. Generation) und ihren Kindern (2. Generation) de facto „Einwanderer" geworden. Aktuelle Umfragen zeigen außerdem, dass ein Großteil ihrer Enkel (3. Generation) und Urenkel (4. Generation) Deutschland als ihre Heimat ansieht. Inzwischen leben fast 50 Prozent aller Türken seit mehr als 25 Jahren in der Bundesrepublik und fast 35 Prozent sind hier geboren worden.

1 ■ Nennen Sie die Gründe für die Migration aus dem Osten ins Ruhrgebiet im 19. Jahrhundert.
2 ■ Erläutern Sie die unterschiedliche Entwicklung bei der Integration von Polen und Masuren.
3 ■ Stellen Sie die vier Phasen des türkischen Migrationsprozesses in Deutschland in einer Übersicht dar.
4 ■ **Zusatzaufgabe:** Vergleichen Sie die im Text genannten Zuwanderungsgruppen anhand geeigneter Kriterien (z. B. Zeitraum, Motive der Einwanderer, Reaktionen der Bevölkerung und der Behörden) in einer Tabelle. Bewerten Sie anschließend die Migrationsprozesse mithilfe der Begriffe: Assimilation, Integration, Segregation bzw. Separation und Exklusion (vgl. S. 7).

M 6 Erlebnisse eines Zuwanderers

Hans Marchwitza zog 1910 als junger Mann aus Oberschlesien ins Ruhrgebiet. Er arbeitete im Bergbau und schloss sich 1920 der KPD an. Wegen der Beteiligung an Streiks wurde er mehrfach entlassen und arbeitete dann als Journalist und Schriftsteller. 1947 verfasste er in der SBZ den autobiografischen Roman „Meine Jugend".

In Beuthen stellte sich alle paar Wochen ein Agent von der Ruhr ein, der nicht viel zu locken brauchte. Hunderte Unzufriedene wie wir umlagerten das schmutzige Hotel. Der Agent betrog die Angeworbenen […] mit dem Kontrakt,
5 den jeder unterschreiben musste. Wenige nur fanden den Mut, sich den Vertrag durchzulesen. […] „Jetzt lässt du uns allein", hatte der Vater geklagt, „meine ganze Hoffnung habe ich in dich gesetzt, glaubte, später eine Hilfe in dir zu haben, jetzt gehst du." – […] Der Zug rollte. Unser armes Land flog
10 vorbei. Staubige, feuerspeiende, schweißtriefende Städte, traurige Straßen, abgewetzte barfüßige Kinderscharen, bleiche Frauen und ausgemergelte uns nachstarrende Männer. […] Der Zug rollte durch das flammende Westfalen – Dortmund, Bochum, Essen – die Kanonenstadt Krupps. Rauch,
15 Donnerschlag, verrußte Kasernen, das Ruhrgebiet, das „Kap der guten Hoffnung", der Goldwesten des Reiches. Lange Reihen Bergleute, lange Reihen hastender Fabrikarbeiter, die emporragenden Schächte, alles bekannt […]. Dieses einst so verlockende Ruhrland verlor nach und nach jeden Reiz für
20 mich, und ich kämpfte zuweilen mit dem Gedanken, mich rasch wieder in den Zug zu setzen und […] zurückzufahren. Das kostete aber mindestens zwanzig Mark, und die hatte ich nicht. So schob ich diese Fluchthoffnung beiseite und ließ mich […] weiter drangsalieren und Halunken schimp-
25 fen […]. Unter meinen Leuten spielte ich den Ausdauernden, und wir belogen uns auf diese Weise alle. Wir redeten immer lauter von schönen Anzügen und Schuhen mit Lackkappen. Und vom Sparen – die alte Krankheit.

Hans Marchwitza, Meine Jugend, Verlag Tribüne, Berlin-Ost 1976, S. 152–163.

1 ▪ Erarbeiten Sie Marchwitzas Motive für die Auswanderung.
2 ▪ Erläutern Sie Marchwitzas Probleme im Ruhrgebiet. Nutzen Sie auch den Darstellungstext.

M 7 Der völkisch-nationalistische „Alldeutsche Verband" in einem „Gutachten zur Polenfrage im Rheinisch-Westfälischen Industriebezirk" von 1901

Aber es bedarf keines weiteren Wortes für jeden, der die Ankömmlinge bei ihrem ersten Erscheinen im Industriebezirke einmal beobachtet hat, oder wer die zahlreichen Trupps polnischer Arbeiter auf der Station Kohlfurt, welche
5 zu Zeiten täglich 1500 „Pollacken" passieren sollen, […] zu sehen Gelegenheit gehabt hat, dass alle diese Zuzügler Proletariat sind. Nicht Proletariat im Sinne der roten Internationalen: der großstädtische sozialdemokratische Bauarbeiter, Buchdrucker, Metallarbeiter, der Bergarbeiter des „Alten Verbandes" u. a., der sich im Bewusstsein des Genossentums
10 stolz fühlt und gehorsam der Losung: „Proletarier aller Länder, vereinigt euch!" für ausländische Streiks Beiträge zahlt […]. […] – dieses in seiner Gesamtheit und in der einzelnen Gestalt so sympathische Proletariat steht an Schulbildung und Lebenshaltung hoch über dem Niveau, unter welchem
15 die große Mehrzahl jener armseligen Menschen in der Heimat vegetiert hat. In ihrer schlechten Kleidung, mit ihrem geringen, in einem Sack auf der Schulter oder allenfalls in einem Holzkasten untergebrachten Hab und Gut machen sie häufig einen Mitleid erregenden Eindruck. […] Der Bil-
20 dungsgrad aller Zuwanderer ist ein sehr niedriger; ihr Begriffsvermögen ist unentwickelt.

Zit. nach: Witold Matwiejczyk, Zwischen kirchlicher Integration und gesellschaftlicher Isolation. Polnische Katholiken im Ruhrgebiet von 1871 bis 1914, in: Dittmar Dahlmann, Albert S. Kotowski, Zbigniew Karpus (Hg.), Schimanski, Kuzorra und andere. Polnische Einwanderer im Ruhrgebiet zwischen der Reichsgründung und dem Zweiten Weltkrieg, Klartext, Essen, 2005, S. 12.

1 ▪ Analysieren Sie das Gutachten im Hinblick auf die Charakterisierung der polnischen Migranten.
2 ▪ Nehmen Sie zu dem „Gutachten" Stellung.

M 8 „Der polnische Nachschub kommt", Karikatur aus der Satirezeitschrift „Der wahre Jacob", 1912/13.

Die Bildunterschrift lautet: „Mutter Bronislaw: Müssen zurückwandern nach unserer polnischen Heimat! Vater ist tot und Wohnung für neu angeworbene Landsleute nötig."

1 ▪ Interpretieren Sie die Karikatur.

1 Fremdsein

M 9 Eingesessene und Zuwanderer in den Ruhrgebietsstädten 1907

		Duisburg	Essen	Bochum	Dortmund	Gelsenkirchen
Gesamtbevölkerung (absolute Zahl)		204 283	242 165	125 926	188 817	154 585
Davon: Zuwanderer (absolute Zahl)		104 887	129 170	79 945	109 590	94 973
Zuwanderer (in Prozent)		51,4	53,4	63,5	58,1	61,4
Davon: Nahwanderer (in Prozent)		31,1	30,8	39,8	30,7	28,5
Fernwanderer (in Prozent)		20,3	22,6	23,7	27,4	32,9

Gerhard A. Ritter/Klaus Tenfelde, Arbeiter im Deutschen Kaiserreich 1871 bis 1914, J. H. W. Dietz Nachf., Bonn 1992, S. 190.

1 ■ Untersuchen Sie das Verhältnis von Zuwanderern und Eingesessenen in den Ruhrgebietsstädten für das Jahr 1907. Beziehen Sie bei den Zuwanderern das Verhältnis von Fern- und Nahwanderern mit ein.

M 10 Ausländische Bevölkerung nach Staatsangehörigkeit im Ruhrgebiet 2011

Griechenland	Italien	Ehem. Jugoslawien[1]	Niederlande	Polen	Portugal	Spanien	Türkei	Insgesamt
20 551	27 279	70 454	8 998	41 856	7 571	7 439	222 078	565 123

Quelle: Landesbetrieb für Information und Technik, NRW; RVR-Datenbank; Ausländerzentralregister beim Bundesverwaltungsamt, Köln; zit. nach: http://www.metropoleruhr.de/regionalverband-ruhr/statistik-analysen/statistik-trends/bevoelkerung/nationalitaeten.html (Download vom 21. August 2013).

1 Ehem. Jugoslawien: Bosnien und Herzegowina, Kosovo, Kroatien, Mazedonien, Montenegro, Serbien und Slowenien

1 ■ Recherchieren Sie die Anteile ausländischer Nationalitäten an der Bevölkerung in Ihrem Heimatort und vergleichen Sie das Ergebnis mit dem für das Ruhrgebiet.

M 11 Der Politologe Jan Hanrath zur Vielfalt der türkeistämmigen Bevölkerung in Deutschland, 2011

Auch nach 50 Jahren Einwanderung aus der Türkei werden türkeistämmige Menschen in Deutschland häufig als geschlossene Gruppe wahrgenommen. Nicht selten wird im öffentlichen Diskurs nach wie vor von „den Türken" gespro-
5 chen. Dabei ist diese Bevölkerungsgruppe in hohem Maße heterogen. Die Mitglieder unterscheiden sich hinsichtlich der Zeit ihrer Ankunft in Deutschland, den Gründen für ihre Migration – manche kamen beispielsweise zum Arbeiten oder Studieren, andere aufgrund von Familienzusammen-
10 führungen oder um Asyl zu beantragen –, ihrem ethnischen und religiösen Hintergrund – manche sind türkische Sunniten, andere kurdische Aleviten oder auch armenische Christen –, ihrer Staatsbürgerschaft oder ihrem Bildungsgrad. Manche haben selbst Migrationserfahrungen gemacht, an-
15 dere sind bereits hier geboren. So spiegelt die Vielfalt dieser Einwanderergruppe auf der einen Seite die Migrationsgeschichte Deutschlands und die Bedingungen am Niederlassungsort wider. Auf der anderen Seite reflektiert diese Vielfalt auch die Heterogenität der Bevölkerung in der Türkei
20 sowie wirtschaftliche, gesellschaftliche und politische Entwicklungen im Herkunftsland. Diese werden gleichsam immer wieder zu Bezugspunkten für die türkeistämmige Bevölkerung in Deutschland.

Jan Hanrath, Vielfalt der türkeistämmigen Bevölkerung in Deutschland (online abrufbar unter: http://www.bpb.de/geschichte/deutsche-geschichte/anwerbeabkommen/43240/vielfalt?p=0).

1 ■ Erklären Sie, inwiefern die türkischstämmige Bevölkerung in Deutschland eine heterogene Gruppe ist.

M 12 Der Kurde Ali Başar erinnert sich an seine Zeit im Ruhrgebiet, 2011

Ali Başar kam als einer der ersten Arbeiter aus der Türkei im November 1961 in das Ruhrgebiet.

[Auf dem Weg über München ins Ruhrgebiet] Ahmet, Şükrü und ich. Wir hatten Fahrscheine, sprachen aber überhaupt kein Deutsch und waren natürlich ängstlich, als wir uns auf den Weg machten. […] So stiegen wir in den Zug –
5 und staunten: Um uns herum waren überall so gut gekleidete Frauen und Männer in Nylonhemden! Das sind bestimmt Politiker, Abgeordnete, Minister, waren wir überzeugt. […] Wir haben es nicht gewagt, uns in eines der Abteile zu setzen. Also haben wir die gesamte Fahrt von München nach
10 Dortmund im Stehen verbracht. Auf dem Bahnsteig in Dortmund erwartete uns dann ein Mann. Und was für einer! Jung, groß, toll sah er aus. „Patron!" (Chef), sagte er und zeigte mit dem Finger auf sich. Wir hatten also unseren Arbeitgeber gefunden. Beim Verlassen des Bahnhofsgebäudes
15 hatten wir nach der langen Fahrt Mühe, seinem schnellen Schritt zu folgen. Er setzte uns in sein Auto, einen Volkswagen. […] Bevor wir losfuhren, holte unser „Patron" ein Päckchen aus seiner Tasche und gab Ahmet eine Zigarette. Der zog daran, kurbelte hastig das Fenster herunter und spuckte

kräftig aus. Der deutsche Tabak schmeckte ihm offensichtlich nicht. Unser Patron lachte. […]

In dem Bergwerk, in dem ich gearbeitet habe, gab es einen Kollegen, Charly. „Hey, Türke! Komm mal hier, mach mal hier fertig…", hat er immer gerufen. Einmal, in der Pause, sagte er zu mir: „Hey, Türke, ich bin ein reinrassiger Ostpreuße. Du bist mein Sklave." – „Ja", antwortete ich. Ich konnte ja kaum Deutsch, hatte gar nicht verstanden, was er gesagt hatte. Zu Hause habe ich im Wörterbuch nachgeschlagen, was Sklave bedeutet. Oh, dachte ich, das ist ja etwas Schlechtes! Am nächsten Tag saßen wir wieder da, Charly sagte wieder das Gleiche zu mir. „Hau ab, du!", rief ich und setzte mich woandershin. Meine Kollegen wollten Charlys Verhalten aber nicht akzeptieren. Sie gingen zu unserem Kolonnenführer Heinz und erzählten ihm, was Charly gesagt hatte. Daraufhin ging der Kolonnenführer zu Charly und stellte ihn zur Rede: „Was hast du zu unserem Kumpel Ali gesagt? Wenn du so was sagst, bist du nicht mehr in unserer Kolonne!" Charly und ich wurden sogar zum Geschäftsführer gerufen. „Charly!", sagte der Geschäftsführer. „Wir arbeiten hier 2 000 Meter unter Tage, wir müssen zusammenhalten! Wenn du zu unserem Kumpel Ali sagst, er sei dein Sklave, bist du nicht mehr bei uns im Bergbau. Entschuldige dich bei Ali!" So war das. Vielleicht hatte ich Glück, aber ich habe wirklich sehr gute Erfahrungen gemacht mit den Deutschen.

Ich will aber meine Augen nicht verschließen. Natürlich sind auch Dinge passiert, die nicht ganz in Ordnung waren. Einige Kollegen waren nicht sehr nett zu mir, ich musste manchmal mehr arbeiten als die anderen. Aber das ist alles nicht so wichtig. Meine Arbeitgeber haben mich immer sehr gut behandelt, mich für meine Arbeit geschätzt. Das ist denen ja das Wichtigste: dass die Leistung stimmt. Manchmal hat ein Chef mich sogar in Schutz genommen, wenn Kollegen mich respektlos behandelt haben. […] Die Armut, die ich in der Türkei erlebt habe, hat mich zur Dankbarkeit erzogen. Mit den Peitschenstriemen der Armut kam ich hierher nach Deutschland, das Gefühl habe ich nie verloren. In Deutschland habe ich meinen Beruf erlernt, Geld verdient, ein Auto gekauft, eine Familie gegründet. Das ist für mich ein großes Geschenk. Die Wohnung, in der ich heute lebe, ist für mich ein Paradies. Wenn etwas zu essen auf dem Tisch steht, ist das für mich immer noch wunderbar, jeden Tag. Wir sind Deutschland in einer Art Dankbarkeit verbunden, und ich verstehe nicht, wie das jemand anders sehen kann. Wir hätten in der Türkei wahrscheinlich nicht überlebt. Deutschland hat mir das Leben gerettet, so würde ich das sagen, und es ist eine Heimat für uns geworden. Unsere ganze Familie hat inzwischen die deutsche Staatsangehörigkeit, aber erst seit Anfang der 90er-Jahre. […] Wir sind eine multikulturelle Familie – mit einer spanischen Schwiegertochter, einem deutschen und einem irischen Schwiegersohn.

Dorte Huneke/Ali Başar, „Mit den Peitschenstriemen der Armut kam ich hierher". Im Ruhrgebiet zu Hause: Ali Başar, in: Jeannette Goddar/Dorte Huneke (Hg.), Auf Zeit. Für immer. Zuwanderer aus der Türkei erinnern sich. Ein Projekt der Bundeszentrale für politische Bildung und des KulturForums Türkei-Deutschland e.V., Schriftenreihe Band 1183, Bundeszentrale für politische Bildung, Bonn 2011, S. 41–51.

1 ■ Beschreiben Sie, welche Erfahrungen Ali Başar nach seiner Ankunft im Ruhrgebiet gemacht hat.
2 ■ Erläutern Sie das Fazit des Autors: „Wir sind Deutschland in einer Art Dankbarkeit verbunden."
3 ■ **Geschichte produktiv:** Führen Sie mit einem türkischen Migranten ein Interview über seine Erfahrungen in Deutschland. Vergleichen Sie die Antworten mit denen von Ali Başar.

M 13 Der türkische Schriftsteller Nevzat Üstün „… Was die Deutschen wollten, …", 2011

Was die Deutschen wollten, steht in krassem Gegensatz zum Wesen des modernen Menschen. Als die Deutschen aus dem Ausland „ausländische Arbeitskräfte anforderten", dürften sie nicht daran gedacht haben, dass es dabei um Menschen geht. Das heißt, die Arbeitskräfte sollten kommen, für sich allein existieren, die Straßen fegen, Häuser bauen, Maschinen bedienen, Beton aufbrechen, Elektroschweißen, dabei aber völlig unsichtbar bleiben. Sie sollten nicht in Häusern leben, nicht in die Parkanlagen gehen, nichts essen, unbekannt bleiben, sich nicht lieben. Der berühmte Schriftsteller Max Frisch hat es einmal so ausgedrückt: „Man hat Arbeitskräfte gerufen, und es kamen Menschen." […] Man zahlte ihnen ihr Geld aus und hatte damit alles Nötige getan. Am liebsten hätte man die Ausländer jeden Abend um fünf Uhr in ihre Heimatländer zurückgeschickt und sie morgens zurückgeholt.

Nevzat Üstün, „… Was die Deutschen wollten, …", in: Aytaç Eryılmaz/Mathilde Jamin (Hg.), Fremde Heimat. Eine Geschichte der Einwanderung aus der Türkei, Klartext, Essen 1998, S. 68.

M 14 Günter Wallraff über seine Erfahrungen als „Gastarbeiter" für eine Undercover-Reportage, 1985

Der Enthüllungsjournalist Hans-Günter Wallraff arbeitete in den 1980er-Jahren zwei Jahre lang als Gastarbeiter Ali Levent Sinirlioğlu unter anderem bei Thyssen. Sein Buch „Ganz unten" erschien 1985.

Obwohl ich innerlich darauf eingestellt war, hat mich die Entwürdigung, die ich in den Betrieben erfahren habe, erschüttert. Damals waren die rassistischen Sprüche noch heftiger. Verächtliche Bemerkungen gab es haufenweise, eine offene rassistische Anmache. Auch Judenwitze, die man jetzt auf Türken übertrug. Dazu kam die Entrechtung. Wir als Türken hatten keine Möglichkeit, uns gegen die Ansagen des Vorarbeiters zu behaupten. Wenn es viel zu tun gab, waren immer wir es, die länger malochen mussten, manchmal bis zu 16 Stunden. Anfangs habe ich mich gewundert, dass sich niemand darüber beschwerte. Aber du wirst innerlich schnell ziemlich klein, wenn du keine Worte hast, mit denen du dich zur Wehr setzen kannst. Ich war anfangs zurückhaltend, weil ich nicht riskieren wollte, aufzufliegen. Die anderen waren es, weil sie nicht riskieren wollten, ihren Job zu verlieren.

Ich übertreibe nicht, wenn ich sage, dass die meisten meiner Kollegen psychisch angeschlagen waren. Nicht wenige hatten mit psychosomatischen Erkrankungen zu kämpfen: Magen- und Darmbeschwerden, Magenschleimhautentzündungen. Die haben sich das eben sehr zu Herzen genommen. Ehrlich gesagt, war mir auch manchmal ganz schön zum Heulen zumute. An anderen Tagen war ich einfach nur wütend. Aber ich konnte das natürlich viel besser abschütteln als meine Kollegen. Ich wusste ja, es würde alles bekannt gemacht werden. Also stand ich manchmal vor unserem Menschenhändler oder einem seiner Beauftragten und dachte: Wartet nur ab, das bekommt ihr alles zurück!

Osman Okkan/Günter Wallraff, „Eigentlich müsste man darüber jedes Jahr ein Schwarzbuch veröffentlichen". Osman Okkan über Günter Wallraffs Erfahrungen als türkischer Leiharbeiter Ali, in: Jeannette Goddar/Dorte Huneke (Hg.), Auf Zeit. Für immer. Zuwanderer aus der Türkei erinnern sich, Schriftenreihe Band 1183, Bundeszentrale für politische Bildung, Bonn 2011, S. 169.

1 ■ Vergleichen Sie die Aussagen von Ali Başar, Nevzat Üstün und Günther Wallraff (M 12–M 14).

M 15 Der Historiker Christoph Kleßmann über „Ruhrpolen" und „Gastarbeiter", 1985

[Frage: Lassen sich aus dem historischen Beispiel der „Ruhrpolen" für die aktuelle Diskussion um ausländische Arbeiter in der Bundesrepublik Lehren aus der Geschichte ziehen?]

Wenn der Verweis auf die „historische Dimension" eines aktuellen Problems nicht völlig unverbindlich bleiben soll, muss ein solches „Lernen" möglich sein. Andererseits tut sich wohl jeder professionelle Historiker zu Recht mit diachronen Vergleichen sehr schwer. Ihm fallen neben vergleichbaren Momenten meist genauso viel unvergleichbare ein, die es zumindest verbieten, aus historischen Beispielen unmittelbar brauchbare und umsetzbare Orientierungen abzuleiten. [...] Hier seien nur vier Punkte hervorgehoben, die den „Nutzen der Historie" andeuten sollen:

1. In einem sehr allgemeinen Sinne kann – und sollte – die Beschäftigung mit der Geschichte von Minderheiten in Deutschland für den Umgang mit „Fremden" im eigenen Land sensibilisieren und einem bornierten Germanozentrismus entgegenwirken. Berlin wäre ohne seine französischen, jüdischen und polnischen Minderheiten ebenso wenig denkbar wie das Ruhrgebiet ohne Polen, Holländer und Italiener. Bewusstgemachte Tradition von Minderheiten im eigenen Land kann zumindest dämpfend auf Fremdenhass und Abwehrängste wirken. Vieles als völlig neu und bedrohlich Empfundene war in anderer Form schon einmal da und ist keineswegs so neu.

2. Das historische Beispiel kann dank einer gewissen zeitlichen Distanz [...] den Blick für aktuelle Probleme schärfen, die Unvermeidbarkeit von Konflikten verdeutlichen, aber auch Lösungsansätze aufzeigen, wenn man bereit ist, in längeren Zeiträumen zu denken und nicht von heute auf morgen nach schnell wirkenden Rezepten verlangt. Die historischen Ängste vor einem „Polenstaat im Westen" haben sich als völlig unbegründet herausgestellt, und die Polenviertel in vielen Ruhrgebietsstädten haben keineswegs gravierende kommunalpolitische Probleme geschaffen.

3. Gerade die von den Deutschen als bedrohlich empfundene nationale organisatorische Separation der Polen hatte eine stabilisierende Komponente, die für die gegenwärtige [Integrations-]Diskussion nicht übersehen werden sollte. Die heute gängige Forderung nach Integration impliziert in der Regel die Ablehnung jeder – auch der freiwilligen – Gettobildung. Ersetzt man den pejorativ geprägten Gettobegriff durch den der Binnenintegration einer Minderheit, die über das Moment einer räumlichen Konzentration hinausgreift und auch unabhängig davon auf die Minderheit als selbstbewusste, durchorganisierte Gruppe abhebt, dann bekommt der Vergleich mit den Ruhrpolen hohe Aktualität.

4. Die Geschichte der Integration der ruhrpolnischen Minderheit war keineswegs eine „Erfolgsgeschichte von amerikanischen Ausmaßen". Sie war ein spannungsreicher und mühsamer Prozess. Vor allem aus politischen Gründen blieb in der deutschen Gesellschaft viel an Ablehnung, Diskriminierung, Konkurrenzangst und Fremdenhass gegenüber den Polen. Gleichwohl sollten die produktiven Ansätze einer multikulturellen Koexistenz und Symbiose nicht übersehen und unterbewertet werden. Dies zu betonen, kann somit einen historischen Beitrag zur politischen Bewusstseinsbildung darstellen.

Christoph Kleßmann, „Ruhrpolen" damals und „Gastarbeiter" heute?, in: Klaus J. Bade (Hg.), Auswanderer, Wanderarbeiter, Gastarbeiter. Bevölkerung, Arbeitsmarkt und Wanderung in Deutschland seit der Mitte des 19. Jahrhunderts, Bd. 2, 2. Aufl., Scripta Mercaturae, Ostfildern 1985, S. 798 f.

1 ■ Analysieren Sie M 15 im Hinblick auf die zentralen Thesen des Autors.
2 ■ Nehmen Sie auf der Grundlage Ihrer Kenntnisse Stellung zum Fazit des Autors: „Die Geschichte der Integration der ruhrpolnischen Minderheit war (...) ein spannungsreicher und mühsamer Prozess."
3 ■ **Geschichte produktiv:** Formulieren Sie einen Text zu der Frage: „Lassen sich aus einem weiteren historischen Beispiel für die aktuelle Diskussion um ausländische Arbeiter in der Bundesrepublik Lehren aus der Geschichte ziehen?"

M 16 Der Historiker Klaus Tenfelde über Polen, Masuren und Türken im Vergleich, 2006

Zu den besonders wichtigen Unterschieden zwischen beiden Migrationsprozessen gehören bestimmte kollektive Merkmale der Migranten. Hier ist […] der Unterschied im Rechtsstatus als Staatsbürger zu nennen, der bis 1918 Einbürgerungsdiskussionen entbehrlich gemacht hatte. Im Zuge der europäischen Einigung sowie des Beitrittsuchens der Türkei wurde die Staatsbürgerfrage hingegen heiß diskutiert. Vielleicht noch wichtiger wirken Differenzen, die aus den […] sehr viel krasser unterschiedenen Glaubensgemeinschaften der Integrationsgesellschaft bzw. der türkischen Migranten resultieren. […]
Eben diese fundamentalen Unterschiede lassen aber auch Gemeinsamkeiten erkennen. Das gilt etwa für die funktional jeweils äquivalenten Formen religiöser Vergemeinschaftung und Sozialisation, also für die Rolle von Religionsgemeinschaften als, wenn man so will, Verzögerer der Assimilation und Integration. Sowohl für die Polen als auch für die Türken scheinen die Glaubensgemeinschaften wichtige Orientierungsleistungen […] erbracht zu haben. Beide Migrantengruppen waren schlicht zu groß, um sich einer nur „schleichenden" Assimilation unterziehen zu können […]. Schon deshalb wirkten diese beiden Wanderungsvorgänge kurz- und mittelfristig milieubildend und überschatten darin die anderen ethnischen Gruppen. […] Das bedeutete neben anderem, dass sich Sprachgruppen und Konfessionsgemeinschaften nach innen strukturierten, sich also eine interne Öffentlichkeit gaben und milieubezogene Dienstleistungen etablierten. Wegen der im Kaiserreich scharf gezogenen Milieugrenzen war dieser Prozess vor 1914 sehr wirksam, während in der türkischen Zuwanderung die früher stark fremdbestimmten Abgrenzungen vermutlich eher durch autochthone, kultureigene Merkmale der Milieubildung ersetzt werden. Denn aus der muslimischen Kultur fließen etwa hinsichtlich der Stellung der Frauen in der Gesellschaft bekanntlich scharf unterscheidende Überzeugungen und Gewohnheiten. Zu erwähnen sind schließlich […] diejenigen verbindenden Merkmale und Erfahrungen, welche für die Zuwanderer aus ihrer ganz vergleichbaren Stellung in den Arbeitsmärkten resultierten. […] Sowohl die Polen als auch die Türken waren bereit und imstande, jedwede Arbeit zu verrichten, und sie stillten deshalb durchgängig die Nachfrage nach Arbeitern (und in der Nachkriegszeit auch Arbeiterinnen) in den unteren, nicht oder gering qualifizierten Segmenten der Arbeitsmärkte.

Klaus Tenfelde, Schmelztiegel Ruhrgebiet? Polnische und türkische Arbeiter im Bergbau, in: Mitteilungsblatt des Instituts für soziale Bewegungen, Heft 36, 2006, S. 7–28, hier S. 25 f.

1 ■ Vergleichen Sie die beiden Migrationsprozesse anhand der vom Autor gewählten Vergleichskriterien.
2 ■ Diskutieren Sie den Vergleich des Autors, indem Sie die Kriterien begründet gewichten.

M 17 Aus einem Interview der „Westdeutschen Allgemeinen Zeitung" über den Moscheebau in Deutschland, 2011

Die Journalistin Rusen Tayfur interviewt Thomas Schmitt, Kultur-Geograf am Göttinger Max-Planck-Institut zur Erforschung multireligiöser und multiethnischer Gesellschaften.
Tayfur: Ist der Ärger um Moscheebauten im Ruhrgebiet ungewöhnlich?
Schmitt: Im Grunde nicht. Es gibt ein großes Spektrum von Möglichkeiten, wie mit einem Bauvorhaben umgegangen wird. Eine wichtige Frage ist hierbei, wie die Parteien sich positionieren. Und: Wie verhält sich die Kirche? Die Tendenz ist, dass die Gemeinden vor Ort sich verhalten positiv äußern. Sie wissen um die grundrechtliche Verankerung von Religionsfreiheit.
Tayfur: Was sind die am häufigsten genannten Argumente gegen den Moscheebau?
Schmitt: Da kommen mehrere Dinge zusammen […]. Es gibt städtebauliche Argumente wie: Die nehmen uns im Ramadan die Parkplätze weg. Das ist der Klassiker. Es gibt ethnisch-kulturelle Argumente, weil Menschen eine Veränderung ihrer Umgebung befürchten. Da geht es dann um die allgemeine Orientalisierung oder Türkisierung des Stadtviertels. Und es gibt religiöse oder religionspolitische Argumente, bei denen zum Beispiel die Frage aufgeworfen wird, ob der Bauträger sich ans Grundgesetz hält oder nicht.
Tayfur: Was steckt wirklich hinter der Anti-Haltung?
Schmitt: Man sollte die Gegner nicht alle über einen Kamm scheren. Im Einzelfall können auch berechtigte Anliegen dahinterstehen. Es kann sein, dass das geplante Bauwerk diskussionswürdig ist. Ansonsten steckt Angst vor Veränderung dahinter, Unwissenheit über den Bauherrn, dem eine fundamentalistische Auslegung des Islam unterstellt wird, oder aber auch eine offene Fremden- und Islamfeindlichkeit.
Tayfur: Wie kann der Streit geschlichtet werden?
Schmitt: Mit Beginn des Baus gehen die Konflikte zurück. In vielen Fällen zeigt sich dann auch, dass Moscheen zur Integration muslimischer Gruppen beitragen.
Tayfur: Inwieweit?
Schmitt: […] Moscheegemeinden, die repräsentative Moscheen bauen, neigen dazu, sich nach außen zu öffnen. Sie knüpfen Kontakte zu anderen zivilgesellschaftlichen Gruppen. Durch den Bau gibt es eine Vernetzung, die zu einer verbesserten Integration in die lokale Gesellschaft beiträgt.

Zit. nach: http://www.derwesten.de/unresolved/moscheen-die-nehmen-uns-die-parkplaetze-weg-id5008450.html#1370703950 (Download vom 20. August 2013)

1 ■ Erarbeiten Sie die Argumente gegen den Moscheebau.
2 ■ Erklären Sie, inwiefern die Vorbehalte gegen die Moscheen auf Vorurteilen beruhen.
3 ■ **Zusatzaufgabe:** Diskutieren Sie Möglichkeiten für eine Streitschlichtung.

Kompetenzen überprüfen

Anwendungsaufgabe:
Interpretation einer sprachlichen historischen Quelle mit gegliederter Aufgabenstellung

M1 Aus einer Vorlesung des spanischen Dominikaners und Theologen Francisco de Vitoria, 1538

Es gibt sieben unbegründete und sieben oder acht begründete und rechtmäßige Titel [für die Unterwerfung der Eingeborenen], die man vorbringen könnte. Der erste könnte lauten: Der Kaiser ist der Herr der Welt. Der Kaiser ist aber
5 nicht Herr der Welt. Beweis: Herrschaft kann nur auf natürlichem oder göttlichem oder menschlichem Recht beruhen, aber nach keinem dieser drei hat er Anspruch auf die Weltherrschaft. [...] Der zweite Rechtstitel, auf den man sich beruft [...], wird auf den Papst zurückgeführt. Man sagt näm-
10 lich, der Papst sei Herr der ganzen Welt auch in zeitlichen Dingen, infolgedessen habe er auch die spanischen Könige zu Fürsten der Eingeborenen einsetzen können, und so sei es dann geschehen. [...] Ich antworte hierauf ganz kurz mit folgenden Thesen: Erstens ist der Papst nicht weltlicher und
15 zeitlicher Herr des Erdkreises, wenn man von Herrschaft und staatlicher Gewalt an sich spricht. [...] Drittens hat der Papst zeitliche Gewalt nur zugunsten der geistlichen Dinge, d. h. soweit es zur Verwaltung der geistlichen Angelegenheiten erforderlich ist. [...] Über die Ungläubigen aber hat er keine
20 geistliche Gewalt, demnach auch keine weltliche. [...] Aus dem Gesagten wird klar, dass die Spanier bei ihrer ersten Fahrt in die Länder der Eingeborenen keinerlei Rechte besaßen, deren Gebiete in Besitz zu nehmen. Man könnte sich noch auf einen anderen Titel stützen, auf das Recht der Ent-
25 deckung, und dies war ursprünglich auch der einzige, auf den man sich berief. [...] Aber über diesen dritten Titel brauchen wir nicht viele Worte zu verlieren, da [...] die Eingeborenen die rechtmäßigen Herren waren, nach öffentlichem wie privatem Recht. [...] Als vierter Rechtstitel wird der Fall
30 vorausgesetzt, dass die Eingeborenen den christlichen Glauben nicht annehmen wollen, selbst wenn er ihnen dargeboten wird und sie inständig ermahnt werden, ihn zu ergreifen. [...] Antwort: 1. Ehe die Eingeborenen etwas über den christlichen Glauben gehört hatten, waren sie auch nicht
35 wegen ihres Nichtglaubens an Christus der Sünde des Unglaubens verfallen. [...] 5. Ich bin nicht hinreichend sicher, ob der christliche Glaube [...] den Eingeborenen so vorgetragen und verkündet worden ist, dass sie bei Sündenstrafe zum Glauben verpflichtet wären. [...] Ich habe jedenfalls
40 nichts von Zeichen oder Wundern [...] gehört, dagegen viel von Ärgernis, wüsten Taten und vielfacher Ruchlosigkeit. [...] 6. Selbst wenn der Glaube den Eingeborenen noch so oft mit einleuchtenden Gründen gepredigt wäre, und sie wollten ihn nicht annehmen, dürfte man sie doch nicht mit
45 Krieg überziehen oder ihrer Güter berauben.

Zit. nach: Wolfgang Lautemann/Manfred Schlenke (Hg.), Geschichte in Quellen, Bd. 3, bsv, 3. Aufl., München 1982, S. 82 ff.

Interpretieren Sie die Quelle, indem Sie diese
1 analysieren und
2 in den historischen Kontext einordnen.
3 Vergleichen Sie die Auffassungen des Autors mit den Ansichten von Las Casas und Sepulveda (M 9 und M 10, S. 37 f.).
4 Setzen Sie sich kritisch mit den Auffassungen des Autors im Hinblick auf den Umgang mit den Indios auseinander.

M2 Das Hauptportal der Konventskirche von Salamanca mit der Statue des Francisco de Vitoria im Vordergrund, Fotografie, 2009.

Der Dominikanerpriester Francisco de Vitoria (1483–1546) war seit 1526 Theologieprofessor an der Universität zu Salamanca. Seine Überlegungen zur Legitimität der europäischen Herrschaft in der neuen Welt beeinflussten Las Casas' Argumentation in dessen Streitgespräch mit Sepulveda (s. M 10, S. 38).

Überprüfen Sie Ihre Kompetenzen

M3 Fernhandelswege im 15. Jahrhundert

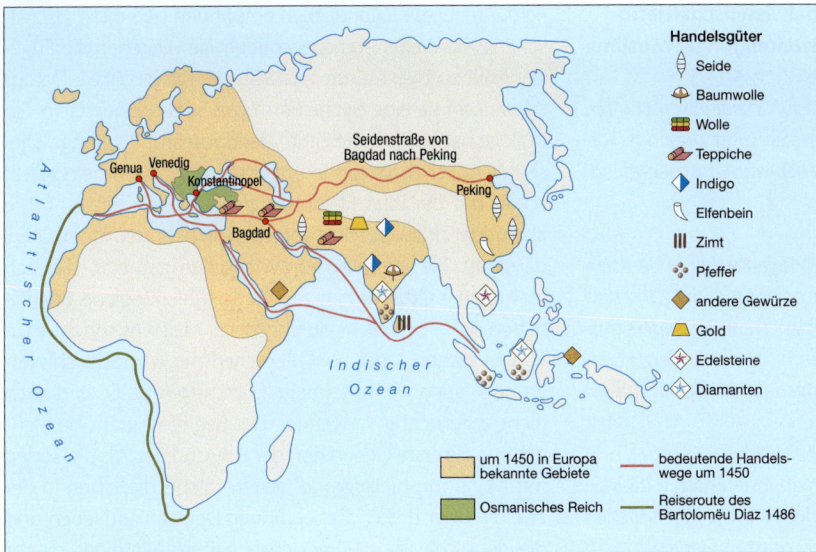

Zentrale Begriffe

Barbaren
Fremde
Germanen
Indios
Integration
Migration
Ruhrpolen
T-O-Karte
Weltbild

■ Sachkompetenz
1 Erläutern Sie die Entwicklung des römischen Germanenbildes.
2 Erklären Sie anhand von Weltkarten das mittelalterliche Weltbild der Europäer, der Araber und der Asiaten.
3 Skizzieren Sie die Wahrnehmung des Fremden in den Kulturbegegnungen zwischen Europäern, Amerikanern und Afrikanern in der Frühen Neuzeit.
4 Vergleichen Sie die Migrationsprozesse im Ruhrgebiet des 19. und 20. Jahrhunderts.

■ Methodenkompetenz
5 Analysieren Sie die Karte M 3 entsprechend den Arbeitsschritten auf S. 42.

■ Urteilskompetenz
6 Erörtern Sie die Erfahrungen mit Fremdsein anhand eines historischen Beispiels.

■ Handlungskompetenz
7 Verfassen Sie eine kurze Rede zum Thema: „Es genügt zu zeigen, was wir aus ihnen gemacht haben, um zu erkennen, was wir aus uns gemacht haben." (Jean Paul Sartre). Berücksichtigen Sie mindestens ein historisches Beispiel für Erfahrungen mit Fremdsein.

Fremdsein in weltgeschichtlicher Perspektive

M1 Ein Interview mit der Sozialwissenschaftlerin Naika Foroutan über die Lebenswelten junger Muslime in Deutschland, 2012

Naika Foroutan arbeitet am Institut für Sozialwissenschaften der Humboldt-Universität zu Berlin. Sie leitet dort das Forschungsprojekt zu hybriden europäisch-muslimischen Identitätsmodellen (HEYMAT).

Interviewerin: „Wo kommst du her? Wie geht es dir in Deutschland? Fühlst du dich eher deutsch oder türkisch?" Das sind Fragen, die Jugendlichen gestellt werden, wenn sie anders aussehen als Deutsche, deren Vorfahren nicht aus anderen Ländern stammen. Gehen wir diesen Jugendlichen damit auf die Nerven?

Naika Foroutan: Zumindest zeigt man ihnen damit, dass sie etwas Fremdes an sich haben. Oft leben diese Jugendlichen aber schon in der zweiten oder dritten Generation in Deutschland, sie sprechen die Sprache fließend, kennen die Alltagscodes in Deutschland. Ihr Heimatland dagegen kennen manche vielleicht nur aus Erzählungen. Das ist zum Beispiel der Fall bei iranischstämmigen Kindern, deren Eltern Anfang der 1980er-Jahre aus politischen Gründen nach Deutschland gekommen sind. Diese Kinder sind in den letzten 30 Jahren nie in ihrem sogenannten Herkunftsland gewesen, weil ihre Eltern als Asylsuchende ihren Pass abgeben mussten und nun nicht mehr in ihr Land zurückkönnen. Manchen Jugendlichen geht man daher tatsächlich mit diesen Fragen auf die Nerven, weil man ihre Selbstwahrnehmung als Deutsche immer wieder infrage stellt. Andere haben sich schon längst an diese Fragen gewöhnt und sich dementsprechend in einer ethnisierten Identität eingerichtet.

Wie sieht diese Identität aus?

Foroutan: Diese Jugendlichen haben zumeist die komplette Phase der Identitätsbildung in Deutschland verbracht. In ihren Herkunftsländern kennen sie sich nicht aus, weil sie mit den Alltagscodes nicht vertraut sind. Trotzdem haben sich diese Kinder eine eigene ethnische Identität aufgebaut, wir nennen das eine „invented tradition", also eine erfundene Tradition, und die korrespondiert mit dem Bild, das die deutsche Gesellschaft von diesen Jugendlichen hat.

Das heißt, die Jugendlichen versuchen, einen Spagat zu machen? Zwischen der Welt, in der sie heute leben und der, aus der ihre Eltern oder Großeltern stammen?

Foroutan: Diese Jugendlichen empfinden sich nicht als zwischen zwei Welten stehend, sondern sie verstehen die Zugehörigkeit zu zwei Kulturen als Selbstverständlichkeit. Daraus entwickeln sie eine eigene Form von Selbstbewusstsein. Ein Kollege hat dafür den Begriff „der dritte Stuhl" geprägt. Diese Jugendlichen verbinden die Kultur der Mehrheitsgesellschaft mit der ihrer Herkunftsfamilie. Daraus entsteht ihre Hauptidentität. Ich selbst spreche von hybriden Identitäten, damit ist die Identität von Menschen gemeint, die sich mehreren Kulturräumen zugehörig fühlen. Solche Begriffe haben sich noch nicht durchgesetzt. Meistens spricht man von Migranten oder von Menschen mit Migrationshintergrund – auch wenn der Begriff umstritten ist. Er wird auch nicht ganz richtig verwendet. Der Begriff Migrant bezeichnet nur die erste Generation der Einwanderer. Als „Personen mit Migrationshintergrund" gelten solche, die schon in der zweiten oder dritten Generation in Deutschland leben und die deutsche Staatsbürgerschaft haben. Allerdings taucht der Begriff vor allem dann auf, wenn es um Menschen mit einem spezifischen Migrationshintergrund geht, also zum Beispiel einem türkischstämmigen und muslimischen, das wird oft als problematisch klassifiziert.

Verändert sich das allmählich?

Foroutan: Ein wichtiger Impuls kam aus der Politik. Seit 2002[1] ist Deutschland Einwanderungsland. Das heißt: Heute können Kinder die deutsche Staatsangehörigkeit bekommen, wenn die Eltern in Deutschland leben. Früher war das nur möglich, wenn die Eltern Deutsche waren. Vielleicht gelingt es uns in diesem Prozess auch, Begriffe zu entwickeln, die in den USA schon lange geläufig sind. Dort spricht man nicht von Menschen mit Migrationshintergrund, sondern es gibt die Bindestrich-Identitäten. Bei uns würde man zum Beispiel von Deutsch-Türken sprechen – doch bei uns hat sich dieser Sprachgebrauch noch nicht durchgesetzt.

Trotzdem bleibt aber die Frage, welchen Raum es für die eigenen Traditionen gibt. Seit den Anschlägen in New York im September 2001 gibt es in vielen europäischen Ländern antimuslimische Tendenzen. Als zum Beispiel in Köln die Moschee gebaut wurde, waren viele Bewohner dagegen.

Foroutan: Das ist Teil des Problems. Die Gesellschaft muss lernen, damit umzugehen. Wir leben in einem demokratischen Rechtsstaat, da gilt die Religionsfreiheit. Und der Bau einer Moschee ist ein emanzipatorisches Zeichen. Es sagt: Wir gehören dazu und haben auch das Recht, unsere Religion auszuleben. Viele Jahre beteten Menschen in kleinen Moscheen in Hinterhöfen – und das ist ein Zeichen, dass

man nicht wirklich angekommen ist. Der Bau einer Moschee signalisiert aber: Wir leben hier, das ist unser Land, das
wir mitgestalten möchten. Dass es dabei zu Reibungen kommt, finde ich ganz normal.

Das heißt, wir sind auf einem guten Weg?

Foroutan: Ich bin optimistisch, dass der Wandel gut gelingt. Problematisch wird es aber, wenn etwas abzudriften droht. In diesen Tagen habe ich mehrere Schreiben von Zusammenschlüssen auf den Tisch bekommen, die die Volksvermischung als Bedrohung sehen und sich für die Ausweisung aller „Fremden" aus Deutschland einsetzen. Von solchen Bewegungen gibt es immer mehr. Umgekehrt erleben wir Provokationen von salafistischen[2], fundamentalistisch-muslimischen Bewegungen – wobei diese im Vergleich wesentlich weniger sind. Wenn man sieht, welche Zerfaserungen und Entfremdungen es gibt, dann wissen wir, es liegen noch viele Konflikte vor uns, für die wir Lösungen finden müssen.

Wie kann man da gegensteuern? Ist das die Aufgabe der Politik? Oder der Wissenschaft?

Foroutan: Von allen gemeinsam. Wir brauchen Allianzpartner, die die Visionen von Zugehörigkeit verändern. Die finden sich in der Politik, in der Wissenschaft, in den Medien – aber auch in Sportvereinen und Schulen. Viele Kinder und Jugendliche bekommen Signale, dass sie nicht dazugehören und nicht erwünscht sind. Wenn diese Vorurteile weg sind, gelingt es uns auch, eine gemeinsame Sprache zu entwickeln. Dass man sagt: Wir haben vor ein paar Jahrzehnten gemeinsam ein komplett zerstörtes Land wieder aufgebaut. Da machen wir jetzt weiter.

© Goethe Institut 2012; zit. nach: http://de.qantara.de/content/interview-mit-naika-foroutan-junge-muslime-mochten-das-land-mitgestalten (Download vom 2. September 2013).

1 Der 2001 vom damaligen Innenminister Otto Schily (SPD) vorgelegte Gesetzentwurf zum neuen Einwanderungsgesetz hätte ursprünglich bereits 2002 rechtskräftig werden sollen, trat aber wegen eines umstrittenen Abstimmungsverfahrens erst 2005 in Kraft.
2 Salafismus: ultrakonservative Strömung innerhalb des Islam, die eine geistige Rückbesinnung auf die „Altvordern" (arab. *Salaf* ‚der Vorfahre; der Vorgänger') anstrebt

1 ■ Erläutern Sie, was Foroutan mit dem Begriff „hybride Identität" meint.
2 ■ Setzen Sie sich mit der Auffassung der Autorin auseinander, die Begriffe „Migranten" bzw. „Personen mit Migrationshintergrund" seien problematisch.
3 ■ **Geschichte produktiv:** Erkunden Sie Beispiele in Ihrer Umgebung für „Allianzpartnerschaften". Entwickeln Sie eigene Ideen.

Zeittafel

Zu Römern und Germanen
55 v. Chr.	Erste Rheinüberquerung von Julius Caesar
9 n. Chr.	Varusschlacht
476	Ende des Weströmischen Reiches

Zu Weltbildern im Mittelalter
1099	Eroberung Jerusalems durch die Kreuzfahrer
12. Jh.	Erste Kompasse in Europa
Ende 13. Jh.	Portulankarten

Zu Fremdenbildern in der Frühen Neuzeit
1492	„Entdeckung" Amerikas durch Kolumbus
1494	Vertrag von Tordesillas
1537	Papst Paul III. erklärt die Indios zu vollwertigen Menschen
15.–19. Jh.	Sklavenhandel der Europäer mit Afrika
1833	Verbot des Sklavenhandels in Großbritannien

Zur Migration ins Ruhrgebiet
1880–1914	Erster Höhepunkt der Einwanderung ins Ruhrgebiet
1899	Verbot der polnischen Sprache in Bergwerken
1961	Anwerbeabkommen mit der Türkei
1973	Anwerbestopp
1983	Rückkehrhilfegesetz
2000	Neues Staatsangehörigkeitsrecht in Deutschland
2001	Islamistische Anschläge in den USA
2005	Neues Zuwanderungsgesetz in Deutschland

Themeneinführung

Einführung in das Inhaltsfeld 2: Islamische Welt und christliche Welt: Begegnung zweier Kulturen

Muslime in Deutschland
Sie kommen aus 50 verschiedenen Herkunftsländern. Die türkischstämmigen Migranten bilden die weitaus größte Gruppe der Muslime in Deutschland (63 %). Der sunnitischen Glaubensrichtung gehören 74,1 %, der alevitischen 12,7 %, der schiitischen 7,1 % der Muslime an. Die Schiiten stammen zumeist aus dem Iran.

Vielfalt der Kulturen in Deutschland

Von den heute weltweit 1,6 Milliarden Muslimen leben etwa 44 Millionen in europäischen Staaten. Der Anteil der Muslime **an der deutschen Gesamtbevölkerung** beträgt 5 Prozent. Darin wird die kulturelle Vielfalt der deutschen Gesellschaft deutlich. 45 Prozent der in Deutschland lebenden Muslime besitzen heute die deutsche Staatsbürgerschaft und damit in der Regel eine **doppelte Identität**, die es anzuerkennen und zu verstehen gilt. Viele institutionelle Projekte sind in den letzten Jahren auf den Weg gebracht worden, um die Integrationsmöglichkeiten der muslimischen Bürger zu verbessern, dazu gehört z. B. die Einführung von Islamunterricht an öffentlichen Schulen. Vorreiter war hier das Bundesland Nordrhein-Westfalen. Auf Länderebene gibt es mittlerweile mehrere Ministerinnen, deren Familien aus der Türkei stammen und denen im Bereich der Gesellschaftspolitik eine wichtige Brückenfunktion zukommen kann.

Vorbehalte gegen Muslime

Trotz eines im Allgemeinen gelungenen Zusammenlebens der Kulturen in der Bundesrepublik sind aufseiten der Mehrheitsgesellschaft auch starke Vorbehalte, ja Feindbilder zu beobachten. Diese werden nicht nur durch negative persönliche Erfahrungen in der Bundesrepublik hervorgerufen, sondern auch durch Unkenntnis der anderen Kultur oder durch die fehlende Bereitschaft, sich damit auseinanderzusetzen. Seit den 1990er-Jahren sind Gefühle einer Bedrohung genährt worden durch den islamistischen Terrorismus*, von dem sich allerdings die Muslime weltweit distanzieren. Dieser Terrorismus lässt sich mit dem Islam als Religion nicht rechtfertigen und entwickelt sich zurzeit im Irak oder in Syrien zu einer inneren Bedrohung der muslimischer Gesellschaften, obwohl er eine in erster Linie antiwestliche Ausrichtung hatte und noch hat.

Islamistischer Terrorismus
Bekannt v. a. in der Form der Organisation Al-Qaida, ab 1996 durch Usama bin Laden aufgebaut. Der größte Anschlag wurde auf das Word Trade Center von New York am 11. September 2001 als Selbstmordattentat ausgeführt. Der Terror richtet sich sowohl gegen den Westen als auch gegen arabische Regime, die mit den USA kooperieren. Ideologisch berufen sich die Terroristen auf den Koran. 2011 wurde Usama bin Laden durch US-amerikanische Soldaten getötet. Der Organisation werden eine große Anzahl von Anschlägen zugeschrieben.

M1 Eine Mitarbeiterin der Duisburger Merkez-Moschee erklärt Fußballspielern des MSV Duisburg die Architektur der islamischen Gebetsstätte, Fotografie 2011

Themeneinführung 2

Dialog der Kulturen auf Augenhöhe

Angesichts der Entwicklung hin zu multikulturellen Gesellschaften ist es wichtig, sich mit der eigenen und der fremden Kultur auseinanderzusetzen, denn es gilt nach **Wegen für ein friedliches Zusammenleben der Kulturen** zu suchen, die auf den Pfeilern von gegenseitigem **Verständnis, Respekt und Toleranz** gründen. Dazu ist die Kenntnis der jeweiligen Geschichte von Bedeutung.

Die europäische Geschichtswissenschaft hat die Notwendigkeit erkannt, sich von einer eurozentristischen Perspektive, bei der beispielsweise die Geschichte islamischer Staaten an europäischen „Errungenschaften" gemessen und in der „Sprache des Mangels" beschrieben wird, zu lösen. Dazu muss der Rahmen der nationalen Geschichte verlassen und ein **Vergleich von Kulturen** angestrebt werden. Dabei wird der Blick auf Austauschbeziehungen, **Kulturtransfer und Akkulturationsprozesse** gerichtet, um die **Verflochtenheit der Beziehungen**, Gemeinsamkeiten und Unterschiede zwischen der eigenen und der anderen Kultur zu erkennen und diese aus ihren jeweiligen Grundlagen heraus zu verstehen und zu würdigen. Beim vergleichenden Blick auf die **interkulturellen Konflikte** geht es unter anderem darum, wie **Feindbilder** entstehen, wie sie instrumentalisiert werden und wie sie abgebaut werden können. Das Konzept zielt auf die Überwindung des Tunnelblicks, der die Geschichte einer Nation/Europas aus sich heraus erklärt, zugunsten einer relationalen Perspektive von Kulturen und Kulturräumen.

Historische Beispiele im Längsschnitt

Islamische und europäische Welt verfügen über eine lange und **relativ enge gemeinsame Geschichte**. Zunächst führt ein Vergleich zwischen den christlichen Kulturen und der islamischen Kultur im Mittelmeerraum in grundlegende **politische, wirtschaftliche und soziale Strukturen** sowie **interkulturelle Beziehungen im Mittelalter** zwischen dem 8.–13. Jahrhundert ein. Für die **Zeit der Kreuzzüge** (1095–1291) werden sowohl die Gewaltkonzepte des Heiligen Krieges und des Dschihad als auch deren Auswirkungen miteinander verglichen. Ebenfalls wird der Grad der Akkulturation in den Kreuzfahrerstaaten betrachtet. Im Rahmen der **maurischen Geschichte in al-Andalus** (711–1492) steht die Frage nach dem Zusammenleben der Kulturen sowie diejenige nach dem kulturellen Erbe von al-Andalus im Mittelpunkt. Für die Neuzeit lassen sich **Aufstieg und Niedergang des Osmanischen Reiches** sowie die Beziehungen zu den gegnerischen Großmächten erarbeiten. Es werden die Propagierung des türkischen Feindbildes im 15. und 16. Jahrhundert sowie seine Ablösung im 18. Jahrhundert erörtert. Zum Abschluss der Reihe werden die prägenden Einflüsse der europäischen Kultur auf die **moderne Türkei** in den Blick genommen. An diesen Beispielen wird deutlich, dass sich die christlich und die islamisch geprägten Kulturen auf vielfältige Weise beeinflusst und befruchtet, angezogen und abgestoßen haben: Kulturen der Vormoderne und Moderne sind keine starren Gebilde mit unveränderlichen Konturen.

Kulturtransfer
Übertragung, Transport von Mustern einer bestimmten Kultur in den Zusammenhang einer anderen Kultur. Ob es sich dabei um einzelne Elemente (z. B. Waren, Verhaltensstile) oder um zentrale Muster einer bestimmten Kultur (Werthaltungen, Menschenbilder) und entsprechender Institutionen und Organisationen (z. B. Krankenversicherung, literarische Gattungen) oder um die Übertragung kultureller Grundlagen und Rahmenkonzepte (z. B. Europäisierung, Verwestlichung) handelt, ist im Einzelnen zu unterscheiden.

Akkulturation
Übernahme von Elementen einer fremden Kultur durch Einzelpersonen, Gruppen, Schichten oder die ganze Gesellschaft. Eine Übernahme der gesamten Kultur heißt Assimilation.

Webcode:
KB644438-059

2 Themeneinführung

M2 Ergebnisse der Bevölkerungsumfrage Allbus 2012

a) Frage: Ist für Sie ein muslimischer Bürgermeister in Ordnung?
Die Befragten sollten sich auf einer Skala von 1 bis 7 verorten, wobei 1 für „stimme gar nicht zu" und 7 für „stimme völlig zu" steht.

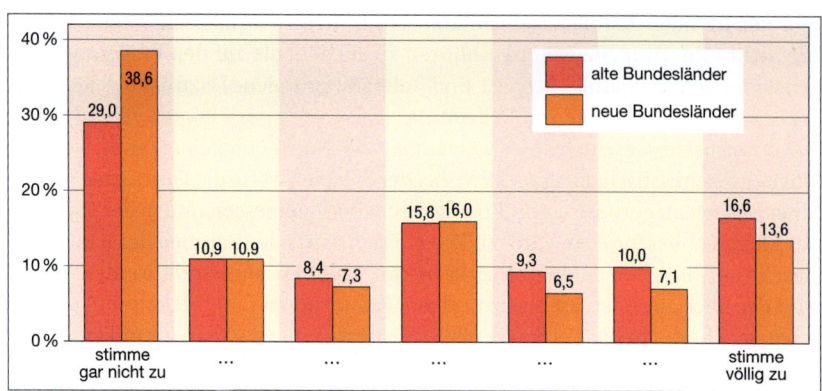

b) Frage: Befürworten Sie den Bau von Moscheen in der Bundesrepublik?
Antwortmöglichkeiten: voll und ganz/eher/eher nicht/ überhaupt nicht.

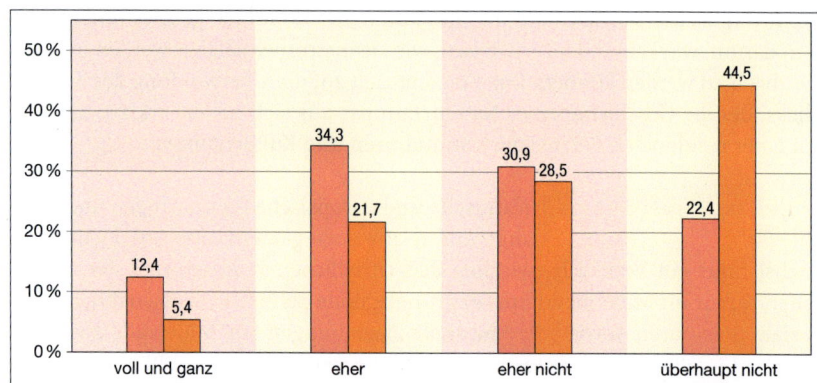

c) Frage: Sollte an Schulen auch Islamunterricht erlaubt sein?
Antwortmöglichkeiten: auch Islamunterricht/ nur christlicher Religionsunterricht/gar kein Religionsunterricht.

Daten M 3 a–c nach: www.gesis.org/ allbus; eigene grafische Aufbereitung.

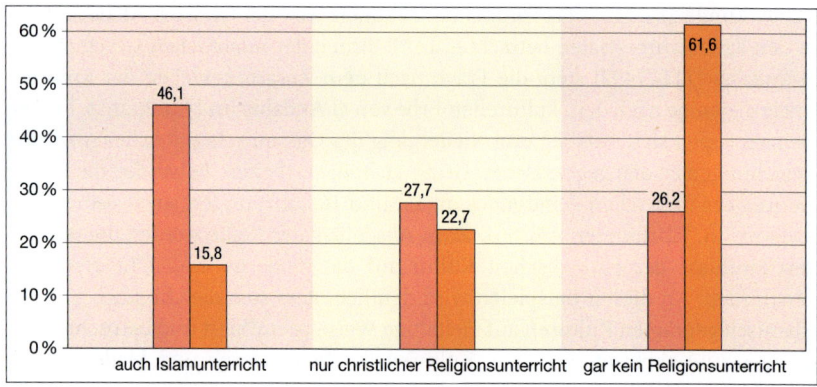

1 ■ Beschreiben Sie die vorliegenden Umfrageergebnisse zu den ausgewählten Fragen.
2 ■ Charakterisieren Sie, welche Einstellung der Befragten gegenüber dem Islam als Religion und gegenüber Muslimen in den Ergebnissen zum Ausdruck kommt.
3 ■ Diskutieren Sie das zugrunde liegende Selbst- und Fremdbild.

M3 Der Theologe und Professor für Menschenrechte Heiner Bielefeldt zur Muslimfeindlichkeit, 2013

Muslime sehen sich – in Deutschland und anderswo – vielfach hartnäckigen Vorurteilen ausgesetzt, sie erleben Diskriminierung und Ausgrenzung, und es schlagen ihnen gelegentlich Ressentiments entgegen, in denen oft eine giftige Verbindung von Angst und Verachtung wirksam ist. Wie soll man dieses Syndrom nennen: Islamophobie, Islamfeindlichkeit, Muslimfeindlichkeit oder antimuslimischen Rassismus? […]

Aus der Perspektive der Menschenrechte scheint mir der Begriff der Muslimfeindlichkeit am ehesten geeignet zu sein, das hier zur Debatte stehende Syndrom zu bezeichnen. Denn darin kommt die menschenrechtliche Fokussierung zum Ausdruck, wonach es nicht um die Wahrheit oder Reputation der Religion als solcher geht, sondern um Menschen, die in ihrem Anspruch auf Würde, Freiheit und Gleichberechtigung missachtet werden und die dagegen gesellschaftliche Solidarität und staatlichen Schutz benötigen. Muslimfeindlichkeit ist eine Variante gruppenbezogener Menschenfeindlichkeit und muss deshalb politisch und rechtlich angegangen werden.

Nun mag man mit guten Gründen einwenden, dass eine begriffliche Trennung von Islam und Muslimen – und ergo von Islamfeindlichkeit und Muslimfeindlichkeit – recht künstlich wirkt. Läuft die gesellschaftliche Ablehnung einer Religion nicht fast zwangsläufig auch auf die Ausgrenzung der Menschen hinaus, die dieser Religion angehören? [...] Der niederländische „Islamkritiker" Geert Wilders beispielsweise verfolgt doch unverhohlen eine Politik der Ausgrenzung, auch wenn er vorgibt, er kämpfe nicht gegen Muslime als Menschen, sondern gegen den Islam als politische Ideologie. Und niemand glaubt im Ernst, das Schweizer Minarettreferendum beschäftige sich nur mit religiöser Architektur und richte sich nicht vor allem gegen Menschen. Wirkt es dann aber nicht widersprüchlich, wenn jemand sagt, Muslime seien in unserer Gesellschaft willkommen, der Islam als solcher aber gehöre nicht dazu? Denn wie sollen sich Muslime in Deutschland heimisch fühlen können, wenn nicht zugleich auch ihre Religion hier beheimatet sein kann? Diese Einwände sind berechtigt. In der Tat kann es nicht darum gehen, zwischen einer Religion und ihren Angehörigen eine künstliche Trennung zu etablieren. Die gesellschaftliche Inklusion von Muslimen kann nicht funktionieren ohne eine weitere Öffnung der Gesellschaft für den Islam – konkret also auch für Moscheen, Minarette, Kopftücher, Religionsunterricht, muslimische Feiertage, Speisevorschriften und anderes mehr. Wer sich gegen die Diskriminierung von Muslimen engagiert, wird deshalb auch über den Islam als Religion sprechen müssen. Der Glaube und die Gläubigen hängen miteinander zusammen und das eine ist ohne das andere gar nicht denkbar.

Heiner Bielefeldt, Muslimfeindlichkeit – Phänomen und Gegenstrategien: Beiträge der Fachtagung der Deutschen Islam Konferenz am 4. und 5. Dezember 2012 in Berlin, hg. v. Bundesministerium des Inneren, Bonn 2013, S. 23 f.

1 ■ Analysieren Sie, wie Bielefeldt die pauschale Ablehnung des Islam einstuft.
2 ■ Arbeiten Sie seine Argumentation heraus.
3 ■ Prüfen Sie mögliche Bezüge zwischen seiner Argumentation und den Ergebnissen der Allbusumfrage.
4 ■ Setzten Sie sich mit seiner Position auseinander.

M 4 **Der Sozialwissenschaftler Hartmut Kaelble zur Methode des historischen Vergleichs, 2012**

Unter dem historischen Vergleich versteht man üblicherweise die systematische Gegenüberstellung von zwei oder mehreren historischen Einheiten (von Orten, Regionen, Nationen oder Zivilisationen, auch historische Persönlichkeiten), um Gemeinsamkeiten und Unterschiede, Annäherungen und Auseinanderentwicklungen zu erforschen. Dabei geht es nicht nur darum, diese zu beschreiben, sondern sie auch zu erklären und Typologien zu entwickeln. [...]
Dieser klassische historische Vergleich ist ergänzungsbedürftig und auf verschiedene Weise offen. [...] Eine [...] Öffnung des historischen Vergleichs ist in den letzten Jahren intensiv diskutiert worden. Diese Öffnung des Vergleichs hat sich durchgesetzt, weil sich Historiker/innen in der Regel mit der Gegenüberstellung von Fällen in historischen Vergleichen nicht begnügen. Sie interessieren sich in aller Regel auch dafür, welchen Einfluss die verglichenen Fälle aufeinander hatten, wie stark sie verflochten waren und wie die Zeitgenossen die Unterschiede oder Ähnlichkeiten zwischen den Vergleichsfällen sahen. Ob eine transnationale historische Untersuchung das Gewicht auf den Vergleich, auf Verflechtungen oder eher auf wechselseitige Bilder legt, oder ob sie alle diese Zugänge gleichermaßen behandelt, hängt vor allem von der Fragestellung, den Eigenheiten des Falls und den Quellen des jeweiligen Projekts, aber auch von intellektuellen Zeitströmungen ab. [...]
Der Vergleich bleibt [...] auch deshalb eine wichtige Methode der Historiker/innen, weil die Gesellschaft, in der die heutigen Historiker/innen arbeiten, fortwährend in Vergleichen denkt. In der intensiv gewordenen, persönlichen Begegnung und Erfahrung mit anderen europäischen und außereuropäischen Kulturen im eigenen Land oder auf Auslandsreisen werden fortwährend Vergleiche gezogen und Urteile gefällt. In dieser Begegnung und Auseinandersetzung mit dem Anderen wird oft auch die Hilfe oder Kritik des vergleichenden Historikers gebraucht. Wenn sich die Öffentlichkeit fragt, welche anderen Werte und Alltagsnormen der Islam besitzt, warum Japaner auf Katastrophen anders reagieren als Europäer, aus welchen Gründen sich die USA anders als Deutschland in globale Konflikte einmischt, dann ist auch die Antwort des vergleichenden Historikers gefragt. Historische Vergleiche aufgeben, hieße, sich einer wichtigen Verantwortung der Geschichtswissenschaft nicht mehr zu stellen.

Hartmut Kaelble, Historischer Vergleich, Version: 1.0, in: Docupedia-Zeitgeschichte, 14. August 2012, zit. nach: http://docupedia.de/zg (Download vom 25. September 2013); © 2012 Clio-online e.V. und Hartmut Kaelble.

1 ■ Zeigen Sie auf, wie Kaelble den historischen Vergleich definiert und seine weitere Entwicklung differenziert.
2 ■ Erklären und diskutieren Sie den letzten Satz seiner Ausführungen.

2 Die islamische Welt und Europa

M1 Hagia Sophia (türkisch „*Ayasofya*"), Istanbul/Konstantinopel (Türkei), erster Bau 360, Neubau unter Kaiser Justinian 532–537, ab 1453 Moschee, Minarette von 1573, seit 1934 Museum, UNESCO-Weltkulturerbe, Gesamtansicht von Südwesten, undatierte Fotografie

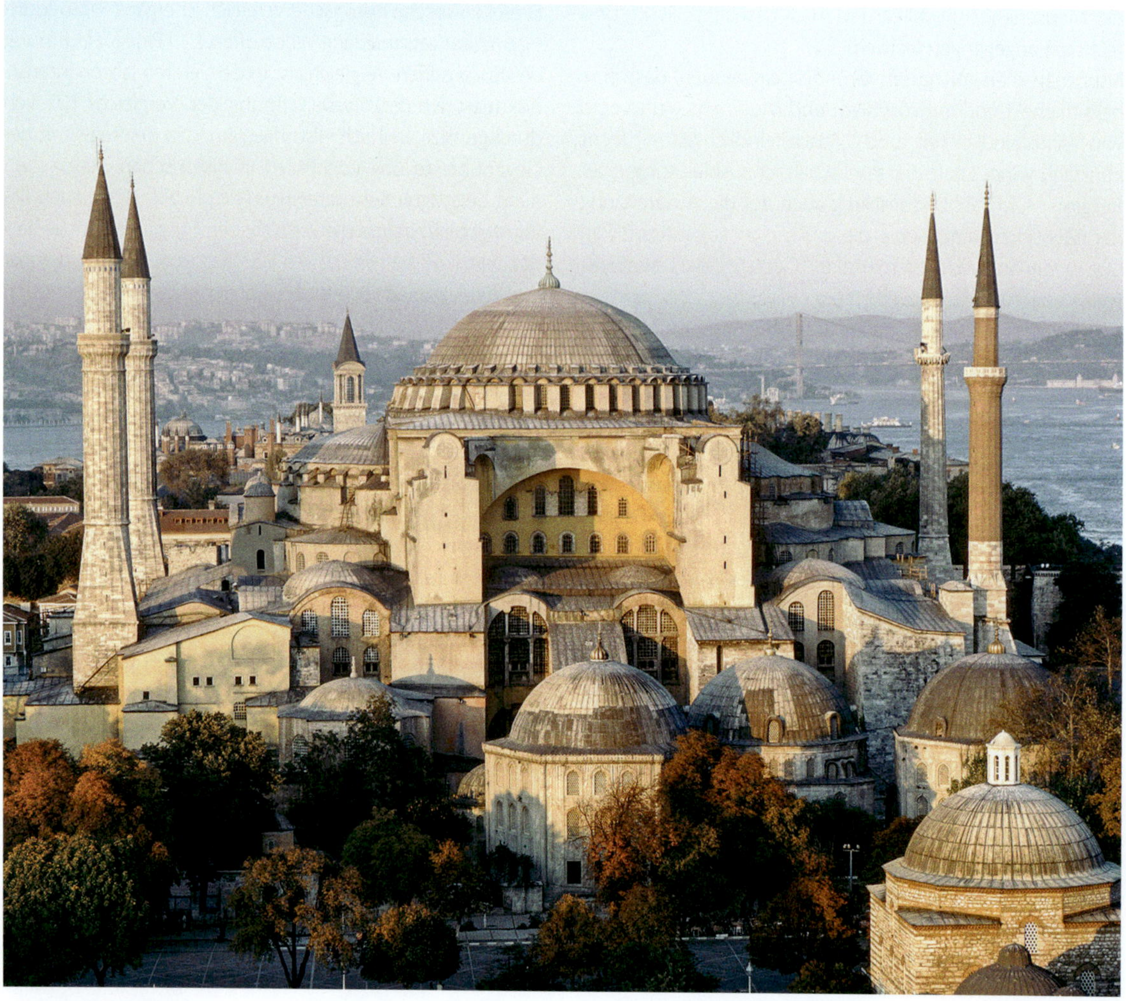

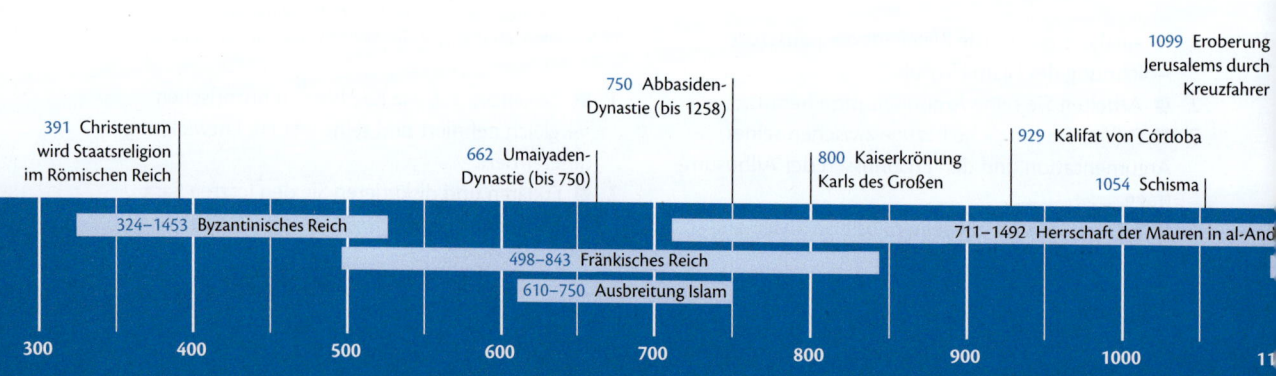

391 Christentum wird Staatsreligion im Römischen Reich
662 Umaiyaden-Dynastie (bis 750)
750 Abbasiden-Dynastie (bis 1258)
800 Kaiserkrönung Karls des Großen
929 Kalifat von Córdoba
1054 Schisma
1099 Eroberung Jerusalems durch Kreuzfahrer

324–1453 Byzantinisches Reich
498–843 Fränkisches Reich
610–750 Ausbreitung Islam
711–1492 Herrschaft der Mauren in al-And[alus]

Die Hagia Sophia, 537 erbaut durch den byzantinischen Kaiser Justinian I., war ab 641 Krönungskirche der byzantinischen Kaiser, Hauptkirche des Patriarchen und Pilgerstätte der orthodoxen Christenheit. Die Kreuzfahrer plünderten die Kirche 1204. Nach der Eroberung Konstantinopels durch die Osmanen im Jahre 1453 wurde sie unter Sultan Mehmet II. in eine Moschee umgewandelt. In osmanischer Zeit blieb sie eine der Hauptmoscheen des Reiches und ein Ziel der muslimischen Pilger. Hinsichtlich ihres religiösen Stellenwerts wurde sie seit dem frühen 16. Jahrhundert mit der Kaaba in Mekka und der al-Aqsa-Moschee in Jerusalem auf eine Stufe gestellt. Atatürk, der Präsident der türkischen Republik, beendete die religiöse Nutzung und erklärte sie 1934 zum Museum. In diesem kurzen Überblick zur Geschichte der Hagia Sophia werden viele Themen des folgenden Kulturvergleiches zwischen der islamischen Welt und Europa tangiert. Zunächst führen zwei Themeneinheiten in die grundlegenden politischen, wirtschaftlichen und sozialen Strukturen sowie in die kulturellen Verflechtungen der islamischen und christlichen Kultur im Mittelalter ein. Es folgen Einheiten zur Geschichte der Kreuzzüge, zur maurischen Herrschaft in al-Andalus, zum Osmanischen Reich sowie zur modernen Türkei. Insgesamt werden die unterschiedlichen Beziehungen zwischen der islamischen Welt und Europa auf den Ebenen von Kulturtransfer, Akkulturation und Konflikt thematisiert.

Nach Bearbeitung des Kapitels können Sie ...
- ■ die politischen, wirtschaftlichen und sozialen Strukturen der christlichen und islamischen Kulturen des Mittelalters beschreiben,
- ■ den rechtlichen Status von Juden, Zoroastriern und Muslimen in der islamischen Welt des Mittelalters sowie die Praxis des Zusammenlebens erklären,
- ■ die Rolle der islamischen Welt für die Vermittlung der antiken griechischen Wissenschaften darstellen,
- ■ das Verhältnis zwischen dem osmanischen Reich und den europäischen Staaten erläutern,
- ■ die Methode der Fallanalyse anwenden,
- ■ die Methode der Bildinterpretation anwenden,
- ■ den Entwicklungsstand der mittelalterlichen islamischen Kultur im Vergleich zu dem des lateinischen Westen beurteilen,
- ■ kritisch und differenziert die religiöse Legitimation von Krieg erörtern,
- ■ an Fallbeispielen erörtern, welche Bedeutung eine Kulturbegegnung oder ein Kulturkonflikt für beide Seiten haben kann.

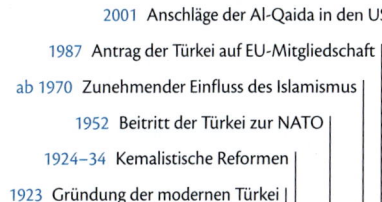

1187 Eroberung Jerusalems durch Saladin
1204 Eroberung Konstantinopels durch Kreuzfahrer
1291 Fall Akkons
1453 Eroberung Konstantinopels durch die Osmanen
1492 Fall Granadas, Sieg der Reconquista
1683 Niederlage der Osmanen vor Wien
1876 Osmanische Verfassung
1918 Niederlage des Osmanischen Reiches im Ersten Weltkrieg
1923 Gründung der modernen Türkei
1924–34 Kemalistische Reformen
1952 Beitritt der Türkei zur NATO
ab 1970 Zunehmender Einfluss des Islamismus
1987 Antrag der Türkei auf EU-Mitgliedschaft
2001 Anschläge der Al-Qaida in den USA

1492 Herrschaft der Mauren in al-Andalus
1291 Kreuzzüge
1360–1920 Osmanisches Reich

Grundwissen

Griechische Philosophie
Die griechische Philosophie bildet den Beginn der abendländischen Philosophie. Ihre Begriffe, Fragestellungen und Denkstrukturen haben die europäische Wissenschaftsgeschichte tiefgreifend geprägt. Der griechischen Philosophie entstammen u. a. die Begriffe „Philosophie" („Liebe zur Weisheit", dem Pythagoras zugeschrieben), „Theorie", „Praxis", „Historie". Zum Zentrum der klassischen griechischen Philosophie im ausgehenden 5. und 4. Jahrhundert v. Chr. entwickelte sich Athen mit Sokrates, Platon und Aristoteles.

Grundherrschaft
Die Grundherrschaft bestimmte weitgehend die Wirtschaftsweise und das gesamte Leben der Bauern bis ins 19. Jh. Der Grundherr, z. B. ein Adliger oder ein Kloster, verfügte über das Obereigentum an Grund und Boden und gab ihn an abhängige, oft unfreie Untereigentümer (Hörige) zur Bewirtschaftung aus. Für den Schutz, den der Grundherr zu gewähren hatte, waren die Hörigen zu Abgaben und Diensten (Frondienste) verpflichtet. Der Fronhof war Haupthof und Mittelpunkt einer Grundherrschaft. Er umfasste das Herrenhaus, die Wirtschaftsgebäude sowie Äcker, Wiesen und Wälder. Auf dem Fronhof tagte das Hofgericht des Grundherrn, dem alle Angehörigen des Fronhofes unterworfen waren. Vom 12. Jh. an wurden mit Beginn der Geld- und Marktwirtschaft die Fronhöfe meist aufgelöst und das Land an die Bauern verpachtet.

Habsburger
Im Südwesten des Reichs ansässiges Adelsgeschlecht. Mit dem Gewinn Burgunds und Spaniens sowie Böhmens und Ungarns entwickelte sich das „Haus Österreich" zur deutschen und europäischen Großmacht, die fast durchgängig bis 1806 die Kaiserwürde des Heiligen Römischen Reiches Deutscher Nation innehatte. Mit dem Erwerb der spanischen Kolonien in Mittel- und Südamerika stiegen die Habsburger zu einer Weltmacht auf. Nach der Abdankung Karls V. (1519–1556) entstanden eine spanische und eine österreichische Linie. Karls Bruder Ferdinand I. begründete die österreichische Linie der Habsburger mit den österreichischen Erblanden Böhmen und Ungarn. Sie hatte auch die Kaiserwürde inne.

Heiliges Römisches Reich
Bezeichnung für den Herrschaftsbereich des römischen Kaisers im lateinischen Westen und den damit verbundenen Reichsteilen (Deutschland, Italien seit 951 und Burgund seit 1033); am 6. August 1806 mit der Niederlegung der Römischen Kaiserkrone durch Franz II. aufgelöst. Der Zusatz „Deutscher Nation" wurde nach 1442 beigefügt und bezeichnete einschränkend die deutschen Teile des Reichsgebiets im Unterschied zu Italien und Burgund. An der Spitze des Reiches stand der römische Kaiser. Dieser war im Spätmittelalter auf die Mitwirkung der Reichsstände (Kurfürsten, Fürsten und Städte), die auf Reichstagen vertreten waren, angewiesen, da die Fürsten in ihren Territorien selbstständig herrschten. Hier wurden auch Fragen der Finanzierung des Reiches verhandelt, da sich eine allgemeine Reichssteuer nicht durchsetzte.

Koran
Arab. „Lesung, Rezitierung, Vortrag", heiliges Buch des Islam. Es ist die Offenbarung, die Muhammad empfangen hat, schriftlich fixiert. Er ist für die Muslime Gottes Wort. Der Koran besteht aus 114 Suren, diese bestehen wiederum aus einer unterschiedlichen Anzahl an Versen.

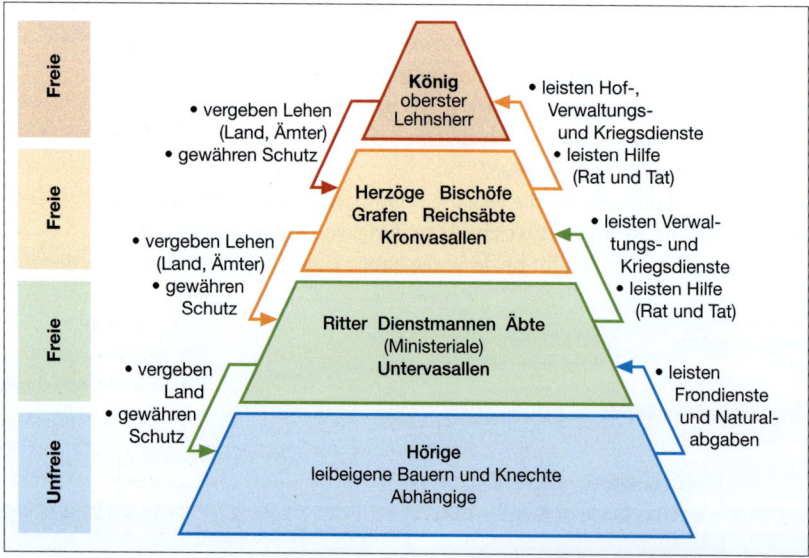

M1 Schaubild einer idealtypischen Lehnspyramide

Lehnswesen

Das Lehen war ein vom Herrn an den Lehnsmann (Vasall) lebenslang geliehenes Gut (lat. *beneficium*), für das der Vasall dem Herrn Dienste zu leisten hatte. Lehnsherr und Vasall begaben sich in ein gegenseitiges Pflicht- und Treueverhältnis: Der Herr nahm den Vasallen unter seinen Schutz, verlangte dafür aber im Frieden Rat und im Kriegsfall militärische Hilfe. Als Gegenleistung belohnte der Herr den Vasallen mit seinem Schutz und einem Lehen. Das Lehen konnte Land sein, aber auch ein Amt oder ein bestimmtes Recht. Grafen, Markgrafen, Herzöge, Bischöfe und Äbte waren Vasallen des Königs (Kronvasallen), die Ämter in der Reichsverwaltung ausübten. Die Kronvasallen konnten Königsgüter, Ämter und Eigenbesitz an kleinere Vasallen weitergeben, die dann ihrem unmittelbaren Lehnsherrn, aber nicht mehr dem König zu Treue verpflichtet waren.

Renaissance

Seit dem 16. Jahrhundert Bezeichnung für die „Wiedergeburt" der griechisch-römischen Kunst und Bildung. Seit dem 19. Jahrhundert wird Renaissance auch als Epochenbegriff für die Zeit des Übergangs vom Mittelalter zur Neuzeit benutzt, in der sich der Mensch aus der kirchlichen und geistigen Ordnung des Mittelalters löste und sich seiner Individualität stärker bewusst wurde.

Ritter

Sie gehörten dem niedrigen Adel an und leisteten Kriegsdienst zu Pferde, nachdem Reiterheere seit dem 8. Jahrhundert das Kriegswesen in Europa bestimmten. Für ihre Dienste wurden sie mit einem Lehen entlohnt. Die Verleihung der Ritterwürde erfolgte nach einer Ausbildungszeit und endete mit der Schwertleite bzw. dem Ritterschlag. Zu besonderer Bedeutung stiegen die Ritter als Stand in der Zeit der Kreuzzüge auf. Der zunehmende Bedarf an Rittern führte in Deutschland dazu, dass König und Adlige auch verstärkt Unfreie, ihre Ministerialen oder Dienstmannen, als Ritter einsetzten, wodurch diese in den Adel aufsteigen konnten. Im 13. Jahrhundert prägte eine verfeinerte ritterliche Kultur (Minnedienst und ritterliches Tugendideal) die Welt des Adels. Mit Beginn des 14. Jahrhunderts verloren die Ritter ihre kriegstechnische Bedeutung; auch kamen sie in wirtschaftliche Bedrängnis.

Ständegesellschaft

Im Mittelalter und in der Frühen Neuzeit bestimmte die Geburt, zu welchem gesellschaftlichen Stand ein Mensch gehörte. Während sich im frühen Mittelalter die Gesellschaft in Adlige sowie Freie und Unfreie teilte, setzte sich die Kirche seit dem 11. Jahrhundert mit ihrer „Dreiständelehre" (Klerus, Adel und Bauern) durch. Im Laufe des Mittelalters kamen die Bürger in den entstehenden Städten zum dritten Stand hinzu. Zu keinem Stand gehörten z. B. Arme, Tagelöhner und die Minderheit der Juden. Die Zugehörigkeit zu einem Stand galt als gottgewollt. Sie bestimmte den Zugang zu Berufen, Rechten und Bildungsmöglichkeiten, aber auch die Möglichkeiten politischer Macht. Nur in seltenen Ausnahmefällen konnte man in einen anderen Stand wechseln. Ein wichtiges Merkmal einer ständischen Gesellschaft ist die große politische und soziale Ungleichheit zwischen den einzelnen Ständen.

Umma

Arabisches Wort, das Gemeinde, Gemeinschaft bedeutet; zunächst auf Muhammads Gemeinde in Medina bezogen; danach Bezeichnung für die gesamte religiös-politische Gemeinschaft der Muslime.

Völkerwanderung

Bezeichnung für eine Völkerbewegung, die ihre Ursache in Landmangel, Klimaverschlechterung oder Vertreibung durch andere Völker hat. Mit dem Begriff wird üblicherweise die germanische Völkerwanderung bezeichnet, die 375 mit dem Einfall der Hunnen in Europa ihren Höhepunkt hatte und um 500 endete. Aus der Verschmelzung der antiken römischen Kultur mit der Lebensweise der germanischen Völker und dem Christentum entstand die mittelalterliche Welt und mit ihr das Frankenreich (498–843). Wichtige andere Reiche gründeten die Westgoten auf der Iberischen Halbinsel (418–711) und die Langobarden in Italien (568–774).

Grundwissentraining

1 Wissen wiederholen – in Partnerarbeit
Wiederholen Sie die historischen Grundbegriffe und erläutern sie diese einem Lernpartner. Wechseln Sie sich dabei ab – der eine erläutert, der andere hört zu, nimmt auf, hilft und kontrolliert.

2 Zusammenhänge herstellen – durch Visualisierung und Vergleich
Visualisieren Sie das Grundprinzip des Lehnswesens, indem Sie selbst ein kleines Schaubild anlegen. Erklären Sie seine Bedeutung für die Herrschaft im mittelalterlichen Staat anhand der Lehnspyramide (M 1). Begründen Sie, warum man für die Zeit des Mittelalters von einem Personenverbandsstaat spricht, und erklären Sie den Unterschied zur modernen staatlichen Verwaltung.

3 Anwendungsaufgabe
Suchen Sie sich ein berühmtes Porträt der Renaissance aus und erläutern Sie daran das neue Menschenbild.

2 Islamische Welt und Europa

2.1 Griechischer Osten, lateinischer Westen und islamische Welt um 800 – Kaiser, Päpste und Kalifen

Leitfrage:
Welche religiösen und staatlichen Strukturen prägten die Kulturen des Mittelmeerraums in Mittelalter und Früher Neuzeit?

Drei Kulturen im Mittelmeerraum

Zwischen dem 4. und 8. Jahrhundert etablierten sich drei verschiedene Kulturen im Mittelmeerraum: Der griechisch-orthodoxe Osten mit dem byzantinischen Staat (324–1453) und der lateinisch-römische Westen mit dem fränkischen Reich (498–843) waren christlich geprägt. Die Dynastie der Abbasiden (750–1258) stellte die dominierende Macht im islamischen Kulturraum dar (M 1).

Die Christianisierung des Römischen Reiches

Im 4. Jahrhundert wurden Staat, Gesellschaft und Kultur des Römischen Reiches zunehmend vom Christentum durchdrungen. Der römische Kaiser Konstantin der Große (Reg. 306–337, ab 324 Alleinherrscher) und sein Mitkaiser Lucinius räumten im Edikt von Mailand 313 den Christen freie Religionsausübung ein. In seiner Regierungszeit förderte Konstantin durch kaiserliche Privilegien das Hineinwachsen der Christen in den römischen Staat. Diese wurden zu allen Staatsämtern zugelassen und in leitende Stellungen berufen (M 3). Kaiser Theodosius I. (Reg. 379–394) erhob das Christentum 391 zur alleinigen Staatsreligion, indem er alle heidnischen Kulte verbieten ließ.

Byzanz
Ursprünglich altgriechische Siedlung aus dem Jahre 660 v. Chr. Seit 325 auch „Roma Nova", „neues Rom" genannt, erhielt die Stadt nach dem Tode Konstantins den Namen Konstantinopel. Die Stadt wurde zu einer glanzvollen Residenzstadt und Metropole ausgebaut. Seit 1930 heißt die Stadt offiziell Istanbul.

Die Entstehung des byzantinischen Reiches

Nachdem Konstantin der Große seinen Herrschersitz 325 von Rom nach Byzanz* verlegt hatte, bildete dies einen zentralen Faktor für eine eigenständige Entwicklung des Ostens. Die Teilung des Imperium Romanum in eine westliche und östliche Reichshälfte durch Kaiser Theodosius I. im Jahre 395 verstärkte diese Tendenz und seit dem Untergang des weströmischen Reichsteiles nach 476 verstand sich der byzantinische Kaiser als einzig legitimer römischen Kaiser.

M 1 Ausbreitung des Islam bis um 750

1 ■ Skizzieren Sie die geografische Verteilung der Kulturräume.
2 ■ Zeigen Sie anhand der Karte und mithilfe des Darstellungstextes die Entstehung des Abbasidenreiches auf.

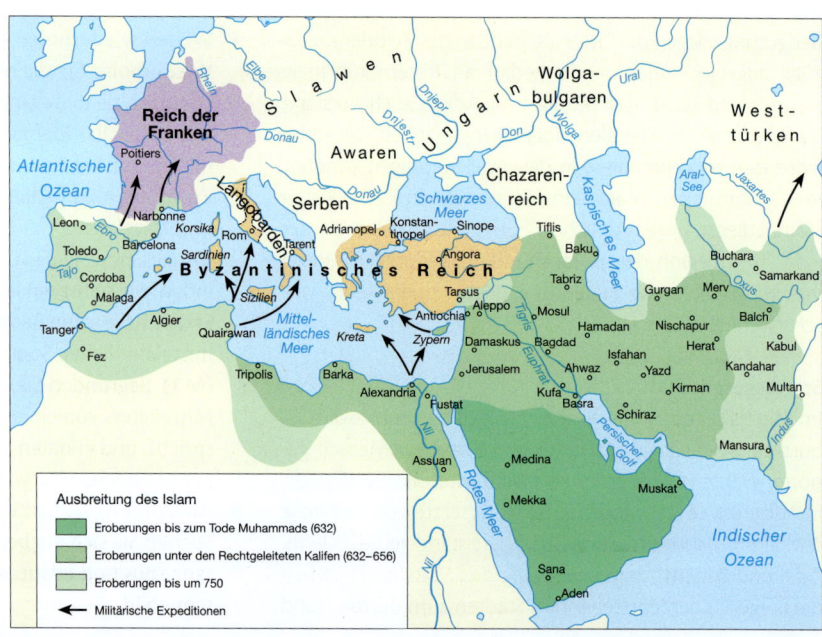

66

Herrschaftsauffassung

Das vorchristliche römische Gottkaisertum wurde umgeformt: Für die Byzantiner stand der christliche Gott über dem Kaiser, der jetzt als **der von Gott gekrönte Kaiser** aufgefasst wurde. Er stand als oberster Gesetzgeber*. Richter und letzte Appellationsinstanz in der Tradition des Imperium Romanum. Der Kaiser behielt auf die Besetzung der Bischofsstühle und der obersten Leitung der Kirche, für die sich das System der **fünf Patriarchate*** herausbildete, bestimmenden Einfluss. Er war Schutzherr des Glaubens und der Kirche und wachte über ihre Verfassung und rechte Lehre. Zum Maßstab für die **Orthodoxie*** wurde die Unterordnung unter den Kaiser und den Patriarchen von Konstantinopel als kirchlichem Oberhaupt nach der **Formel „ein Reich, ein Gesetz, eine Kirche"**. Das **Griechische** setzte sich seit dem 7. Jahrhundert als **Amts- und Verkehrssprache** durch, was sich auch durch die seit 629 übliche Verwendung des Begriffs *„Basileus"* für den Kaiser dokumentiert. Römische Staatsauffassung, Orthodoxie und griechische Sprache sowie hellenistische Tradition prägten den byzantinischen Kulturraum.

Das römische Papsttum

Konstantin der Große hatte 325 auf dem Konzil von Nikäa die Amtsgewalt des römischen Bischofs über die Bischöfe des Westens anerkannt. Auch der Aufstieg Roms zum bedeutendsten Pilgerzentrum des Westens nach der Eroberung Jerusalems durch die Araber 638 stärkte sein Ansehen. Ein großer Landbesitz, das **Patrimonium Petri***, bildete die Keimzelle seiner weltlichen Herrschaft. Mit der Bibelstelle in Matthäus 16,18 beanspruchte er **die ungeteilte Führung der Christenheit**. Gegenüber dem Führungsanspruch des byzantinischen Kaisers entwarf **Papst Gelasius I.** (492–496) die **Vorstellung von den zwei Gewalten**, die die Welt regieren, „die geheiligte Autorität der Bischöfe" und „die kaiserliche Gewalt".

Die Verbindung zwischen Papst und Frankenreich

Im 5. Jahrhundert löste die Völkerwanderung der germanischen Stämme den Zusammenbruch des westlichen Teils des Römischen Reiches aus. Auf dem Boden des westlichen Reiches entstanden verschiedene germanische Staaten. Geschichtlich bedeutsam wurde das **Frankenreich unter den Merowingern**. Dessen **König Chlodwig** (Reg. 482–511) hatte im Jahre 498 das Christentum angenommen. Seit 687 übten die Hausmeier der merowingischen Könige die Königsherrschaft aus. Diese pflegten eine enge politische Zusammenarbeit mit dem Papsttum. Aus diesem Grunde wurde 751 Pippin der Jüngere durch Wahl der fränkischen Adligen und Salbung des Papstes zum fränkischen König (Reg. 751–768) erhoben. Im **Vertrag von Ponthion von 754** sicherte Pippin dem Papst Stephan II. (Reg. 752–757) militärische Hilfe gegen das Langobardenreich* in Italien zu. Erneut salbte und legitimierte der Papst den König und dessen Söhne Karlmann und Karl 754 in St. Denis. Nach dem Sieg des fränkischen Heeres gegen die Langobarden 756 schenkte Pippin, der die Dynastie der Karolinger begründete, dem Papst Herrschaftsgebiete um Rom und Ravenna. Pippins Sohn **Karl der Große** (Reg. 768–814) führte die Politik als fränkische Schutzmacht des Papstes in Italien fort (M 5, M 6). 774 zerstörte er das Langobardenreich und beanspruchte als König der Langobarden die Herrschaft über Ober- und Mittelitalien. Auch schenkte er dem Papst weitere Territorien zur Erweiterung des Kirchenstaates.

Die westliche Kaiserwürde

Die Verbindung zwischen fränkischer und päpstlicher Politik führte dazu, dass Papst Leo III. (Reg 795–816) Karl im Jahre 800 zum Kaiser krönte. Das Frankenreich hatte sich zur imperialen Macht im Westen entwickelt. Dem Anspruch des Papsttums und der Karolinger auf den Vorrang im Westen konnte der byzantinische Kaiser machtpo-

---

Kaiser als Gesetzgeber
Kaiser Justinian I. (Reg. 527–563) ließ ab 533 die römischen Rechtstraditionen zusammenstellen, aus denen der *„Corpus Iuris Civilis"* hervorging – bis heute die Basis des modernen säkularen Rechts.

Patriarchate
Seit Justinian I. wurden die ranghöchsten Bischöfe mit Sitz in Alexandria, Antiochia, Jerusalem, Rom und Konstantinopel Patriarchen genannt. Ihre Amtsbezirke wurden als Patriarchate bezeichnet.

Orthodoxie
Der Begriff bedeutet wörtlich rechte, d. h. richtige Lehre und Praxis des christlichen Glaubens. Seit ihren Anfängen sieht sich die orthodoxe Kirche im Besitz des wahren Glaubens, was in den frühen Konzilsbeschlüssen zum Ausschluss anderer christlicher Glaubensvorstellungen zum Ausdruck kommt.

Patrimonium Petri
Wörtlich: Das Vermögen des Petrus. Dieser Besitz beruhte zunächst auf zahlreichen Landschenkungen, die dem Märtyrer Petrus und seinen Nachfolgern zugedacht waren. Die Anfänge des Kirchenstaates gehen auf weitere Landschenkungen der Karolinger in der zweiten Hälfte des 8. Jh. zurück, wodurch der Papst eine zusammenhängende Herrschaft in Mittelitalien erhielt.

Langobarden
Germanischer Volksstamm, der die arianische Form des christlichen Bekenntnisses, das die Göttlichkeit Jesu bestritt, angenommen hatte. Seit 580 eroberten die Langobarden Oberitalien sowie Teile von Mittel- und Süditalien. Sie schlossen sich im 7. Jh. dem römischen Bekenntnis an. Jedoch bedrohten sie im 8. Jh. die Macht des Papstes.

Webcode:
KB644438-067

2 Islamische Welt und Europa

M 2 Petrus verleiht Papst Leo III. die geistliche Macht und Karl dem Großen die weltliche Macht, Wandmosaik im Lateranpalast in Rom, ursprünglich um 800, erneuert 1743

Leo erhält als Zeichen (Insignium) das Pallium, Karl die Fahnenlanze.

Kalif
Arab. *chalifa*, „Stellvertreter" oder „Nachfolger" Muhammads als religiöses und weltliches Oberhaupt des islamischen Reiches. Die ersten vier Kalifen waren von der muslimischen Gemeinschaft berufen worden und waren Weggefährten Muhammads gewesen.

Scharia
Rechtsgrundsätze für alle Bereiche des täglichen Lebens, aus Koran und Sunna (= Worte und Taten des Propheten) abgeleitet und insofern offenbartes Recht. Es entstanden verschiedene Rechtsschulen.

Fatimiden
Schiitische Dynastie, die sich auf die Tochter Muhammads, Fatima, zurückführt. Sie herrschte in Ägypten von 969 bis 1171. Die Bildung eines Kalifates unter einer schiitischen Dynastie stellt eine Ausnahme dar.

Mamluken
Militärsklaven, nach sorgfältiger Ausbildung und Bekehrung zum Islam freigelassen. Generäle der Mamluken ergriffen 1250 in Ägypten die Macht. Die Mamlukenherrscher konnten 1260 die Mongolen in Palästina abwehren und in der Folge die letzten Stützpunkte der Kreuzfahrer in Syrien und Palästina erobern.

litisch nichts entgegensetzen. Seit der Übernahme des abendländischen Kaisertitels durch Otto I. 962 war das westliche Kaisertum mit dem deutschen Königtum verbunden. Mit der Kaiserwürde wurde die führende Rolle in der Christenheit beansprucht. Der Dualismus von geistlicher und weltlicher Gewalt (M 2) bestimmte das Verhältnis zwischen Kirche und Staat im lateinisch-römischen Kulturraum. In Macht- und Glaubensfragen entfernten sich mit der Zeit römische und orthodoxe Kirche weiter voneinander, sodass es 1054 zur bis heute andauernden Spaltung, dem Schisma, kam. Das Lateinische entwickelte sich im Westen zur Amts- und Verkehrssprache.

Die Entstehung des Abbasidenreiches

Nach dem Tode des Propheten Muhammad 632 eroberten seine Nachfolger, die Kalifen, bis zum Jahre 642 das Perserreich der Sassaniden und die byzantinischen Provinzen Ägypten, Palästina, Syrien und Armenien; sie drangen bis zum Jahre 750 weiter an der afrikanischen Küste bis Gibraltar vor, eroberten das Westgotenreich im ehemals römischen Hispanien und stießen im asiatischen Osten bis zum Indus vor. Nach der Phase der Eroberung erfolgte ab 750 unter dem Kalifat* der Abbasiden die Konsolidierung islamischer Herrschaft.

Herrschaftsauffassung

Im Abbasidenreich konstituierte sich eine monarchische Form des Kalifates, und zwar in Form einer Dynastie, deren Rechtmäßigkeit sie mit ihrer Abstammung von der Prophetenfamilie erklärte (M 7, M 8). Bereits die Umaiyaden hatten das Prinzip der erblichen Nachfolge eingeführt und dem Kalifat monarchische Züge gegeben. Diese Ansätze setzten sich unter den Abbasiden, die die Umaiyaden 750 gestürzt hatten, fort. Sie gründeten Bagdad als Residenz und ließen sich Herrscher der Gläubigen sowie Stellvertreter Gottes nennen, eine göttliche Legitimation. Ihr Auftrag war es, die muslimischen Untertanen zu schützen, staatliche Gesetze zu erlassen, den Glauben zu bewahren und der Scharia* Geltung zu verschaffen. Demgegenüber war es Aufgabe der Ulama, der muslimischen Rechts- und Schriftgelehrten, die rechtmäßige Auslegung und Anwendung der Scharia zu überwachen. Die Islamisierung der abbasidischen Herrschaft wurde durch die Übernahme der persischen Verwaltungsstrukturen und die Beteiligung der Neumuslime an den Staatsgeschäften gefördert. Das Arabische, Sprache des Korans, verbreitete sich als Verkehrssprache. Das Kalifat wurde als universale Macht (ein Gott, eine Umma, ein Kalif) im islamischen Kulturraum aufgefasst.

Als um die Mitte des 9. Jahrhunderts der Niedergang des abbasidischen Kalifats einsetzte, entstanden Gegenkalifate: auf der Iberischen Halbinsel als Kalifat von Córdoba 929, in Ägypten 969 als Kalifat der Fatimiden*. Für die Herrscher der verschiedenen islamischen Teilreiche setzte sich allmählich der Titel Sultan durch. Nachdem 1258 das nominell noch bestehende abbasidische Kalifat durch den Einfall der Mongolen erloschen war, bezeichnete sich der Mamlukenherrscher* in Ägypten als Sultan und Kalif (Reg. 1250/1261–1517). Danach ging das Kalifat der islamischen Welt auf die osmanischen Sultane über.

1 ■ Untersuchen Sie das Verhältnis von Religion und Staat in den drei verschiedenen Kulturräumen: Vergleichen Sie die Herrschaftsformen, deren religiöse Grundlagen und Legitimation sowie die religiösen Aufgaben des Herrschers und sein Verhältnis zur Kirche bzw. zur Ulama.

2 ■ Visualisieren Sie Ihre Ergebnisse aus Aufgabe 1 in einem tabellarischen Schaubild.

Zum Verhältnis von Religion und staatlicher Herrschaft um 800

M 3 Christus segnet Romanos II. und Eudokia, Elfenbeinrelief, Konstantinopel, um 945.

Das Relief stammt aus einer byzantinischen Werkstatt; Auftraggeber war das Kaiserhaus, es war ein Geschenk an ein westliches Herrscherhaus.

Figuren: 944 wurden am Hofe des byzantinischen Kaisers Konstantin VII. als Kinderpaar vermählt Romanos, der Sohn des Kaisers, mit Bertha, einer provenzalischen Prinzessin. 945 wurde Romanos II. zum Mitkaiser erhoben und Bertha als Eudokia zur Mitkaiserin. Konstantin versuchte durch diese frühzeitige Festlegung seiner Nachfolge seine dynastischen Interessen durchzusetzen.
Inschriften: Kürzel der Namen Jesus (links) und Christus (rechts oben); Romanos, Mitkaiser der Romäer (links); Eudokia Mitkaiserin der Romäer (rechts)

1 ■ Beschreiben Sie die formalen Merkmale der Bildquelle.
2 ■ Beschreiben Sie Komposition, figürliche Darstellung, die Szene und die Darstellungsmittel.
3 ■ Deuten Sie die Tafel daraufhin, ob die Intention Konstantins, das Paar als Thronfolger zu legitimieren, zum Ausdruck gebracht worden ist.

Hinweise zur Beschreibung der Tafel
Christus: mit Kreuznimbus (= Heiligenschein); im antiken Philosophengewand
Kaiserpaar: mit Nimbus, Bügelkronen, verziert mit Pendilien (= Schmuckkettchen), Kreuz und Stirnjuwel
Kaiserliche Gewänder: Loros (= eine reich mit Edelsteinen, Perlen und Stickerei versehene Schärpe, die der byzantinische Kaiser als Herrschaftszeichen trägt), Chlamys (= kurzer Reit- und Reisemantel der Kaiserin)
Stufenaufbau von unten nach oben: Podest mit Kaiserpaar, darauf ein *Bema* (= kleine Tribüne für Priester im Kirchenraum), darüber ein *Suppedaneum* (ursprünglich ein stützendes Brett unter den Füßen des gekreuzigten Christus)

M 4 Antonios, Patriarch von Konstantinopel zur Zeit Kaiser Manuels II. (Reg. 1391–1425), schrieb 1393 einen Brief an den Großfürsten von Moskau, Wassilij I. (Reg. 1389–1425)

Der Moskauer Großfürst hatte zuvor bekundet, dass er in kirchlichen Angelegenheiten in seinem orthodoxen Staat die Oberhoheit des Patriarchen und Kaisers von Konstantinopel nicht mehr anerkennen wolle.

Ich höre aber auch, dass deine Durchlaucht sich selbst gegen meinen mächtigen und heiligen Autokrator[1] und Kaiser vernehmen ließ, und dies betrübt mich besonders. Du hältst ja, wie es heißt, den Metropoliten[2] davon ab, des göttlichen Namens des Kaisers in der Liturgie zu gedenken, und zwar mit der Begründung: Wir haben zwar eine Kirche, Kaiser aber nehmen wir keinen an und lassen keinen gelten! Doch dies ist nicht in Ordnung! Der heilige Kaiser nimmt eine bedeutende Stellung in der Kirche ein. Es ist bei ihm nicht wie sonst bei Fürsten und Herrschern. Denn die Kaiser waren es, die von Anfang an auf der ganzen Welt die Frömmigkeit gestützt und gehalten haben. Sie waren es, welche die allgemeinen Synoden[3] einberufen und, was in deren Kanones[4] über das richtige Dogma und den richtigen Wandel der Christen enthalten ist, bestätigt und mit Gesetzeskraft ausgestattet haben. Sie haben viel gegen die Häresien[5] gekämpft. Kaiserliche Verfügungen haben die bischöflichen Ranglisten, die Abgrenzung der Patriarchate und der Bistümer zusammen mit den Synoden festgelegt. Deshalb kommen ihnen in der Kirche hoher Rang und hohe Ehren zu. Mögen auch die Heiden durch Gottes Zulassung den kaiserlichen Machtbereich mitsamt der Kaiserstadt in der Zange haben, so bleibt dem Kaiser trotzdem und bis auf den heutigen Tag dieselbe kirchliche Weihe und derselbe Vorrang; ihm gelten dieselben Gebete, und er wird immer noch mit dem großen Myron[6] gesalbt und zum Kaiser und Autokrator der Römer, und das heißt aller Christen, geweiht, und überall, von allen Patriarchen, Metropoliten und Bischöfen, wird der Name des Kaisers in der Liturgie kommemoriert[7]. Und daher beziehen sie das Recht, sich Christen zu nennen!

[…] Es ist also nicht recht, mein Sohn, wenn du sagst, wir haben zwar eine Kirche, aber keinen Kaiser. Die Christen sind engstens verbunden und eine Trennung ist unmöglich. Nur häretische Kaiser wurden von den Christen verworfen, Kaiser also, welche die Kirche bekämpften und schädliche Glaubenssätze durchsetzten, die der Lehre der Apostel und der Väter fremd waren. Unser mächtigster und heiligster Kaiser ist dagegen ein Muster der Orthodoxie und Gläubigkeit, ein Vorkämpfer, Verteidiger und Rechtswahrer der Kirche. Es ist unmöglich, dass ein Bischof ihn nicht kommemoriert.

Höre doch den Apostelfürsten Petrus in seinem ersten katholischen Brief: „Fürchtet Gott und ehret den Kaiser!" Er sagt nicht, die Kaiser, damit nicht etwa jemand das Wort auf all die Kaiser verschiedener Nationen anwende, die sich diese Bezeichnung beilegen, sondern: den Kaiser; denn der universale Kaiser ist nur einer.

Hans-Georg Beck (Hg.), Byzantinisches Lesebuch, C. H. Beck, München 1982, S. 227–230.

1 Autokrator: wörtl. „Selbstherrscher"; Titel verdeutlicht seine Machtfülle
2 Metropolit: Erzbischof der orthodoxen Kirche
3 Synode: Versammlung aller Erzbischöfe
4 Kanones: Synodalgesetze im Unterschied zu päpstlichen Dekreten oder kaiserlichen Erlassen
5 Häresie: Irrglauben
6 Myron: aromatisiertes Salböl
7 kommemorieren: in der Liturgie gedenken

1 ■ Analysieren Sie, wie der Patriarch die Stellung des Kaisers im Staat beschreibt und begründet.
2 ■ Erläutern Sie Antonios' Sicht der kaiserlichen Stellung.
3 ■ Beurteilen Sie, ob und inwieweit seine Sicht der Macht des Kaisers mit der machtpolitischen Realität seiner Zeit übereinstimmt. Ziehen Sie dazu den Darstellungstext von S. 72 ff. heran.
4 ■ **Zusatzaufgabe:** Setzen Sie sich kritisch mit Antonios' Staatsauffassung auseinander.

M5 Entwicklung der Herrschertitel unter Karl dem Großen

Königstitel Karls des Großen: *Karolus gratia dei rex regnique Francorum rector et devotes ecclesiae defensor et adiutor*
Erweiterung des Titels: *Karolus gratia dei rex Francorum et Langobardorum ac Patricius Romanorum*
Der Kaisertitel: *Karolus serenissimus augustus a deo coronatus magnus et pacificus imperator Romanum gubernans imperium qui et per misericordiam dei rex Francorum et Langobardorum*

1 ■ Übersetzen Sie mithilfe eines Lateinlexikons die Herrschertitel Karls des Großen.
2 ■ Finden Sie heraus, warum der Titel *„imperator Romanorum"*, von dem die Reichsannalen berichten, in der offiziellen Kaisertitulatur keine Verwendung findet.
3 ■ Erläutern Sie die Bezüge zur römischen Kaisertitulatur.
4 ■ Deuten Sie die Herrschertitel im Hinblick darauf, welche Herrschaftsansprüche damit verbunden sein könnten.

M6 Bericht zur Kaiserkrönung Karls des Großen nach den karolingischen Reichsannalen des Jahres 800/801

800. Anfang August kam er [Karl] nach Mainz und ordnete einen Heerzug nach Italien an, und nachdem er von hier aufgebrochen war, kam er nach Ravenna […]. Als er aber nach Rom kam, zog ihm der Papst Leo mit den Römern tags zuvor nach Mentana zwölf Meilen von der Stadt entgegen und empfing ihn mit höchster Demut und größten Ehren, und nachdem er mit ihm an dem genannten Orte gespeist hatte, zog er ihm sofort voraus in die Stadt. Und am folgenden Tage empfing er ihn stehend auf den Stufen der Kirche des seligen Apostels Petrus, nachdem er ihm die Fahnen der Stadt Rom entgegengeschickt hatte, auch an den betreffenden Stellen Scharen von Fremden und Bürgern hinbefohlen hatte und aufgestellt hatte, die dem Ankommenden Lob singen sollten, selbst mit den Geistlichen und den Bischöfen, als er vom Pferde abstieg und die Stufen emporschritt, und geleitete ihn nach einem Gebet unter dem Gesange aller in die Kirche des seligen Apostels Petrus. Das geschah am 24. November. […]

801. Als der König gerade am heiligen Weihnachtstag sich vom Gebet vor dem Grab des seligen Apostels Petrus zur Messe erhob, setzte ihm Papst Leo eine Krone aufs Haupt und das ganze Römervolk rief dazu: *Carolo augusto a Deo coronato magno et pacifico imperatori Romanorum vita et victoria!* Und nach den lobenden Zurufen wurde er vom Papst nach der Sitte der alten Kaiser durch Kniefall geehrt und fortan, unter Weglassung des Titels Patricius, Kaiser und Augustus genannt.

Reinhold Rau (Hg.), Quellen zur Karolingischen Reichsgeschichte, 1. Teil: Die Reichsannalen, Wissenschaftliche Buchgesellschaft, Darmstadt 1955, S. 65 ff.

1 ■ Recherchieren Sie das Hilfegesuch des Papstes gegenüber dem fränkischen König als Vorgeschichte der Kaiserkrönung.
2 ■ Ordnen und visualisieren Sie die Abläufe in Rom anhand der Quelle M 6 als Ereigniskette(n).
3 ■ Arbeiten Sie heraus, wie in den Reichsannalen das Zusammenwirken von Kaiser und Papst im Rahmen der Kaiserkrönung dargestellt wird.
4 ■ Beurteilen Sie, wie das Verhältnis von weltlicher und geistlicher Gewalt in der Quelle dargestellt ist.
5 ■ Vergleichen Sie mit der päpstlichen Perspektive in M 2, S. 68.

M7 Abu Yusuf (731–798), Rechtsgelehrter und Oberrichter des Abbasidenkalifen Harun ar-Raschid (Reg. 786–809), in seinem Werk „Guter Rat für einen Kalifen"

Folgendes schrieb Abu Yusuf – Gott erbarme sich seiner – an Harun ar-Raschid, den Herrscher der Gläubigen:
Gott schenke dem Herrscher der Gläubigen ein langes Leben, er vermehre seinen Ruhm in der Fülle des Genusses
5 und dem Fortbestand der Ehre und lasse, was er ihm gewährt, fortdauern in den Segnungen des Jenseits, die sich weder erschöpfen noch schwinden, und in der Gesellschaft des Propheten – Gott segne und bewahre ihn! […]
Gott ernannte in seiner Gnade und seiner Güte die Herr-
10 scher zu Stellvertretern (chalifa) auf seiner Erde und verlieh ihnen ein Licht, damit sie ihren Untertanen in unklaren Angelegenheiten leuchten und die Pflichten, über welche sie im Zweifel sind, klären könnten. Die Erleuchtung des Machthabers besteht darin, dass er Strafen für Übertretungen
15 (hadd) durchsetzt und dass er jedem das Seine verschafft, mit Nachdruck und klarem Befehl. Die Belebung der überlieferten Praxis (sunna), welche gottesfürchtige Männer eingerichtet haben, ist von größter Bedeutung, denn die Belebung der Überlieferung ist eine jener guten Taten, welche
20 leben und nicht sterben. Die Tyrannei des Hirten ist der Untergang der Herde; verlässt er sich auf unwürdige und schlechte Menschen, ist das der Untergang der Gemeinde. Herrscher der Gläubigen, vervollkomme die dir von Gott gewährten Wohltaten, indem du sie gut gebrauchst, und
25 trachte sie nicht zu vernichten, indem du dich dafür dankbar zeigst; denn Gott, der Allmächtige, sagt in seinem Buch: „Wenn ihr dankbar seid, werde ich euch noch mehr Gnade erweisen. Wenn ihr aber undankbar seid (werdet ihr es büßen müssen). Meine Strafe ist heftig" [Koran, Sure 14,7].
30 Nichts ist Gott lieber als gute Taten, nichts ihm verhasster als Übeltaten. Sünden begehen heißt seine Wohltaten leugnen. Wahrlich, es gab wenige, die, wegen ihrer Undankbarkeit für Gottes Wohltaten, nicht ihrer Macht beraubt und von Gott der Herrschaft ihrer Feinde unterworfen wurden,
35 wenn sie nicht doch noch voller Schrecken bereuten.

Bernard Lewis (Hg.), Der Islam von den Anfängen bis zur Eroberung von Konstantinopel, übers. aus dem Engl. von Hartmut Fähndrich, Bd. 1, Artemis, Zürich 1981, S. 224–247.

1 ■ Untersuchen Sie, wodurch Abu Yusuf das Kalifat Haruns als legitimiert ansieht.
2 ■ Arbeiten Sie heraus, welche Funktionen der Kalif nach Abu Yusuf im Rahmen einer islamischen Herrschaft ausüben soll.
3 ■ Charakterisieren und erläutern Sie das Selbstverständnis des Autors, das in dem vorliegenden Schreiben an Harun zum Ausdruck kommt.
4 ■ **Zusatzaufgabe**: Vergleichen Sie – auch unter Bezugnahme auf die Quelle – die religiöse Funktion des Kalifen mit derjenigen des Basileus.

M8 Geschenkmünze des abbasidischen Kalifen al-Mutawakkil (Reg. 847–861), Silber, 855 n. Chr.

Vorderseite: Porträt des Herrschers, Ornat nach persischem, auch altorientalischem Vorbild; Inschrift: „Im Namen Gottes, Muhammad ist der Gesandte Gottes, al-Mutawakkil ala'allah" [der auf Gott Vertrauende]

Hinterseite: Bild eines Mannes mit geführtem Dromedar; Inschrift: „al-Mu'tazz bi-allah" [der durch Gott Mächtige]
Erläuterungen: Derartige Geschenkmünzen wurden bei festlichen Anlässen unter das Volk gestreut. Es wird berichtet, al-Mutawakkil habe fünf Millionen Silbermünzen prägen lassen, um sie wie Rosenblütenblätter über die versammelte Festgesellschaft zu verstreuen. Die Medaille dürfte als Gedenkmünze konzipiert worden sein; das Bild auf der Hinterseite bezieht sich wahrscheinlich auf die Unterwerfung der im Sudan ansässigen, Kamel reitenden bigah [eines sudanesischen Volksstamms] durch den zweiten Sohn al Mutawakkils, al-Mu'tazz.

1 ■ Erklären Sie, welche kulturellen Einflüsse sich in der Münzdarstellung kreuzen.
2 ■ Beurteilen Sie, warum al-Mutawakkil diese Form der Herrscherdarstellung gewählt hat.
3 ■ **Zusatzaufgabe**: Diskutieren Sie die Funktion der Münze als Geschenk- und Gedenkmünze.

2.2 Wirtschaftliche und soziale Entwicklungen im 8. bis 13. Jahrhundert

Leitfrage:
Welche wirtschaftlichen und sozialen Entwicklungen bestimmten die Kulturen des Mittelmeerraums im Mittelalter?

Zoroastrier
Anhänger der vermutlich um 1000 v. Chr. in Persien entstandenen Religion des Zoroastrismus; wichtigste Religion des Sassanidenreiches vom 3. bis 7. Jh.

Hadith
Arab. wörtl. Bericht. Schriftliche Überlieferung der Taten und Aussprüche des Propheten Muhammad (sunna). Diese Überlieferung wurde auf ihre Quellen und Tradierung hin kritisch geprüft. Der Hadith ist nach dem Koran die zweite Quelle für das islamische Recht.

Der islamische Kulturraum

Grundlegend für die wirtschaftliche und soziale Entwicklung im islamischen Kulturraum war die Integration der eroberten Bevölkerung in die politischen und gesellschaftlichen Strukturen der verschiedenen islamischen Teilreiche. Eine wichtige Rolle spielte dabei die Duldung der Schriftbesitzerreligionen (*dhimmi*), der Christen, Juden und Zoroastrier*, die nach islamischem Recht geschützt waren (M 6–M 8). Ebenfalls kam es nach den Eroberungen zu einer Neuordnung von Grundbesitz und Besteuerung. Von Bedeutung war auch das wissenschaftliche Interesse der Muslime. Außer dem Studium von Koran, Hadith* und islamischem Recht, dem sich die Ulama widmete, wandte man sich auch den weltlichen Wissenschaften zu. Die Muslime eigneten sich die antike griechische Wissenschaft an, bewahrten deren Überlieferung und entwickelten das antike Erbe weiter (M 9–M 12).

Landwirtschaft

In den islamischen Reichen setzte eine prosperierende Landwirtschaft ein. In der Antike angelegte Bewässerungssysteme wurden instand gesetzt, technische Neuerungen eingeführt. Ein System von Grundwasserkanälen (*Qanate*), die Verbesserung des antiken Wasserrades und die Erfindung einer effizienten Zisternenkonstruktion zählen zu den besonderen Leistungen. Mit Erfolg wurden neue Nutzpflanzen angebaut und exportiert, z. B. Zuckerrohr, Reis und Baumwolle. Die Erträge konnten deutlich gesteigert und landwirtschaftliche Überschüsse erwirtschaftet werden. Der Aufschwung in der Landwirtschaft bewirkte ein Bevölkerungswachstum und wurde zur Basis für die Stadtentwicklung.

Fernhandel und Geldwirtschaft

Der Fernhandel bildete eine weitere Säule der Wirtschaft. Die islamische Welt hatte Anschluss an die großen ost-, süd-, und zentralasiatischen Handelsrouten, deren Zugang sie für die christlichen Kaufleute sperrte. Auf diese Weise wurde der islamische Kulturraum zur Drehscheibe für den Handel zwischen Asien und Europa (M 2). Luxuswaren wie z. B. Seide und Gewürze (M 1) wurden über die Handelsrouten der Seidenstraße oder über den persischen Golf oder das Rote Meer in den Mittelmeerraum transportiert. Dabei war das Zusammenspiel von nomadisierenden Viehzüchtern, Landwirten, städtischen Kaufleuten, Handwerkern und regionalen Herrschern für die Instandhaltung und Sicherheit der Routen von großer Bedeutung. Karawansereien waren im Abstand von 30 Kilometern, etwa einer Tagesreise, eingerichtet und dienten zur Unterbringung von Reisenden, Waren und Tieren. Die gemeinsame Kultur bildete die Grundlage für einen weitgehend einheitlichen Wirtschaftsraum. Die Muslime kontrollierten die Schifffahrt im Mittelmeer, bis ihnen die italienischen Seestädte im 11. Jahrhundert diese Dominanz streitig machten. Im Besitz einer Goldwährung, eingeführt unter dem Kalifen Abd al-Malik (Reg. 685–705), sowie der Goldreserven aus dem Transsaharahandel beherrschten die Muslime bald die Finanzmärkte vom süd- und südwestlichen Mittelmeerraum bis nach Indien. Auch bargeldloser Zahlungsverkehr wurde praktiziert.

M 1 Pfeffergewinnung, Miniatur aus dem Reisebericht des Marco Polo, Frankreich, 15. Jh.
An der linken Seite sind Pfefferbäume abgebildet.

Islamische Welt und Europa 2

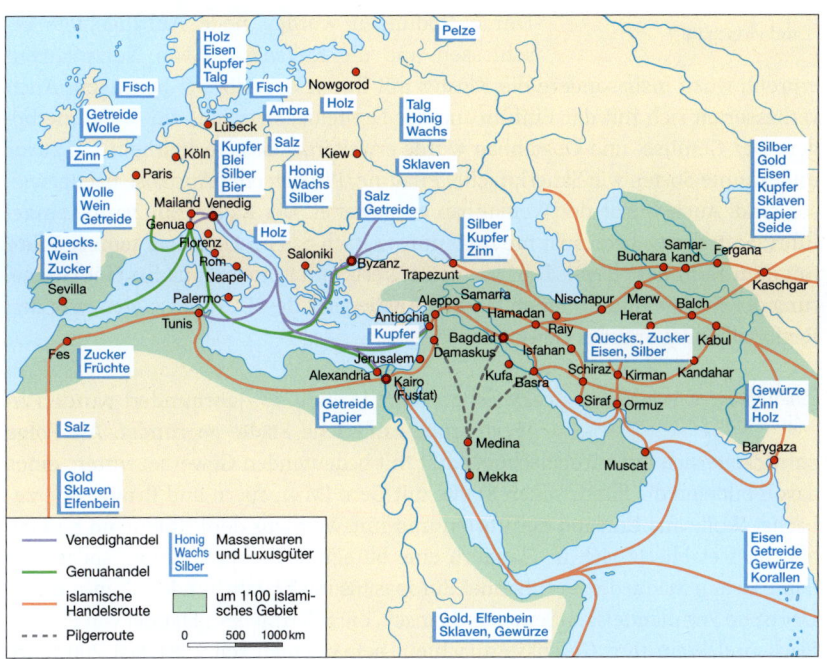

M2 Mittelmeerhandel und Karawanenrouten nach Asien im 12. und 13. Jahrhundert

1 ■ „Der islamische Kulturraum wurde zur Drehscheibe für den Handel zwischen Asien und Europa." Belegen Sie diese These, indem Sie die Handelswege und Warenströme in der Karte M 2 untersuchen und erklären.

Stadtentwicklung

Mit dem Agrar- und Handelsaufschwung entfaltete sich die Gewerbeproduktion. Beispielsweise wurden Textil-, Glas- und Keramikherstellung verfeinert und Papier- und Zuckermanufakturen eingerichtet. Bagdad wuchs als Hauptstadt der Abbasiden zu einem hochentwickelten Wirtschafts- und Kulturzentrum heran, ebenso wie Córdoba im maurischen Spanien oder Kairo unter den Fatimiden und Mamluken. Die Vielzahl der Großstädte mit mehr als 200 000 Einwohnern war beeindruckend und das Zivilisationsniveau übertraf dasjenige der Antike.

Gesellschaft

Die Untertanen der muslimischen Herrscher waren persönlich frei, eine religiös begründete Ständelehre wie im lateinisch-römischen Westen gab es nicht. Allerdings war die Sklaverei ein wichtiger Bestandteil der muslimischen Gesellschaft; die Versklavung von Muslimen und Musliminnen war jedoch verboten. Die Bauern lebten zumeist als Pächter auf den Gütern der Großgrundbesitzer, der Notablen, die sich in der Regel in den Städten aufhielten und dort häufig als islamische Rechtsgelehrte, Kaufleute oder Literaten tätig waren. Ein Feudalsystem wie im christlichen Europa existierte nicht, jedoch übernahmen die Notablen wichtige herrschaftliche Aufgaben. Der Kalif oder Sultan vergab das Amt des Wesirs, einer Art Kanzler, des Provinzgouverneurs und des Emirs, seines Heerführers, an ihm genehme Notablen. In den Kreis der Ulama konnten Bewohner der Städte bei entsprechender Bildung aufsteigen und wichtige städtische Ämter wie das des Kadi besetzen. Hier erfüllten entsprechende Schulen (*Medresen*) eine wichtige Bildungsaufgabe.

Der lateinisch-römische Westen

Im lateinisch-römischen Westen konnten Zivilisationsverluste, die durch den Zusammenbruch des Römischen Reiches in der Völkerwanderungszeit eingetreten waren, nur langsam während der Karolingerzeit aufgeholt werden. Zu einem deutlichen wirtschaftlichen Aufschwung kam es erst, nachdem sich durch das Ende der Ungarn- und Normanneneinfälle im 10. bzw. 11. Jahrhundert die politischen Verhältnisse im christlichen Europa stabilisiert hatten.

M3 Persisches Astrolabium, 1221/1222

1 ■ Recherchieren Sie zur Geschichte und Verwendung des Astrolabiums.

Zum Zivilisationsniveau der islamischen Stadt siehe S. 91 f. und 94 f.

Kummet
Teil des Kummetgeschirrs zur Riemen- und Lederzeugverbindung der Pferde mit dem Fahrzeug. Das Kummet (Kumt), angelegt um den Hals, besteht aus einem gepolsterten Leder- oder Stoffbalg.

M 4 Belfried* der Stadt Gent, um 1350 mit angebauter Tuchhalle, vollendet 1441, Fotografie, 2012

Belfried
Festungs- und Brandschutzturm sowie Archiv der Stadt Gent

Hanse
mächtiger, vor allem wirtschaftlich ausgerichteter Städtebund, der bis in die Frühe Neuzeit bestand

Subsistenzwirtschaft
landwirtschaftliche Wirtschaftsform, die ganz oder überwiegend für die Selbstversorgung produziert

Landwirtschaft

Durch Rodungen wurden neue Anbaugebiete erschlossen und die Kultivierung von Nutzpflanzen erprobt, wozu insbesondere die Klöster mit ihrem Grundbesitz beitrugen. Auch verbesserten sich mit der Einführung der Dreifelderwirtschaft die Anbaumethoden. Der Gemüse- und Obstanbau wurde erweitert, sodass rechtsrheinisch zuvor unbekannte Sorten wie Sauerkirsche, Pflaume, Pfirsich oder Aprikose nachgewiesen sind. Auch wurde der Weinanbau ausgeweitet. Der Räderpflug wurde eingeführt: Statt des Ochsen spannte man nun vielfach das im Unterhalt teurere Pferd mit dem Kummet* davor. Dies sorgte in West- und Mitteleuropa für eine Steigerung der Erträge und für einen starken Anstieg der Bevölkerungszahlen, was den Regionalhandel und das Gewerbe förderte.

Stadtentwicklung in West-, Mittel- und Osteuropa

Zwischen dem 11. und 13. Jahrhundert wurden in Westeuropa zahlreiche Städte gegründet. Als Folge entwickelte sich ein europäischer Markt mit bedeutenden Gewerbezentren; eines davon bildeten die flandrischen Städte mit Gent (M 4), Ypern und Brügge, die zunächst Wolle aus England einführten und mit Wein aus dem Rheinland handelten. Bald etablierte sich in Flandern eine blühende Tuchproduktion, sodass die flandrischen Städte den Fernhandel Europas bis ins 12. Jahrhundert dominierten. Deutsche Fernhandelskaufleute der Hanse*, die z. B. mit dem Handel von Pelzen, Fisch und Wein ihre Geschäfte machten, beherrschten seit 1281 fast 200 Jahre lang den Handel im Nord- und Ostseeraum. Köln, ebenfalls Mitglied der Hanse, stieg zur größten Handelsstadt im deutschen Reich mit ca. 50 000 Einwohnern auf. Die Geldwirtschaft weitete sich aus. Das Selbstbewusstsein und der Wohlstand der Bürger manifestierten sich im Bau prächtiger Rathäuser, Stadtkirchen und repräsentativer Patrizierhäuser. Kanalisation, befestigte Plätze und Straßen, Rauchabzug in den Häusern sowie Fenster und Türen kamen jedoch erst im Spätmittelalter auf. Trotz des wirtschaftlichen Aufschwungs zwischen dem 10. und 13. Jahrhundert sind Wohlstand und kulturelles Niveau im lateinisch-römischen Westen im Vergleich zum islamischen Kulturraum als niedriger einzustufen.

Gesellschaft

Seit dem 10. Jahrhundert differenzierten sich die bäuerlichen Lebensverhältnisse, da sich die bisherige Form der Grundherrschaft, die als Subsistenzwirtschaft angelegt war, gegenüber der entstehenden Marktwirtschaft als nicht effizient erwies. Die Bauern konnten Pachtverträge eingehen, in denen die Pflicht zu Naturalabgaben und Frondiensten durch Geldabgaben abgelöst werden konnte. Dies ging einher mit dem Abbau der grundherrlichen Eigenwirtschaft zugunsten einer bäuerlichen Wirtschaft, die den Pächtern eine größere Freiheit des Wirtschaftens ermöglichte. Gesellschaftliches Leitbild blieb aber die Vorstellung von Geburtsständen und einer von Gott gewollten Ständehierarchie von Betenden (Klerus), Kämpfenden (Adel) und Arbeitenden (Bauern). Die politische Teilhabe des weltlichen und geistlichen Adels an der Königsherrschaft, die auf dem Lehnswesen beruhte, förderte den Prozess der Urbanisierung. Hier traten Herzöge, Grafen und Bischöfe als Stadtgründer in Erscheinung, indem sie Privilegien, insbesondere das Marktrecht, an die städtischen Bewohner, die Bürger, vergeben konnten. Ein Höriger, der von seinem Grundherrn nicht zurückgefordert wurde, konnte nach einem Jahr in der Stadt die Freiheit von grundherrschaftlicher Bindung erhalten. Mit der Zeit trachtete das Patriziat der Städte danach, sich von der Oberhoheit ihrer Stadtgründer und Stadtherren zu befreien, was in vielen Fällen zur bürgerlichen Freiheit und Selbstverwaltung führte. Auch kam es im 12. und 13. Jahrhundert zu ersten Universitätsgründungen. Die beschriebene Urbanisierung wirkte sich belebend auf die gewerbliche Produktion und den Handel im Mittelmeerraum aus.

Islamische Welt und Europa 2

Venedig als Drehscheibe des Europa- und Orienthandels

Der wirtschaftliche Aufschwung in Europa kurbelte den Handel der italienischen Seestädte an, was z. B. der Umsatz von flandrischen Tuchen in Venedig belegt. Seitdem die Venezianer die ägyptische Flotte im Jahre 1123 besiegen hatten, stellten sie die stärkste See- und Handelsmacht im östlichen Mittelmeer dar. In mehreren Verträgen sicherte das byzantinische Reich der Stadtrepublik, die sich ein System von Stützpunkten im Mittelmeer aufgebaut hatte, Handelsprivilegien zu, wodurch sich die Stadt eine monopolartige Stellung im Schwarzmeer- und im Levantehandel sichern konnte. Venedig schloss Verträge mit Aleppo und Alexandria ab, die um 1200 die Drehscheibe des Orienthandels bildeten. Mit Venedig wetteiferten insbesondere Genua und Pisa um Marktanteile am Westeuropa- und Orienthandel. Aufgrund ihrer Handelsverbindungen zum muslimischen Stützpunkt Ceuta* öffnete sich den christlichen Mittelmeerstädten im 13. Jahrhundert der Seeweg nach Brügge durch die Straße von Gibraltar.

Ceuta
Bedeutender nordafrikanischer Warenumschlagplatz an der Meerenge von Gibraltar. Ceuta stand zu dieser Zeit unter Herrschaft der Dynastie der muslimischen Meriniden, die von 1244–1465 den westlichen Maghreb beherrschten.

Das byzantinische Reich

Die arabischen Eroberungen im 7. Jahrhundert bedeuteten den Verlust blühender Provinzen für Byzanz. Im weiteren Verlauf seiner Geschichte verlor das Reich seine italienischen Besitzungen und seine Stellung als mächtige Seemacht im Mittelmeer. 1071 eroberten die Seldschuken* große Teile Kleinasiens. Die Eroberung und Plünderung Konstantinopels im Jahre 1204 durch die Kreuzfahrer (M 5) zerstörte das Reich, auch wenn der Staat ab 1261 als verkleinerte Regionalmacht bis zur Eroberung durch die Osmanen 1453 wieder erstehen konnte.

Seldschuken
Siehe Kapitel 2.5, S. 96 ff.

M 5 Belagerung Konstantinopels durch die Kreuzfahrer 1203, französische Buchmalerei, 1490

Wirtschaftliche Entwicklung

Durch die territorialen Verwerfungen stagnierte die Landwirtschaft. Bevölkerungsentwicklung, gewerbliche Produktion und Urbanisierung verliefen rückläufig. Die Handelsbeziehungen zum Orient blieben auf einem niedrigeren Niveau erhalten. Diejenigen mit dem christlichen Europa waren weniger einträglich, weil die italienischen Seestädte Genua und Venedig die Geschäfte für Byzanz betrieben. Byzantinische Fernhandelskaufleute betätigten sich um diese Zeit im Schwarzmeerhandel, den die Venezianer nach 1204 an sich zogen.

Gesellschaftliche Entwicklung

Die prekäre außenpolitische Gesamtlage hatte eine starke Militarisierung und Labilität der gesellschaftlichen Strukturen zur Folge. Häufige Thronwechsel und Usurpationen bestimmten die Geschichte des Kaiserhauses. Die gesellschaftlichen Strukturen waren durch eine größere Offenheit bestimmt. Das Lehnsystem des Westens war nicht Bestandteil der byzantinischen Staats- und Gesellschaftsordnung. Der enorme Grundbesitz der Kirche und die Kirchenschätze wurden nicht angetastet und sie blieben ein wichtiger Wirtschaftsfaktor. Insgesamt aber führte die Entwicklung zu einer Verarmung des Staates, des grundbesitzenden Adels und der bäuerlichen Bevölkerung. Dies spiegelte sich auch im zunehmenden Verfall Konstantinopels wider, einst größte und reichste Metropole der christlichen Welt des Mittelalters.

Webcode:
KB644438-075

1 ■ Arbeiten Sie die Unterschiede in der wirtschaftlichen Entwicklung zwischen dem islamischen, dem lateinisch-römischen und dem byzantinischen Kulturraum heraus.
2 ■ Recherchieren und erörtern Sie die Praxis sowie die Chancen und Risiken des Fernhandels über die asiatischen Landrouten.

Der Status der Dhimmis im islamischen Kulturraum

M6 Abu Yusuf (731–798), Rechtsgelehrter und Oberrichter des Abbasidenkalifen Harun ar-Raschid (Reg. 786–809), über die Stellung von Nicht-Muslimen

Umar[1] schrieb an Abu Ubaida[2]: […] Lass das Land, welches Gott dir als Beute gewährt hat, in den Händen seiner Bewohner, und auferlege ihnen, nach Maßgabe ihrer Möglichkeit, die Kopfsteuer (dschizya) und verteile sie unter die Muslime. Sie sollen das Land bebauen, denn sie verstehen mehr davon und sind uns darin überlegen. Keiner, weder du noch die Muslime bei dir, darf sie als Beute betrachten und sie verteilen, weil zwischen dir und ihnen Friede geschlossen wurde und du von ihnen, nach Maßgabe ihrer Möglichkeit, Kopfsteuer erhebst. Gott hat das für uns und für euch in seinem Buch klar dargelegt: „Kämpft gegen diejenigen, die nicht an Gott und den jüngsten Tag glauben und nicht verbieten, was Gott und sein Gesandter verboten haben, und nicht der wahren Religion angehören – von denen, die die Schrift erhalten haben – (kämpft gegen sie), bis sie kleinlaut aus der Hand Tribut entrichten" [Koran, Sure 9,29]. Wenn du ihnen also die Kopfsteuer auferlegst, so hast du keine Ansprüche gegen sie und keine Rechte über sie. Hast du dir überlegt, was den Muslimen nach uns bliebe, wenn wir sie als Sklaven nähmen und sie verteilten? Bei Gott, die Muslime fänden niemanden, mit dem sie reden oder aus dessen Hände Arbeit sie Nutzen ziehen könnten. Die Muslime werden von der Arbeit jener Menschen zehren, solange sie leben; doch wenn wir und sie dahingegangen sind, werden unsere Söhne für immer von ihren Söhnen zehren, solange sie leben, denn sie sind die Diener der Muslime, solange der Islam siegreich ist. Auferlege ihnen also die Kopfsteuer, aber mache sie nicht zu Sklaven und verbiete den Muslimen, sie zu unterdrücken, ihnen Schaden zuzufügen oder ihren Besitz zu verzehren, es sei denn im erlaubten Ausmaß.

Bernhard Lewis (Hg.), Der Islam von den Anfängen bis zur Eroberung von Konstantinopel, Bd. 2, übers. v. Hartmut Fähndrich, Artemis, Zürich 1982, S. 279.

1 Umar: der Zweite in der Reihe der Rechtgeleiteten Kalifen (Reg. 634 bis 644)
2 Abu Ubaida (583–639): einer der Gefährten Muhammads

1 ■ Analysieren Sie, welche Ratschläge der Kalif erteilt und wie er diese begründet und erläutert.
2 ■ Recherchieren und erklären Sie, inwiefern sein Schreiben für die spätere Praxis im Umgang mit Angehörigen anderer Religionen in den eroberten Ländern bedeutsam geworden ist.
3 ■ Diskutieren Sie, ob und inwieweit das von Umar vertretene Konzept der Behandlung der besiegten Bevölkerung zur Akkulturation von Siegern und Besiegten beitragen konnte.

M7 Aus den Annalen des Geschichtsschreibers und Theologen at-Tabari (839–923) über Vorschriften für Nicht-Muslime in der Zeit der Abbasidenherrschaft

In diesem Jahr [235 H = 849/50] befahl [der Abbasidenkalif] al-Mutawakkil [Reg. 847–861] den Christen und allen [anderen nicht-islamischen] Schutzbefohlenen Folgendes: Sie sollten honigfarbene Schals und die [althergebrachten] Gürtel tragen. Sie sollten auf Sätteln mit hölzernen Steigbügeln reiten und an deren Rückseite zwei Kugeln anbringen. Sie sollten zwei Knöpfe an den hohen Mützen anbringen und solche tragen, die eine andere Farbe als die der Muslime haben. Sie sollten zwei Flecken an der Kleidung ihrer Sklaven befestigen, die sich in der Farbe von der sonstigen oberen Kleidung unterscheiden sollten, wobei der eine Fleck vorn an der Brust und der andere am Rücken befestigt werden sollte und jeder Fleck vier Fingerbreit und honigfarben sein sollte. Wer aber von ihnen einen Turban trägt, dessen Farbe sollte auch honigfarben sein. Wenn sich ihre Frauen in der Öffentlichkeit zeigten, sollten sie es nur tun, wenn sie einen honigfarbenen Überwurf trugen. Ihre Sklaven sollen die [althergebrachten] Gürtel tragen und durften nicht Gürtel [wie die Muslime] umbinden. Ihre neu errichteten Kirchen sollten zerstört werden, und von ihren Wohnstätten sollte der Zehnt erhoben werden. Wenn der Platz [an dem die Kirche stand] groß genug war, sollte er als Moschee verwendet werden. Eignete er sich aber nicht für eine Moschee, sollte er frei gelassen werden. An die Türen ihrer Häuser sollten sie hölzerne Bilder von Teufeln nageln, um ihre Häuser von denen der Muslime zu unterscheiden. Sie durften nicht in den Verwaltungsstellen und den Bezirken des Reiches beschäftigt werden, wo sie den Muslimen Vorschriften machen konnten. Ihre Kinder sollten nicht in den Schulen der Muslime und nicht durch einen Muslim unterrichtet werden. Bei ihrem Palmsonntag sollten sie keine Kreuze zeigen und auf der Straße keine Kerzen tragen. Ihre Gräber sollten eingeebnet werden, damit sie den Gräbern der Muslime nicht glichen.

Bernhard Lewis (Hg.), Der Islam von den Anfängen bis zur Eroberung von Konstantinopel, Bd. 2, übers. v. Hartmut Fähndrich, Artemis, Zürich 1982, S. 218 f.

M8 Aus den Annalen des Chronisten Yahya al-Antaki (um 980–1066?) über einen Erlass des ägyptischen Fatimidenkalifen az-Zahir (Reg. 1021–1036)

Az-Zahir verfasste einen Erlass […], welcher der Bevölkerung verlesen wurde. Darin äußerte er seine positive Haltung allen gegenüber und bekräftigte, dass jedermann, der im Staatsdienst oder in der Rechtsprechung ein Amt bekleide, sich bei allen seinen Tätigkeiten und Pflichten an das Recht halten und auf Gerechtigkeit bedacht sein müsse und dass er die Friedfertigen und Rechtschaffenen zu schützen, die Unruhestifter und Missetäter zu verfolgen habe. Außerdem erwähnte er darin, er habe von der Sorge einiger Dhimmis,

Christen und Juden, erfahren, sie könnten zum Übertritt zum Islam gezwungen werden, und auch von ihrem Unmut deswegen, zumal es ja in der Religion keinen Zwang geben sollte [Koran, Sure 2,256]. Er forderte sie auf, sich von diesen Hirngespinsten freizumachen und versichert zu sein, dass sie Schutz und Fürsorge genössen und weiterhin ihre Stellung unter der Obhut der Muslime behielten. Wer aus eigener Wahl und durch die Gnade Gottes, nicht aber in der Absicht, seine Stellung zu verbessern, dem Islam beitreten wolle, könne das tun und werde willkommen sein; wer hingegen seiner Religion treu bleiben wolle – das gelte jedoch nicht für vom Islam Abgefallene –, stehe unter dem Schutz und der Obhut, und es sei die Pflicht der Muslime, ihm Schutz und Sicherheit zu gewähren.

Bernhard Lewis (Hg.), Der Islam. Von den Anfängen bis zur Eroberung von Konstantinopel, Bd. 2, übers. von Hartmut Fähndrich, Artemis, Zürich 1982, S. 283.

1 ■ Arbeiten Sie arbeitsteilig in M 7 und M 8 heraus, wie die beiden Kalifen den Rechtsstatus der Dhimmis in der Praxis auslegen und gestalten wollen.
a) Analysieren Sie die Aussagen des Kalifen az-Zahir und charakterisieren Sie seine Position.
b) Untersuchen Sie die Regelungen des Kalifen al-Mutawakkil und arbeiten Sie deren Tendenz im Umgang mit den Dhimmis heraus.
2 ■ Präsentieren Sie Ihre Arbeitsergebnisse im Plenum.
3 ■ Diskutieren Sie, ausgehend von den Quellen, über das Verhältnis von Rechtsstatus und sozialer Praxis.
4 ■ **Zusatzaufgabe:** Beurteilen Sie, ob das Dhimmi-Konzept als ein Beispiel für religiöse Toleranz gelten kann.

Präsentationsvorschläge

Thema 1: Der Einfluss von islamischer Technik und Kultur auf den lateinischen Westen – vielfältige Kanäle und relevant bis zur Gegenwart?

Literaturtipps:
Andreas Unger, Von Algebra bis Zucker. Arabische Wörter im Deutschen, Reclam, Stuttgart 2006.
Günter Kettermann, Atlas zur Geschichte des Islam, WGB, Frankfurt/M. 2008, S. 42 f.
Alberto Ventura, Reis und Papier, in: Francesco Gabrieli (Hg.), Mohammed in Europa, Bechtermünz, Augsburg 1997, S. 153–179.
William Montgomery Watt, Der Einfluss des Islam auf das europäische Mittelalter, Wagenbach, 2. Aufl., Berlin 2010, bes. S. 31–48.

Thema 2: Naturwissenschaftliche Leistungen arabischer Denker in Astronomie, Medizin oder Mathematik – Bausteine moderner Wissenschaft?
Wählen Sie eine Fachrichtung für Ihren Vortrag aus und erstellen Sie eine Präsentation.

Literaturtipps:
P. Benoît u.a., Die Araber als Vermittler?, in: Michel Serres (Hg.), Elemente einer Geschichte der Wissenschaften, Suhrkamp, Frankfurt/M. 1994, S. 269–314.
Georg Bossong, Das maurische Spanien, C. H. Beck, München 2007, S. 73–79.
William Montgomery Watt, Der Einfluss des Islam auf das europäische Mittelalter, Wagenbach, 2. Aufl., Berlin 2010, bes. S. 49–61.
Günter Kettermann, Atlas zur Geschichte des Islam, WGB, Frankfurt/M. 2008, S. 40 f.

Thema 3: Vom Haus der Weisheit bis zu den Übersetzerschulen von Toledo – Eine vormoderne *Scientific Community*?

Literaturtipps:
Gudrun Krämer, Geschichte des Islam, Bonn 2005, S. 97 f.
Georg Bossong, Das maurische Spanien, C. H. Beck, München 2007, S. 73–79.

Antike griechische, arabische und westeuropäische Philosophie im Mittelalter

M 9 Aristoteles mit Schüler, Darstellung in einer arabischen Handschrift, 13. Jahrhundert

M 10 Der Gelehrte Ibn Chaldun (1332–1406) in seiner Autobiografie über die wissenschaftliche Beschäftigung der Muslime mit dem Werk des Philosophen Aristoteles (384–322 v. Chr.)

Daraufhin brachte Gott den Islam, zu dessen Erscheinen es für seine Anhänger nichts Vergleichbares gibt. Sie enthoben die Byzantiner und andere Völker ihrer Herrschaft. Zu Anfang lebten sie in einfachen Lebensverhältnissen und gleichgültig gegenüber den angewandten Künsten, bis sich dann ihre Macht und ihr Reich festigte und die Kultur in einer Art und Weise gedieh, wie es bisher noch kein Volk erlebt hat. So widmeten sie sich den angewandten Künsten (*as-sana'i*) und den Wissenschaften. Sie entwickelten dann das Verlangen, sich eingehend mit den philosophischen Wissenschaften (*al-ulum al-hikmiyya*) zu befassen, von denen sie dank der ihnen [im Rahmen der Unterwerfung] vertraglich verpflichteten Bischöfe und Priester einiges gehört hatten und nach denen die Gedanken der Menschen streben [...]. Diejenigen unter den Muslimen, die sich mit theoretischen Fragen beschäftigen, setzten sich mit diesen Künsten auseinander und wurden darin sehr bewandert. Sie widerlegten zahlreiche Behauptungen des ersten Meisters [gemeint ist Aristoteles, Anm. d. Übers.]. Wegen seiner großen Berühmtheit setzten sie sich besonders mit ihm auseinander, sei es, um ihn zu widerlegen oder ihn zu bestätigen. Sie verfassten zahlreiche Traktate und übertrafen ihre Vorgänger in diesen Wissenschaften. Unter den Muslimen, die den ersten Rang in diesem Bereich (*milla*) einnahmen, waren Abu Nasr al-Farabi und Ibn Sina [Avicenna] — beide aus dem Orient stammten, ebenso der Richter Abu'l-Walid b. Rusd [Averroes] und der Wesir Abu Bakr b. as-Sa'ig [Ibn Baddscha, lat. Avempace] — beide aus al-Andalus stammten, aber auch andere, die zum höchsten Grad der Erkenntnis dieser intellektuellen Wissenschaften aufstiegen. Auch erlangten sie Berühmtheit [...]. Diese Art der Wissenschaften ebenso wie ihre Vertreter verbreiteten sich und faszinierten viele Menschen so, dass sich viele ihnen anschlossen und ihren Postulaten Folge leisteten.

Zit. nach: Daniel König, Arabisches Erbe und europäische Identität. Ein kritischer Kommentar zu Sylvain Gouguenheim, in: Sylvain Gouguenheim, Aristoteles auf dem Mont Saint-Michel. Die griechischen Wurzeln des Abendlandes, WBG, Darmstadt 2011, S. 229–257, hier S. 236 (übers. v. Daniel König).

1 ■ Analysieren Sie, wie sich die arabischen Wissenschaftler nach Ibn Chaldun mit der antiken griechischen Philosophie befasst haben.
2 ■ Informieren Sie sich über die in der Quelle genannten Philosophen und den Autor.
3 ■ Beurteilen Sie, wie Ibn Chaldun den Rezeptionsprozess durch die arabischen Wissenschaftler einstuft: Verlief dieser seiner Ansicht nach eher rezeptiv oder eher kreativ und produktiv?

M 11 Der Historiker Friedrich Prinz zur Bedeutung des arabisch-andalusischen Philosophen Ibn Ruschd (1126–1198), latinisiert Averroes, 2000

Zwar gab es schon seit der christlichen Spätantike eine wirksame Weitergabe einzelner aristotelischer Schriften, vor allem der Logik, im lateinischen Westen. Hierbei spielte der Politiker, Philosoph und Dichter Anicius Boethius (475/80–524) eine wichtige Rolle, dessen Œuvre besonders für das Frühmittelalter und für die karolingische Renaissance bedeutsam wurde. Seit der Mitte des 12. [...] und noch intensiver im 13. Jahrhundert kam es dann zu einer unmittelbaren Übernahme aristotelischer Philosophie durch die Vermittlung und grundlegende Kommentierung des antiken Philosophen aus der Feder islamisch-arabischer Gelehrter. Hier ist der berühmte Arzt und Philosoph Avicenna (973/80–1037) zu nennen, desgleichen der in Córdoba wirkende islamische Theologe, Rechtsgelehrte, Arzt und Philosoph Averroes (Ibn Ruschd, 1126–1192), der bedeutendste [...] Kommentator und Interpret des Aristoteles. Es spricht für sich, dass seine philosophischen Schriften sowohl im islamischen Bereich zeitweise von orthodoxen Theologen verboten und verbrannt wurden als auch im 13. Jahrhundert an der Pariser Universität heftige Kontroversen auslösten. Es war auch dort nicht ungefährlich, averroistische Positionen zu vertreten. Die maßgeblichen Vertreter des Averroismus waren in Paris Siger von Brabant (verst. 1282) und Boethius de Dacia (verst. nach 1277), die mit weitgehend rationalistischen Denkansätzen für die Geistesgeschichte Europas neue Argumentationsmodelle entwickelten. Es war unter anderem ihre Lehre von der Möglichkeit und Berechtigung einer „doppelten Wahrheit", der philosophisch-logischen und der christlichen Glaubenswahrheit. Diese Trennung von Vernunft und Glauben kam folgerichtig aus dem Ansatz des Averroismus, ein – widersprüchliches! — Nebeneinander von Philosophie und Theologie sei möglich und notwendig. Mit der Aufgabe des Axioms der einen Wahrheit von Glauben und Wissen [...] verlor seither die Theologie ihr bislang unangefochtenes Monopol der Weltdeutung, denn die Annahme einer „doppelten Wahrheit" gemäß der averroistischen Position („*post fidem*" – „*post rationem*": nach dem Glauben – nach der Vernunft) eröffnete erstmals in der Geschichte Europas einen Freiraum für rationale Diskussion und damit für ein zwar stets bedrohtes, aber immer wieder angesteuertes Philosophieren ausschließlich nach den Regeln der Vernunft. [...] Nichtsdestoweniger war die averroistisch inspirierte Idee der „doppelten Wahrheit" der Beginn eines Jahrhunderte währenden Diskurses der bedeutendsten Geister Europas, der dann in der Neuzeit radikal konfrontativ in die Aufklärungsphilosophie [...] münden sollte.

Friedrich Prinz, Von Konstantin zu Karl dem Großen. Entfaltung und Wandel Europas, Patmos/Artemis & Winkler, Düsseldorf/Zürich 2000, S. 115 ff.

1 ■ Zeigen Sie auf, über welche Stationen nach Prinz die Philosophie des Aristoteles ins christliche Westeuropa vermittelt wurde.
2 ■ Benennen und erläutern Sie den Konflikt, in dem sich sowohl die islamischen als auch die christlichen Anhänger des Ibn Ruschd/Averroes befanden.
3 ■ Arbeiten Sie heraus, welche historische Bedeutung Prinz der Philosophie des Ibn Ruschd/Averroes und seiner Rezeption im lateinischen Westen beimisst.
4 ■ Diskutieren Sie seine Beurteilung und Bewertung der wissenschaftsgeschichtlichen Zusammenhänge.

M 12 Vorlesung in der philosophischen Fakultät Paris, Buchmalerei, Frankreich, 14. Jh.

Präsentationsvorschlag

Thema: Die Gründung der Universitäten Paris und Bologna – Genese der Freiheit der Wissenschaft?

Literaturtipp:
Martin Kinzinger, Das Studium in Paris und Bologna, in: Martin Puhle (Hg.), Aufbruch in die Gotik. Der Magdeburger Dom und die späte Stauferzeit, Bd. 1, von Zabern, Mainz 2009, S. 291–299.

Erklärungsmodelle historischer Prozesse

M 13 Der Historiker Friedrich Prinz erklärt Unterschiede im Zivilisationsniveau zwischen den Kulturräumen

Beide Kulturkreise waren Erben der christlichen Spätantike, wenn auch der jeweilige kulturelle Transformationsprozess in sehr verschiedener Weise ablief. In West- und Mitteleuropa, Italien eingeschlossen, war es zwischen dem 3. und
5 6. Jahrhundert zu einem schrittweisen, von Restaurationsepochen unterbrochenen Niedergang von Staat und Gesellschaft, beziehungsweise zu einer Auflösung in einzelne, meist germanisch okkupierte Regionen gekommen. Das war insgesamt mit einer Senkung des Kulturniveaus verbunden.
10 Die antiken Großstädte, Rom an der Spitze, erlebten nicht nur einen grundsätzlichen Strukturwandel zur geistlichen Stadt, sondern schmolzen auch in ihrer Bevölkerung auf ein Bruchteil der früheren Bevölkerungszahlen zusammen. [...] Andererseits gab es im 6. Jahrhundert bereits wieder eine
15 Restauration im Baubestand, besonders von Kirchen und Kultstätten. Dennoch blieb die Absenkung des zivilisatorischen Niveaus infolge von Kriegszerstörungen und Bevölkerungsverlusten beträchtlich, wenn auch regional unterschiedlich. Demgegenüber verlief im islamischen Bereich
20 der Übergang von der christlichen Spätantike oder der Kultur des Sassanidenreiches wesentlich anders. [...]
Der Grund für die andersartige Entwicklung in der islamischen Welt ist wohl hauptsächlich darin zu suchen, dass bei der raschen Expansion der machtvollen neuen Religion un-
25 zerstörte byzantinische Städte mit einem relativ intakten kulturellen Leben, mit großen Bibliotheken und Bädern in die Hände der Eroberer fielen. Städte wie Damaskus (635) und Alexandria (642) ergaben sich den islamischen Heeren aufgrund förmlicher Kapitulationsverträge, die den Bewoh-
30 nern gegen Entrichtung einer regelmäßigen Kopfsteuer Sicherheit für Leben und Besitz sowie für die Kirchen garantierten. Das hatte zur Folge, dass die alten Kulturvölker des Vorderen Orients und Nordafrikas bald nach der militärischen Okkupation durch den Islam ihre wirtschaftliche und
35 kulturelle Bedeutung unter politisch und religiös gewandelten Bedingungen bewahren konnten: Damit begann die Zivilisierung der Sieger. Schon einige Jahrzehnte nach der Eroberung und religiösen Umgestaltung erfolgte nach der äußeren Inbesitznahme dieser alten Kulturländer auch die
40 innere Aneignung des altorientalisch-hellenistischen Erbes. Das war ein Vorgang von welthistorischer Bedeutung, der über die islamische Rezeption dieser reichen Tradition und durch deren modifizierte Weitergabe auf dem Boden Spaniens und Süditaliens auch für das christliche Europa wichtig
45 wurde. Im Gegensatz zur schwierigen und erst allmählich wachsenden Anverwandlung des reduzierten spätantiken Kulturerbes in Europa, die von einem wesentlich tieferen Niveau ausgehen musste, kam es im Islam zu einer fast schlagartigen Reaktivierung und Entfaltung der entschieden
50 angenommenen antiken Zivilisationsstandards.

Friedrich Prinz, Von Konstantin zu Karl dem Großen, Entfaltung und Wandel Europas, Patmos/Artemis und Winkler, Düsseldorf und Zürich, 2000, S. 103–105.

1 ■ Analysieren Sie, wie Prinz die Zivilisationsunterschiede argumentativ begründet.
2 ■ Charakterisieren Sie seinen Erklärungsansatz und prüfen Sie seine Stimmigkeit.
3 ■ Diskutieren Sie mögliche alternative bzw. ergänzende Erklärungsansätze.

2.3 Die Kreuzzüge – Kriege im Namen Gottes?

Leitfrage:
Welche ideologischen, politischen, gesellschaftlichen und individuellen Faktoren prägten die Geschichte der Kreuzzüge?

M1 Ein Kreuzfahrer begibt sich in den Schutz Gottes und nimmt als *miles christi* die Kreuzfahrt auf sich, englische Buchmalerei aus dem „Westminster Abbey Psalter", 1175

Investiturstreit
Bis 1075 wurden im Heiligen Römischen Reich, in Frankreich und England die Bischöfe und Äbte durch die Könige eingesetzt. Seit 1075 beanspruchten die Päpste dieses Recht. Mit dem Ruf nach der Freiheit der Kirche (*libertas ecclesiae*) strebten sie eine von weltlichen Einflüssen unabhängige Institution an. Seit 1078 wurde die Investitur durch die Könige, nun als Laieninvestitur bezeichnet, bei Strafe des Kirchenausschlusses (Bann) verboten. Zur Einigung kam es 1104 in Frankreich, 1107 in England und 1122 im Heiligen Römischen Reich. Gemäß dem Wormser Konkordat von 1122 stand die Investitur in das geistliche Amt (Übergabe von Ring und Stab) dem Papst, die Einweisung in die weltlichen Hoheitsrechte (Übergabe des Zepters) dem König zu.

Der Kreuzzugsgedanke

Im Jahre 1095 hielt Papst Urban II. (Reg. 1088–1099) während eines Konzils außerhalb der Stadt Clermont in Frankreich eine wortgewaltige Rede. Seine Ausführungen sind nur in vier späteren, unterschiedlichen Fassungen überliefert (M 7). Demnach rief er die Ritterschaft dazu auf, sich zu bewaffnen und Glaubensbrüdern im Orient zu Hilfe zu eilen. Papst Urban reagierte damit auf ein Hilfegesuch des byzantinischen Kaisers Alexios (Reg. 1081–1118), der durch das Vordringen der muslimischen Seldschuken (s. S. 81) bedrängt war. Auch kursierten Gerüchte von Übergriffen auf christliche Pilger. Wahrscheinlich bereits in dieser Rede – auf jeden Fall aber in späteren Briefen – propagierte der Papst als Ziel, das Grab Christi, das Heilige Grab in Jerusalem, zu befreien.

Dieses Ziel wurde zum zentralen Bestandteil des Kreuzzugsgedankens. Die Jerusalemverehrung spielte im Bewusstsein der Christen bereits seit Jahrhunderten im Rahmen der Pilgerfahrt eine große Rolle. Sowohl Pilger als auch Kreuzfahrer legten als Pilgerzeichen ein Kreuz an und ein Gelübde ab. Neu war jedoch, dass die Läuterung des Sünders durch den bewaffneten Kampf erfolgen konnte. In diesem Sinne verkündete der Papst den Nachlass der Sünden, einen vollkommenen Ablass. Ein solcher Kampf wurde als Heiliger Krieg angesehen, weil er angeblich auf dem Willen Gottes beruhte. Diese Vorstellung wurde mit der ritterlichen Aufgabe des Herrendienstes verknüpft. Der einflussreiche Zisterzienserabt und spätere Kreuzzugsprediger Bernhard von Clairvaux (um 1090–1153) bezeichnete Palästina als Eigentum des Herrn Jesu und forderte jeden Ritter des Herrn (*miles Christi*) auf, in den Kampf zu ziehen, um seinen obersten Herren wieder in sein Recht einzusetzen (M 1).

Die politische Situation in Europa

Mit seinem Aufruf hatte sich der Papst an die Ritter und nicht an den Kaiser und die Könige gewandt. Denn seit 1075 befand sich das Papsttum mit dem französischen, römisch-deutschen und englischen König im Streit um die Investitur* der Bischöfe und Äbte. Der römisch-deutsche König, der Salier Heinrich IV. (1056–1106), war seit 1080 gebannt und sollte es bis zu seinem Tode bleiben, weil er auf die Investitur der deutschen Reichsbischöfe nicht verzichten wollte. Den französischen König Philipp I. (Reg. 1060–1108) hatte Urban 1094 durch den französischen Klerus wegen eines ehebrecherischen Verhältnisses exkommunizieren lassen. In diesen Konflikten wurde das bisherige Verhältnis von geistlicher und weltlicher Gewalt im römisch-lateinischen Westen infrage gestellt. Auch mit seiner Rede in Clermont demonstrierte der Papst, dass er die führende Rolle in der lateinischen Christenheit beanspruchte.

Beweggründe der Kreuzfahrer

Der Aufruf Papst Urbans fand großen Widerhall. Die Gründe dafür werden unterschiedlich diskutiert. Einige Historiker heben soziale Faktoren hervor. In der feudalen Gesellschaft Europas war die Macht der lokalen Herren gestärkt worden, während die Belastungen der niederen Ritter und Bauern drückender wurden. Auch gab es in Westeuropa einen Bevölkerungsanstieg. Die daraus entstandene Landknappheit führte z. B. beim französischen Adel zu Beschränkungen bei der Erbfolge und Heirat, was in Einzelfällen die Annahme des Kreuzes begünstigte. Einige Anführer des ersten Kreuzzuges erstrebten zudem eine eigene Herrschaft im Heiligen Land. Entscheidend für die Teilnahme am Kreuzzug waren aber offenbar religiöse Gründe. Das ausgehende 11. Jahrhundert war eine religiös bewegte Zeit, in der viele Menschen vom Glauben an einen Heiligen Krieg, an den ritterlichen Dienst als *miles christi*, vom Ideal einer Nachfolge Christi (*imitatio Christi*), von Jerusalemsehnsucht und dem Buß- und Ablassgedanken erfasst wurden.

Nachfolge Christi (*imitatio christi*)
Dazu gibt das Matthäus-Evangelium den Beleg: „Wenn einer mir nachfolgen will, der verleugne sich selbst, nehme sein Kreuz auf sich und folge mir nach."

Der Verlauf des ersten Kreuzzuges

1096 traten verschiedene soziale Gruppen von Kreuzfahrern, begleitet von Frauen und Kindern (M 2), den Weg ins Heilige Land an. Als erste Gruppe brach der Volkskreuzzug auf, dessen teils schlecht, teils besser bewaffnete Teilnehmer aus allen Schichten der Bevölkerung stammten. Ein erster Haufen wurde 1096 bei Nikäa von den Seldschuken* vernichtet, ein zweiter bereits in Ungarn aufgerieben. Bei der anderen Gruppe handelte es sich um mehrere wohlausgerüstete Ritterheere, deren hochadlige Fürsten aus Frankreich, Flandern und dem süditalienischen Normannenstaat kamen. In mehreren Schüben zogen sie bis Konstantinopel und vereinigten sich 1097 auf der kleinasiatischen Seite des Bosporus. Auf einem entbehrungsreichen Zug durch Anatolien und Syrien und unter hohen Verlusten gelangten sie 1099 nach Jerusalem. Im Juli nahmen sie die Stadt ein und töteten dabei fast alle muslimischen und jüdischen Bewohner in einem grausamen Blutbad – Schätzungen gehen von 20 000 Opfern aus (M 8).

Seldschuken
Alttürkisches Herrschergeschlecht, andere Bezeichnung Turkmenen; 1071 Sieg über die Byzantiner bei Manzikert und Einnahme Jerusalems; 1078 Eroberung von Syrien und Palästina; 1098 Verlust von Jerusalem an die Fatimiden.

M 2 Peter der Einsiedler mit Kreuzfahrerinnen, englische Buchmalerei, um 1350

Von kirchlicher Seite war die Teilnahme von Frauen nicht erwünscht. Jedoch nahmen Frauen aus allen Ständen, als Gefährtinnen ihrer Ehemänner oder auch als Ledige, daran teil.

Judenpogrome vom Sommer 1096

Einige Gruppen des Volkskreuzuges zerstörten zu Beginn ihres Aufbruches im Sommer 1096 in einer Serie von Massakern die blühenden rheinischen und lothringischen jüdischen Gemeinden und überfielen auch diejenigen in Regensburg und Prag. Damit kamen latente Spannungen gegenüber den Juden, die bei den Christen als Mörder Jesu angesehen wurden und deren teilweiser Wohlstand sozialen Neid hervorgerufen hatte, offen zum Ausbruch. Die Kreuzzügler bezogen die Forderung des Papstes, zunächst die Feinde Christi im eigenen Land zu bekämpfen, auf die Juden. Obwohl die geistlichen und weltlichen Stadtherren meist versuchten, die Juden zu schützen, wurden die jüdischen Gemeinden von Rouen, Metz, Speyer, Mainz, Worms und Köln vernichtet. Infolge dieser Katastrophe stellten die Päpste die Juden zwar unter ihren Schutz und garantierten deren ungestörte Religionsausübung, ebenso intensivierten die weltlichen Herrscher ihre Schutzbeziehungen. Gleichzeitig wurden die Juden aber durch neue Gesetze von beiden Gewalten

M 3 Europa und der Nahe Osten Ende des 12. Jahrhunderts

2 Islamische Welt und Europa

Ritualmordlegende
Christen beschuldigen fälschlicherweise die Juden, ein Christenkind getötet zu haben, um an ihm die Passion Christi nachzuvollziehen oder aber sein Blut zur magischen Entsühnung zu verwenden.

Hostienfrevellegende
Juden wurden verleumdet, im Beisein von Glaubensgenossen die Hostie „gemartert" zu haben, sodass Blut herausgetreten sei; nach dem Glauben der Christen war dies das Blut Christi.

Rumseldschuken
Abspaltung vom Reich der Seldschuken; das Reich in Anatolien wurde um 1080 unter Führung des seldschukischen Prinzen Süleyman gegründet. Der Name Rum bezieht sich auf die Rhomäer, die Byzantiner, denen sie sehr zusetzten.

Schiiten
Abgeleitet von *Schiat Ali*, d. h. Partei Alis. Die Schiiten erkennen nur Ali und seine Nachkommen als rechtmäßige Imame an. So stehen sie den Sunniten ablehnend gegenüber. Sie bilden etwa 14 % der Muslime.

rechtlich stärker isoliert und benachteiligt. Das Verhältnis zwischen Juden und Christen blieb durch die Ausschreitungen im Zuge des ersten Kreuzzuges nachhaltig belastet und in der Folgezeit, als sich die Gemeinden zum Teil neu bildeten, wurden von den Christen verleumderische Legenden zur eigenen Entlastung bei erneuten Übergriffen erfunden, wie die Vorwürfe des Ritualmordes*, des Hostienfrevels* oder der Brunnenvergiftung.

Die Lage der islamischen Staatenwelt im Nahen Osten
Als eine Folge des ersten Kreuzzuges entstanden christliche Herrschaften, die Kreuzfahrerstaaten: das Königreich Jerusalem, das Fürstentum Antiochia und die Grafschaften Edessa und Tripolis. Dass es zu diesen christlichen Herrschaften kommen konnte, lag nicht zuletzt an der Konstellation der islamischen Mächte im Nahen Osten. Der Abbasidenkalif in Bagdad wurde zwar weiterhin als religiöse Macht des sunnitischen Islam respektiert und repräsentierte als solcher die Einheit der *Umma*. Jedoch lag die reale Macht seit 1055 bei dem islamischen Sultan Melikschah (Reg. 1072–1092) und seinem bedeutenden Wesir Niza al-Mulk (Reg. 1018–1092), die ein seldschukisches Großreich (M 4) mit Sitz in Isfahan, weit entfernt von Palästina, regierten. Ab 1077 verselbstständigte sich in Anatolien das Reich der Rumseldschuken* (1077–1243). Das ägyptische Reich der Fatimiden (969–1171, s. S. 68) bildete die zweite Großmacht, dessen schiitische* Kalifen jedoch die Legitimität des sunnitischen Kalifen in Bagdad bestritten. Politische Zersplitterung und Rivalität sowie religiöse Gegensätze verhinderten somit ein einheitliches Vorgehen gegen die Kreuzfahrer. Der fast gleichzeitige Tod der Staatsmänner des Seldschukenreiches (1092) sowie der Kalifen von Bagdad und Kairo (1094) bedingten zudem ein politisches Vakuum, da es sowohl im Fatimiden- wie im Seldschukenreich zu Thronwirren kam.

M 4 Die Seldschuken und die späten Abbasiden im 11.–13. Jahrhundert

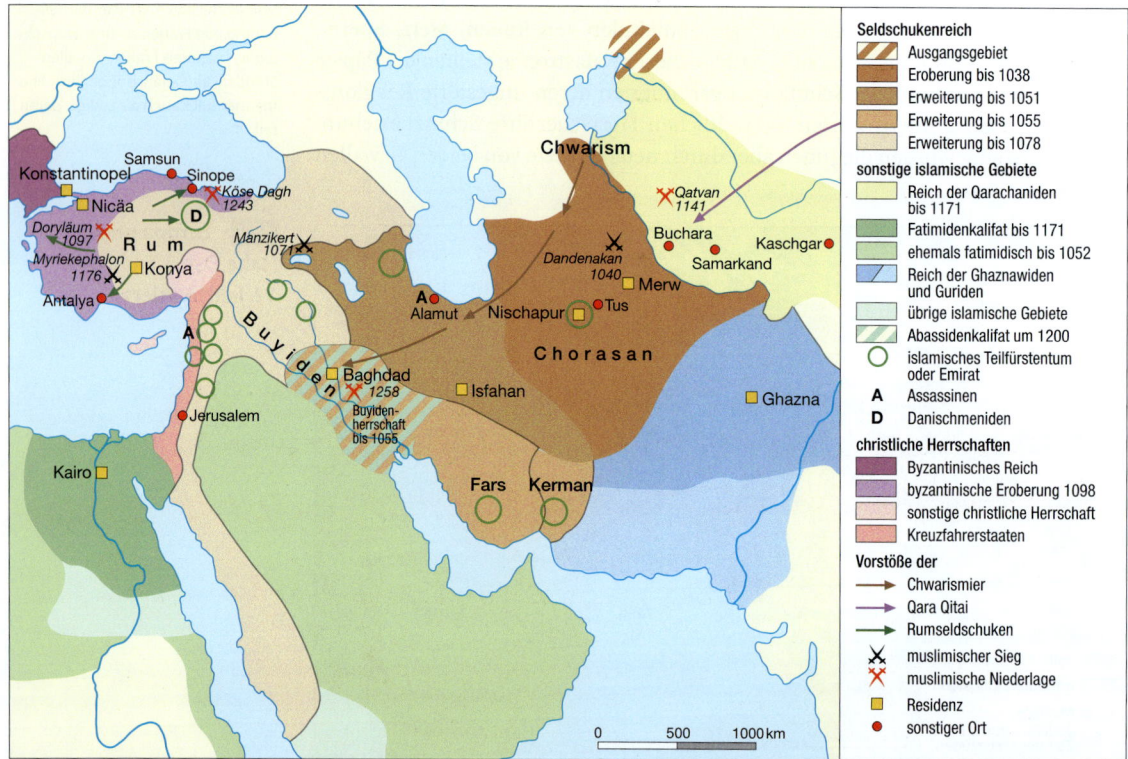

Das Leben in den Kreuzfahrerstaaten

In der Folgezeit konnten sich die Kreuzfahrerstaaten in Palästina etablieren. Mit der Zeit bildeten sie jeweils eigene Dynastien aus und machten das westeuropäische Lehnssystem zur Grundlage ihrer Herrschaft. Aus Landknappheit wurden auch Geldlehen ausgegeben. Die adlige Führungsschicht wurde durch Zuzug aus Europa ergänzt. Die Kreuzfahrerstaaten waren von einer starken **ethnischen und konfessionellen Vielfalt** geprägt (M 13–M 16). Nach einigen Jahren setzten die Eroberer im Umgang mit den anderen Konfessionen ältere islamische Traditionen fort und übernahmen im Wesentlichen das **Dhimmi-System**. Hinsichtlich ihrer Rechte standen die übrigen christlichen Religionen, Muslime und Juden hinter den lateinischen Christen zurück, auch wenn sie ihre Religion weiter ausüben durften. Teilweise mussten Muslime christlichen Herren als Sklaven dienen. Die **Landwirtschaft, Binnen- und Fernhandel** sowie das **Geschäft mit den Pilgern** prägten die Wirtschaft, die durch Handelskontakte zur islamischen Welt und zu den oberitalienischen Adelsrepubliken Pisa, Genua und Venedig sowie durch die Eroberung und Sicherung eigener Küstenstädte blühte.

Zur Verteidigung der Herrschaften wurden **Ritterorden** gegründet. Diese Ritterschaft war in der Lebensführung an die Regeln von Mönchsgemeinschaften gebunden. Als erster Orden wurde 1120 der Templerorden gegründet, später entstanden Johanniterorden und Deutscher Orden.

Das Ende der Kreuzfahrerstaaten

Der erste Kreuzzug von 1096 bildete den Auftakt für weitere, die die Herrschaft im Heiligen Land sichern sollten. Hierzu nahmen auch Könige und Kaiser das Kreuz. Eine Wende für die Sache der Muslime trat durch den **Aiyubiden* Salah ad-Din** (in Europa „Saladin" genannt) ein. Als Nachfolger der Fatimiden und Sultan über Ägypten und Syrien (Reg. 1175–1193) mit den Städten Damaskus und Aleppo erkannte er die Oberhoheit des sunnitischen Kalifen von Bagdad an. Durch einen Vertragsbruch provoziert, propagierte er den Dschihad und konnte 1187 Akkon und Jerusalem erobern. Die Kreuzzugsbewegung wurde auch durch Spannungen mit dem byzantinischen Reich geschwächt. 1204 führte der vierte Kreuzzug zur **Eroberung von Konstantinopel** durch ein Kreuzfahrerheer und zur **Gründung des lateinischen Kaiserreiches** (s. S. 73 ff.), das bis 1261 Bestand hatte. Durch weitere Kreuzzüge, Kriege und Vertragspolitik konnten die Kreuzfahrerstaaten Terrain zurückgewinnen, bis sich ihnen mit dem ägyptischen Mamlukenstaat (s. S. 68) unter dem Sultanat Baibars (Reg. 1260–1277) und seines Nachfolgers Qalawun (Reg. 1279 bis 1290) eine starke Zentralmacht entgegenstellte, die Städte und Festungen der Kreuzfahrerstaaten völlig zerstörte und die christlichen Bewohner vernichtete. 1291 fiel als letzte Festung **Akkon** (M 12). Die Verteidiger wurden getötet, Frauen und Kinder in die Sklaverei verkauft.

1 ■ Arbeiten Sie die Gründe heraus, die die Ritter zur Kreuzfahrt veranlasst haben.
2 ■ Erklären Sie die politischen Kräfteverhältnisse im lateinischen Westen und islamischen Nahen Osten und deren Auswirkungen.
3 ■ Begründen Sie das Urteil, durch den ersten Kreuzzug sei das Verhältnis zwischen Juden und Christen nachhaltig belastet worden.

M5 Münze des Königreichs Jerusalem mit einer Abbildung der Grabeskirche, 12. Jahrhundert

M6 Kaiser Friedrich II. (Reg. 1220–1250) und Sultan al-Kamil (Reg. 1218 bis 1238) schließen den Vertrag von Jaffa, 2. Hälfte des 13. Jahrhunderts

Kaiser Friedrich II. verzichtete während der Kreuzzüge 1228 auf ein militärisches Vorgehen und schloss mit Sultan al-Kamil 1229 den Vertrag von Jaffa, der den Christen auf zehn Jahre die Herrschaft über Jerusalem und weitere Städte einräumte.

Aiyubiden
ägyptisch-syrisches Herrschergeschlecht kurdischen Ursprungs

Webcode:
KB644438-083

Zur Problematik von Krieg und Gewalt

M7 Kreuzzugsaufruf von Papst Urban II. von 1095

Wiedergabe der Rede von Clermont in der Version des Benediktiners Robert von Reims, aufgezeichnet um 1107.

„Ihr Volk der Franken, ihr Volk nördlich der Alpen, ihr seid, wie eure vielen Taten erhellen, Gottes geliebtes und auserwähltes Volk, herausgehoben aus allen Völkern durch die Lage des Landes, die Katholizität des Glaubens und die Hochschätzung für die heilige Kirche. An euch richtet sich unsere Rede, an euch ergeht unsere Mahnung; wir wollen euch wissen lassen, welcher traurige Anlass uns in euer Gebiet geführt, welche Not uns hierher gezogen hat; sie betrifft euch und alle Gläubigen.

Aus dem Land Jerusalem und der Stadt Konstantinopel kam schlimme Nachricht und drang schon oft an unser Ohr: Das Volk im Perserreich, ein fremdes Volk, ein ganz gottfernes Volk, eine Brut von ziellosem Gemüt und ohne Vertrauen auf Gott (Psalm 77,8), hat die Länder der dortigen Christen besetzt, durch Mord, Raub und Brand entvölkert und die Gefangenen teils in sein Land abgeführt, teils elend umgebracht; es hat die Kirchen Gottes gründlich zerstört oder für seinen Kult beschlagnahmt. Sie beflecken die Altäre mit ihren Abscheulichkeiten und stürzen sie um; sie beschneiden die Christen und gießen das Blut der Beschneidung auf die Altäre oder in die Taufbecken. Denen, die sie schändlich misshandeln und töten wollen, schlitzen sie den Bauch auf, ziehen den Anfang der Gedärme heraus, binden ihn an einen Pfahl und treiben sie mit Geißelhieben so lange rundherum, bis die Eingeweide ganz herausgezogen sind und sie am Boden zusammenbrechen. […]

Wem anders obliegt nun die Aufgabe, diese Schmach zu rächen, dieses Land zu befreien, als euch? Euch verlieh Gott mehr als den übrigen Völkern ausgezeichneten Waffenruhm, hohen Mut, körperliche Gewandtheit und die Kraft, den Scheitel eurer Widersacher zu beugen. […] Tretet den Weg zum Heiligen Grab an, nehmt das Land dort dem gottlosen Volk, macht es euch untertan! Gott gab dieses Land in den Besitz der Söhne Israels; die Bibel sagt, dass dort Milch und Honig fließen (2. Buch Mose 3,8).

Jerusalem ist der Mittelpunkt der Erde, das fruchtbarste aller Länder, als wäre es ein zweites Paradies der Wonne. Der Erlöser der Menschheit hat es durch seine Ankunft verherrlicht, durch seinen Lebenswandel geschmückt, durch sein Leiden geweiht, durch sein Sterben erlöst, durch sein Grab ausgezeichnet. Diese Königsstadt also, in der Erdmitte gelegen, wird jetzt von ihren Feinden gefangen gehalten und von denen, die Gott nicht kennen, dem Heidentum versklavt. Sie erbittet und ersehnt Befreiung, sie erfleht unablässig eure Hilfe. […]

Schlagt also diesen Weg ein zur Vergebung eurer Sünden; nie verwelkender Ruhm ist euch im Himmelreich gewiss." Als Papst Urban dies und derartiges mehr in geistreicher Rede vorgetragen hatte, führte er die Leidenschaft aller Anwesenden so sehr zu einem Willen zusammen, dass sie riefen: „Gott will es, Gott will es!"

Arno Borst, Lebensformen im Mittelalter, Ullstein, Frankfurt/M. 1979, S. 318–320.

1 ■ Analysieren Sie, welche Forderung der Papst laut Überlieferung aufstellt und wie er diese begründet.
2 ■ Erläutern Sie die Quelle im Hinblick auf zentrale Elemente des Kreuzzugsgedankens.
3 ■ Erarbeiten Sie die Funktion stilistischer Mittel.
4 ■ Charakterisieren Sie die Art seiner Darstellung.
5 ■ Beurteilen Sie, welche Intentionen Robert mit seiner Art der Darstellung verbindet.

M8 Der Geschichtsschreiber Wilhelm von Tyrus zur Einnahme Jerusalems im Jahre 1099 durch die Kreuzfahrer, 1169

Wilhelm wuchs im Königreich Jerusalem auf und war Kanzler König Balduins IV. von Jerusalem.

Es wurden aber in der Stadt so viele Feinde erschlagen und so viel Blut vergossen, dass die Sieger selber mit Ekel und Schrecken erfüllt werden mussten. Der größte Teil der Bevölkerung hatte sich in den Tempelhof geflüchtet. […] Diese Flucht brachte den Leuten zwar keine Rettung; denn sogleich begab sich Herr Tankrad mit dem größten Teil des Heeres dorthin. Er brach mit Gewalt in den Tempel ein und machte Unzählige nieder. Er soll auch eine unermessliche Menge von Gold, Silber und Edelsteinen weggenommen haben, nachher jedoch, als das Getümmel sich gelegt hatte, alles an den alten Platz zurückgebracht haben. Sofort gingen auch die übrigen Fürsten, nachdem sie niedergemacht hatten, was ihnen in anderen Stadtteilen unter die Hände gekommen war, nach dem Tempel, hinter dessen Einfriedung sich die Bevölkerung, wie sie (das) gehört, geflüchtet hatte. Sie drangen mit einer Menge von Reitern und Fußgängern hinein und stießen, was sie dort fanden, mit den Schwertern nieder, ohne jemand zu schonen, und erfüllten alles mit Blut. Es geschah sicherlich nach gerechtem Urteil Gottes, dass die, welche das Heiligtum des Herrn mit ihren abergläubischen Gebräuchen entweiht und dem gläubigen Volk entzogen hatten, es mit ihrem eigenen Blut reinigen und den Frevel mit ihrem Blut sühnen mussten. […] Als endlich auf diese Weise die Ordnung in der Stadt hergestellt war, legten sie (die Franken) die Waffen nieder, wuschen sich die Hände, zogen reine Kleider an und gingen dann demütigen und zerknirschten Herzens, unter Seufzen und Weinen, mit bloßen Füßen an den ehrwürdigen Orten umher, welche der Erlöser durch seine Gegenwart heiligen und verherrlichen mochte, und küssten sie in großer Andacht. Bei der Kirche zu den Leiden und der Auferstehung des Herrn kamen ihnen sodann das gläubige Volk der Stadt und der Klerus, welche beide seit so vielen Jahren ein unverschuldetes

Joch getragen hatten, voll Dankes gegen ihren Erlöser, der
35 ihnen wieder die Freiheit geschenkt, entgegen und geleiteten sie unter Lobliedern und geistlichen Gesängen nach der vorgenannten Kirche.

Wilhelm von Tyrus, Geschichte der Kreuzzüge, III, in: Wolfgang Lautemann u. a. (Hg.), Geschichte in Quellen, Bd. 2, 2. Aufl., bsv, München 1978, S. 369 f., übers. v. E. u. R. Kausler.

1 ■ Analysieren Sie die dargestellten Vorgänge und ordnen Sie diese in den historischen Kontext ein.
2 ■ Charakterisieren Sie die Perspektive des Autors.
3 ■ Beurteilen Sie das Verhalten der Kreuzfahrer.
4 ■ Bewerten Sie dieses aus heutiger Sicht.

M9 Der Theologe Hans Küng erklärt die Bedeutung des Begriffes Dschihad im Koran, 2004

Das arabische Wort *dschihad* meint nicht die beiden deutschen Worte „Heiliger Krieg", sondern deckt ein weites Bedeutungsfeld ab. Es bedeutet zunächst nur „Anstrengung" und wird an manchen Stellen des Koran als moralisches
5 „Sichabmühen" auf dem Wege Gottes verstanden […]. Die Wortkombination „Heiliger Krieg" kommt im Koran nicht vor: Krieg kann in islamischer Auffassung nie heilig sein. Aber an anderen Stellen wird das Wort Dschihad als gewaltsamer „Kampf" verstanden im Sinne einer kriegerischen
10 Auseinandersetzung: „Ihr müsst an Gott und seinen Gesandten glauben und mit eurem Vermögen und in eigener Person um Gottes Willen euch abmühen", wofür unmittelbar das Eingehen in das Paradies versprochen wird.

Hans Küng, Der Islam, Piper, München 2004, S. 710 f.

M10 Der Religionshistoriker James Turner Johnson zur Entwicklung der Vorstellung vom Dschihad, 2002

Für den Krieg wird im Koran nie das Wort *Dschihad* verwendet, sondern immer der Ausdruck „qital" (Kampf). Die spezifische Anbindung der Idee des *Dschihad* an den Krieg stammt […] aus der Zeit nach der Niederschrift des Korans
5 […] Ende des achten Jahrhunderts.
Diese Lehre vertritt zunächst die Auffassung, wonach die islamische Gemeinschaft (*Umma*) eine zugleich religiöse und politische Einheit bildet, die nur von einem Führer geleitet werden kann, der in der Nachfolge des Propheten Mu-
10 hammad steht. […] Jene Gemeinschaft bewohnt ein bestimmtes Gebiet, die *Dar-al-islam*. Dieses Gebiet sei dadurch gekennzeichnet, dass es in Einklang mit dem göttlichen Gesetz regiert werde. Schon aus der Definition ergab sich, dass es ein Gebiet des Friedens sei, denn die Unterwerfung
15 unter das Gesetz Gottes bringe Frieden mit sich. Die gesamte übrige Welt wurde mit dem „Gebiet des Krieges" (*Dar-al-harb*) gleichgesetzt, das nach dieser Vorstellung wesensgemäß mit sich selbst und mit der *Dar-al-islam* im Krieg liegt. Nach dieser Beschreibung rührt jeder Konflikt aus der *Dar-*
20 *al-harb* her. […]
Dementsprechend stellten die frühislamischen Rechtsgelehrten eine Definition auf, wonach es zwei Formen des Dschihad gibt. Die erste ist eine offensive, expansionistische Form. Über sie wird vom Kalifen/Imam mit der ihm zukommenden Autorität entschieden. Sie gilt als kollektive Pflicht 25
der gesamten Gemeinde und wird von der Gemeinschaft als Ganzer geführt. Die zweite Form ist eine durch die Notlage ausgelöste Reaktion zur Verteidigung der *Dar-al-islam* gegen eine bestimmte Aggression vonseiten der *Dar-al-harb*. Sie wird als individuelle Pflicht derjenigen aufgefasst, 30
die in unmittelbarer Nachbarschaft des Angriffsorts wohnen und sich mit Waffen dagegen wehren können.

James Turner Johnson, Religion und Gewalt, in: NZZ Nr. 51, 2002, S. 51.

1 ■ Arbeiten Sie anhand von M 9 und M 10 Herkunft, Bedeutung und rechtliche Ausprägung des Begriffes Dschihad für das Mittelalter heraus.

M11 Der Literat Imad ad-Din (1125–1201) über den Dschihad Saladins und die Eroberung Jerusalems 1187

Imad ad-Din, Sekretär und enger Vertrauter Saladins, Zeitzeuge, verfasste den folgenden Jahresbericht (Risala):

Nachdem nun […] ein jeder die Vereinigung mit den Seinen erreicht hatte, zogen wir nach Karak[1] mit den Emiren und der ausgesuchten Leibgarde, zum *Dschihad* paarten wir um Gottes Sache willen die *Fatiha*[2] mit (der Sure) *al-Ihlas*.[3] Vorher hatten wir die Soldaten und Heerscharen zum *Dschihad* 5
von allen Seiten zusammengerufen und deren vollzähliges Eintreffen zum festgesetzten Termin abgewartet. […]
Nachdem wir dann noch Asqalan[4] erobert hatten, schritten wir zur Belagerung von al-Quds[5], und zwar am Freitag, den
13. Ragab[6]. Dort zitterte und klopfte das Herz des Unglau- 10
bens; seine Einwohner meinten, sie befänden sich in guter Hut und seien vor unserem Ansturm sicher. Wir aber stellten Belagerungsmaschinen gegen sie auf, die die Mauerwände durch den Ansprung ihrer Steine zerbrachen. […] Die geschleuderten Felsblöcke erfüllten dem Felsendom gegen- 15
über ihre Beistandspflicht. […] Man legte Brechen und brach die Mauern; die Steinblöcke warfen die Seiten jener Umwallung nieder – da „merkten die Ungläubigen, für wen der Lohn der (paradiesischen) Wohnstätte bestimmt war"[7]. Des Todes und der Gefangenschaft waren sie sicher, da 20
kamen ihre Anführer heraus, sich in Unterwerfung demütigend und inständig um Gnade flehend; wir aber ließen uns auf nichts anderes ein als darauf, der Männer Blut zu vergießen und Kinder und Frauen gefangen wegzuführen: Da drohten sie mit Tötung der (muslimischen) Gefangenen, 25
Zerstörung (alles) Aufgebauten und Einreißen der Gebäude; hierauf (erst) nahmen wir ihre Kapitulation an unter der Bedingung (der Abführung) einer Kontribution, die ihrem Kaufpreis im Falle ihrer Gefangennahme entsprochen hätte. So blieben sie davor bewahrt, (gefangen) weggeschleppt zu 30
werden, während sie in Wirklichkeit doch ganz ausgeplün-

dert waren. – Wer von ihnen das Lösegeld erlegt hatte, durfte durch das Freilassungsdekret abziehen, wer es nicht bezahlen konnte, musste unter das Sklavenjoch treten.

Jörg Kraemer, Der Sturz des Königreichs Jerusalem (1187) in der Darstellung des Imad ad-Din al-Katib al-Isfahani, Verlag Otto Harrasowitz, Wiesbaden 1952, S. 12, 18; übers. v. Jörg Kraemer.

1 Karak: heute Kerak, Kreuzfahrerburg, auch *Crac des Moabites* genannt
2 Fatiha: Sure 1
3 al-Ihlas: Sure 112; in beiden Suren wird Gott gepriesen
4 Asqalan: Askalon
5 al-Quds: Jerusalem
6 Ragab: 7. Monat des islamischen Kalenders, die Kapitulation Jerusalems erfolgte am 2. 10. 1187 christlicher Zeitrechnung
7 Anspielung auf Koransure, s. z. B. 4,95

1 ■ Zeigen Sie auf, wie der Autor den Ablauf der Eroberung Jerusalems darstellt.
2 ■ Recherchieren Sie den Verlauf und das Ergebnis des gesamten Feldzuges von Salah ad-Din.
3 ■ Arbeiten Sie die Einstellung des Autors gegenüber den Kreuzfahrern heraus.
4 ■ **Zusatzaufgabe:** Vergleichen Sie ad-Dins Sicht des Dschihad mit den Formen, die das islamische Recht definiert hat.
5 ■ **Geschichte produktiv:** „Saladin – Mythos und Realität": Recherchieren Sie, welches Bild von Saladin in den Medien Film, Internet und Literatur (z. B. Lessing, Nathan der Weise) gekennzeichnet wird, und konzipieren Sie einen Kurzbeitrag für ein Schulbuch.

M 12 Der Geschichtsschreiber Abu'l-Fida (1273 bis 1331) über den Fall von Akkon 1291

Der Autor war Teilnehmer am Feldzug des Mamlukensultans al-Malik al-Asraf (Reg. 1290–1293).

Der Belagerungsgürtel zog sich immer enger zusammen, bis Gott schließlich Freitag, den 17. Gumada II (426) (17. Juni 1291), den Angreifern erlaubte, die Stadt im Sturm zu erobern. [...] Die Muslime richteten in Akkon ein ungeheures Blutbad an und machten unermessliche Beute. Der Sultan zwang alle, die sich in den Türmen verschanzt hatten, zur Übergabe; sie kamen heraus und wurden bis auf den letzten Mann vor der Stadt enthauptet.¹ Darauf ließ er die Stadt selbst zerstören und dem Erdboden gleichmachen. Eine wunderbare Fügung war, dass die Franken Akkon um die Mittagszeit am Freitag, dem 17. Gumada II 587 (17. Juni 1191), Saladin entrissen und alle Muslime gefangen genommen und umgebracht hatten [...]; Gott, der alles vorausweiß, bestimmte, dass es in diesem Jahr am Freitag, dem 17. Gumada II, durch die Hand eines anderen Saladin², Sultan al-Malik al-Asrafs 426 (1291), zurückerobert werde.

Francesco Gabrieli (Hg. und Übers.), Die Kreuzzüge aus arabischer Sicht, Bechtermünz-Verlag, Augsburg 2000, S. 409.

1 Der Autor verschweigt den Wortbruch des Sultans, der freien Abzug zugesagt hatte.
2 trug auch den Namen Salah ad-Din wie sein berühmter Vorgänger

1 ■ Recherchieren Sie die Geschichte der Stadt und Festung Akkon im Rahmen der Kreuzzüge und legen Sie eine Datentabelle an.
2 ■ Analysieren Sie das Vorgehen des Sultans.
3 ■ Beurteilen Sie den Bezug des Autors auf Saladin.
4 ■ Heiliger Krieg und Dschihad: Beurteilen Sie vergleichend die Konzepte und bewerten Sie das Handeln der muslimischen Herrscher.

Zu Akkulturation und Assimilation

M 13 Der Geschichtsschreiber Fulcher von Chartres über das Leben der Christen im Heiligen Land, ca. 1100

Fulcher war Kreuzritter im Heer des Stephan von Blois, 1097 Kaplan Balduins I. in Edessa und lebte später in Jerusalem.

Wir, die wir Abendländer waren, sind Orientalen geworden; dieser, der Römer oder Franke war, ist hier Galiläer oder Bewohner Palästinas geworden; jener, der in Reims oder Chartres wohnte, betrachtet sich als Bürger von Tyrus oder Antiochia. Wir haben schon unsere Geburtsorte vergessen; mehrere von uns wissen sie schon nicht mehr oder wenigstens hören sie nicht mehr davon sprechen. Manche von uns besitzen in diesem Land Häuser und Diener, die ihnen gehören wie nach Erbrecht; ein anderer hat eine Frau geheiratet, die durchaus nicht seine Landsmännin ist, eine Syrerin oder Armenierin oder sogar eine Sarazenin, die die Gnade der Taufe empfangen hat; der andere hat seinen Schwiegersohn oder seine Schwiegertochter bei sich oder seinen Schwiegervater oder seinen Stiefsohn; er ist umgeben von seinen Neffen oder sogar Großneffen; der eine bebaut Weingärten, der andere Felder; sie sprechen verschiedene Sprachen und haben es doch alle schon fertig gebracht, sich zu verstehen. Die verschiedensten Mundarten sind jetzt der einen wie der anderen Nation gemeinsam, und das Vertrauen nähert die entferntesten Rassen einander an.

Régine Pernoud (Hg.), Die Kreuzzüge in Augenzeugenberichten, Karl Rauch Verlag, Düsseldorf 1961, S. 125

M 14 Der arabische Schriftsteller Usama ibn Munqidh (1095–1188) zum Leben der Franken

Emir von Schaizar, Syrien, erlebte einige Kreuzzüge mit und beschreibt in seiner Autobiografie „Buch der Belehrung durch Beispiele" das Leben der „Franken".

Es gibt unter den Franken einige, die sich im Lande angesiedelt und begonnen haben, auf vertrautem Fuße mit den Muslimen zu leben. Sie sind besser als die anderen, die gerade neu aus ihren Heimatländern gekommen sind, aber jene sind eine Ausnahme und man kann sie nicht als Regel nehmen. Hierzu so viel: Einmal schickte ich einen Gefährten in ein Geschäft nach Antiochia, dessen Oberhaupt Todros (der Grieche) ibn as-Safi war, mit dem ich befreundet war und der in Antiochia eine wirksame Herrschaft ausübte. Er sagte eines Tages zu meinem Gefährten: „Ein fränkischer Freund hat mich eingeladen. Komm doch mit, dann siehst du ihre Gebräuche." „Ich ging mit", erzählte mein Freund, „und wir kamen zum Hause eines der alten Ritter, die mit dem ersten Zug der Franken gekommen waren. Er hatte sich von seinem Amt und Dienst zurückgezogen und lebte von den Einkünften seines Besitzes in Antiochia. Er ließ einen schönen Tisch bringen mit ganz reinlichen und vorzüglichen Speisen. Als er sah, dass ich nicht zulangte, sagte er: ‚Iss getrost, denn ich esse nie von den Speisen der Franken, sondern habe ägyptische Köchinnen und esse nur, was sie zubereiten. Schweinefleisch kommt mir nicht ins Haus!' Ich aß also, sah mich aber vor, und wir gingen. Später überquerte ich den Markt, als eine fränkische Frau mich belästigte und in ihrer barbarischen Sprache mir unverständliche Worte hervorstieß. Eine Menge Franken sammelten sich um mich und ich war schon meines Todes sicher: Da erschien der Ritter, erkannte mich, kam herbei und sagte zu der Frau: ‚Was hast du mit diesem Muslim?' ‚Er hat meinen Bruder Urso getötet!', erwiderte sie. Dieser Urso war ein Ritter aus Apamea, der von einem Soldaten aus Hama getötet worden war. Er fuhr sie an: ‚Das hier ist ein Bürger, ein Kaufmann, der nicht in den Krieg zieht und sich nicht aufhält, wo man kämpft.' Dann herrschte er die Menge an, die sich angesammelt hatte. Sie zerstreute sich und er nahm mich bei der Hand. So hatte die Tatsache, dass ich bei ihm gespeist hatte, zur Folge, dass mir das Leben gerettet wurde."

Francesco Gabrieli (Hg. und Übers.), *Die Kreuzzüge aus arabischer Sicht*, Bechtermünz-Verlag, Augsburg 2000, S. 121 f.

1 ■ Skizzieren Sie die in M 13 und M 14 dargestellten Erfahrungen zum Leben in den Kreuzfahrerstaaten.
2 ■ Diskutieren Sie im Plenum, ob und inwieweit Prozesse von Akkulturation bis hin zur Assimilation zu erkennen sind.

Positionen der Forschung

M 15 Die Sicht des Historikers Franco Cardini, 2000

Trotzdem entwickelte sich im Lauf der Zeit eine Kultur der Verständigung und des Dialogs mit der muslimischen Welt. Die frisch aus Europa eintreffenden Krieger und Pilger empörten sich über diese Gesellschaft von *poulains*, von „Bastards", die sich nicht selten mit syrischen und armenischen Familien verschwägert hatten, die arabisch, armenisch und griechisch sprachen und sich ortsüblichen Bräuchen entsprechend kleideten, aßen und legten. Die Europäer, die jede neue Kreuzzugsexpedition als Kampf ohne Pardon ansahen, betrachteten diese „koloniale" Kreuzfahrergesellschaft als korrupt und islamisiert. Die „überseeischen Franken", die zweihundert Jahre lang immer wieder auf den Beistand ihrer europäischen Glaubensbrüder angewiesen waren, betrachteten wiederum die Europäer als unkultiviert und gefährlich und bemühten sich lieber um eine möglichst weitgehende diplomatische Verständigung mit den Sarazenen, als den Westen um militärischen, vom Papst sanktionierten Beistand zu bitten. Denn die Anführer der Kreuzfahrer aus dem Westen, Fürsten und Abenteurer, waren eher begierig, Beute zu machen, als den Rat zur Mäßigung anzunehmen. Sie schlugen alle taktischen und logistischen Anregungen in den Wind.

Franco Cardini, *Europa und der Islam*, C.H. Beck, München 2000, S. 86 ff.

M 16 Die Sicht des Historikers Rudolf Hiestand, 1997

Durch ihre Entstehung und ihre Struktur waren die Kreuzfahrerstaaten in mehrfacher Hinsicht eine multikulturelle Gesellschaft. Zuerst galt dies für die fränkischen Bewohner, die aus allen Teilen des Abendlandes kamen, Franzosen, Italiener, Engländer, Deutsche, Spanier, Ungarn usw. Mit dem Französischen als Umgangssprache wohnten sie Seite an Seite und rasch gingen sie untereinander Ehen ein. Daneben gab es in großer Zahl Griechen, christlich-orthodoxe Araber sowie Angehörige der orientalischen Nationalkirchen, Armenier, Jakobiten und Maroniten, darüber hinaus in Galiläa jüdische und um Nablus samaritanische Siedlungen. Dazu kamen Muslime, vor allem auf dem Land, wo sie teilweise die Mehrheit stellten. Alle genossen die freie Ausübung ihres Glaubens, wenn sie auch nicht gleichberechtigt waren, weil die Franken sich die Lehen vorbehielten und auch die Gerichtsbußen abgestuft waren.

An den Muslimen wurde der innere Widerspruch der Kreuzfahrerstaaten sichtbar. Ideologisch bildete der Kampf gegen die Glaubensfeinde ihre Basis. Andererseits musste man sich in die neue Umgebung eingliedern. Gesandte gingen hin und her, vornehme Muslime zogen mit dem König auf die Jagd, brachten und empfingen Geschenke und fanden in Krisenzeiten monatelang Aufnahme. Erst recht musste man mit den Muslimen im Inneren, die wirtschaftlich unentbehrlich waren, einen *Modus vivendi*[1] herstellen, was den lateinischen Klerus ärgerte, neu ankommende Kreuzfahrer empörte und für westliche Chronisten ein Tabu darstellte. [...]

Rudolf Hiestand, „Wir sind Orientalen geworden", in: *Damals*, Nr. 10, 1997, S. 25 f.

[1] *Modus vivendi* (lat.): Form eines erträglichen Zusammenlebens

1 ■ Analysieren Sie die Positionen der Historiker zur Problematik der Akkulturationsprozesse.
2 ■ Setzen Sie sich mit den Positionen auseinander vor dem Hintergrund Ihrer Ergebnisse aus den Aufgaben 1 und 2 zu M 13/M 14.
3 ■ **Geschichte produktiv:** Verfassen Sie einen kurzen Beitrag zu der Frage: Die Kreuzfahrerstaaten – eine beispielhafte „multikulturelle Gesellschaft"?

2.4 Al-Andalus – vom Zusammenleben der Kulturen

Leitfrage:
Welche Besonderheiten kennzeichneten das Aufeinandertreffen und Zusammenleben unterschiedlicher Religionen und Kulturen im maurischen Spanien?

Mauren
Spätgriech. *mauroi* = Schwarze, phöniz. *mauharin* = Westliche; römischer Name für die Bewohner der Atlasregion in Nordafrika.
Nach der arabischen Eroberung der Iberischen Halbinsel wurde der Name von den christlichen Spaniern ohne Unterschied auf Araber, Berber und andere Muslime angewendet (span. *los moros*).

M1 Lautenspieler mit Prinzen, Elfenbeindose mit Szenen aus dem Leben am Hof Abd ar-Rahmans III., 968

Inschrift: Geschenk an al-Mughira, den jüngeren Sohn Abd ar-Rahmans III.

Taifa
arab. *taifa* = Fraktion

Das Kalifat von Córdoba

Im Jahre 711 landeten muslimische Truppen aus Nordafrika unter dem Berberoffizier Tariq ibn Ziyad im Auftrag des arabischen Gouverneurs der Provinz Ifriqija, Musa ibn Nusair, bei Gibraltar. In der anschließenden Schlacht am Fluss Guadalete wurde der Westgotenkönig Roderich (Reg. 710–711) besiegt. Von 712 bis 715 eroberten Tariq und Musa, der mit weiteren Truppenkontingenten gefolgt war, das Westgotenreich, wobei es nicht zu einer dauerhaften Herrschaft im Norden der Iberischen Halbinsel kam. Auf diese Weise konnten sich nördlich der Flüsse Duero und Ebro kleinere christliche Fürstentümer bilden. Einige Jahrzehnte lang war die Herrschaft im arabisch-muslimischen Teil, der al-Andalus genannt wurde, bedingt durch Rivalitäten und Fehden zwischen den arabischen Heerfürsten wenig stabil.

Erst der Umaiyadenprinz Abd ar-Rahman (Reg. 756–788), der aus dem Gebiet des heutigen Irak vor seinen abbasidischen Verfolgern flüchten musste und sich mit seiner Streitmacht sowie durch Verhandlungen 756 in al-Andalus durchsetzen konnte, gründete einen islamischen Staat, das Emirat von Córdoba. Neben militärischer Stärke bedingten eine kluge Diplomatie und Wirtschaftspolitik sowie die Pflege der Kultur- und Handelsbeziehungen zur muslimischen Welt den Reichtum des Landes. Seine Blütezeit erreichte Córdoba unter Abd ar-Rahman III. (Reg. 912–961), der Córdoba 929 zum Kalifat erhob, sowie unter seinem Sohn und Nachfolger Al-Hakam II. (Reg. 961–976). In dieser Zeit bestand Frieden im Innern sowie Sicherheit nach außen (M 8). Die christlichen Reiche wurden nicht nur militärisch kontrolliert, sondern sie huldigten den beiden Kalifen sogar. Christen und Juden erhielten als *Dhimmis* Religionsfreiheit, zahlten dafür entsprechende Steuern und durften interne Angelegenheiten weitgehend selbst regeln. Viele Christen traten freiwillig zum Islam über; diejenigen, die sich lediglich kulturell arabisierten, wurden Mozaraber genannt. Juden wie Christen konnten bedeutende Ämter am Hofe einnehmen. Großartige Bauwerke der Hauptstadt Córdoba wie die Moschee und die Palaststadt Medina az-Zahra legen noch heute Zeugnis ab von einer der bedeutendsten Kulturen in Europa (s. S. 91 ff.). Nur Konstantinopel, Bagdad sowie die chinesische Hauptstadt Chang-An waren weltweit mit Córdoba vergleichbar. Al-Hakam II. förderte in besonderem Maße Wissenschaft und Künste. Er ließ ein Schulwesen für alle Bevölkerungsschichten aufbauen und eine Bibliothek, die 400 000 Bände beherbergte, einrichten.

Nach seinem Tod konnte Muhammad ibn Abi Amir (Reg. 977–1003), genannt al-Mansur, d. h. der „Siegreiche", als Günstling der Sultanin für deren unmündigen Sohn Hisham die Herrschaft an sich ziehen. Al-Mansur und dessen Sohn Abd al-Malik (Reg. 1002–1008) regierten mithilfe berbischer Söldner und führten etwa fünfzig Kriegs- und Beutezüge gegen die christlichen Reiche. Al-Mansur war aber auch ein geschickter Diplomat, sodass die christlichen Fürsten bereitwillig mit ihm paktierten. Jedoch ließ er einen Teil der Bibliothek al-Hakams verbrennen, insbesondere Bücher mit philosophischen und wissenschaftlichen Inhalten, die er als nicht vereinbar mit dem Islam erachtete.

Die Herrschaft der Taifa-Könige

Nach der Regierungszeit Abd al-Maliks zerfiel das Reich aufgrund eines Bürgerkrieges und löste sich in eine Vielzahl von Klein- und Kleinststaaten, den Taifa*-Königreichen, auf. Waren einst die christlichen Fürsten in Nordspanien dem Kalifen tributpflichtig gewesen, so kehrte sich jetzt das Abhängigkeitsverhältnis, zumindest in den Grenzregionen, um. Die Taifa-Könige zahlten Schutzgebühren an die christlichen Könige. Insgesamt wechselten jedoch ständig die Allianzen, auch über die religiösen Grenzen hinweg. Die Epoche der Taifa-Könige war eine Zeit des Austausches und der kulturellen Blüte, da die einzelnen Höfe sich als Mäzene der Künste und Wissenschaften profilierten. Das 11. und 12. Jahrhundert brachte eine Blüte der arabischen und hebräischen Dichtkunst hervor. Ethnische Herkunft, Religion und Sprache waren vielfältig. Arabisch dichtende Goten gab es ebenso wie arabisch philosophierende Juden. Das dialektale Umgangsarabisch war die von allen verstandene Alltagssprache.

M2 Alhambra, Comarespalast, entstanden unter Muhammad V., Fotografie von 2006

Die Reconquista

Als der christliche König Alfons VI. von Kastilien im Jahre 1085 Toledo erobern konnte, riefen die Taifa-Könige die Berber-Dynastie der Almoraviden aus Nordafrika zu Hilfe. Im Jahre 1089 übernahm diese die Herrschaft in al-Andalus und machte es zur Provinz ihres Reiches. Für die Geschichte der Iberischen Halbinsel wurden nun zwei Strömungen bestimmend: Auf der einen Seite vertraten die Almoraviden einen strengen Islam, getragen von asketischen Kriegermönchen, die auf der Einhaltung der Regeln der Scharia bestanden und den Dschihad gegen die christlichen Herrscher betrieben. Auf der anderen Seite nahm der europäische Kreuzzugsgedanke auf der Iberischen Halbinsel die Form der Reconquista an. Die christlichen Staaten sahen sich als legitime Erben des ehemaligen Westgotenreiches, das sie im Kampf gegen die Mauren wieder erobern wollten. Man betrachtete in beiden Lagern die bisherigen Nachbarn, zuvor sowohl Gegner als auch Verbündete, nun in erster Linie als Feinde, die es zu unterwerfen galt. Die Almoraviden wiesen 1128 die Mozaraber aus, bald danach die Juden. Sie verfolgten den Theologen al-Ghazali und die Sufis. Im Jahre 1147 wurden die Almoraviden in Afrika durch eine weitere Berber-Dynastie, die Almohaden, gestürzt. Gleichzeitig büßten sie ihre Macht in al-Andalus ein. Die christlichen Fürsten nutzten die Schwäche der islamischen Gegner und dehnten ihre Herrschaft weiter aus. Die Almohaden, ebenfalls organisiert als militärisch-religiöse Bruderschaft, erkämpften sich die Herrschaft in al-Andalus, nahmen 1171 Sevilla als neue Hauptstadt ein und konnten ihre Macht stabilisieren. Ihr Ziel war es, dem Islam in al-Andalus in seiner „ursprünglichen" Form wieder Geltung zu verschaffen und die strikte Einhaltung von Geboten und Verboten unter Berufung auf den Koran und die Sunna durchzusetzen. Im Unterschied zu den Almoraviden förderten sie unter dem Kalifen Yusuf I. Dichtung und Wissenschaft, u. a. den größten Philosophen jener Zeit, Ibn Rushd. Gleichzeitig führten sie den Dschihad gegen die christlichen Staaten fort. Im Jahre 1212 kam es zur entscheidenden Auseinandersetzung: Auf Ersuchen des kastilischen Königs hatte Papst Innozenz III. zum Kreuzzug auf der Pyrenäenhalbinsel aufgerufen und Zehntausende Krieger aus dem christlichen Europa folgten diesem Appell. Die vereinigten Heere der Könige von Aragon, Kastilien, Leon und Navarra besiegten diejenigen der Almohaden in der Schlacht von Las Navas de Tolosa.

Reconquista
span. Rückeroberung; Bezeichnung für die Kriege christlicher Heere im mittelalterlichen Spanien und Portugal zur Eroberung des muslimischen Teils der Iberischen Halbinsel

Sufis
Muslimische Mystiker; die Bewegung der Sufis wird Sufismus genannt. Als einer der größten Sufis gilt Ibn al-Arabi (1165–1240), der in Andalusien aufwuchs.

M3 Maurischer Würdenträger, Ausschnitt einer Deckenbemalung auf Leder in der *Sala de la Justicia* der Alhambra, 14. Jh.

Der Nasridenstaat von Granada

Durch den Sieg bei Las Navas de Tolosa war ein Wendepunkt eingetreten. In den folgenden Jahren konnten die christlichen Reiche die muslimische Herrschaft fast ganz von der Iberischen Halbinsel verdrängen. Als letzter muslimischer Staat bildete sich im Jahre 1237 das Sultanat von Granada unter der Dynastie der Nasriden (M 5, M 6). Durch die Anerkennung eines Vasallitätsverhältnisses zu Kastilien und die Zahlung hoher Tribute konnte dieser muslimische Staat eine Zeitlang bestehen und eine neue Blütezeit erleben. Der Ausbau und die Vollendung der Alhambra* (M 2, M 3 sowie S. 96 f.) und ein erneuter Aufschwung der Wissenschaften und Bildung fielen in die Zeit Muhammads V. (Reg. 1354–59; 1362–91). Danach zerfiel Granada,

Alhambra
arab. *Al-hamra* = die Rote, da der Palast der Nasridenherrscher im Abendlicht rötlich schimmert

2 Islamische Welt und Europa

Mudejaren
unter christlicher Herrschaft lebende Muslime

Inquisition
gerichtliche Untersuchung; Vorgehen der katholischen Kirche gegen Ketzer; ursprünglich Sache der Bischöfe; seit dem 13. Jahrhundert unter päpstlicher Hoheit und in einer zentralen Behörde organisiert mit beauftragten Inquisitoren

Webcode:
KB644438-090

bis es 1492 unter den katholischen Königen Isabella von Kastilien (Reg. 1474 bis 1504) und Ferdinand von Aragon (Reg. 1479–1516) eingenommen werden konnte. Der Kapitulationsvertrag sicherte den Mudejaren* zunächst freie Religionsausübung zu. Doch wurden diese Rechte bereits 1502 aufgehoben. Taufe oder Exil lauteten nun die Alternativen. Die meisten wählten die Taufe und praktizierten heimlich ihren alten Glauben weiter; deshalb wurden sie Morisken, kleine Mauren, genannt. Auch die Juden wurden vor diese Entscheidung gestellt: Wer sich nicht taufen lassen wollte, wurde 1492 ausgewiesen. In den folgenden Jahren überprüfte die Inquisition* die Gesinnung und unterdrückte jede aus dem Islam oder Judentum stammende religiös motivierte Lebensweise. Verlangt wurde die völlige Assimilation an die christliche Gesellschaft. 1565 folgte die Enteignung der Morisken von Granada, nach der Niederschlagung ihres Aufstandes deren zwangsweise Umsiedlung. 1609 wurden alle Morisken aus Spanien deportiert.

1 ■ Erarbeiten Sie anhand des Darstellungstextes und der Karten (M 4) ein Strukturschema zu den Epochen der Geschichte von al-Andalus.
2 ■ Erläutern Sie deren Besonderheiten.
3 ■ Erklären Sie das islamische Dhimmi-System und seine Bedeutung für das Zusammenleben der Kulturen in Andalusien.

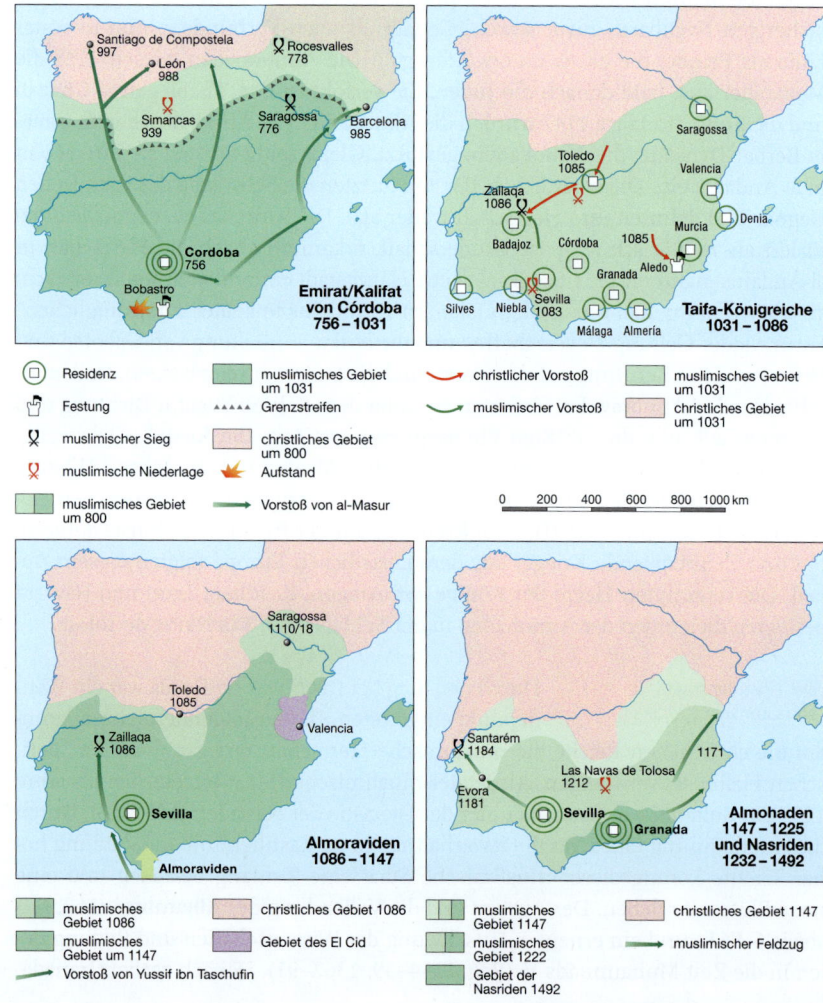

M 4 Phasen islamischer Herrschaft in Spanien vom 8. bis 15. Jahrhundert

Fallanalyse zum Nasridenstaat Granada

M5 Der Historiker und Dichter Abdallah ibn al-Khatib (1313–1375) schrieb über Málaga

Gehen wir aber zum nächsten Kapitel über: „Produktivität". Da stellen wir sogleich fest, dass Málaga – Allah schütze es! – Herkunftsort golddurchwirkter Stoffe ist; Fabrikationsstätte ausgesuchter Lederwaren; Ursprungsgebiet einer Keramik, die in alle Welt geht; [auch gibt es] Walkmühlen zur Herstellung feinen Musselins[1] für Hauben und Turbane, Plätze, wo sich die großen Scheibenräder drehen. Wie ja Málaga überhaupt das Mekka der Textilindustrie ist, ein Ort, an den die Händler pilgern, um ihre Geldtaschen zu erleichtern, wie dich bereits der simple Augenschein lehren könnte. [...]

Da müssen wir nun sagen, dass Gott Málaga besonders ausgezeichnet hat, gab Er ihm doch alles zusammen, was Er den übrigen Städten bloß einzeln zuwies: hier entfaltete Er den Zauber, den Er den übrigen Orten vorenthielt. In Málaga findest du alles vereint: den glatten Strand, die lieblichen Berge, fruchtbare Felder, eine Kornkammer, mit allem Notwendigen großzügig versehen, dazu noch die Vorzüge des Meeres mit einer Küste, frei von Klippen, reich an guten Häfen und Anlegestellen mit Fischgründen erster Güte. Die Berge voller Mandel- und Feigenbäume; in den Ebenen große Höfe und Gärten; vor der Küste ein Fischreichtum, der zu jeder Jahreszeit Nahrung liefert. Selbst in schlechten Jahren wirft das bebaute Land [reiche] Ernten ab: zum Beweis dafür mag dir die weite Ebene von Cámara dienen. Zuletzt noch [Málagas] großer Fluss: Süßwasser bester Qualität [...]. Und die Obstbaum-Alleen [...].

Sprechen wir nun in ausgewählten Beispielen vom Reichtum Málagas. Keine Beispiele aber könnten unsrer Absicht dienlicher sein als diese: Juwelen, Parfüms, Tuniken aus Brokat, Djellabas [d. h. Kapuzenmäntel der Berber]; zauberhafte Gärten, Burgen auf Felsvorsprüngen der Berge kühn erbaut, Schatten spendende Landvillen mit murmelnden Brunnen süßen, klaren Wassers; oder die Eleganz, mit der man Stoffe um schöne Körper schlingt, Körper biegsam wie Zweige; schließlich prachtvolle Hochzeiten, Zeugen der Wohlhabenheit, mit Aussteuern, deren Wert in die Tausende geht. [...]

Málaga innerhalb der Mauern ist dicht verbaut. Alle Teile der Stadt sind [durch Verkehrswege] miteinander verbunden, [Wege, die] die Stadt zugleich symmetrisch [in Viertel] aufteilen — ein ganzes [Straßen-]Netz. Groß ist die Zahl der Häuser, ihre Moscheen sind bemerkenswert. Stolz zeigen sich die belebten Vorstädte [Stadtviertel] im schmucken Gewand ihrer Alleen. Die Straßen sind voller Menschen und in den Suks drängt sich Geschäft an Geschäft.

Gottfried Liedl, Dokumente der Araber in Spanien, Bd. 2, Turia & Kant, Wien 1993, S. 232 ff.

M6 Die Wirtschaftshistoriker Peter Feldbauer und Gottfried Liedl zur Ökonomie im Nasridenstaat, 2008

In das ökonomische Schema des 13., 14. und 15. Jahrhunderts passt Granadas Wirtschaft perfekt. Vom Aufkommen eines christlich dominierten Handels mit Massengütern – nämlich Rohmaterialien und Halbfertigprodukten – profitierte von allen Staaten der Iberischen Halbinsel das Emirat am meisten. Nicht nur beruhten seine wirtschaftlichen Grundlagen – von seiner Rolle als Stapelplatz afrikanischen Goldes einmal abgesehen – auf dem Dreiklang aus Seide, Zucker und Trockenfrüchten: Güter des Massenkonsums, die auf den neuen Märkten zählten. Auch die inneriberische Konkurrenz auf dem Sektor der Luxus- und Hochpreisgüter-Produktion war weitgehend verschwunden. Von den Massenwaren liefert Keramik ein schönes Beispiel: Für den Kunstexperten ist die sogenannte „goldene" Lüsterware[1] aus dem islamischen Málaga als Begriff schon fast banal. Diese wurde als Exportkeramik hergestellt. Als preiswerte Massenware war sie nicht nur in den östlichen Mittelmeerländern, sondern auch auf vielen Märkten Europas, in den Niederlanden ebenso wie in England und Italien, konkurrenzlos. [...]

Wenn Granada einen Bundesgenossen hatte, der es durch Höhen und Tiefen treu begleitete, dann war das Genua. Von 1279 datiert ein erster Friedens- und Freundschaftsvertrag zwischen dem muslimischen Emirat und der christlichen Seerepublik – von 1478 der letzte, ein Jahrzehnt vor Granadas endgültigem Abtritt von der Bühne der Geschichte. Dazwischen lag eine Kette ähnlicher Verträge und Abkommen, mit zahlreichen Hilfeleistungen der Genuesen an das Emirat, besonders auf dem Gebiet des Seekriegs: vom Galeerenverleih bis zum direkten militärischen Eingreifen aufseiten der Muslime. Dazwischen lagen zwei Jahrhunderte reger Präsenz genuesischer Kaufleute und Handelshäuser im arabisch-spanischen Fürstentum.

Um Granadas Rolle im genuesischen Konzept zu verstehen, genügt es, sich seine privilegierte geopolitische Lage am Ausgang des Mittelmeers zum Atlantik in Erinnerung zu rufen. In Málaga trafen die Hauptrouten der Mittelmeer-Seefahrt zusammen, von wo sie gebündelt in den Atlantik weiterführten. Einerseits das Levante-Itinerar Genua–Barcelona–Valencia; andrerseits als Ersatz dafür – in Zeiten verschärfter Konkurrenz mit Aragón, in dessen Hoheitsgewässern sich aufzuhalten für Genuas Schiffe dann nicht unbedingt bekömmlich war – weiter östlich davon die Achse Genua–Tunis–Hunayn – wo das sudanesische Gold auf seinen Transport nach Europa via Málaga wartete. Von Málaga, dem Verladehafen für Seide, Zucker und Trockenfrüchte, ging es manchmal über Cádiz und Sevilla, meist aber direkt und ohne diese Stationen anzulaufen nach den westeuropäischen Atlantikdestinationen, nach Southampton, Dover, Brügge. [...] Durch solche Umstände begünstigt, war Granadas Handelsbilanz fast immer positiv. So betrug etwa im Jahr 1453 der Wert des granadinischen Handelsaufkommens allein mit Genua 43 000 Golddukaten – nach heutiger Kaufkraft etliche Millionen US-Dollar.

Peter Felbauer, Gottfried Liedl, Die islamische Welt 1000–1517, Wirtschaft, Gesellschaft, Staat, Mandelbaum-Verlag, Wien 2008, S. 144–146.

1 Lüsterware: metallisch glänzende Keramik

1 ■ Beschreiben Sie die Methode der Fallanalyse am Beispiel des Kalifates von Córdoba (s. S. 93 ff.).
2 ■ Wenden Sie das methodische Konzept an, indem Sie eine weitere Fallanalyse zum Nasridenstaat Granada anhand der Materialien M 5 und M 6 durchführen.
Tipp: Beachten Sie die weltwirtschaftlichen und politischen Rahmenbedingungen. Nutzen Sie Ihre Kenntnisse zur ökonomischen Entwicklung des Mittelmeerraums und Westeuropas (S. 72 ff.).

Zum Zusammenleben der Kulturen

M 7 König Alfons X., der Weise, König von Leon und Kastilien (Reg. 1252–1284) empfängt eine muslimische Gesandtschaft, spanische Buchmalerei, um 1280/82

M 8 Der Züricher Romanist Georg Bossong äußert sich zum Thema „al-Andalus, ein Mythos?", 2007

Aber die Idee von al-Andalus als einem Ort des Miteinanders, der *convivencia*, ist mehr als ein Mythos; sie war, zumindest zeitweise, konkrete historische Realität. […] Im Zeitalter der Taifa-Königreiche entstand eine andalusische Kultur, ein
5 andalusisches Lebensgefühl, das die Religionsgrenzen überstieg und ein – keineswegs immer harmonisches, aber doch insgesamt kooperatives – Zusammenleben von Muslimen, Juden und Christen ermöglichte. Die Reflexion über al-Andalus ist keine Debatte im Elfenbeinturm, vielmehr ist sie
10 angesichts der weltweiten Bedrohung durch die Konfrontation zwischen den drei monotheistischen Religionen hochaktuell.

Das maurische Spanien war ein Höhepunkt der islamischen Zivilisation, gerade dort, wo es die Grenzen der islamischen
15 Zivilisation überschritten hat. Mehr als irgendwo sonst in der islamischen Welt gab es in al-Andalus Ansätze zur Überwindung engstirniger Dogmen, der Unterdrückung der Frau, der Ausgrenzung anderer Religionen. Mehr als irgendwo sonst gab es ein Denken und Empfinden, das aus dem
20 Korsett einer erstarrten Offenbarungsreligion hinausführte. Mehr als irgendwo sonst durchdrangen sich islamische, jüdische und christliche Kultur in einer fruchtbaren Symbiose. Wenn die islamische Welt dem Beispiel Spaniens gefolgt wäre, […] dann hätte die Geschichte einen anderen Verlauf
25 genommen. Das al-Andalus der Taifa-Zeit wurde zerrieben zwischen christlichem und islamischem Fundamentalismus. Die Konfrontation zwischen den Religionen hat die Oberhand behalten, es kam zu einem gnadenlosen Kampf zwischen einem europäisch radikalisierten Christentum und
30 einem afrikanisch radikalisierten Islam; Kreuzzug stand gegen Dschihad. […] Die Idee von al-Andalus ist in das Räderwerk der Geschichte geraten. Nur einen kurzen Moment lang hatte die *convivencia*, das kooperative, auf gegenseitige Befruchtung angelegte Zusammenleben von Angehörigen
35 der drei monotheistischen Religionen eine reale Chance. Die Vernichtung von al-Andalus durch islamische wie christliche Intoleranz hatte katastrophale Folgen. In der spanischen Volksseele hat sie tiefe, jahrhundertelang schwärende Wunden hinterlassen. Für den Islam war die Abkehr von der Auf-
40 klärung, wie sie in al-Andalus angelegt war, eine Katastrophe, denn fehlende Rationalität ermöglicht bis heute immer wieder die Wiederbelebung eines ungezähmten, gewaltbereiten Ur-Islam. Die Vernichtung von al-Andalus war eine Tragödie, deren Ursachen und Auswirkungen wir stets vor
45 Augen haben sollten, wenn wir über das Verhältnis der drei monotheistischen Religionen nachdenken. Hilft die Rückbesinnung auf die Werte von al-Andalus auf dem Weg zum Frieden zwischen Christen, Juden und Muslimen?

Georg Bossong, Das maurische Spanien, C. H. Beck, München 2007, S. 120 ff.

1 ■ Analysieren Sie, wie Bossong die andalusische Geschichte unter dem Aspekt der „*convivencia*" beurteilt.
2 ■ Erläutern Sie seine Argumentation: Nutzen Sie Ihre Fallanalysen (Córdoba und Nasridenstaat), den Darstellungstext sowie Ihre Erkenntnisse zur andalusischen Philosophie und Kultur (s. S. 72 ff.).
3 ■ **Zusatzaufgabe**: Recherchieren Sie auch zur Kulturpolitik Alfons X. (M 7).
4 ■ Diskutieren Sie Bossongs abschließende Frage vor dem Hintergrund der aktuellen politischen Entwicklung.
5 ■ **Geschichte produktiv**: Erstellen Sie ein Programm und einen Kurzreiseführer für eine Rundreise „Das Erbe der Mauren in Spanien".

Historische Fallanalyse

Das Interesse bei der Untersuchung eines historischen Falls ist auf einen begrenzten räumlichen und zeitlichen Ausschnitt aus der Geschichte gerichtet. Diese Fokussierung wird gewählt, um in einem kleineren Rahmen **größere historische Entwicklungen und Zusammenhänge** zu erkennen und zu verdeutlichen: Ein historischer Fall hat eine **exemplarische Funktion**.

Daher erfolgt seine Untersuchung **auf zwei verschiedenen Ebenen**:
- Zunächst wird der Fall erarbeitet.
- Anschließend wird er in seiner Bedeutung für einen größeren historischen Zusammenhang reflektiert.

Die Fallanalyse kann unterschiedlich zugeschnitten werden. Folgende Varianten, zwischen denen sich auch Überschneidungen ergeben, sind gebräuchlich:
- **Lokalmodell** (z. B. der Kalte Krieg am Beispiel Berlins)
- **Konfliktanalyse** (z. B. der Crimmitschauer Textilarbeiterstreik von 1903/04)
- **Ereignisanalyse** (z. B. der 17. Juni 1953)

Mögliche Gliederung des Arbeitsprozesses, auch im Rahmen eines arbeitsteiligen oder kooperativen Vorgehens anwendbar:
- Vororientierung über den historischen Gegenstand
- Entwicklung und Wahl von Leitfrage(n) bzw. Problemfrage(n)
- Strukturierung der Fallanalyse nach Teilaspekten der Fragestellung
- Auswertung der Materialien mithilfe von Leitfragen (s. Beispiel)
- Präsentation der Arbeitsergebnisse im Plenum
- Schlussdiskussion: Reflexion der exemplarischen Bedeutung der Ergebnisse

Arbeitsschritte zur Auswertung der Beispielmaterialien

1. Historische Einordnung	–	Wie ist der Gegenstand zeitlich, räumlich und politisch einzuordnen?
2. Problemfrage	–	Das Kalifat von Córdoba – eine wirtschaftliche und kulturelle Blütezeit?
3. Aspekte der Frage	–	Welche wirtschaftlichen Bereiche werden angesprochen?
	–	Wie ist deren Niveau einzustufen?
	–	Welche kulturellen Auswirkungen werden angesprochen?
	–	Wie ist deren Niveau einzuschätzen?
	–	Wie steht es mit den Staatseinnahmen bzw. mit den Steuern?
	–	Wie wirken sich wirtschaftliche und kulturelle Entwicklungen auf die gesellschaftlichen Gruppen aus?
	–	Welcher Grad der wirtschaftlichen und kulturellen Entwicklung ist an der architektonischen Quelle zu erkennen?
4. Fazit	–	Wie ist die Problemfrage zu beantworten?
5. Transfer	–	Welche Schlussfolgerungen lassen sich anhand des Falls im Hinblick auf das wirtschaftliche und kulturelle Niveau im maurischen Spanien ziehen?

Methode

Das Kalifat von Córdoba – eine wirtschaftliche und kulturelle Blütezeit?

M1 **Der Romanist Georg Bossong beschreibt die Hauptstadt des Kalifates von al-Andalus, 2007**

Die Hauptstadt Córdoba war eine Großstadt mit mehreren hunderttausend Einwohnern und modernster Infrastruktur. […] Der kosmopolitischen Einwohnerschaft der Stadt stan-
5 den über 2000 öffentliche Bäder, ungezählte Moscheen mit den daran angeschlossenen Schulen sowie umfangreiche Bibliotheken mit dem Wissen der damaligen Welt zur Verfügung. Die Handelsbeziehungen umfassten den ganzen Mittelmeerraum, Waren und Moden aus aller Welt kamen in Córdoba zusammen. Gelehrte, Künstler und Dichter ka-
10 men von weit her und brachten ihr Wissen und Können in die Stadt. Der Ruhm der kalifalen Hauptstadt drang in alle Welt, weit über die Iberische Halbinsel hinaus. Botschafter des Heiligen Römischen Reichs und des byzantinischen Kaisers verbreiteten die Kunde von den Wundern des Kali-
15 fenstaats. Die Nonne Roswitha von Gandersheim (um 935– um 975), die erste deutsche Dichterin, bezeichnete Córdoba als *clarum decus orbis*, die „berühmte Zierde des Erdkreises"; sie stützte sich dabei auf die enthusiastischen Berichte einer Gesandtschaft von Kaiser Otto I., die dem Kalifen in seinem
20 Thronsaal die Aufwartung gemacht hatte.
Nach dem Tod des großen Herrschers [Abd ar-Rahman III. (Reg. 912–961)] ging die Macht auf seinen Sohn al-Hakam II. über (961–976). […] Seine Herrschaftszeit war die längste Friedenszeit in der 800-jährigen Geschichte von al-Andalus,
25 von keinen Kriegen oder Konflikten überschattet. Mehr als sein Vater war al-Hakam II. ein Förderer von Kunst und Wissenschaft; seine Bibliothek umfasste nach glaubwürdigen Quellen 400000 Bände, gewiss die mit weitem Abstand größte ihrer Zeit in Europa.
30 Wie viel Bedeutung al-Hakam II. den Künsten beimaß, zeigt sich daran, dass er unmittelbar nach seiner Thronbesteigung die große Moschee von Córdoba, die Mezquita [s. M3, S. 95], ausbauen ließ. Diese Moschee mit ihrem berühmten Säulenwald war bereits im 9. Jahrhundert erweitert worden,
35 um der wachsenden Zahl der Gläubigen Platz zu bieten. Erst mit der Ausgestaltung durch al-Hakam II. wurde die Mezquita zum Kunstwerk. Die ästhetischen Vorlieben des Kalifen spiegeln sich darin ebenso wider wie sein Wille, Macht und Glanz des Kalifats in Stein zu verewigen.
40 Noch ein weiteres Monument wurde von al-Hakam vollendet: die Palastanlage Medina az-Zahra. Sein Vater Abd ar-Rahman III. hatte bereits 936 mit dem Bau dieser weiträumigen Anlage begonnen. […] Medina az-Zahra (benannt nach einer Konkubine des Kalifen mit Namen Zahra, „die Blühen-
45 de") liegt etwa fünf Kilometer westlich von Córdoba auf mehreren Terrassen am Nordufer des Guadalquivir. Es ist eine Art andalusisches Versailles; wie das Schloss von Ludwig XIV. ist es eine Residenz außerhalb der eigentlichen Hauptstadt, errichtet von einem absoluten Herrscher, der seine eigene Machtfülle verherrlichen will.
50

Georg Bossong, Die Zierde des Erdkreises, in: Damals 9/2007, S. 19–22.

M2 **Der Historiker Klaus Herbers äußert sich zur wirtschaftlichen Prosperität in al-Andalus, 2006**

Trotz eines florierenden Städtewesens lebte der größte Teil der Bevölkerung auf dem Land. Das agrarische Leben im Emirat und Kalifat ist unter anderem im sogenannten Kalender von Córdoba anschaulich belegt. […] Außerdem förderten die Muslime neben der Obstwirtschaft und der
5 dazugehörigen Bienenzucht auch den Anbau von Reis oder Safran. In der Viehzucht spielte die Schweinemast schon aus religiösen Gründen eine untergeordnete Rolle, dafür gewann vor allem durch die Traditionen der Berber die Schafzucht an Bedeutung, die später auch die Wirtschaft in Kas-
10 tilien besonders prägen sollte. […]
Nach orientalischem Vorbild kam es zu technischen Neuerungen. So wurde das Schöpfrad (*noria*) eingeführt. Ausgeklügelte Bewässerungssysteme unterstützten den Anbau in klimatisch nicht immer begünstigten Gebieten, die teilweise
15 durch zugehörige Kanalanlagen weitflächig mit Wasser versorgt wurden. Die Pflege von Baumkulturen gehört ebenso in diesen Zusammenhang. Neue Früchte wie Apfelsinen, Pampelmusen, Reis und Zuckerrohr wurden schon um diese Zeit in Spanien heimisch. Baumwolle baute man bei
20 Sevilla an, und in den Gegenden von Baeza, Jan und in den Alpujarras gab es sogar Seidenraupenkulturen. Trotz Warnungen des Korans vor dem Weinkonsum wurde weiterhin Wein gekeltert; Olivenöl blieb vor allem Exportprodukt. Die Ausbeutung von natürlichen Ressourcen nahm wieder zu:
25 Dies betraf Salz, Holz, Steine (zum Bau) oder Mineralien. […] Als wichtige Zentren des ökonomischen Lebens erscheinen die Städte. Besonders im 10. Jahrhundert ging hier mit wirtschaftlicher Prosperität auch die Entfaltung des geistigen Lebens einher. In den Städten wurden vor allem Luxus-
30 güter produziert, am bedeutendsten war die Textilindustrie (Seide, Brokat, Barchent, Damast), weiterhin nennen die Quellen veredelte Gerberarbeiten, Glas- und Keramikproduktion. Das Spiegelglas war um die Mitte des 9. Jahrhunderts entdeckt worden. Sogar die Papierherstellung war in
35 al-Andalus schon im 10. Jahrhundert bekannt. […]
Zu den herrscherlichen Einnahmequellen in al-Andalus traten neben die Steuern, die es sonst im westlichen Europa kaum noch gab, vielfach die Tribute benachbarter christlicher Reiche. Die eingezogenen Tribute sollen sich unter Abd
40 ar-Rahman II. von einer Million Denare auf 1600000 Denare gesteigert haben. Der zurückgegangene Handel mit dem Osten wurde so erneut intensiviert.

Klaus Herbers, Geschichte Spaniens im Mittelalter. Vom Westgotenreich bis zum Ende des 15. Jahrhunderts, Kohlhammer, Stuttgart 2006, S. 90f.

M3 Betsaal der großen Moschee von Córdoba („Mezquita"), Erweiterungsbau von al-Hakam II., 926/66, Fotografie 2000.

Die Moschee wurde 785 unter Abd ar-Rahman I. begonnen und bis 988 auf 175 × 128 m vergrößert. In der Mitte des Betsaals wurden 1523 auf Anweisung des Domkapitels 63 Säulen herausgebrochen, um eine Kathedrale zu errichten.

1. Historische Einordnung
Kalifat von Córdoba 912–1031; umfasst ca. Zweidrittel der spanischen Halbinsel, genannt al-Andalus; kluge Politik unter Abd ar-Rahman III. (Reg. 912–961); Erhebung zum Kalifat 912; Friedenszeit unter seinem Sohn al-Hakam II. (Reg. 961–976). Unter al-Mansur (Reg. 1002–1008) zahlreiche Kriegszüge, intolerante Geisteshaltung; nach 1008 Zeit der Wirren und des Bürgerkriegs; Zerfall des Reiches in Klein- und Teilreiche.

2. Problemfrage
Das Kalifat von Córdoba – eine wirtschaftliche und kulturelle Blütezeit?

3. Aspekte der Frage
- Systematisch betriebene Landwirtschaft, technisch hoch entwickelte Bewässerung, innovativer und vielfältiger Anbau von Kulturpflanzen; hoher Stand der gewerblichen Produktion in den Städten, v. a. Luxusgüter; einträglicher Fernhandel, intensive Bautätigkeit der Kalifen.
- Bewertende Formulierungen: z. B. „florierendes Städtewesen", „ausgeklügelte Bewässerungssysteme", „Prosperität" sowie die dazu genannten Belege dokumentieren eine prosperierende Wirtschaft.
- Metropole, modernste Infrastruktur, viele kulturelle öffentliche Einrichtungen, Mittelpunkt von Kunst, Wissenschaft und Bildung, weltoffene Bewohner; architektonische Symbole einer glanzvollen Zeit: Mezquita/Palast Medina az-Zahra.

Bewertungen:
- Verweis auf zeitgenössische Zeugin: „berühmte Zierde des Erdkreises". Insgesamt sehr hohes kulturelles Niveau in der Hauptstadt.
- Geregelte Steuern, funktionierender Einzug, wirtschaftliche Verwendung.
- Auswirkungen der wirtschaftlichen Prosperität im Hinblick auf gesellschaftliche Gruppen nicht differenziert; Lebensstandard der Sklaven, Landarbeiter, Hilfsarbeiter in Städten nicht angesprochen, jedoch allgemeiner Wohlstand, insbesondere für Córdoba als Stadt anzunehmen, Wohlstand der Eliten auf sehr hohem Niveau.
- Hoher Stand der Baukunst, Baumaßnahmen lösen wirtschaftliche Prozesse aus.

4. Fazit
Für damalige Zeit hohes Zivilisationsniveau, jedoch beinhalten Quellen nicht, ob alle gesellschaftlichen Gruppen davon partizipieren konnten. Blütezeit ab 1002 nachlassend, 1008–1031 zu Ende gehend.

5. Transfer
Wirtschaftliche Vernetzung durch Landwirtschaft, Handel und Produktion sowie mit dem islamischen Kulturraum, ein gemeinsamer Markt sowie eine gemeinsame kulturelle Grundlage und kultureller Austausch erlauben Rückschlüsse auf eine allgemeine Prosperität; Abhängigkeit der Blüte von politischen Rahmenbedingungen ersichtlich.

Geschichtskultur

Die Alhambra – Weltkulturerbe

Webcode:
KB644438-096

Die Alhambra, Palaststadt und Regierungssitz der Nasridenherrscher in Granada (1232–1492), kann als Höhepunkt und Ausklang der mittelalterlichen islamischen Kultur auf der Iberischen Halbinsel betrachtet werden und zählt daher seit 1984 zum Weltkulturerbe. Ihre Geschichte reicht bis ins 9. Jahrhundert zurück. Doch wird unser heutiges Bild von der im Abendlicht rötlich schimmernden Burg (arab. *al-hamra* = die Rote) von den Bauten der Blütezeit im 14. Jahrhundert bestimmt, die zeitgleich mit dem Kölner Dom, der Westminster Abbey in London oder den Rathäusern von Brügge und Prag errichtet wurden.

Von außen eine verschlossene, hoch über der Stadt liegende Festung, birgt sie im Inneren eine prächtige Ansammlung von Gebäuden und Gärten, die jährlich Millionen von Besuchern anlockt. Sie erstreckt sich über eine Länge von 720 Metern und eine Breite von 220 Metern. Einst umschlossen Mauern mit 23 Türmen die Palaststadt, die im 13./14. Jahrhundert Wohnungen, Höfe, Gärten, Bäder, Verwaltungsgebäude, Werkstätten, Kasernen, Stallungen, Gefängnisse, ein Münzamt und eine Moschee beherbergte. Die Anlage von Zisternen und Aquädukten schuf die Voraussetzung für eine ausreichende Wasserversorgung.

Im Zuge der Reconquista wurde unter Karl V. (Reg. 1519–1556) ein kaiserlicher Palast direkt neben den maurischen Repräsentationsräumen errichtet, außerdem wurden das Kloster San Francisco und die Kirche Santa Maria an der Stelle der Moschee erbaut. Das übrige Bauensemble blieb jedoch weitgehend erhalten.

Seit Anfang des 18. Jahrhunderts verfiel die Alhambra zunehmend. Während der Besetzung Spaniens durch die Franzosen richteten die napoleonischen Soldaten das Bewässerungssystem und die Gärten wieder her, sprengten aber bei ihrem Rückzug Teile der Alhambra, um zurückgelassene Munition nicht in die Hände der Spanier fallen zu lassen. Seitdem man die Alhambra im 19. Jahrhundert wiederentdeckte, finden Restaurierungs- und Instandsetzungsarbeiten statt.

1 ■ Recherchieren Sie im Internet das Konzept des Welterbes, speziell des Weltkulturerbes, im Hinblick auf seine historischen Anfänge, seine Begründungen und seine organisatorische Ausprägung.
2 ■ Präsentieren Sie Ihre Ergebnisse als Vortrag.

M1 Die Alhambra in Granada, Regierungssitz des Sultans, Fotografie, 1999

Präsentationsvorschlag

Die Alhambra als islamisches Baudenkmal – Symbol des Paradieses? Beschreiben und deuten Sie
a) den Löwenhof,
b) die Mukarnaskuppeln, Wanddekorationen und Säulengestaltung an ausgewählten Beispielen oder
c) den Generalife.

Literaturtipps:
Rolf Legler, Das gebaute Paradies, Die Alhambra, in: ders., Andalusien. Maurische Pracht in Spaniens Süden, Belser, Stuttgart 2006, S. 82 ff.
Jesus Bermudez Lopez, Die Alhambra, in: Markus Hattstein, Peter Delius (Hg.), Islam und Architektur, Könemann, Köln o. J., S. 278 ff.

M2 Der Journalist Rainer Traub zur Haltung der Spanier gegenüber dem muslimischen Erbe, 1998

„Eres parte del Legado. Vivelo", mahnt ein von der Regionalregierung autorisiertes Plakat, das dem Andalusien-Reisenden überall wieder begegnet: „Du bist Teil deines Erbes. Lebe es!" In Spanien ist die Idee, dass zu diesem Erbe vor allem die hispano-muslimische Kultur gehören könnte, alles andere als selbstverständlich. Nach dem Triumph der christlichen Reconquista wurden hier, in einer nationalen Selbstverstümmelung ohnegleichen, nicht nur Muslime und Juden zur Konversion gezwungen oder außer Landes gejagt, ihre Bücher verbrannt, ihre Gotteshäuser und ihre Kunstwerke zerstört. Die Sieger diktierten auch eine Geschichtsschreibung, welche die Ära einer glanzvollen Symbiose dreier Religionen und Kulturen aus dem kollektiven Gedächtnis tilgte. Das ewige Wesen Spaniens, so lautete fortan das spanische Credo, sei unberührt vom Islam geblieben; der Angriff der „Sekte Mohammeds" auf die christliche Gesittung eines abendländischen Volkes sei mit Gottes Hilfe zurückgeschlagen worden.
Generalissimus Franco brachte die Mission seines Landes auf die Formel, „dass uns Europa das Leben schuldet. Denn Spanien war der europäische Wellenbrecher, an dem die größte Gefahr aller Zeiten zerbrach: die islamische Flut". Bis zum Tode des Diktators im Jahre 1975 wurde dieses Zerrbild der eigenen Vergangenheit als spanische Geschichte ausgegeben. [...] Erst das demokratische Spanien begann vor 20 Jahren endlich, sein Verhältnis zur Geschichte des eigenen Landes zu revidieren.

Rainer Traub, Andalusische Spurenlese, in: Spiegel special Nr. 1, 1998: „Rätsel Islam", S. 88.

1 ■ Analysieren Sie, welche Positionen das offizielle Spanien nach der Reconquista gegenüber dem kulturellen muslimischen Erbe bezogen hat.
2 ■ Charakterisieren Sie das jeweilige kulturelle Selbstverständnis.
3 ■ Setzen Sie sich kritisch mit dem Selbstverständnis vor der Demokratisierung auseinander.

M3 Allgemeine Erklärung zur kulturellen Vielfalt der 31. UNESCO-Generalkonferenz, 2001

Artikel 1 – Kulturelle Vielfalt: das gemeinsame Erbe der Menschheit
Im Laufe von Zeit und Raum nimmt die Kultur verschiedene Formen an. Diese Vielfalt spiegelt sich wider in der Einzigartigkeit und Vielfalt der Identitäten, die die Gruppen und Gesellschaften kennzeichnen, aus denen die Menschheit besteht. Als Quelle des Austauschs, der Erneuerung und der Kreativität ist kulturelle Vielfalt für die Menschheit ebenso wichtig wie die biologische Vielfalt für die Natur. Aus dieser Sicht stellt sie das gemeinsame Erbe der Menschheit dar und sollte zum Nutzen gegenwärtiger und künftiger Generationen anerkannt und bekräftigt werden.
Artikel 2 – Von kultureller Vielfalt zu kulturellem Pluralismus
In unseren zunehmend vielgestaltigen Gesellschaften ist es wichtig, eine harmonische Interaktion und die Bereitschaft zum Zusammenleben von Menschen und Gruppen mit zugleich mehrfachen, vielfältigen und dynamischen kulturellen Identitäten sicherzustellen. Nur eine Politik der Einbeziehung und Mitwirkung aller Bürger kann den sozialen Zusammenhalt, die Vitalität der Zivilgesellschaft und den Frieden sichern. Ein so definierter kultureller Pluralismus ist die politische Antwort auf die Realität kultureller Vielfalt. Untrennbar vom demokratischen Rahmen führt kultureller Pluralismus zum kulturellen Austausch und zur Entfaltung kreativer Kapazitäten, die das öffentliche Leben nachhaltig beeinflussen.
Artikel 3 – Kulturelle Vielfalt als Entwicklungsfaktor
Kulturelle Vielfalt erweitert die Freiheitsspielräume jedes Einzelnen; sie ist eine der Wurzeln von Entwicklung, wobei diese nicht allein im Sinne des wirtschaftlichen Wachstums gefasst werden darf, sondern als Weg zu einer erfüllteren intellektuellen, emotionalen, moralischen und geistigen Existenz.

http://www.unesco.de/erklaerung_vielfalt.html (Download vom 23. September 2013); nicht-offizielle Übersetzung durch das Sekretariat der Kultusministerkonferenz und die Deutsche UNESCO-Kommission (revidierte Textfassung vom 8. Juli 2002).

1 ■ Analysieren Sie, wie in der Erklärung die Vielfalt der menschlichen Kultur bewertet wird
2 ■ Untersuchen Sie, wie der Zusammenhang von Identität und kultureller Vielfalt gesehen wird.
3 ■ **Geschichte produktiv:** Setzen Sie sich mit dem Gedanken eines vielfältigen Weltkulturerbes und mit der Arbeit der UNESCO im Rahmen einer Podiumsdiskussion auseinander.

2.5 Das Osmanische Reich – auf dem Weg in die Moderne?

Leitfragen:
Wie gestaltete sich das Verhältnis zwischen dem Osmanischen Reich und dem lateinischen Westen in der Frühen Neuzeit?
Wie entwickelte sich das Verhältnis zu den europäischen Großmächten mit Beginn des 19. Jahrhunderts?

Istanbul
Erst seit 1930 heißt Konstantinopel offiziell Istanbul.

Janitscharen
Seit dem 14. Jahrhundert wurden im Rahmen der „Knabenlese" christliche Jungen im Alter von 10 bis 14 Jahren rekrutiert. Sie wurden im Palast und in den Provinzen islamisch erzogen, sorgfältig für den Staats- und Militärdienst ausgebildet und erhielten Zugang zu den höheren Staatsämtern bis hin zum Amt des Großwesirs. Auf diese Weise entstand eine enge Bindung an die Politik des Sultans. Nach 1650 wurde dieser Brauch aufgegeben.

Wilajets
Kleinere Verwaltungseinheiten, die in Sandschaks, geführt von Sandschakbegs, unterteilt waren. Beglerbegs und Sandschakbegs hatten sowohl die politische als auch die militärische Hoheit inne.

Vom turkmenischen Emirat zum Osmanischen Reich

Das Osmanische Reich entwickelte sich um 1300 allmählich aus dem Stammesgebiet eines islamisierten Turkvolkes: Seldschuken (s. S. 81) waren im 11. Jahrhundert bis nach Anatolien vorgedrungen und hatten dort das Reich der Rumseldschuken gegründet. Dieses zerfiel um 1250 in verschiedene Emirate (Kleinfürstentümer). **Osman** (Reg. ca. 1281–1326), einer dieser Emire, wurde zum **Begründer der osmanischen Dynastie**. Seine Nachfolger weiteten den osmanischen Einfluss aus. 1453 eroberte Sultan Mehmed II. (Reg. 1451–1481) Konstantinopel. Dies bedeutete das Ende des Byzantinischen Reiches und erhob das Osmanische Reich zu einer **Großmacht**. Konstantinopel, seitdem auch **Istanbul*** genannt, wurde zur neuen Hauptstadt. Nach den Eroberungen Ägyptens und der Arabischen Halbinsel mit den heiligen Stätten Mekka und Medina übernahmen die türkischen Sultane ab 1517 den Titel des Kalifen und konnten sich als die höchste geistliche und weltliche Autorität der Sunniten betrachten. Unter Sultan Süleyman I. (Reg. 1520–1566) erlebte der hoch entwickelte Vielvölkerstaat eine **kulturelle Blütezeit**. Die Großmachtstellung konnte bis zum Ende des 17. Jahrhundert weiter ausgebaut werden (M 1). Das Osmanische Reich stieg zur **stärksten Seemacht im Mittelmeerraum** auf und beseitigte die Vormachtstellung der Venezianer und Genueser. Die österreichischen Habsburger verloren durch die Niederlage in der Schlacht bei Mohacs 1526 große Teile Ungarns, 1541 Siebenbürgen (im heutigen Rumänien). 1529 bedrohten die Türken erstmals die Stadt Wien. Trotz wiederholter Versuche der Habsburger, die lange Grenze gegen Einfälle der Türken zu schützen und die verlorenen Gebiete zurückzuerobern, konnten kaum Fortschritte erzielt werden. Diese Versuche waren an eine intensive antitürkische Publizistik und Propaganda gekoppelt, um die Reichsstände zur Finanzierung der hohen Kriegskosten zu bewegen. Erst **1683** führte der zweite Versuch, Wien zu erobern, zu einer **Niederlage der Osmanen in der Schlacht am Kahlenberg**. Ein von dem Polenkönig Johann III. Sobieski und Herzog Karl V. Leopold von Lothringen geführtes Heer beendete die Belagerung der kaiserliche Residenzstadt.

Der osmanische Staat

Innerhalb des osmanischen Staates hatte das **stehende Heer** großen Einfluss. Es bestand zum einen aus muslimischen Untertanen, die für ihre Dienste als gepanzerte Reiter zu ihrer militärischen Ausstattung und für ihren persönlichen Unterhalt **Timare**, d. h. bewirtschaftete Landgüter, erhielten (Provinzialaufgebot). Die zweite Säule bestand aus den Janitscharen* als Fuß- und Elitesoldaten der Zentraltruppe. In der ersten Hälfte des 16. Jahrhunderts zählten zur Armee etwa 200 000 Provinzsoldaten sowie 20 000 Janitscharen.

Die Macht des **Sultans** war kaum beschränkt. Er hatte die Kontrolle über den Boden und bestimmte über Leben und Tod, war jedoch an die Prinzipien des Religionsgesetzes gebunden. Der Herrscher entwickelte auch ein **eigenes weltliches Recht**, *Kanun* genannt. Die Führung der staatlichen Politik lag beim **Großwesir**. Ihm zur Seite standen die obersten Finanzbeamten, Richter, Heerführer und der Staatskanzler. Ab der Zeit Süleymans I. bildeten diese den Reichsrat, den **großherrlichen Diwan**, an dessen Beratungen der Sultan selbst nur noch selten teilnahm. Der Staat war nach Provinzen, Wilajets*, geleitet von Großgouverneuren, Beglerbegs, gegliedert.

| Wirtschaft und Gesellschaft | Die Grundlage der Ökonomie bildete die **Landwirtschaft**. Der im Staatsbesitz befindliche Boden wurde |

einerseits zur Bezahlung der Soldaten und Beamten vergeben. Andererseits wurde er als Staatsdomäne des Sultans genutzt. Die **Bauern** waren als Pächter zwar an die Scholle gebunden, jedoch im Übrigen **persönlich frei**. Handel und Handwerk konzentrierte sich auf die städtischen Zentren. Mehmed II. sicherte dem Osmanischen Reich mit der Eroberung von Trapezunt und der Oberhoheit über die Krimtataren (1475) die **Kontrolle über die Fernhandelswege** im Schwarzmeergebiet mit dem aufblühenden Konstantinopel als Zentrum. Sein Nachfolger Selim I. (Reg. 1512–1520) gewann durch die Eroberung des Mamlukenreiches (s. S. 68) die einträglichen Provinzen Syrien und Ägypten. Seit 1517 dirigierten die Osmanen von Aleppo, Kairo und Damaskus aus den Handel mit Arabien und Asien, ein Handel, der auch nach der Entdeckung des Seeweges nach Indien durch den Portugiesen Vasco da Gama (1498) einträglich blieb. Die Zolleinnahmen aus dem Fernhandel waren wichtige Posten in der Staatskasse.

Kaufleute, Handwerker und Bauern waren zu Abgaben verpflichtet, wohingegen die Schicht der Herrschenden, die Beamten und Soldaten, aus steuerfreien Personen bestand. Abgaben und Steuern wurden in der Regel von Steuerpächtern eingezogen. Ein einflussreiches Bürgertum sowie eine Aristokratie gab es im Osmanischen Reich nicht. Die nichtmuslimischen Religionsgemeinschaften waren als **Millets*** in Glaubens- und Religionsfragen autonom, vom Militärdienst befreit und verfügten über eine eigene Gerichtsbarkeit. **Sklaven** wurden meist als Haussklaven oder in der Landwirtschaft eingesetzt, jedoch war die Sklaverei nach 1850 offiziell verboten.

Millets
arab. *Milla* = Religionsgemeinschaft; Minderheiten waren entsprechend ihrer Religionszugehörigkeit (Juden oder Christen) als Millets organisiert und anerkannt. Die orthodoxen Christen stellten das größte Millet. Schiiten und andere muslimische Richtungen besaßen dagegen keinen besonderen Status.

M1 Das Osmanische Reich 1326 bis in die Zeit seiner größten Ausdehnung 1683

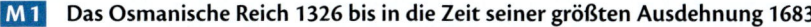

Die Heilige Liga

Bündnis gegen das Osmanische Reich zwischen dem Heiligen Römischen Reich, Polen-Litauen, der Seerepublik Venedig und kleineren christlichen Monarchien, ab 1686 auch mit Russland; 1684 durch die Vermittlung von Papst Innozenz XI. auf Initiative von Kaiser Leopold I. geschlossen. Frankreich und Schweden blieben potenzielle Verbündete der Osmanen, England und die Niederlande hielten sich zurück.

M2 August der Starke (Reg. 1694–1733) als Sultan, Zeichnung, unbekannter Künstler, 1697

M3 Fortschrittliche Frauenvereine propagierten eine neue Kleidung, hier trägt eine Frau den *Yasmak,* einen leichten Gazeschleier, undatierte Fotografie

Tanzimat

türkische Bezeichnungen für Anordnungen; Periode der Reformen zwischen 1839–1876

Der Aufstieg der österreichischen Habsburger

Nach der Schlacht am Kahlenberg bildete sich unter Papst Innozenz XI. 1684 eine „Heilige Liga*", sodass sich die Osmanen im Großen Türkenkrieg (1683–1699) in einen Vielfrontenkrieg verwickelt sahen. Durch die Friedensschlüsse von Karlowitz (1699) und Belgrad (1739) etablierten sich die österreichischen Habsburger als europäische Großmacht. Sie sicherten sich die ungarische Krone, Siebenbürgen sowie größere Teile von Kroatien, Slowenien und das Banat. Die russische Zarin Katharina II. (1762 bis 1796) begründete nach den türkischen Kriegen von 1768–1774 und 1787–1792 durch die Friedensschlüsse von Kütschück Kainardschi (1774) und Jassy (1792) die Herrschaft Russlands über das Schwarze Meer. Mit den habsburgischen Rückeroberungen wandelt sich das Türkenbild. Es wurde Mode, türkische Feste an den Höfen auszurichten. Aus dem blutrünstigen und grausamen Feind wurde nun ein faszinierender Orientale, der in einer Welt des Luxus, der Muße und der Sinneslust lebte.

Innenpolitische Ursachen des Niedergangs

Da der osmanische Staat auf dem Timarsystem (s. S. 98) beruhte, konnte er mit dem Ende der Expansion das stetig wachsende Heer nicht mehr angemessen mit Land versorgen. Weil in der Folge die Timare verkleinert und von den Bauern größere Abgaben gefordert wurden, kam es mit der Zeit zu starken Krisensymptomen. Einerseits verließen die Bauern wegen drückender Abgaben die Timare, andererseits konnten und wollten Reitersoldaten ihren Dienst wegen zu geringer Mittel nicht mehr ausüben. Aus der Gruppe der Steuerpächter entstand eine neue Schicht von Großgrundbesitzern, die sich teils auf illegale Weise Land aneigneten, hohe Provinzämter übernahmen und als sogenannte Talfürsten zu einer Gefahr für die Zentralgewalt wurden. Seit dem 17. Jahrhundert wurden auch die Janitscharen zu einem Risikofaktor, da sie zur Wahrung ihrer Privilegien häufig revoltierten und Herrscher ein- und absetzten. Die Krise wurde durch unfähige Sultane verschärft. Der osmanische Staat verharrte in veralteten Strukturen, während gleichzeitig um 1760 von England aus die Industrialisierung einsetzte, durch die Französische Revolution von 1789 (s. S.134ff.) Signale für eine Demokratisierung ausgesandt und das Zeitalter des Nationalismus eingeläutet wurden. Die technischen Errungenschaften und der Industriekapitalismus führten im Zeitalter des Imperialismus ab 1870 zu einer Expansion der europäischen Mächte. Im Osmanischen Reich führten die hohen Kriegskosten zu einem Staatsdefizit, das sich durch einen Rückgang der Produktivität verschärfte, da der osmanische Export seit dem 18. Jahrhundert v. a. aus Rohstoffen, z. B. aus Getreide und Baumwolle bestand.

Reformversuche im Osmanischen Reich

Gegenüber diesen europäischen Entwicklungen geriet das Osmanische Reich machtpolitisch immer stärker ins Hintertreffen und mit Beginn des 19. Jahrhunderts in immer größere Abhängigkeit von den europäischen Großmächten. Solange die europäischen Großmächte eine Gleichgewichtspolitik verfolgten, waren sie daran interessiert, „den kranken Mann am Bosporus" – diese Formulierung des russischen Zaren Nikolaus I. wurde ab 1828 zu einem geflügelten Wort – am Leben zu erhalten. In dieser Situation kam es im Osmanischen Reich zu Reformversuchen. 1826 ließ Sultan Mahmud II. (Reg. 1808–1839) die Janitscharen blutig unterdrücken und ausschalten. Gleichzeitig wurde das Timarsystem abgeschafft. Nach dem Verlust Griechenlands im griechischen Unabhängigkeitskampf 1830 sowie vor dem Hintergrund der Anerkennung der Autonomie Ägyptens begann unter Sultan Abdülmecid I. (Reg 1839–1861) die Reformperiode der Tanzimat* (M 10) – entscheidend vorangetrieben durch den Großwesir Mustafa Reschit Pascha (Reg. 1815–1869) und eingeleitet durch das Reformedikt von Gülhane von 1839. In der Folgezeit wurde das Heer nach europäischem Vorbild reformiert und eine allgemeine Dienstpflicht für fünf Jahre eingeführt. Anstelle des Steuerpachtsystems wurden Steuersätze festgelegt. Die Provinzialverwaltung zentralisierte man nach französischem Muster, um den Einfluss mächtiger Lokalherren zu beschneiden. 1856 wurde das Reformedikt von Gülhane durch ein weiteres großherrliches Edikt bekräftigt und erweitert (M 9). Ausdrücklich garantierte der Friedensvertrag von Paris 1856, der den Krimkrieg (1853–1856) beendete, den Fortbestand des Osmanischen Reiches mit dem Hinweis auf das Reformwerk.

M 4 Enver Pascha, jungtürkischer Kriegsminister während des Ersten Weltkriegs, Fotografie, um 1915

Das Eiserne Kreuz zeigt die Verbundenheit mit dem preußisch-deutschen Militär.

Folgen der Reformen

Diese **Öffnung nach Europa** war jedoch mit wirtschaftlichen Zugeständnissen verbunden. Den europäischen Mächten wurden Handelsprivilegien eingeräumt, sodass der osmanische Markt mit europäischen Billigwaren überschwemmt wurde, was beispielsweise zum Zusammenbruch der anatolischen Seidenwarenproduktion führte. Zunehmende Verschuldung durch Kriege oder Modernisierungsmaßnahmen, aber auch Misswirtschaft und Korruption führten 1875 zum **Staatsbankrott**, der nur mithilfe der europäischen Großmächte überwunden werden konnte, wodurch die ungleichen Wirtschaftsbeziehungen jedoch keineswegs beseitigt wurden.
Im Jahre 1876 verkündete Sultan Abdülhamid II. (Reg. 1876–1908) die **erste osmanische Verfassung**, ausgearbeitet von dem reformbereiten und in Europa geschulten Großwesir Midhat Pascha. Dieser wollte die europäischen Mächte angesichts der Unabhängigkeitsbestrebungen der osmanischen Balkanprovinzen auf seine Seite ziehen. Der Versuch misslang. Auf dem **Berliner Kongress von 1878** verlor das Osmanische Reich fast alle seine europäischen Besitzungen: Serbien, Rumänien und Montenegro wurden unabhängig, Bulgarien autonom und Bosnien sowie Herzegowina wurden von Österreich besetzt. Der Sultan setzte daraufhin die Verfassung 1878 wieder außer Kraft, wurde aber durch die nun im Land entstehende **jungtürkische Bewegung*** 1908 zur Wiedereinsetzung der Verfassung gezwungen und musste dem Parlament größere Rechte zugestehen.
Der nationalistische Flügel der Jungtürken setzte Mehmed V. (Reg. 1909–1918) als Sultan ein und übernahm die Regierung. Diese Krise nutzten Österreich, um Bosnien und Herzegowina zu annektieren, und Bulgarien, um sich zum unabhängigen Königreich zu erklären (M 11). Die Jungtürken etablierten nach den territorialen Verlusten in den Balkankriegen von 1912/13 ein autoritäres Regime, das an der Seite des Deutschen Reiches in den **Ersten Weltkrieg** eintrat, mit Enver Pascha als General an der Spitze. Durch die Niederlage der Mittelmächte gehörte das Osmanische Reich 1918 zu den **Verlierern des Krieges**, was sein Ende herbeiführte.

Jungtürken
Bezeichnung für die Oppositionsbewegung gegen das autoritäre Regime Abdülhamids II. mit einer nationalistischen und einer liberalen Richtung: Die Nationalisten erstrebten einen republikanischen, zentralistischen und laizistischen türkischen Nationalstaat. Die Liberalen setzten sich für die konstitutionelle Monarchie, föderale Strukturen und den Islam als Staatsreligion ein. Beide Richtungen wurden vom Sultan scharf bekämpft.

Webcode:
KB644438-101

1 ■ Skizzieren Sie den Aufstieg des Osmanischen Reiches zu einer hegemonialen Macht und beschreiben Sie die Beziehungen zwischen dem Osmanischen Reich und seinen europäischen Gegnern bis zum Frieden von Belgrad.
2 ■ Untersuchen Sie die Gründe für den Machtverlust des Osmanischen Reiches.
3 ■ Erklären Sie die Redewendung vom „kranken Mann am Bosporus" und erläutern Sie die Reformen der Tanzimatperiode.

Von der Türkenfurcht zur Türkenmode

M5 Der österreichische Historiker Karl Vocelka zum türkischen Feindbild, 2010

Die Osmanen waren nicht nur reale, militärische Gegner, gegen die man Armeen ins Feld schickte, sondern wurden von Staat und Kirche auch in besonderer Weise diffamiert. Sie waren der „Erbfeind der Christenheit", die „Geißel Gottes
5 zur Strafe der Sünden der Christenheit" und man bekämpfte sie nicht nur durch reale Waffen, sondern auch durch geistliche. Gebete und Prozessionen gegen die Türkengefahr waren an der Tagesordnung. Dieses Türkenbild des Abendlandes war sehr stark vom Christentum geprägt. Die Osma-
10 nen waren Muslime, im Sinne der Christen also „Ungläubige" – was übrigens genau den Bezeichnungen der Christen vonseiten der Osmanen entsprach. Der Kampf gegen sie wurde immer wieder in die Nähe der Kreuzzüge gerückt, was letztlich auch damit zu tun hatte, dass sich das Heilige
15 Land in der Hand der Osmanen befand. Kreuzzugspläne wurden von den spanischen Habsburgern geschmiedet, allerdings haben sich die österreichischen Habsburger dabei bedeckt gehalten. In der Propaganda der Zeit hat man allerdings gerne auf solche Vorstellungen zurückgegriffen und
20 den ideologischen Konflikt besonders betont.
Zunächst einmal ist die Tatsache wichtig, dass man die Osmanen als religiöse Feinde bekämpfen konnte und musste. Zu dieser Ablehnung als Andersgläubige trat nun eine besondere Uminterpretierung im Rahmen der europäischen
25 Beurteilung der Osmanen, die vor allem durch die Reformation in Mitteleuropa heftig angeheizt wurde. Die Theologen, allen voran der Reformator Martin Luther, sahen in den Osmanen zunächst einmal nicht eine weltliche Macht, die auch als solche zu bekämpfen gewesen wäre, sondern eine
30 Strafe für die Sünden der Christenheit, eine Zornrute Gottes, die nicht militärisch, sondern moralisch bekämpft werden musste.

Karl Vocelka, Erblande gegen Erbfeind. Die österreichischen Länder und das Osmanische Reich in der Frühen Neuzeit, in: Gabriele Haug-Moritz/Ludolf Pelizaeus (Hg.), Repräsentationen der islamischen Welt im Europa der Frühen Neuzeit, Aschendorf, Münster 2010, S. 45 f.

1 ■ Analysieren Sie in M 5, welche Ausprägungen das türkische Feindbild angenommen hat.
2 ■ Erläutern Sie den Bezug auf die Kreuzzugsideologie und die Auswirkungen dieser ideologischen Verknüpfung.
3 ■ Erklären Sie die Gründe für die Instrumentalisierung des Feindbildes.

M6 Aus einer frühneuzeitlichen Flugschrift, Prag, 1593

Drey varhafftige newe Zeitung: Die erste/Des grawsamen Erbfeindes des Türckens/welche er vor kurtzer Zeit in Persien an der Stadt Morehel begangen/und vher 20tausent Menschen jämmerlich ermordet.

Doch haben die Türckischen Hundt/den Sieg erhalten zu
5 der stundt/[...] was noch bey leben waren/habens gefangen genommen an/ihnen vbel mit gefahren. Die Kinder vnter zehen Jahren/habens gebunden bey den Haaren/gehenckt wol an die Pfosten, darnach mit Pfeilen zu der frist/sie jämmerlich erschossen. Was Weibs Personen anbelangt/denen
10 habens than grossen Zwang/sie geschendt an jhren Ehren/ die darnach bunden an die Säul/jämmerlich thun ermorden. Die Brüst geschnitten von ihrem Leib/wann sie hatten ein schwangers Weib/haben den Leib auffgerissen/die Frucht genommen an dem End/vnd an die Wand geschmis-
15 sen.

Karl Vocelka, Erblande gegen Erbfeind. a. a. O., S. 46 f.

M7 Aus einer frühneuzeitlichen Flugschrift, ohne Ortsangabe, 1602

Newe Zeitung und Trawrlied. Von dem Erbärmlichen Verlust, der Königlichen Statt und Vöstung Stulweissenburg, in nider Ungern, wie die von dem Erbfeind Christlichen Nahmens, dem Türggen [...] erobert worden ist

Der Gebot Gottes man bricht acht/sein Nam gelästert wirdt
5 mit macht/von Frawe und von Mann. Jedermann bey dem schwert vnd flucht/on allen scheuch/ gottloß verrucht. Geitz/Wucher vnd Bettriegerey/vnzüchtig wesen/Rauberey/die Hoffart vnd der Pracht. [...] Weil dann kein Buß verhanden ist/so strafft auch Gott zu dieser frist/mit mancher schwö-
10 ren Plag. Deßwegen kompt der Türgg herauß/der thut Tyrannisch halten Hauß.

Karl Vocelka, Erblande gegen Erbfeind. a. a. O., S. 50 f.

1 ■ Vergleichen Sie M 6 und M 7 im Hinblick auf das eingesetzte Feind- und Selbstbild.
2 ■ Erläutern Sie die Feindbilder unter Bezug auf M 5.
3 ■ Diskutieren Sie unter Berücksichtigung von M 5 bis M 7 die Problematik von Feindbildern.

M8 Die Historikerin Elisabeth Mikosch über die Hochzeitsfeierlichkeiten zur Vermählung des sächsischen Kurfürsten 1719, 1995

Der sächsische Kurprinz Friedrich August (II.) heiratete 1719 die österreichische Erzherzogin Maria Josepha, Tochter des habsburgischen Kaisers. 1718 hatte sein Vater, August der Starke, 3 900 Mann auf den Balkan zur Unterstützung des Kaisers in seinem Kampf gegen die Osmanen geschickt.
Wie sehr sich das Verhältnis zu den Osmanen in dieser Zeit verändert hatte, wird schon am Anfang der Hochzeit von

1719 deutlich, die in Wien vollzogen wurde. Der türkische Großbotschafter, der sich in Wien aufhielt, um den Frieden von Passarowitz (1718) zu bestärken, gehörte zu den geladenen Gästen und erschien mit einem Gefolge von zehn Personen bei dem großen Hochzeitsbankett am 20. August 1719 in der Favorita bei Wien. Ibrahim Pascha wurde dabei mit besonderer Aufmerksamkeit vonseiten des Kaisers und des Brautpaares bedacht. Sie schickten „einige Bouquets von Zucker, auch die kostbarsten Wasser von der Tafel" hinauf in seine mit rotem Damast ausgestattete Loge. [...]
Bei ihrer Ankunft mit dem Schiff vor Dresden am 2. September 1719 wurde Maria Josepha mit türkischer Pracht empfangen. Der König hatte eigens neun „vortreffliche Türckische Gezelte" am Ufer für den Empfang aufstellen lassen. Als er nach der Begrüßung ins Schloss zurückkehrte, ging vor dem König eine mit „Harnisch und Helm angethane Person". Sie trug einen Rossschweif, das Zeichen hoher osmanischer Würdenträger und des Sultans. An der Seite des Königs gingen vier „Hussiers, so gebohrene Türcken, von ungemeiner Länge, in ihrem National-Habit, von köstlichem goldenen Stück, und auf denen Häuptern die schönsten Türckischen Bünde tragend". Bei dem anschließenden großen Einzug der Braut in die Stadt Dresden wurden 24 königliche türkische Handpferde als Begleitung der polnischen Suite mitgeführt. Sie waren mit kostbarsten türkischen Sätteln, Zaumzeugen und Handdecken ausgestattet. [...]

Elisabeth Mikosch, Ein Serail für die Hochzeit des Prinzen, in: Kunst und Ausstellungshalle der Bundesrepublik und Staatliche Kunstsammlung Dresden (Hg.), Im Lichte des Halbmonds. Das Abendland und der türkische Orient, Edition Leipzig, Leipzig, 1995, S. 235–238 und 241–243.

1 ■ Untersuchen Sie den Wandel im Fremd- und Selbstbild, der mit dem Aufkommen der Türkenmode eingetreten ist. Beziehen Sie M 2 mit ein.
2 ■ Erläutern Sie den historischen Zusammenhang, in dem die Türkenmode entstanden ist.
3 ■ Setzen Sie sich mit der neuen Sicht auf den Anderen kritisch auseinander.
4 ■ **Geschichte produktiv**: Gestalten Sie einen Beitrag (Text und Musik): Mozarts „Die Entführung aus dem Serail" – ein osmanischer Opernstoff und türkische Musik?

Zu den Reformmaßnahmen ab 1839

M 9 „Großherrliches Handschreiben" vom 18. Februar 1856 aus der Regierungszeit Abdülmecids

Wenn auch der Wohlstand und Reichtum unseres Landes und Volkes stetig in Zunahme begriffen ist, so ist es doch unser gerechter Wunsch, die nützlichen Reformen, die wir bisher erlassen und verkündet haben, von Neuem zu bekräftigen und zu vermehren, damit unser ruhmvolles Reich zu jener Vollkommenheit gelangt, welche seinem Glanz und seiner hervorragenden Stellung unter den zivilisierten Staaten gebührt. Durch die lobenswerten patriotischen Bemühungen aller unserer Untertanen und die wohlwollende Unterstützung und Förderung seitens der Großmächte, welche unsere edlen und aufrichtigen Verbündeten sind, wurden mithilfe Gottes die erhabenen Rechte unseres ruhmvollen Reiches im Ausland im hohen Maße gekräftigt. Da infolgedessen diese Epoche für unser ruhmvolles Reich der Beginn einer Periode der Wohlfahrt sein wird, so machen es uns die hochherzigen Gefühle, die wir für unser Volk hegen, zur Pflicht, fortwährend jene Mittel zu vervollkommnen, die auch im Innern die Macht unserer erhabenen Herrschaft stärken und den Wohlstand unserer kaiserlichen Länder und das vollkommene Glück aller Klassen unserer Untertanen, die vor unseren gerechten und väterlichen Augen gleich und untereinander durch die innigen Bande der Vaterlandsliebe verbunden sind, zur Folge haben werden.

1. Die Sicherheiten, welche allen Untertanen ohne Unterschied der Religion und Sekte, durch das Schreiben von Gülhane[1] und die nützlichen Reformen zur Sicherheit ihres Lebens und Vermögens und zum Schutze der Ehre versprochen und gewährt worden sind, werden hiermit erneuert und bestätigt; es werden wirksame Maßregeln ergriffen werden, damit diese Sicherheiten ihre volle und ganze Wirksamkeit so äußern. [...]

8. Da der Kultus jeder Religionsgemeinschaft und Sekte, die in unseren wohlbehüteten Ländern vorhanden sind, frei ausgeübt wird, kann niemand unserer Untertanen an der Ausübung jener Religion, der er angehört, gehindert oder wegen dieser Ausübung gedrückt oder verfolgt werden. Niemand wird gezwungen, seine Religion oder seinen Glauben zu wechseln.

9. Die Wahl und Ernennung der Beamten und Angestellten unseres erhabenen Reiches ist von unserer kaiserlichen Genehmigung und Sanktion abhängig. Da allen unseren Untertanen ohne Unterschied der Nationalität die Staatsämter zugänglich sind, so werden sie gemäß den Vorschriften, die für alle Gültigkeit haben werden, in jenen Ämtern angestellt, für die sie befähigt und geeignet sind. [...]

15. Wie die Gleichheit der Steuern eine Gleichheit der übrigen Lasten im Gefolge hat, so rufen gleiche Rechte auch gleiche Pflichten hervor. Daher werden die Christen und die übrigen nichtmuslimischen Untertanen ebenso wie die muslimische Bevölkerung sich jenen Bestimmungen unterwerfen müssen, die in letzter Zeit für die Beteiligung am Militärdienst erlassen worden sind. [...]

17. Da die Gesetze über den Kauf, Verkauf und Besitz von Liegenschaften für alle Untertanen gleich sind, so wird auch den Ausländern gemäß den Vereinbarungen, die zwischen unserer hohen Regierung und den fremden Staaten getroffen werden, die Erlaubnis zum Besitz von Liegenschaften erteilt, wenn sie die Gesetze unseres Staates und die ortspo-

lizeilichen Vorschriften befolgen und dieselben Steuern zahlen wie die eingeborene Bevölkerung. […]

18. Die allen unseren Untertanen auferlegten Steuern und Abgaben werden aufgrund desselben Titels ohne Rücksicht auf die Klasse und Religion erhoben.

Andreas Meier (Hg.), Der politische Auftrag des Islam, Peter Hammer Verlag, Wuppertal 1994, S. 60ff.

1 Schreiben von Gülhane (1839): Das Edikt garantierte den Untertanen die volle Sicherheit ihres Lebens, ihrer Ehre und ihres Vermögens. Die Steuern wurden gerecht und geregelt festgesetzt und der Wehrdienst einheitlich geregelt.

1 ▪ Analysieren Sie M 9 im Hinblick auf die von der Regierung propagierten Zielsetzungen und angestrebten Neuerungen.
2 ▪ Erläutern Sie die einzelnen Punkte vor dem Hintergrund der bisherigen gesellschaftlichen und staatlichen Strukturen des Osmanischen Reiches.
3 ▪ Beurteilen Sie, ob und inwieweit europäische Demokratievorstellungen in dem Handschreiben zum Ausdruck kommen.

M 10 Der Historiker Udo Steinbach über die Bedeutung der Tanzimat, 2003

Dem wachsenden äußeren Druck, dem sich seit 1798, dem Jahr der Besetzung Ägyptens durch französische Truppen unter Napoleon, auch Frankreich anschloss, und der anhaltenden inneren Schwäche suchte die Hohe Pforte[1] seit dem Beginn des 19. Jahrhunderts durch Reformen zu begegnen. Begonnen wurde die Serie durch einschneidende Reformen des Militärwesens, die das Ziel hatten, die osmanische Armee an europäischen Vorbildern auszurichten. Die Janitscharen machten den Versuch, die Maßnahmen zu verhindern, und setzten 1807 den fortschrittlichen Sultan Selim III. (seit 1789) ab. Nach kurzem Zwischenspiel setzte Mahmut II. (1808–1839) das Werk fort, wobei es ihm gelang, das herkömmliche Janitscharenkorps auszuschalten. Neben die Reform des Heerwesens traten in den folgenden Jahrzehnten Reformen im Bereich der Verwaltung, des Rechtswesens und der Schulbildung. Insgesamt sollten sich diese als nicht weitreichend genug erweisen. Sie waren nur punktuell und führten nicht zu einer Ablösung der alten Ordnung, sondern zu einer politischen, gesellschaftlichen und kulturellen Zweigleisigkeit, die es den Gegnern der „Verwestlichung" immer wieder ermöglichte, den Modernisierungsprozess zu blockieren.

Die Reformmaßnahmen sollten nicht nur eine Stärkung des Reiches bewirken. Sie waren zugleich darauf gerichtet, ihm ein Erscheinungsbild zu geben, das es den europäischen Mächten erleichtern würde, es als einen Teil Europas zu sehen und mithin die ständige Konfrontation abzubauen. In dieser Richtung sollte insbesondere die Neuordnung wirken, die am 3. 11. 1839 als *Tazimat-i Hayriye* (Heilsame Neuordnung) erlassen und im Februar 1856 durch das *Hatt-i Hümayun*, das „Großherrliche Handschreiben", ergänzt und bekräftigt wurde. […] Die (darin) verkündeten Prinzipien sollten insgesamt eine Etappe auf dem Weg des Reiches in Richtung auf eine freiheitlich-bürgerliche Gesellschaftsordnung markieren. Ein weiterer Meilenstein hätte schließlich die 1876 von Sultan Abdülhamid II. (1876–1909) proklamierte Verfassung sein sollen. Gerade aber das Schicksal dieser Verfassung, die schon 1878 […] vom Sultan widerrufen und unter dem Druck der „Jungtürken" erst nach 1908 wieder in Kraft gesetzt wurde, macht deutlich, dass alle Maßnahmen den inneren und äußeren Druck nicht mindern konnten.

Udo Steinbach, Geschichte der Türkei, C. H. Beck, München 2003, S. 17f.

1 Hohe Pforte: Bezeichnung für die Regierung des Osmanischen Reiches, benannt nach der Eingangspforte zum Sultanspalast

1 ▪ Arbeiten Sie heraus, wie Steinbach die Bedeutung der Reformen beurteilt.
2 ▪ **Zusatzaufgabe:** Setzen Sie sich mit Steinbachs Sicht, auch mit Blick auf die spätere Republik Türkei unter Einbeziehung des Darstellungstextes zu Kapitel 2.6 (S. 107 ff.), auseinander.

M 11 Französische Karikatur aus der Zeitung „*Le Petit Journal*" vom 18. Oktober 1908

1 ▪ Beschreiben Sie die vorliegende Karikatur.
2 ▪ Recherchieren Sie den historischen Kontext, erklären Sie die dargestellte Situation und deuten Sie das Verhalten der Figuren.
3 ▪ Beurteilen Sie die Intention des Zeichners: Was wird kritisiert?

Methode

Ein Porträt interpretieren

Neben schriftlichen Quellen gehören Bildquellen zu den wichtigsten Quellen, aus denen Historiker Erkenntnisse gewinnen. Sie ermöglichen vielfältige Einblicke in die Vergangenheit:
- Bilder dokumentieren **historische Ereignisse**,
- geben Auskunft über die **Alltagskultur**,
- über gesellschaftliche **Wertvorstellungen** oder
- über das **Selbstverständnis eines Herrschers**.

Hinsichtlich des Malgrundes und Farbstoffes unterscheidet man zwischen Höhlen-, Wand-, Vasen-, Mosaik-, Buch-, Aquarell-, Glas- sowie Mosaikmalerei und hinsichtlich des Bildinhalts zwischen Historien-, Landschafts-, Porträt-, Herrscher-, Architektur-, Stillleben-, Tier- und Genremalerei.

Die Entstehung des selbstständigen **Porträts** im 15. Jahrhundert während der Renaissance zeigt deutlich eine neue Selbsteinschätzung des Menschen an. Dieser Wandel führte den Künstler von der attributartigen Anbringung von Merkmalen der Physiognomie eines Porträtierten zur Erfassung seiner **Individualität**. Stilistisch entwickelte sich in der Porträtkunst mit der Zeit große Typenvielfalt.

Sultan Mehmed II. war fasziniert von der Idee, seiner Herrschaft und derjenigen seiner Dynastie im Bilde Ruhm und Nachruhm in allen Teilen seines Reiches zu sichern. 1479 holte er den venezianischen Maler Gentile Bellini an seinen Hof, der ein Herrscherporträt im Stile der Renaissance gestaltete. Zur selben Zeit wirkten an seinem Hof die osmanischen Maler Sinan Bey und Siblizade Ahmed. Siblizade wird ein Porträt Mehmeds II. nach dem Vorbild persischer Miniaturmalerei zugeschrieben (M 3, S. 113).

Arbeitsschritte für die Interpretation

1. Leitfrage	–	Welche Fragestellung bestimmt die Untersuchung des Porträts?
2. Formale Aspekte	–	Wer ist der Maler und Auftraggeber (ggf. soziale Herkunft, gesellschaftliche Stellung, Wertmaßstäbe)?
	–	Für welchen Zweck wurde das Bild gemalt?
	–	Wann ist das Gemälde entstanden?
	–	Um welche Art von Gemälde handelt es sich?
	–	Gibt es einen Titel?
	–	Wer ist der Adressat bzw. sind die Adressaten?
3. Inhaltliche Aspekte	*Beschreibung*	
	–	Wie sind die Personen (Mimik, Gestik, Körperhaltung, Kleidung) dargestellt?
	–	Wie ist die Bildkomposition (Personen, Umgebung, Gegenstände, Situation, Symbole in ihren Relationen) angelegt?
	–	Welche Darstellungsmittel (Technik, Farben, Lichtwirkung, Perspektive) werden eingesetzt?
	Deutung	
	–	Welche symbolische Bedeutung hat die Personendarstellung, die Bildkomposition und der Einsatz der Darstellungsmittel?
4. Historischer Kontext	–	Wie sind die Bildelemente durch Bezugnahme auf den historischen Zusammenhang zu deuten?
5. Bewertung	–	Wie lässt sich die historische Bedeutung des Bildes zusammenfassen?

Methode

Übungsbeispiel

M1 Mehmed II., Porträt von Gentile Bellini, 1480

1 Interpretieren Sie das Porträt mithilfe der Arbeitsschritte.

Lösungshinweise

1. Leitfrage:
Inwiefern lässt sich das Porträt als Ausdruck des herrscherlichen Selbstverständnisses des Sultans deuten?

2. Formale Aspekte
Maler bzw. Auftraggeber: Gentile Bellini, 1430–1507, offizieller Maler der Republik Venedig, wurde auf Wunsch Mehmeds II. in der Zeit von 1479–81 von der Stadt an dessen Hof entsandt.
Entstehungszeit: 1480
Gemäldeart: Ölgemälde
Zweck der Entstehung/Adressaten: Das Porträt war vermutlich für den Palast und die höfische Gesellschaft bestimmt. Durch den plötzlichen Tod Mehmeds II. im Jahre 1481 (vermutlich Gifttod) wurde es nach der Amtsübernahme durch seinen konservativ gesinnten Sohn und Nachfolger Bayezid II. verkauft.

3. Inhaltliche Aspekte
Beschreibung
Der Sultan ist als Brustbild in Schrägansicht perspektivisch dargestellt. Der Herrscher trägt ein purpurrotes Gewand mit einem breiten braunen Pelzkragen, auf dem Haupt einen ausladend cremeweißen Turban mit purpurroter Spitze. Der braune Backenbart geht fließend in den Pelzkragen über. Durch die Schrägansicht kommt es nicht zu einem Blickkontakt zwischen dem Betrachter und dem Porträtierten; Mehmed II. blickt in sich zurückgezogen mit einem leicht verschleierten Blick in die Ferne. Das Gesicht ist durch die markante Nase und den Schwung der Augenbrauen klar gezeichnet, wirkt jedoch durch die Blässe und ansonsten weiche Formung eher durchgeistigt. Die statische Körperhaltung wird durch die Bildkomposition betont: Mehmed II. hält sich hinter einer Brüstung auf, die durch ein edles Tuch verhängt ist. Das goldfarbene Tuch ist mit zahlreichen Edelsteinen und Perlen, die zu Blüten angeordnet sind, geschmückt und mit roten Ranken und Tulpenblüten bestickt. Rechts und links sind in die Brüstung zwei schwarze Tafeln mit goldenen Inschriften eingelassen. Einzig das Datum der Entstehung des Bildes ist heute noch zu entziffern (25. November 1480). Das Brustbild wird durch einen kostbaren Rundbogen mit Vergoldungen im Stil der venezianischen Renaissance gerahmt. Rechts und links sind darin jeweils drei goldene Kronen übereinander im Bild symmetrisch angeordnet. Eine siebte silberne Krone ist in der Mitte des edlen Behangs der Brüstung zu erkennen. Auf dem einfarbig schwarzen Hintergrund hebt sich die Gestalt des Herrschers im Vordergrund umso heller ab.

Deutung
Die sieben Kronen symbolisieren die Dynastie der Osmanen, da Mehmed II. als der siebte Sultan geführt wird. Durch die Brüstung und den schwarzen Hintergrund erscheint der Sultan als erhabener Herrscher – distanziert vom Betrachter. Der prächtige Rundbogen, der kostbare Teppich, die Kleidung und die Farbgebung des Gemäldes unterstreichen des Sultans herausgehobene Stellung. Seine Gesichtszüge deuten auf den Staatsmann und nicht auf den Eroberer hin. Im Bild kreuzen sich islamische (Turban/Bart) und westliche Herrschersymbolik (Kronen). Es überwiegen jedoch die Elemente westlicher Herrscherdarstellung: Das Bild stellt ein perspektivisch gemaltes Individualporträt im Stil der venezianischen Renaissancemalerei, das in der islamischen Welt ohne Vorbild war, dar. Das Bild verkörpert somit einen neuen Typus des osmanischen Herrscherbildes.

4. Historischer Kontext
Mehmed II. betrachtete sich als rechtmäßiger Nachfolger und Erbe des byzantinischen Kaisers und dessen Universalanspruchs als Herr der Welt (griech. *oikumene*). In einer Inschrift seines Palasttores ließ er sich als Sultan der beiden Kontinente und Kaiser der beiden Meere feiern. Er ließ sich im Unterschied zu seinem Vater Murad II. (Reg. 1421–1444, 1446–1451), der nur den türkischen Titel „*beg*", d. h. Fürst, führte, in den auf griechisch abgefassten Schriftstücken seiner Kanzlei nicht nur „Großherr" nennen, sondern auch „Basileus". Als Großherr ordnete Mehmed II. intensive innenpolitische Reformmaßnahmen zur Wiederbelebung des Wohlstandes in Konstantinopel, zur Neuordnung des osmanischen Staates und zur Erhaltung byzantinischer Baudenkmäler an. Dies belegt die Intention Mehmeds II., die byzantinische Kultur als ein wichtiges imperiales Erbe in den neuen Staat zu integrieren. Ein besonders gutes Beispiel stellt sein Umgang mit der orthodoxen Kirche dar, bei der Mehmed II. für die Wiederbesetzung des vakanten Patriarchenthrones sorgte. Der Wunschkandidat des Großherrn, Georgios Scholarios, wurde am 6. Januar 1454 nach althergebrachtem byzantinischen Zeremoniell feierlich eingesetzt, obwohl nun ein muslimischer Herrscher an die Stelle des christlichen Kaisers getreten war, und in einer feierlichen Audienz empfing Mehmed den neuen Patriarchen, übergab ihm die Insignien seines Amtes und sprach anschließend die traditionelle Einsetzungsformel. Mehmed zog Byzantiner als Gelehrte, Sekretäre und sogar als Wesire an seinen Hof. Er förderte das Schulwesen und die Bildung. Antike Werke wurden studiert, byzantinische Schriften ins Türkische übersetzt. Über die Republik Venedig knüpfte Mehmed II. vielfältige Kontakte zu Künstlern der Renaissance, von denen derjenige zu Bellini nur ein Beispiel darstellt.

5. Bewertung
In dem Porträt kommt der Anspruch Mehmeds II. zum Ausdruck, das Osmanische Reich in Fortsetzung des byzantinischen zu gestalten. In seinem Selbstverständnis war er bestrebt, die verschiedenen kulturellen Linien in einem neuen osmanischen Imperium zu verbinden. Dies hat die Forschung zu dem Urteil veranlasst, das Oströmische Reich sei nicht untergegangen, sondern im Osmanischen Reich aufgegangen.

2.6 Die Türkei – ein Teil Europas?

Die Entstehung der modernen Türkei

Die Siegermächte des Ersten Weltkrieges legten im Juni 1920 dem Osmanischen Reich den Friedensvertrag von Sèvres als „Diktat" vor, den der Sultan Mehmed VI. unterzeichnete. Der Vertrag sah nur noch einen türkischen Rumpfstaat in Zentralanatolien vor, ohne Zugang zum Mittelmeer und ohne Souveränität. Er beinhaltete auch die Internationalisierung der Meerengen, die Besetzung Istanbuls, den Fortbestand der wirtschaftlichen Abhängigkeit von England und Frankreich sowie die militärische Entmachtung. Die sogenannte Große Nationalversammlung, die weitgehend aus Vertretern des letzten osmanischen Parlamentes bestand und in Ankara tagte, lehnte diesen Vertrag ab. Unter der Führung von General Mustafa Kemal* (M 2) kämpfte sie für einen souveränen türkischen Nationalstaat in den Grenzen des geschlossenen türkischen Siedlungsraumes und organisierte den militärischen Widerstand. In Ostanatolien wurden die Armenier besiegt und mit dem bolschewistischen Russland kam es noch 1921 zu einer vertraglichen Abmachung hinsichtlich der türkischen Grenze Ostanatoliens. In demselben Jahr gaben die Franzosen ihr Interesse an Kilikien und die Italiener an Südwestanatolien auf. England hielt sich militärisch zurück. Griechenland hingegen erhob weiterhin Anspruch auf Thrakien und Teile Westanatoliens. Im August 1922 kam es zum entscheidenden türkischen Sieg über die griechischen Truppen unter der Führung von Mustafa Kemal. 1923 wurde im Vertrag von Lausanne die moderne Türkei in den heutigen Grenzen als souveräner Nationalstaat durch die Siegermächte des Ersten Weltkrieges anerkannt (M 1). Kurz darauf wurde die Republik mit Ankara als neuer Hauptstadt ausgerufen. Die Nationalversammlung wählte Mustafa Kemal zum Präsidenten und Ismet Pascha zum Ministerpräsidenten. 1924 folgten die Verabschiedung einer Verfassung und die Abschaffung des Kalifates.

Leitfrage:
Welche Bedeutung erhält die europäische Kultur für die Entwicklung der modernen Türkei von ihren staatlichen Anfängen bis in die Gegenwart?

Mustafa Kemal
(ab 1934 Beiname Atatürk = „Vater der Türken" 1881–1938)
Türkischer Militär und Politiker; nach einer militärischen Ausbildung nimmt Atatürk 1908/09 an der jungtürkischen Revolution gegen den herrschenden Sultan teil. Für seine militärischen Verdienste im Ersten Weltkrieg erhält er den Ehrentitel Pascha. Aus Widerstand gegen den Vertrag von Sèvres (1920), der die Zerstückelung des Osmanischen Reiches vorsieht, nimmt er am Befreiungskampf für eine unabhängige Türkei teil. Im Oktober 1923 proklamiert Atatürk die Republik und wird bis zu seinem Tod 1938 ihr Staatspräsident.

M 1 Vom Osmanischen Reich zur Türkei

Die Bildung des türkischen Nationalstaates hatte ihren Preis. Im Hinblick auf die postulierte Einheit von Sprache und Nation wurden die Interessen anderer nationaler Minderheiten übergangen. Bereits im Ersten Weltkrieg 1915 war es unter der osmanischen Regierung zu einem Genozid an den christlichen Armeniern, die in Teilen mit dem Kriegsgegner Russland sympathisiert hatten und zum Teil aufständisch waren, gekommen. Die verbündete deutsche Regierung hatte davon gewusst und war nicht eingeschritten. Im Unabhängigkeitskrieg war es zu erneuten Vertreibungen von Armeniern an der russischen Grenze gekommen. Auch vereinbarten Griechenland und die Türkei im Anschluss an den Vertrag von Lausanne einen Transfer großer Bevölkerungsteile, der teilweise gewaltsam vollzogen wurde: Etwa 1,2 Millionen Griechen mussten türkisches Gebiet und ca. 400 000 Türken Nordgriechenland verlassen. Die größte ethnische Minderheit im türkischen Staat, die Kurden, musste ihre Identität verleugnen und sich der türkischen Kultur völlig anpassen.

M2 Mustafa Kemal Pascha als Führer der Befreiungsarmee, Fotografie, um 1935

Laizismus
strikte Trennung von religiösen und staatlichen Institutionen innerhalb eines Staates

Die Präsidentschaft Mustafa Kemals

Mustafa Kemal wurde während seiner Präsidentschaft (Reg. 1923–1938) zur prägenden Gestalt der neuen Republik. Er regierte auf der Grundlage eines Einparteiensytems, indem er sich auf die von ihm gegründete Republikanische Volkspartei (CHP) stützte. In den Jahren 1924–1934 setzte er, auch unter dem Einsatz von Gewalt, Reformen nach europäischem Vorbild durch (M 6).
Bereits mit der Abschaffung des Kalifates war der Weg zu einem laizistischen Staat* beschritten. Die Scharia wurde außer Kraft gesetzt und ein neues säkulares Recht auf der Basis des schweizerischen Zivilrechtes, des deutschen Handelsrechtes und des italienischen Strafrechtes erarbeitet. Nach dem neuen Zivilrecht waren Einehe und Ziviltrauung vorgeschrieben. Eine allgemeine und unentgeltliche Schulpflicht wurde eingeführt, das Schul- und Erziehungswesen dem Staat unterstellt. Alle Medresen (Islam-Schulen) wurden geschlossen. Der Islam wurde durch eine staatliche Behörde, das *Diyanet*, überwacht und verwaltet. Die Befreiung der türkischen Frau aus den traditionellen Zwängen war das besondere Anliegen Atatürks. Die Verschleierung der Frau im öffentlichen Raum wurde verboten. Die Frau erhielt 1934 das aktive und passive Wahlrecht, sie wurde in Schul- und Berufsausbildung dem Manne gleichgestellt. Auch auf weiteren Ebenen kam es zu Veränderungen: Europäische Kleidung wurde propagiert, der Fez, die offizielle männliche Kopfbedeckung im Osmanischen Reich, verboten, der gregorianische Kalender und ab 1928 das lateinische Alphabet eingeführt. 1934 beschloss das Parlament die Annahme von Familiennamen und verlieh deshalb dem Präsidenten den Namen Atatürk. Der Ministerpräsident Ismet Pascha nahm den Namen Ismet Inönü an (M 5).
Im Jahre 1931 formulierte Mustafa Kemal die Prinzipien seiner Gesellschafts- und Staatsdoktrin. Programmatisch nannte er sechs Kernpunkte: Republikanismus, Nationalismus, Laizismus, Etatismus, Reformismus und Populismus, die 1937 in die Präambel der Verfassung der Türkei aufgenommen wurden (M 3). Mit „Etatismus" ist die staatliche Lenkung der Wirtschaft gemeint, mit dem Begriff „Populismus" die Aktivierung und Beteiligung des Volkes an der Politik; Politik sollte Ausdruck des Volkswillens sein. Atatürk sah als ehemaliger General in der Armee die Wächterin über die kemalistischen Prinzipien. Falls die Regierung dagegen verstoße, müsse die Armee eingreifen. Außenpolitisch verfolgte Atatürk ab 1923 einen friedlichen Kurs und suchte den Ausgleich mit den Nachbarstaaten (M 6). Nach dem Tode Atatürks wurde Ismet Inönü 1938 Präsident der Republik. Ihm gelang es, die Türkei aus dem Kriegsgeschehen des Zweiten Weltkrieges herauszuhalten, sodass die Türkei für deutsche Exilanten zum Refugium wurde.

M3 Mustafa Kemal spricht im Parlament in Ankara, undatierte Fotografie

Die sechs Pfeile im Logo der Republikanischen Volkspartei symbolisieren die sechs kemalistischen Prinzipien.

Islamische Welt und Europa 2

Die Entwicklung bis zur Gegenwart

Nach dem Zweiten Weltkrieg entschied sich die Türkei in der Zeit des Kalten Krieges für ein enges Bündnis mit dem Westen, indem sie Hilfen aus dem amerikanischen Marshallplan in Anspruch nahm und 1952 der NATO beitrat. Innenpolitisch erforderte dies einen Prozess der Demokratisierung und die Einführung einer marktwirtschaftlichen Ordnung. 1950 kam es zu den ersten freien Wahlen und zu einem Sieg der neuen Oppositionspartei, der Demokratischen Partei (DP). Im Laufe der folgenden Jahrzehnte entwickelte sich ein Parteienpluralismus, der in seinem breiten Spektrum von kommunistischen über die kemalistischen bis hin zu islamisch-fundamentalistischen Gruppierungen die tiefgreifenden Unterschiede und den dynamischen Wandel in der Gesellschaft spiegelte. Die führenden Militärs sahen sich als Wächter der kemalistischen Prinzipien gegenüber linken und rechten Tendenzen, übernahmen 1960, 1971 und 1980 bis 1983 vorübergehend die Macht und etablierten seit 1962 das Organ des Nationalen Sicherheitsrates, durch das ihnen verfassungsgemäß eine Kontrolle über das politische Geschehen eingeräumt wurde.

Nach der Militärherrschaft wurden 1962 und 1983 neue Verfassungen eingeführt, die auf den kemalistischen Prinzipien des Laizismus, Nationalismus und Republikanismus basieren. Als das Land 2001 in eine schwere Finanzkrise stürzte, schenkten die Wähler in der vorgezogenen Neuwahl der gemäßigt islamischen Partei für Gerechtigkeit und Entwicklung (AKP) unter Parteichef Recep Tayyip Erdogan das größte Vertrauen. Die AKP bekennt sich zu Laizismus, Meinungsfreiheit, Marktwirtschaft und Offenheit gegenüber dem Westen. In den weiteren Wahlgängen 2007 und 2011 konnte die AKP ihre absolute Mehrheit ausbauen und stellt seit 2007 mit Abdullah Gül den Präsidenten der Republik.

Unter der Regierung der AKP kam es zunächst zu einigen wichtigen Reformen, die die Demokratisierung des Landes voranbrachten. 2002 wurden die Todesstrafe abgeschafft, 2004 die Folter verboten. Nachdem die 1978 entstandene Kurdische Arbeiterpartei (PKK), die die Gründung einer unabhängigen Kurdenrepublik erstrebte, ihren terroristischen Aktivitäten 2002 abgeschworen hatte, wurden innenpolitische Maßnahmen getroffen, um die Unterdrückung der Identität der kurdischen Minderheit aufzuheben. So wurde 2002 der Gebrauch der kurdischen Sprache, seit 2009 auch in den Medien, zugelassen.

Seit Beginn ihrer Machtübernahme strebt die AKP eine Mitgliedschaft in der EU an (M 4, M 7, M 8). Im Jahre 2005 stimmte die EU ergebnisoffenen Beitrittsverhandlungen mit der Türkei zu. Nach 2005 verlangsamte sich jedoch der Reformprozess in der Türkei. Dies ist einerseits auf die Skepsis der EU-Staaten zurückzuführen. Andererseits wurden trotz der türkischen Verfassungsreform von 2010 die Defizite in der Presse-, Meinungs- und Religionsfreiheit von der türkischen Regierung nicht beseitigt, was sich 2013 in dem brutalen Vorgehen gegen die politischen Proteste im Gezi-Park manifestierte (s. S. 116). Seit 2007 scheitern Fortschritte in den Beitrittverhandlungen vor allem an der Einstellung Ankaras im Zypernkonflikt*.

Türkei und Europa
1947 Mitglied im Europarat
1963 Assoziierungsabkommen mit der damaligen EWG
1987 Beitrittsantrag zur EG
1995 Zollunion zwischen EU und Türkei
1996 Einführung des europäischen Wirtschaftsrechtes in der Türkei
1999 Die Türkei erhält den Status des Beitrittskandidaten
2005 Eröffnung von ergebnisoffenen Beitrittsverhandlungen mit der EU; frühestmöglicher Beitritt 2015, geknüpft an
a) die Erfüllung der Beitrittskriterien,
b) die wirtschaftliche und politische Situation der EU
Seit 2007 stagnieren die Beitrittsverhandlungen.

Zypernkonflikt
1960 wurde die Unabhängige Republik Zypern ausgerufen. Die türkische Invasion von 1974 führte zu einer Teilung der Insel und 1983 zur Proklamation der „Türkischen Republik Nordzypern", die nur von der Türkei anerkannt wird. Der Süden der Insel ist international anerkannt (Ausnahme: Türkei). (Süd)Zypern ist seit 2004 EU-Mitglied. Die Türkei weigert sich bis heute, ihre Häfen und Flughäfen für den Frachtverkehr aus Südzypern zu öffnen.

Webcode:
KB644438-109

1 ■ Skizzieren Sie Entstehung und Entwicklung der Türkei.
2 ■ Erstellen Sie eine Mindmap zu den kemalistischen Reformen.
3 ■ Erläutern Sie die sechs kemalistischen Prinzipien.
4 ■ Recherchieren Sie hinsichtlich der EU-Beitrittsverhandlungen die Ergebnisse der Verfassungsreform von 2010 und die Probleme um den Zypernkonflikt.
5 ■ Geschichte produktiv: „Deutschland – Türkei: Geschichte einer Beziehung im Wandel". Bereiten Sie einen Kurzbeitrag für eine Podiumsdiskussion vor.

Der türkische Nationalstaat auf dem Weg in die Europäische Union

M4 Plakat zur neuen Republik Türkei, um 1933

Übersetzung: „Der siegreiche Oberbefehlshaber der Westfront im Befreiungskrieg Inönü bringt Frieden und Sieg aus Lausanne" (Überschrift). „Mit Festen sind wir zu dir gekommen, o du schönes Land" (links vom Betrachter aus). „Wickle Halbmond und Stern auf, liebe und hege sie gut an deiner Brust" (rechts vom Betrachter aus).

1. ■ Beschreiben Sie das Plakat.
2. ■ Deuten Sie die Symbolik und Allegorien.
3. ■ Deuten Sie das Plakat im historischen Kontext.
4. ■ Diskutieren und bewerten Sie das Verhältnis von männlicher und weiblicher Rolle im Plakat.

M5 Aus einer Rede Mustafa Kemals vom Oktober 1927

Verschiedene Nationen unter einem allgemeinen und gleichen Namen vereinigen, diesen verschiedenen Gruppen dieselben Rechte verleihen, sie den gleichen Bedingungen unterwerfen und so einen mächtigen Staat gründen, das ist ein glänzender und anziehender politischer Standpunkt. Aber er ist trügerisch. Es ist schon ein nicht zu verwirklichendes Ziel, es zu unternehmen, die verschiedenen auf der Erde bestehenden türkischen Stämme in einem Stamme zu vereinigen und so alle Grenzen zu unterdrücken. [...]

Man sieht in der Geschichte nicht, wie die Politik des Panislamismus[1] oder des Turanismus[2] hätte Erfolg haben oder wie sie auf dieser Erde ein Gebiet zu ihrer Durchführung hätte finden können. Was die Folgen des Ehrgeizes anbetrifft, einen Staat zu organisieren, der von der Idee der Weltherrschaft geleitet ist und sich auf die ganze Menschheit ohne Unterschied der Rassen erstreckt, so weist die Geschichte hierfür Beispiele auf. Für uns kann von Eroberungsgelüsten nicht die Rede sein. [...]

Das politische System, das wir als klar und völlig durchführbar betrachten, ist die nationale Politik. [...] Damit unsere Nation ein glückliches, starkes und dauerhaftes Leben leben kann, ist es nötig, dass der Staat eine ausschließlich nationale Politik verfolgt und dass diese Politik restlos mit unserer inneren Organisation übereinstimmt und sich auf diese stützt. Wenn ich von nationaler Politik spreche, so möchte ich dem den folgenden Sinn geben: Innerhalb unserer nationalen Grenzen an dem wirklichen Glück und Wohlergehen der Nation und des Landes arbeiten, indem wir uns vor allem, um unsere Existenz zu erhalten, auf unsere Macht stützen. [...] Das Volk nicht dazu bringen, unwirkliche Ziele zu verfolgen, welche diese auch sein mögen, wodurch ihm nur Unheil widerfahren könnte, und von der zivilisierten Welt eine zivilisierte menschliche Behandlung, eine auf Gegenseitigkeit beruhende Freundschaft erwarten.

Mustafa Kemal Pascha, Die neue Türkei, 1919–1927, Rede gehalten in Ankara vom 15.–20. Oktober 1927 vor den Abgeordneten und Delegierten der Republikanischen Volkspartei, Verlag K. F. Kohler, Leipzig 1928, S. 2–4.

1 Panislamismus: Streben nach Vereinigung aller islamischen Völker
2 Turanismus: Streben nach Vereinigung aller Turkvölker

1. ■ Arbeiten Sie die Programmatik der Rede heraus.
2. ■ Erläutern Sie diese im historischen Kontext.
3. ■ Bewerten Sie die Aussagen vor dem Hintergrund der osmanischen und der europäischen Geschichte in den 1930er-Jahren.

M6 Der Historiker Heinrich August Winkler über einen möglichen EU-Beitritt der Türkei, 2002

Die EU steht vor einer doppelten Herausforderung: Sie heißt Erweiterung und Vertiefung. Eine Erweiterung, die deutlich über Europa hinausgreift, gerät zwangsläufig in Konflikt mit dem Ziel, die Einigung zu vertiefen. Vertiefung heißt: Weiterentwicklung der EU zur politischen Union. Eine politische Union verlangt ein europäisches Wir-Gefühl. Dieses setzt gemeinsame Erfahrungen und Prägungen voraus. Solche Erfahrungen gab es in der Europäischen Wirtschaftsgemeinschaft (EWG), aus der die Europäische Union hervorgegangen ist. Es wird sie auch in einer erweiterten EU geben – solange diese nicht wesentlich über Europa hinausgreift. Eine EU, die auch die Türkei umfasst, könnte an ein europäisches Wir-Gefühl nicht mehr appellieren. Dazu sind die kulturellen Prägungen der Türkei und Europas zu unterschiedlich.

Die Unterschiede haben etwas mit Christentum und Islam zu tun. Es heißt kein Werturteil fällen, sondern eine Tatsache feststellen, wenn man darauf hinweist, dass der (von den Christen immer wieder missachtete) Gedanke der Gleichheit aller Menschen geistlichen Ursprungs ist. Und nur im christlichen Okzident hat sich die Trennung von christlicher und weltlicher Gewalt, die Urform der Gewaltenteilung, in einem Jahrhunderte währenden Prozess vollzogen. In der islamisch geprägten Türkei ist diese Trennung erst im 20. Jahrhundert und mit sehr viel staatlicher Gewalt durchgesetzt worden. Das Militär als der Machtfaktor, der die Säkularisierung mit Zwangsmitteln garantiert: So etwas gibt es in keiner westlichen Demokratie. Solange das Militär die politische Funktion ausübt, die es in der Türkei seit Kemal Atatürk innehat, ist die Türkei keine westliche Demokratie. […] Der Charakter der Europäischen Union würde sich als Folge eines Beitritts der Türkei dramatisch verändern. Vielleicht hätte die EU noch als Wirtschaftsgemeinschaft und als loser Staatenbund eine Zukunft. Das Projekt einer politischen Union aber wäre preisgegeben; die europäische Idee wäre tot. Über die Folgen sollte man sich keine politischen Illusionen machen. In einem Europa, das kein Gefühl seiner eigenen Identität hervorzubringen vermag, wird der Nationalismus wieder sein Haupt erheben. Der Nationalismus befriedigt Identitätsbedürfnisse. Aber er würde es auf eine Weise tun, die für Europa verheerend wäre.

Die Frage eines türkischen Beitritts zur EU ist allzu lange nur unter den Gesichtspunkten technokratischer und militärstrategischer Zweckmäßigkeit erörtert worden. Sie ist aber ein Problem von historischer Bedeutung. Über das künftige Verhältnis zwischen der Türkei und Europa darf man nicht ohne Rücksicht auf die Geschichte und die Zukunft Europas entscheiden.

Heinrich August Winkler, Soll Europa künftig an den Irak grenzen?, in: Frankfurter Allgemeine Zeitung vom 11. Dezember 2002, Nr. 288, S. 10.

M 7 Der Politik- und Kulturwissenschaftler Dieter Oberndörfer zu Winklers Thesen, 2007

Winklers pauschale Abqualifizierung des Wegs türkischer Demokraten nach Europa offenbart die typische Denkstruktur der romantischen Geschichtswissenschaft, der Leitwissenschaft des Nationalstaats und Nationalismus Europas. Die Substanz der Nation, ihre Identität, wurde in ihrer Geschichte erfunden. Sie musste gegen Gefährdung durch Fremde und Fremdes verteidigt werden. Die Politik hat das geschichtliche „Erbe" vor fremder Neuerung zu schützen. Hierbei tritt Europa an die Stelle der Nation. Europa muss vor Fremden geschützt werden. […]

Mit der Geschichte als unfehlbarem Lehrmeister wird der Historiker selbst zum Sachkundigen für alle Fragen der aktuellen Politik. Er wurde zuerst zum Gralshüter der Nation, jetzt zum *Pater patriae* Europas. […]

Türkische Demokraten müssen die Glorifizierung der Geschichte Europas als eines Hortes von Demokratie und Humanität und die Absage an ihre eigene Kultur- und Demokratiefähigkeit als überheblichen und provinziellen Geschichtshorizont wahrnehmen. Sie wissen, dass die von der christlichen Inquisition aus Spanien vertriebenen Juden in der osmanischen Türkei aufgenommen und ihnen dort religiöse Freiheit eingeräumt wurde. Von Klassikern der politischen Theorie des 17. und 18. Jahrhunderts wie Jean Bodin oder Charles de Montesquieu wurde das Osmanische Reich als Beispiel für eine in den meisten Staaten Europas damals nicht mögliche Koexistenz von Moslems, Juden und Christen gesehen.

In der Zeit der nationalsozialistischen Barbarei hat die von Winkler so sehr verteufelte kemalistische Türkei vielen deutschen Wissenschaftlern Zuflucht und Unterhalt gewährt. Gegenüber heutigen Mängeln der Demokratie und der Religionsfreiheit in der Türkei, die ihren Ausschluss von Europa rechtfertigen soll, sei darauf hingewiesen, dass noch vor wenig mehr als 25 Jahren katholische Militärdiktaturen Spanien und Portugal im Griff hatten. Religiöse Freiheit wurde von ihnen nicht einmal anderen christlichen Konfessionen gewährt. […]

Die politischen und kulturellen Defizite der Freiheit auf der Iberischen Halbinsel konnten jedoch dort in kurzer Zeit behoben werden und wurden nicht zur Barriere für die Aufnahme in die Europäische Wirtschaftsgemeinschaft (EWG). Ähnliches lässt sich heute in den Staaten Osteuropas beobachten. Ihre Geschichte der Unfreiheit unter dem Kommunismus und häufig auch aus der Zeit des Zweiten Weltkriegs bildete zu Recht kein Hindernis für ihre Aufnahme in die EU. […]

Die Aufnahme der Türkei hätte […] weltgeschichtliche Bedeutung. Dieses Europa stünde symbolisch für die Möglichkeit einer Koexistenz von Menschen unterschiedlicher Religion und Weltanschauung im demokratischen Verfassungsstaat. […] Ihre weitere Verweigerung wäre Brennstoff für den islamischen Fundamentalismus und antiwestliche orthodoxe muslimische Theologen. Sie wäre der Beweis, dass Demokratie und Menschenrechte eine christlich-europäische Veranstaltung sind und alle Beteuerungen ihres universalen Geltungsanspruchs nichts als christlich-europäische Heuchelei sind.

Dieter Oberndörfer, Die Furcht vor der Türkei, in: Siegfried Frech und Mehmet Öcal (Hg.), Europa und die Türkei, Wochenschau, Schwalbach/Ts. 2006, S. 189 ff.

1 ■ Analysieren Sie, wie Winkler (M 6) als Historiker zur Frage des EU-Beitritts der Türkei argumentiert.

2 ■ Analysieren Sie die Gegenposition Oberndörfers.

3 ■ Setzen Sie sich mit den Argumentationen auseinander und formulieren Sie dazu Ihren eigenen Standpunkt.

Kompetenzen überprüfen

Anwendungsaufgabe:
Interpretation einer sprachlichen historischen Quelle mit gegliederter Aufgabenstellung

M1 Der englische Theologe und Jurist Radulfus Niger schrieb um 1188 über die Kreuzzüge

Niger (um 1140–um 1200) studierte Theologie und Jura an der Universität Paris. Von 1166 bis 1173 stand er im Dienste des englischen Königs Heinrich II. Zwischen 1173 und 1189 lebte er in Frankreich, danach kehrte er nach England zurück. Er verfasste in Frankreich Bibelkommentare und seine Kreuzzugsschrift, nach 1189 in England eine Geschichtschronik.

Dass die Sarazenen nicht hingeschlachtet, sondern zurückgedrängt werden sollen: Sind die Sarazenen hinzumorden? Etwa weil ihnen der Herr Palästina gegeben hätte oder ihnen zum Besitze ließ? Jener hat gesagt: Ich will nicht den Tod des Sünders. Sie sind Menschen von derselben natürlichen Beschaffenheit wie wir. Sie müssen auf jeden Fall von unserem Land zurückgeworfen werden, weil alle Rechte es erlauben, Gewalt mit Gewalt zu vergelten, gleichwohl aber mit der Mäßigung der gerechten Verteidigung, damit nicht das Heilmittel das Maß überschreitet. Jedenfalls müssen sie mit dem Schwerte des Wortes Gottes geschlagen werden, sodass sie freiwillig und ohne Zwang zum Glauben kommen, da ja der Herr Frondienst und erzwungene Dienste hasst. Wer immer also den Glauben mit Gewalt zu verbreiten sucht, verlässt die Lehren des Glaubens. Vom Papst darf nur erfolgen, was die Vernunft zulässt: Der Herr Papst, der Stellvertreter Gottes auf Erden, rät Klerikern wie Laien den Kreuzzug an und gewährt den Kreuzfahrern die Vergebung all ihrer Sünden. Ich wage es nicht, über seine Urteilskraft zu diskutieren. Das eine glaube ich jedoch, dass auch dem Stellvertreter Gottes nur das erlaubt ist, was der Standpunkt der Billigkeit oder Gerechtigkeit erfordert. Gott nimmt nämlich den Dienst der Sünder nicht an, bevor sie nicht ihre Sünden nach Ableistung der Buße und einer angemessenen Genugtuung abgelegt haben. Und das Vergießen jeglichen Blutes, geschweige denn von Menschen, ist wohl keine angemessene Genugtuung, und die Pilgerfahrt verhilft oder genügt nicht bei beliebigen Sünden zur Genugtuung.

Peter Milger, Die Kreuzzüge. Kriege im Namen Gottes, Orbis, München 2000, S. 313.

Interpretieren Sie die Quelle, indem Sie
1 die Argumentation des Autors bezüglich der Kreuzzüge analysieren und
2 seine Überlegungen im Hinblick auf die Rolle des Papstes, den Kreuzzugsgedanken und die Geschichte der Kreuzzüge erläutern.
3 Beurteilen und bewerten Sie die Position des Autors.

M2 Die Kreuzfahrer stürmen 1099 Jerusalem, mitteleuropäische Buchmalerei, 1460

Überprüfen Sie Ihre Kompetenzen

M 3 Sultan Mehmed II. (Reg. 1451–1481), Miniaturmalerei, vermutlich von Siblizade Ahmed, 1480.
Die Sitzpose mit gekreuzten Beinen symbolisiert den Anspruch auf den Titel „Khan", d.h. auf die Herrschaft über Asien. Weitere Herrschaftssymbole sind Rose, Taschentuch, Ring mit Edelstein und der Daumenring eines Bogens. Das Porträt zeigt auch Einflüsse Bellinis (s. S. 106).

Zentrale Begriffe

Akkulturation
al-Andalus
Byzantinisches Reich
Dhimmi-Konzept
Dschihad
Feindbild
Heiliger Krieg
Herrscherporträt
Kreuzzüge
Kreuzzugsgedanke
Kultureinflüsse
Kulturelles Erbe
Osmanisches Reich
Reconquista
Renaissance
Toleranz

■ **Sachkompetenz**
1 Stellen Sie den Einfluss der islamischen Kultur auf den lateinischen Westen im Mittelalter an ausgewählten Beispielen dar.

■ **Methodenkompetenz**
2 Interpretieren Sie das Porträt M 3 entsprechend den Arbeitsschritten auf S. 105.

■ **Urteilskompetenz**
3 Bewerten Sie die Bedeutung der islamischen Kulturleistungen aus Mittelalter und Früher Neuzeit für die heutige Kultur Europas.

■ **Handlungskompetenz**
4 „Vielfalt der Religionen und Kulturen in unserer heutigen Gesellschaft – eine Gestaltungsaufgabe für uns?"
a) Diskutieren Sie im Rahmen einer Fishbowl-Diskussion, welche Orientierung Sie für diese Gestaltungsaufgabe aus den Konflikten zwischen der islamischen und der christlichen Kultur sowie aus den Phasen des Austausches und des Zusammenlebens dieser Kulturen in Mittelalter und Neuzeit gewinnen konnten.
b) Erarbeiten Sie in Kleingruppen einen Leitfaden, welche Grundsätze Sie für ein fruchtbares und friedliches Miteinander kultureller Vielfalt für wichtig erachten und welche Möglichkeiten Sie sehen, im Alltag und in der Politik das Zusammenleben der Kulturen mitzugestalten. Präsentieren und diskutieren Sie Ihre Ergebnisse im Plenum.

Themenabschluss

Die islamische Welt und Europa

Kulturelle Vielfalt Europas am Beispiel der Geschichte der Hagia Sophia

M1 Andenkenstand mit Pilgerabzeichen für muslimische und orthodoxe Pilger vor der Hagia Sophia in Istanbul, Fotografie, 2007

1 ■ Beschreiben Sie die Fotografie M 1 und erläutern Sie die historische Funktion der Hagia Sophia/Ayasofya als Andachtsstätte für Gläubige und Pilger.
2 ■ Erklären Sie, welche kulturellen Differenzen an den Andenken zu erkennen sind und worin sie begründet sind.

M2 Der Archäologe Rudolf Stichel zu den Funktionen und zur symbolischen Bedeutung der Hagia Sophia, 2008

Die Hagia Sophia war nicht nur die Hauptkirche der Stadt, sondern zugleich des gesamten Reiches. In ihr hatte der Kaiser, der sich in römischer Tradition als Herrscher der gesamten zivilisierten Welt verstand, einen wichtigen zeremoniellen Auftrittsort, mit und neben dem Bischof der Stadt, der mit seinem Titel „Oikumenischer Patriarch" einen gleichartigen kirchlichen Anspruch vertrat. Dies führte dazu, dass dieser Bau zu einer Verkörperung der byzantinischen Reichsidee wurde, dass er auch nach dem Zusammenbruch dieses Staates Identifikationssymbol für das orthodoxe, besonders auch das griechische Christentum blieb. Nach der osmanischen Eroberung Konstantinopels erlebte der Bau unter seinem alten Namen (heute *Ayasofya*) eine neue Blüte als religiöses Symbol des nun islamischen Reiches. Bereits Mehmed II. der Eroberer ließ sie unmittelbar zur Moschee umgestalten; gleichzeitig wurde sie in die Traditionen des Islam eingebunden. Jetzt wurde sie sogar erstmals unmittelbares Vorbild für viele Neubauten; osmanische Architekten wetteiferten darum, das große Vorbild nachzuahmen und möglichst zu übertreffen. Bedeutendste Beispiele dafür sind im Werk des Architekten Sinan (ca. 1489–1588) erhalten, wie besonders die Süleyman-Moschee in Istanbul oder die Selim-Moschee in Edirne. Auch der heutige Moscheenbau in der Türkei orientiert sich überwiegend an Grundtypen, die von der osmanischen Auseinandersetzung mit der Architektur der Hagia Sophia geprägt sind. So ist der alte Bau zu einem Teil des kulturellen Erbes der Türkei geworden. Atatürk, der Präsident der jungen türkischen Republik, erklärte die Hagia Sophia 1934 zum Museum und entzog sie so jeglicher religiöser Nutzung. Damit war die Möglichkeit zu einer umfassenden wissenschaftlichen Erforschung eröffnet, die seither reiche und vielfältige Ergebnisse erbrachte.

Rudolf Stichel, Einführung, in: Helge Svenshon (Hg.), Einblicke in den virtuellen Himmel, Wasmuth, Tübingen 2008, S. 17 f.

M3 Der Archäologe Rudolf Stichel zu Erhaltungsmaßnahmen in osmanischer Zeit, 2008

Ebenfalls überstanden hat die Hagia Sophia schwerste historische Katastrophen, wie die Eroberung Konstantinopels durch die Kreuzfahrer im Jahre 1204 und die anschließende Zeit des Lateinischen Kaiserreichs, in der sie ihre reiche, legendäre Ausstattung verlor. Auch die osmanische Eroberung der alten Stadt am Bosporus und das Ende des byzantinischen Reiches hat die Hagia Sophia in ihrem Kernbestand nicht angetastet. Da sie sogleich zu einer Moschee umgewandelt wurde, blieb sie bei veränderter Einrichtung mit wesentlichen Zügen ihres Baubestands bis heute erhalten. Die Hagia Sophia wurde über die Jahrhunderte mit wechselnder Intensität und Sorgfalt instand gehalten. Dass diese Pflege auch und gerade in ihrer Zeit als islamischer Kultbau nicht aufhörte, verdient besonders betont zu werden, zumal man in alten Berichten häufig lesen kann, wie vernachlässigt der Bau gewesen sei, wie dringend er einer Reparatur bedürfe. Es wurde sogar immer wieder behauptet, dass er dem völligen Zerfall nahe gestanden habe. Doch ist dies vielleicht nicht mehr als eine überzogene Interpretation eines Befunds, den jeder Besucher auch heute nachempfinden kann, wenn er die seit langem aus dem Lot geratenen Pfeiler, Säulen und Wände bemerkt.
Dass die Hagia Sophia in osmanischer Zeit mehrfach und teilweise intensiv restauriert wurde, wird häufig übersehen. […] Eine allgemeinere Bekanntheit hat eigentlich nur die große Restaurierung erreicht, die 1847 bis 1849 auf Anordnung von Sultan Abdülmecid (1839–1861) durch den aus der Schweiz stammenden Architekten Gaspare Fossati durchgeführt wurde. Angeblich war die Hagia Sophia kurz zuvor, wie westliche Besucher berichten, wenig gepflegt gewesen. Dies mag teilweise zutreffen, besonders wenn man die politische und wirtschaftliche Lage des Osmanischen

Reiches nach mehrfachen verlustreichen Kriegen mit Russland und besonders nach dem griechischen Unabhängigkeitskrieg bedenkt. Doch verbirgt sich dahinter vielleicht nichts weniger als der stete Vorwurf gegen das Osmanische Reich, kulturfeindlich zu sein, der aus einem bewussten Missachten der fremden Eigenheiten erwuchs.

Rudolf Stichel, Einführung, in: Helge Svenshon (Hg.), Einblicke in den virtuellen Himmel, Wasmuth, Tübingen 2008, S. 14 f.

1 ■ Analysieren Sie anhand von M 2 die Funktionen und symbolische Bedeutungen der Hagia Sophia/ Ayasofya im Laufe ihrer Geschichte.
2 ■ Untersuchen Sie in M 2, wie Stichel den Umwandlungsprozess von der christlichen Kirche zur Moschee darstellt und wie er diesen bewertet.
3 ■ Beurteilen Sie, ob die Transformation zur Moschee als Kulturtransfer bezeichnet werden kann.
4 ■ Bewerten Sie den Transformationsprozess.

M 4 Süleyman-Moschee, Istanbul, erbaut 1550 bis 1557, Fotografie, 2011

Präsentationsvorschlag

Thema: Sinan (1491–1588) als Baumeister der Süleyman-Moschee
Referieren Sie über Leben und Werk Sinans und ordnen Sie dieses in die osmanische Geschichte ein. Stellen Sie die Süleyman-Moschee (1550–1556) vor. Erklären Sie den byzantinischen Einfluss am Beispiel der Süleyman-Moschee. Bewerten Sie abschließend das Werk Sinans.

Literaturtipp:
Almut von Gladiß, Architektur, in: Markus Hattstein, Peter Delius (Hg.), Islam. Kunst und Architektur, Könemann, Köln 2000, S. 549–557.

Zeittafel

324–1453	Byzantinisches Kaiserreich
391	Christentum wird römische Staatsreligion
498–843	Fränkisches Reich
622	Auswanderung Muhammads nach Medina; Beginn der muslimischen Zeitrechnung
632	Tod Muhammads
632–750	Expansion der Araber; Ausbreitung des Islam
638	Eroberung Jerusalems durch Muslime
711–1492	Herrschaft der Mauren in al-Andalus
750–1258	Herrschaft der Abbasiden
762	Bagdad wird Residenz der Abbasiden und kultureller Mittelpunkt
800	Kaiserkrönung Karls des Großen in Rom
929	Ausrufung des Kalifates von Córdoba
1031	Taifareiche in al-Andalus
1095	Kreuzzugsaufruf Papst Urbans II.
1096	Judenpogrome im lateinischen Westen
1099	Eroberung Jerusalems durch die Kreuzfahrer; Entstehung von Kreuzfahrerstaaten
1187	Rückeroberung Jerusalems durch Saladin
1237	Gründung des Königreichs von Granada
1263–1291	Rückeroberung der Kreuzfahrerstaaten durch die Mamlukensultane
1281	Beginn der Herrschaft Osmans
1453	Eroberung Konstantinopels durch die Osmanen unter Mehmed II.
1492	Sieg der Reconquista auf der Iberischen Halbinsel, Ausweisung der Juden
1501	Beginn der Vertreibung der Mauren aus Kastilien
1517	Übernahme des Kalifats durch den osmanischen Sultan
1520–1566	Blütezeit unter Sultan Süleyman I.
1683	Niederlage der osmanischen Truppen vor Wien
1839–1876	Tanzimatperiode: Reformen im Osmanischen Reich
1914	Eintritt des Osmanischen Reichs in den Ersten Weltkrieg aufseiten der Mittelmächte
1919	Türkische Nationalbewegung unter Mustafa Kemal
1920	Friede von Sèvres, Auflösung des Osmanischen Reichs
1923	Friedensvertrag von Lausanne: völkerrechtliche Anerkennung der Türkei
1923	Wahl Mustafa Kemals („Atatürk") zum Präsidenten der Türkei
1924	Abschaffung des Kalifates
1925	Beginn der kemalistischen Reformen
2005	Aufnahme von Beitrittsverhandlungen der EU mit der Türkei

Themeneinführung

Einführung in das Inhaltsfeld 3:
Die Menschenrechte in historischer Perspektive

Amnesty International (ai)
Die Menschenrechtsorganisation, 1961 in London gegründet, setzt sich als nichtstaatliche Organisation weltweit für die Einhaltung der Menschenrechte ein, indem sie Menschenrechtsverletzungen recherchiert, öffentlich macht und Protestaktionen organisiert. 1977 erhielt ai den Friedensnobelpreis.

Weltweite Menschenrechtsverletzungen

„Sie können Ihre Zeitung an jedem x-beliebigen Tag der Woche aufschlagen, und Sie werden in ihr einen Bericht über jemanden finden, der irgendwo in der Welt gefangen genommen, gefoltert oder hingerichtet wird, weil seine Ansichten oder seine Religion seiner Regierung nicht gefallen", schrieb bereits 1961 der englische Anwalt und Gründer der Menschenrechtsorganisation **Amnesty International***, Peter Benenson. Dass diese Aussage an Aktualität nichts verloren hat, belegt der Jahresbericht von Amnesty International für das Jahr 2012. Danach wurden Menschen in 112 Staaten misshandelt und gefoltert. Das Recht auf freie Meinungsäußerung unterdrückten 101 Länder. 21 Staaten, darunter China und die USA, ließen Menschen hinrichten. Weltweit stieg auch die Zahl der Flüchtlinge. Ende 2012 waren nach Angaben der Vereinten Nationen (UN) 45,2 Millionen Menschen im Ausland auf der Flucht oder Vertriebene innerhalb des eigenen Staates. Das ist der höchste Stand seit 18 Jahren. Die UN kritisieren in diesem Zusammenhang auch die Europäische Union (EU) für ihre Flüchtlingspolitik. So wird beispielsweise bemängelt, dass Deutschland Asylbewerber nach Ungarn und in das Kosovo abschiebt, obwohl die Sicherheit der Betroffenen dort nicht gewährleistet ist.

Das weltweite Ausmaß der Menschenrechtsverletzungen steht im Widerspruch zum enormen Bedeutungsgewinn der Menschenrechte seit der zweiten Hälfte des 20. Jahrhunderts. Denn die Missachtung von Menschenrechten wird von einer Vielzahl internationaler Nichtregierungsorganisationen (NGOs) und den Medien angeprangert. Zudem sind die Menschenrechte durch zahlreiche Erklärungen seit der Frühen Neuzeit national wie international institutionalisiert worden und durch die Völkergemeinschaft nach dem Zweiten Weltkrieg rechtlich und poli-

M1 Festnahme der britischen Frauenrechtlerin Emmeline Pankhurst während einer Demonstration für Frauenwahlrecht in London, Fotografie, 1914

M2 Polizeigewalt gegenüber einer Demonstrantin in der Türkei, Fotografie, Mai 2013

tisch sanktionierbar. Die Idee und Verwirklichung der Menschenrechte ziehen, so der Soziologe Matthias Koenig, auch eine Reihe von Kontroversen und Konflikten auf sich: „Die Streitpunkte betreffen die Spannung zwischen internationalem Menschenrechtsschutz und staatlicher Souveränität, die Widersprüche einzelner Menschenrechte untereinander, ihre Vereinbarkeit mit dem Prinzip der Demokratie und das Verhältnis des universalistischen Geltungsanspruchs der Menschenrechte zur Vielfalt der Kulturen." Im Kampf um die Menschenrechte, so sein Fazit, spiegle sich die „Ambivalenz der Moderne" wider, ihr Doppelgesicht von Herrschaft und Freiheit, Disziplin und Autonomie (M 5).

Was sind Menschenrechte? Der weltweite Bedeutungszuwachs der Menschenrechte zeigt sich in der rechtlich-politischen Institutionalisierung von Menschenrechten seit den englischen Verfassungskämpfen und der Amerikanischen Revolution. Und seit dem 20. Jahrhundert sind Menschenrechte nicht mehr nur in nationalen Verfassungen, sondern seit der Menschenrechtserklärung der Vereinten Nationen (1948) auch im Völkerrecht verankert (M 3). Dabei wird synonym zu den Menschenrechten auch von Bürger- und Grundrechten gesprochen. Was sind jedoch Menschenrechte? Handelt es sich hierbei um naturgegebene Rechte des Menschen oder um historisch bedingte Errungenschaften, die durch Veränderungen der politischen Verhältnisse widerrufbar sind?

Menschenrechte sind Rechte, die jedem Individuum allein aufgrund seines Menschseins unabhängig von Rasse, Geschlecht und Religion zustehen. Sie dienen dem Bürger zur Abwehr gegenüber dem Staat zum Schutz seiner Freiheit und Privatsphäre. Seit der Aufklärung, die den Menschenrechtsgedanken entscheidend entwickelte, bezeichnet man sie als „angeborene" und „unveräußerliche" Rechte. Sie werden heute als „vorstaatliche" Rechte verstanden, die jedem Menschen von Natur aus zustehen. Wegweisend für die Neuzeit wurden die Menschenrechte mit den englischen Bill of Rights (1689), mit der amerikanischen Unabhängigkeitserklärung (1776) und der französischen Menschenrechtserklärung (1789).

Menschenrechte, die als verbindliche Rechte in Verfassungen aufgenommen wurden, bezeichnet man als **Grundrechte**. In das Grundgesetz der Bundesrepublik Deutschland (1949) sind z. B. die Menschenrechte in einem umfassenden Grundrechtskatalog eingebunden. Der erste Artikel „Die Würde des Menschen ist unantastbar" gilt dabei als Fundamentalnorm, d. h. als höchster Wert der Verfassung. Grundrechte, die nur den Staatsbürgern zustehen, bezeichnet man als **Bürgerrechte**. So gewährt das Grundgesetz einzelne Grundrechte wie die Versammlungs- und Vereinigungsfreiheit nur Menschen mit deutscher Staatsangehörigkeit.

Menschenrechte lassen sich darüber hinaus heute in verschiedene **Kategorien** einteilen. Denn in der geschichtlichen Entwicklung erweiterte sich der Menschenrechtsbegriff von der Freiheit vom Staat (**Freiheitsrechte** oder Abwehrrechte des Einzelnen zum Schutz gegen die Staatsgewalt) über die Freiheit im Staat (**Partizipationsrechte** oder politische Rechte des Einzelnen zur Gestaltung der Gesellschaft, der Politik und des Staates) zur Freiheit durch den Staat (**soziale Rechte** des Einzelnen auf Leistungen der Gemeinschaft oder des Staates). Mit der Allgemeinen Erklärung der Menschenrechte durch die Vereinten Nationen (1948) existiert ein gemeinsamer Menschenrechtskatalog, der jedoch aufgrund eines fehlenden völkerrechtlichen Vertrages nicht rechtsverbindlich ist.

Die Grundrechte im Grundgesetz der Bundesrepublik Deutschland

Art. 1	Schutz der Menschenwürde
Art. 2	Freiheit der Person
Art. 3	Gleichheit vor dem Gesetz; Gleichberechtigung von Männern und Frauen
Art. 4	Glaubens-, Gewissens- und Bekenntnisfreiheit
Art. 5	Meinungs-, Informations-, Pressefreiheit
Art. 6	Ehe und Familie; nichteheliche Kinder
Art. 7	Schulwesen
Art. 8	Versammlungsfreiheit
Art. 9	Vereinigungs-, Koalitionsfreiheit
Art. 10	Brief-, Post- und Fernmeldegeheimnis
Art. 11	Freizügigkeit
Art. 12	Berufsfreiheit; Verbot der Zwangsarbeit
Art. 12a	Wehr- und Dienstpflicht
Art. 13	Unverletzlichkeit der Wohnung
Art. 14	Eigentum, Erbrecht, Enteignung
Art. 15	Sozialisierung
Art. 16	Verbot der Ausbürgerung, Auslieferung
Art. 16a	Asylrecht
Art. 17	Petitionsrecht
Art. 18	Verwirkung von Grundrechten
Art. 19	Einschränkung von Grundrechten; Rechtswegegarantie

Webcode:
KB644438-117

M3 Die Institutionalisierung der Menschenrechte

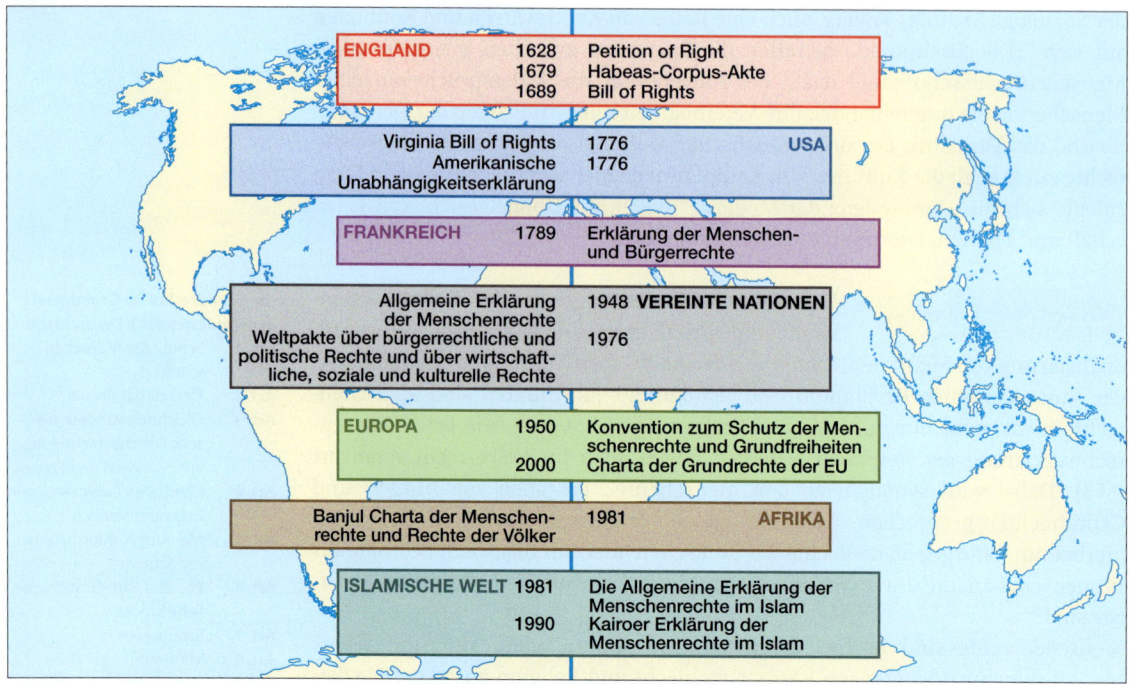

M4 „Die Jubiläumsfeier", Karikatur von Heiko Sakurai, 11. Dezember 2008

1 ■ Beschreiben Sie die historische Entwicklung der Institutionalisierung der Menschenrechte.
2 ■ Interpretieren Sie die Karikatur. Achten Sie dabei auch auf das Veröffentlichungsdatum.
3 ■ **Zusatzaufgabe:** Recherchieren Sie arbeitsteilig je ein aktuelles Beispiel für Menschenrechtsverletzungen und präsentieren Sie dieses im Plenum.

M5 Der Soziologe Matthias Koenig über Ursachen von Menschenrechtsverletzungen, 2005

Eine strukturelle Ursache für Menschenrechtsverletzungen in der Moderne ist die Durchsetzung von Staatlichkeit als beinahe alternativlose Form der politischen Organisation. Bereits die Gründung neuer Staaten hat, wie man in Afrika bis heute sehen kann, oftmals Krieg, Völkermord und Gewalt nach sich gezogen. Auch die Stabilisierung staatlicher Herrschaftsordnungen war – trotz Ratifikation internationaler Menschenrechtskonventionen – in vielen asiatischen, arabischen und lateinamerikanischen Ländern von repressiven Maßnahmen begleitet. Und im Zeichen des „Kriegs gegen den Terror" setzen sich selbst westliche Demokratien gegenwärtig über die Achtung völkerrechtlich kodifizierter Menschenrechte hinweg; die Behandlung von Kriegsgefangenen im US-amerikanischen Militärgefängnis von Guantánamo, ein Verstoß gegen das humanitäre Völkerrecht, ist hier wohl der prominenteste Fall, es ließen sich aber viele andere Beispiele ergänzen, in denen grundlegende Freiheitsrechte im Namen der öffentlichen Sicherheit beschnitten werden, etwa die Anti-Terror-Gesetze in Großbritannien oder restriktive Asylpolitik der EU. Doch nicht nur der Aufstieg der Staatsgewalt ist eine strukturelle Ursache fortdauernder Menschenrechtsverletzungen, sondern umgekehrt auch ihr Zerfall. Gerade dort, wo der Staat, nach wie vor der primäre Adressat und Garant von Menschenrechten, in der Ausübung seiner Funktionen geschwächt wird, besteht die Gefahr, dass grundlegende Menschenrechte auf Leben, Freiheit und Subsistenz [= Selbstständigkeit] missachtet werden.

In jüngerer Zeit ist dies vor allem im Zuge der Globalisierung des kapitalistischen Wirtschaftssystems zu beobachten; sie beeinträchtigt westliche Wohlfahrtsstaaten darin, soziale und ökonomische Anspruchsrechte zu garantieren, trägt in peripheren Regionen der Welt zu Armut und Unterversorgung bei und befördert sogar Privatisierung von Gewalt. Es ist daher damit zu rechnen, dass auch in der Weltgesellschaft die Institutionalisierung der Menschenrechte im Spannungsfeld von Herrschaftserfahrung, Freiheitsforderung und Verrechtlichung nicht an Dynamik verlieren, sondern umkämpft bleiben wird.

Matthias Koenig, Menschenrechte, Campus Verlag, Frankfurt/M. 2005, S. 143 f.

1 ■ Erarbeiten Sie Ursachen für Menschenrechtsverletzungen.
2 ■ Diskutieren Sie das Fazit des Autors.

M6 Der Geisteswissenschaftler Heiner Bielefeldt über die Entwicklung der Menschenrechte, 2006

Heiner Bielefeldt war von 2003 bis 2009 Direktor des Instituts für Menschenrechte in Berlin. Er ist Inhaber des Lehrstuhls für Menschenrechte und Menschenrechtspolitik der Universität Erlangen-Nürnberg und seit 2010 Sonderberichterstatter für Religions- und Weltanschauungsfreiheit des UN-Menschenrechtsrats.

Respekt für die Menschenwürde zeigt sich darin, dass jeder Mensch als ein Subjekt freier Selbstbestimmung und freier Mitbestimmung geachtet wird und dies auch rechtlich abgesichert ist. Als Rechtsansprüche auf freie Selbst- und Mitbestimmung sind die Menschenrechte wesentlich Freiheitsrechte. Bei vielen Rechten – Religionsfreiheit, Meinungsfreiheit, Versammlungsfreiheit, Vereinigungsfreiheit, freie Entfaltung der Persönlichkeit, demokratisches Wahlrecht usw. – wird dies schon im Begriff deutlich. Bei anderen Rechten – etwa bei den Rechten auf ein faires Gerichtsverfahren oder dem Schutz vor Folter – ergibt sich aus der Sache, dass sie dazu dienen, den Menschen in seiner Qualität als selbstverantwortliches Subjekt zu schützen. Keineswegs selbstverständlich ist die Einsicht, dass auch soziale Menschenrechte Freiheitsansprüche formulieren. Zum Beispiel tragen das Recht auf eine soziale Mindestsicherung und das Recht auf Gewerkschaftsbildung dazu bei, dass Menschen im Arbeitsleben vor einseitigen Abhängigkeiten und daraus resultierender Unfreiheit geschützt sind.

Zu den sozialen Menschenrechten zählt übrigens auch das Recht auf Bildung. Es hat als *empowerment right* eine wichtige Bedeutung für die Befähigung von Menschen, sich für die eigenen Rechte einzusetzen und sich im solidarischen Einsatz für die Menschenrechte anderer zu engagieren. […]

Menschenrechte sind erstmals im Westen – in Westeuropa und Nordamerika – formuliert worden. Heißt dies, dass es sich um eine spezifisch „westliche" Errungenschaft handelt, sodass ihre weltweite Verwirklichung nur im Rahmen einer globalen Verwestlichung denkbar wäre? Gegenüber dieser – vielfach zu findenden Vorstellung – ist äußerste Vorsicht angebracht. Zunächst einmal lässt sich historisch feststellen, dass die Menschenrechte auch im Westen gegen lang anhaltende Widerstände erkämpft werden mussten. Sie sind also keineswegs von Anfang Bestandteil westlichen Selbstverständnisses oder europäischer Kulturtradition gewesen, sondern haben sich in mühevollen Lernprozessen allmählich durchgesetzt. Diese Lernprozesse sind übrigens auch in Europa keineswegs abgeschlossen. Wichtiger als der historische Ursprung ist der sachliche Ursprung der Menschenrechte. Er besteht in der Erfahrung strukturellen Unrechts, das mit der Durchsetzung von Menschenrechten überwunden werden soll.

Werden die Menschenrechte als eine unabgeschlossene Lerngeschichte in Antwort auf Unrechtserfahrungen verstanden, dann verliert die Tatsache, dass sie zunächst im Westen entstanden sind, an Relevanz. Jedenfalls sollte sie nicht zum Anlass werden, Menschenrechte als exklusives Kulturerbe des Westens zu reklamieren. Entscheidend ist nicht, wo die Menschenrechte historisch herkommen, sondern auf welche Erfahrungen sie zurückgehen. In Anknüpfung an Unrechtserfahrungen lässt sich die Lerngeschichte der Menschenrechte auch auf Interkulturalität hin öffnen. Denn Menschen setzen sich überall auf der Welt, in allen Kulturen, Regionen, Religionen etc. für ihre Rechte und den Schutz ihrer Würde ein.

http://www.institut-fuer-menschenrechte.de/fileadmin/user_upload/Publikationen/Unterrichtsmaterialien/unterrichtsmaterialien_was_sind_menschenrechte.pdf (Download vom 24. Juni 2013)

1 ■ Erklären Sie den Begriff „Freiheitsrechte" und dessen Bedeutung für die Menschenrechte.
2 ■ Diskutieren Sie die These des Autors: „Wichtiger als der historische Ursprung ist der sachliche Ursprung der Menschenrechte."

Methode

Thematischer Längsschnitt

Beispiele für einen thematischen Längsschnitt:
- Konfliktlösung und Friedenssicherung von der Antike bis heute
- Umweltprobleme in der Geschichte
- Vom Feind zum Partner: wechselseitige Wahrnehmung von Deutschen und Polen

Der thematische Längsschnitt ist ein **historisches Untersuchungsverfahren**, mit dem ein geschichtliches Thema epochenübergreifend bis in die Gegenwart untersucht wird. Die Konzentration auf einen historischen Gegenstand ermöglicht dessen vertiefende und detaillierte Analyse. Allerdings führt diese Konzentration zwangsläufig zur Isolierung, da der Längsschnitt nicht den gesamtgeschichtlichen Zusammenhang des ausgewählten Gegenstandes in den einzelnen Epochen aufzeigen kann. Wie lässt sich z. B. die Geschichte der Frauen im Mittelalter ohne die Kenntnis der mittelalterlichen Gesellschaftsordnung angemessen untersuchen und beurteilen? Ein Vorteil von Längsschnitten ist der **Gegenwartsbezug**. Da mit Längsschnitten häufig grundlegende Bereiche menschlichen Lebens, z. B. Wohnen, Arbeit oder Migration, erforscht werden, kann Geschichte als Vorgeschichte heutiger Verhältnisse fortlaufend bis in die Gegenwart verfolgt werden.

Die Untersuchung des Themas „**Menschenrechte**" mit dem Verfahren des Längsschnitts ermöglicht einen historischen Zugriff auf die Grundlagen unseres heutigen Rechts-, Staats- und Freiheitsdenkens. Eine entscheidende Quelle für die Untersuchung können z. B. die **Menschenrechtserklärungen** sein. So lässt sich die Entwicklung der Menschenrechte in historischer Perspektive anhand ihrer Institutionalisierung darstellen. Alternativ wären als Quelle auch die Verfassungen denkbar.

Arbeitsschritte am Beispiel des Themas: Die Entwicklung der Menschenrechte anhand ihrer Institutionalisierung

1. Leitfrage	– Formulierung einer Leitfrage
2. Vorbereitung	– Auswahl der Menschenrechtserklärungen – Festlegung der Untersuchungskriterien
3. Erarbeitung	– Untersuchung der ausgewählten Menschenrechtserklärungen in arbeitsteiliger Gruppenarbeit anhand der festgelegten Kriterien (s. Vorschlag für einen Arbeitsbogen)
4. Präsentation	– Präsentation der Ergebnisse im Plenum
5. Urteil	– Vergleich der Menschenrechtserklärungen anhand der Kriterien – Rückgriff auf die Leitfrage

Methode

Vorschlag für die Auswahl der Menschenrechtserklärungen

Bill of Rights (1689)	M 12, S. 132
Virginia Bill of Rights (1776)	M 13, S. 132 f.
Unabhängigkeitserklärung der USA (1776)	M 14, S. 133
Erklärung der Menschen- und Bürgerrechte (1789)	M 7, S. 139 f.
Erklärung der Rechte der Frau und Bürgerin (1789)	M 10, S. 141 f.
Grundrechte des deutschen Volkes (1848)	M 6, S. 151 f.
Grundrechte in der Weimarer Reichsverfassung (1919)	M 8, S. 153
Allgemeine Erklärung der Menschenrechte der UNO (1948)	M 4, S. 161
Grundrechte im Grundgesetz (1949)	S. 117
Allgemeine Erklärung der Menschenrechte im Islam (1981)	M 8, S. 163

Vorschlag für einen Arbeitsbogen

Leitfrage: Welche Menschenrechte wurden für wen in den Erklärungen aufgenommen?

Aspekte	Untersuchungsfragen	Ergebnisse
Bezeichnung	Wie lautet der Titel der Menschenrechtserklärung (MRE)?	
Zeit	Wann wurde die MRE verabschiedet bzw. veröffentlicht? Welcher Epoche ist sie zuzuordnen?	
Institution oder/und Personen	Wer hat die MRE verabschiedet bzw. veröffentlicht?	
Geltungsbereich	Für wen galt bzw. gilt die MRE?	
Einschränkung	Für wen galten bzw. gelten die Rechte nicht?	
Rechte und „Generationen" (s. S. 157 ff.)	Welche konkreten Menschenrechte beinhaltet die Erklärung? Welche Rechte lassen sich welcher Menschenrechtsgeneration zuordnen? Welche Rechte fehlen aus heutiger Perspektive?	

121

3 Die Menschenrechte in historischer Perspektive

M1 Demonstranten protestieren gegen die Abschiebung illegaler Immigranten in den USA, New York, Fotografie, 2014

1215 Magna Charta (England)

Am 10. Dezember 1948 verabschiedeten die Vereinten Nationen die Allgemeine Erklärung der Menschenrechte. Damit verpflichteten sich die UN-Mitgliedsstaaten, die Menschenrechte nicht mehr als alleinige Angelegenheit souveräner Nationalstaaten zu betrachten, sondern als Aufgabe der Völkergemeinschaft. Die Menschenrechte bekamen mit dieser historischen Zäsur erstmals einen universellen Geltungsanspruch. Seitdem gelten sie weltweit für jeden Menschen – unabhängig von Alter, Geschlecht, Nationalität oder Rasse.

Der staatliche Schutz von Menschenrechten hat eine lange Vorgeschichte, die bis zu den englischen Verfassungskämpfen im 17. Jahrhundert und zur Französischen Revolution 1789 zurückreicht. Und die ideengeschichtlichen Wurzeln der Menschenrechte finden sich bereits in der antiken Philosophie. Die UN-Proklamation von 1948 dient inzwischen als Vorbild für weitere internationale und regionale Erklärungen, z. B. der europäischen „Konvention zum Schutze der Menschenrechte und Grundfreiheiten" von 1950 oder der „Allgemeinen Erklärung der Menschenrechte im Islam" von 1981. Und sie ist zu einem zentralen Bezugspunkt politischen Handelns geworden: Weltweit berufen sich Bürgerbewegungen in Auseinandersetzungen um politische Partizipation auf die Menschenrechte und mahnen die Überwindung der Defizite an.

Kompetenzerwerb: Nach Bearbeitung dieses Kapitels können Sie …

- ■ die ideengeschichtlichen Wurzeln der Menschenrechte darstellen,
- ■ die Bedeutung des Menschenbildes und der Staatstheorien der Aufklärung für die Formulierung von Menschenrechten sowie für die Entwicklung moderner demokratischer Staaten erläutern,
- ■ den Grad der praktischen Umsetzung der Menschen- und Bürgerrechte in den verschiedenen Phasen der Französischen Revolution beschreiben,
- ■ an Beispielen wichtige Etappen der Entwicklung der Menschenrechte bis zur und nach der UN-Menschenrechtserklärung von 1948 beurteilen,
- ■ historische Darstellungen und Verfassungsschaubilder analysieren sowie
- ■ den universalen Anspruch und die Wirklichkeit der Menschenrechte bewerten.

Grundwissen

Absolutismus
Bezeichnung für eine idealtypische Staatsform mit einem starken Monarchen an der Spitze, der unabhängig von ständischer Mitwirkung und gesetzlichen Schranken die uneingeschränkte Herrschaft anstrebt. Kennzeichen sind eine zentrale Verwaltung mit einem nur dem Herrscher unterstellten Beamtenapparat, ein stehendes Heer, eine staatliche Lenkung der Wirtschaft (Merkantilismus), eine Einbindung der Kirche in das Staatswesen sowie die Intensivierung des höfischen Lebens und Bau repräsentativer Schlossanlagen im Stil des Barock. Als Regierungsform in Europa im 17. und 18. Jh. vorherrschend.

Aufklärung
Eine viele Lebensbereiche umfassende Reformbewegung des 17./18. Jh. in Europa, die das „Licht der Vernunft" gegen klerikale, feudale und absolutistische Traditionen verbreiten wollte. Zentrale Forderungen waren unbeschränkte Öffentlichkeit, freie Meinungsäußerung und Toleranz gegenüber anderen Meinungen. Mittel zur Durchsetzung der Aufklärung waren vor allem Wissenschaft und Erziehung.

Bürgerrecht
In der Antike ein Rechtsstatus, der für erwachsene Männer die Möglichkeit zu politischer Betätigung einschloss, für Frauen und Männer bestimmte Rechte, z. B. in Athen das auf Landbesitz in Attika, ferner einen besonderen Rechtsschutz. Fremde und Sklaven waren vom Bürgerrecht ausgeschlossen. In Griechenland wie in Rom war das Bürgerrecht erblich, konnte darüber hinaus jedoch auch verliehen werden. Im Mittelalter hatten Bürger der Stadt das Recht, Grundbesitz frei zu verkaufen und zu vererben. Auch konnten sie ihren Wohnsitz frei wechseln. Alle Bürger wurden in Rechtsstreitigkeiten nach dem Stadtrecht behandelt. Dies galt für Männer und Frauen. Nur die männlichen Vollbürger waren berechtigt, den Rat der Stadt zu wählen und Ämter zu besetzen. Juden waren meist vom Bürgerrecht ausgeschlossen, meist auch Gesellen, Mägde und Tagelöhner. Heute umfasst das Bürgerrecht die Rechte als Staatsbürger, zum Beispiel das Wahlrecht und den Schutz im Ausland durch den eigenen Staat.

Demokratie
Regierungsform, in der der Wille des Volkes ausschlaggebend ist. Die direkte Demokratie beruht auf der unmittelbaren Teilhabe der Bürger an politischen Entscheidungen. In der modernen Form der Demokratie als mittelbare oder repräsentative Demokratie wird die Herrschaft nicht direkt vom Volk ausgeübt, sondern durch vom Volk gewählte Repräsentanten, die Abgeordneten. Kennzeichen der modernen freiheitlichen Demokratie sind: Garantie der Menschenrechte, allgemeines, gleiches, geheimes und freies Wahlrecht, Gewaltenteilung, Parlamente, Mehrparteiensystem, Minderheitenschutz.

M1 „Bilder von Denkwürdigkeiten, die sich in der Revolution zugetragen haben, welche Frankreich in den Jahren 1789, 90 und 91 erlebt hat", kolorierter Holzschnitt, 1790/91

Humanismus
In Oberitalien entstandene Bildungsbewegung vom 14. bis zum 16. Jahrhundert. Ausgehend vom Ideal des edlen Menschen, das die Humanisten in der von ihnen gesammelten Literatur der Antike fanden, kritisierten sie vor allem die Theologie und die kirchliche Bildungstradition. Ziel war eine an der Antike geformte Bildung, die die Entfaltung der Persönlichkeit und eine individuelle Lebensgestaltung ermöglicht. Massenbildung gehörte nicht zu ihren Zielen. Renaissance und Humanismus werden als Epochenbegriffe auch synonym verwendet.

Reformation
Von Luther ausgelöste christliche Erneuerungsbewegung seit dem 16. Jahrhundert. Im Zentrum der Begründung stand die Lehre vom Priestertum aller Gläubigen; damit wurde der Anspruch des Papstes auf die Herrschaft über die Welt und die allgemein gültige Auslegung der Bibel bestritten. Auslöser war das Vorgehen Luthers gegen den Ablasshandel der Kirche.

Revolution
Am Ende einer Revolution steht der tiefgreifende Umbau eines Staates und nicht nur ein Austausch von Führungsgruppen. Typisch ist das Vorhandensein eines bewussten Willens zur Veränderung, eine entsprechende Aktionsgruppe mit Unterstützung im Volk oder in einer großen Bevölkerungsgruppe. Typisch sind auch die Rechtsverletzung, die Gewaltanwendung und die schnelle Abfolge der Ereignisse. Beispiele sind die Französische Revolution 1789 und die Russische Revolution 1917.

Sklaven
In allen antiken Hochkulturen hat es Sklaverei gegeben. Nach griechischem und römischem, später auch nach islamischem Recht waren Sklaven ein unbeschränktes Sacheigentum, über das der Besitzer frei verfügen durfte. Sie wurden im Bergbau und in der Landwirtschaft eingesetzt, waren im Haushalt, als Lehrer, Ärzte oder in der Verwaltung und im Handwerk tätig. Ihre tatsächliche Lage hing stark von ihrem Tätigkeitsbereich ab. Sklave wurde man durch Kriegsgefangenschaft, durch Raub (Sklavenhandel) und Verkauf, durch Verschuldung oder dadurch, dass man von Sklaven abstammte. Im Römischen Reich war das Sklavendasein kein unabänderliches Schicksal, denn viele Sklaven wurden von ihren Herren freigelassen. Sie erhielten dann ein eingeschränktes, ihre frei geborenen Kinder das volle römische Bürgerrecht. Die Abschaffung der Sklaverei in der Neuzeit wurzelt in der Aufklärungsbewegung; die tatsächliche Abschaffung begann Ende des 18. Jahrhunderts (z. B. in den britischen Kolonien 1833, in den französischen Kolonien 1848, in den USA 1863).

Stand/Stände
Als Stand bezeichnet man eine Gruppe in einer Gesellschaft, die durch rechtliche Bestimmungen klar umgrenzt ist, die bestimmte Vorrechte hat oder auch von bestimmten Rechten ausgeschlossen ist. Stände sind einerseits gesellschaftliche Großgruppen, die sich voneinander durch jeweils eigenes Recht, Einkommensart, politische Stellung, Lebensführung und Ansehen unterscheiden und die Gesellschaftsordnung des Mittelalters und der Frühen Neuzeit prägten („ständische Gesellschaften"). Man unterschied vor allem Geistlichkeit (Klerus), Adel, Bürger und Bauern sowie unterständische Schichten. Sie sind andererseits Körperschaften zur Wahrnehmung politischer Rechte, etwa der Steuerbewilligung, in den Vertretungsorganen (Landtagen, Reichstagen) des frühneuzeitlichen „Ständestaates". Der Adel, der Klerus, die Vertreter der Städte und manchmal auch die der Bauern traten als „Stände" gegenüber dem Landesherrn auf. Der Absolutismus höhlte die Rechte der Stände aus. Mit den Revolutionen und Reformen um 1800 hörten die Stände auf, vorherrschendes Prinzip in Gesellschaft und Politik zu sein.

Grundwissentraining

3 Wissen wiederholen – mithilfe eines Zeitstrahls
a) Legen Sie einen Zeitstrahl an und tragen Sie die in den Grundwissensbegriffen genannten Epochen ein. Achten Sie dabei auf einen sinnvollen Maßstab.
b) Ordnen Sie die übrigen Grundwissensbegriffe den entsprechenden Epochen zu.

4 Zusammenhänge herstellen – mithilfe einer Mindmap
a) Erstellen Sie arbeitsteilig zu folgenden Grundwissensbegriffen eine Mindmap: Aufklärung und Absolutismus.
b) Präsentieren Sie Ihre Ergebnisse im Plenum.
c) Diskutieren Sie die Unterschiede.

5 Anwendungsaufgabe
a) Beschreiben Sie die einzelnen Szenen auf dem Bilderbogen (M 1).
b) Ordnen Sie dargestellten Vorgänge und Personen begründet den Etappen der Französischen Revolution zu.

3 Menschenrechte

3.1 Ideengeschichtliche Voraussetzungen des Menschenrechtsgedankens

Leitfrage:
Welche ideengeschichtlichen Voraussetzungen ermöglichten die Formulierung der Menschenrechte?

Die Menschenrechte sind ein Produkt der Neuzeit. Im 18. Jahrhundert schrieben die Amerikanische und Französische Revolution sie erstmals fest; seitdem sind sie wesentlicher Bestandteil aller demokratischen Staatsverfassungen. Die neuzeitliche Entwicklung der Menschenrechte hat jedoch eine Vorgeschichte. In der Geschichtswissenschaft spricht man von „drei historischen Wurzelgeflechten", die in den Epochen Antike, Mittelalter und Frühe Neuzeit zu finden sind.

M1 Römisches Sklavenband, Bronze, undatiert

Antike und Mittelalter

Freiheit und Gleichheit waren im antiken Griechenland anerkannte politische und ethische Werte. Im 5. Jahrhundert v. Chr. entdeckten einige griechische Philosophen den Menschen als autonomes Individuum und vertraten die Auffassung, alle Menschen seien gleich. In der Rechtspraxis sicherte die Polisgemeinschaft Bürgerrechte allerdings nur den wehrpflichtigen männlichen Bürgern zu. Nicht gewährt wurden sie Frauen, Sklaven und Fremden. Insbesondere die Sklaverei bestätigte die praktizierte Ungleichheit und Unfreiheit: Sklaven unterlagen der Verfügungsgewalt ihres Herrn. Er konnte sie verkaufen, misshandeln, töten, aber auch freilassen (M 1). Selbst innerhalb der Polisgemeinschaft waren nicht alle gleich. Gleichheit bestand nur in abgestufter Form entsprechend der gesellschaftspolitischen Funktion, z. B. Feldherr, Krieger, Beamter. Und Freiheit bedeutete in der Antike nicht in erster Linie, individualisiert zu leben, sondern sie wurde vor allem in der Mitwirkung für das Gemeinwesen verwirklicht.

Erst die römischen Philosophen der jüngeren Stoa (etwa 100 v. Chr.–100 n. Chr.) formulierten die Idee einer Gleichheit aller Menschen aufgrund ihrer Natur bzw. ihres göttlichen Ursprungs. Dieses Naturrecht* bedeutete zum einen die Respektierung des Menschen als Einzelwesen (Individualität), zum anderen die Ausdehnung der Rechte auf alle Menschen (Universalität). Obwohl diese Idee auch Eingang in die römische Rechtspraxis fand, galt sie nach wie vor nur für Männer. Auch die Sklaverei blieb bestehen.

Diese Ungleichheit wurde auch nicht vom frühen Christentum beseitigt. Zwar verband sich der Naturrechtsgedanke mit dem biblischen Gedanken der Gottesebenbildlichkeit des Menschen (*imago Dei*), wonach dem Menschen eine besondere Würde verliehen wurde, die ihn von allen anderen Geschöpfen unterschied. Die daraus resultierende prinzipielle Gleichheit aller Menschen blieb allerdings theologischer Anspruch: Auch die christliche Weltsicht hielt an der Ständegesellschaft des Mittelalters fest. Im Rahmen

Naturrecht
In der römischen Antike formulierte, im europäischen Mittelalter und in der Frühen Neuzeit weiterentwickelter Lehre, nach der grundlegende Rechte und Pflichten in der Natur des Menschen oder der menschlichen Vernunft verankert sind und unabhängig von staatlicher Rechtssetzung Geltung beanspruchen können.

M2 Ständebild, Holzschnitt, 1492.
Die lateinischen Inschriften lauten übersetzt: „Du bete demütig", „du schütze", „und du arbeite".

der Drei-Stände-Lehre wurden Rechte und Pflichten der mittelalterlichen Gesellschaft in hierarchischer Abstufung genau geregelt (M 2).

Freiheit und Gleichheit waren auch innerhalb der römisch-katholischen Kirche begrenzt. Für unabhängige christliche Glaubensbewegungen, wie die Katharer, gab es weder ein Heil im Jenseits noch eine Lebensrecht im Diesseits. Als Ketzer wurden sie exkommuniziert, enteignet, gefoltert und häufig öffentlich verbrannt.

Frühe Neuzeit

Reformation, Renaissance und Humanismus, die englischen Verfassungskämpfe sowie die Aufklärung bilden die dritte ideengeschichtliche Wurzel; sie sind die eigentliche „Vorgeschichte" der Menschenrechte. Das Verdienst der **Reformation*** bestand in erster Linie in der Anerkennung der Glaubens- und Gewissensfreiheit des Individuums. Aber auch in diesem Kontext wurde die ständische Herrschaftsordnung nicht infrage gestellt. So fasste Martin Luther den Freiheitsbegriff auf als Freiheit des Einzelnen vor Gott, nicht jedoch in der Welt. Dagegen verstanden die aufständischen Bauern von 1524/25 in Südwestdeutschland und Thüringen in ihrem Kampf für die Verbesserung ihrer politischen und wirtschaftlichen Lage die christliche Freiheit auch als Freiheit von sozialem Unrecht.

Zur Entwicklung der Menschenrechte trug auch das Zeitalter der **Renaissance*** bei, in dem antike und christliche Ideen aufgegriffen und weiterentwickelt wurden. Insbesondere der **Humanismus*** entwickelte unter Rückgriff auf das antike Naturrecht Vernunft und Würde zu Leitwerten eines säkularisierten Menschenbildes. Kunst und Wissenschaft sollten befreit werden von kirchlichen Glaubenssätzen. Und dem fürstlichen Gehorsamsanspruch wurde die Freiheit des autonom denkenden und handelnden Individuums entgegengestellt. Der entscheidende Schritt zu einer Befreiung des Individuums aus staatlich-religiöser Bevormundung gelang jedoch erst mit der **europäischen Aufklärungsbewegung**.

Reformation
siehe Grundwissen, S. 125

Renaissance
seit dem 16. Jh. Bezeichnung für die „Wiedergeburt" der griechisch-römischen Kunst und Bildung; seit dem 19. Jh. Epochenbegriff für die Zeit des Übergangs vom Mittelalter zur Neuzeit

Humanismus
siehe Grundwissen, S. 125

Menschenbild der Aufklärung

„Aufklärung ist der Ausgang des Menschen aus seiner selbst verschuldeten Unmündigkeit." Dieser berühmte Satz des deutschen Philosophen **Immanuel Kant** enthält das Leitmotiv des aufklärerischen Denkens: „*Sapere aude!* Habe Mut, dich deines eigenen Verstandes zu bedienen!" Auf den Verstand vertrauend, forderten die Aufklärer unter Berufung auf das antike Naturrecht, dass sich alle Herrschaftsverhältnisse an der „natürlichen Vernunft" und damit an den Menschenrechten auszurichten hätten. Die Aufklärer erhoben den Anspruch, ein neues Zeitalter einzuleiten, in dem die Vernunft (lat. *ratio*) als Richtlinie des neuen Denkens an die Stelle unbewiesener Glaubenssätze sowie kirchlicher und fürstlicher Bevormundung treten sollte. Die kritische Vernunft sollte zum Maßstab allen Handelns (Rationalismus) und die Erfahrung zum Maßstab des Erkennens (Empirismus) werden. Die Aufklärer wandten diese Maßstäbe auch auf die sozialen und politischen Verhältnisse an: Nicht mehr Herkunft und Standeszugehörigkeit sollten das Leben bestimmen, sondern die Fähigkeiten des Einzelnen, die er in Freiheit und Gleichheit entwickeln und ausleben sollte. Ziel war der kritische, emanzipierte und selbstbewusste Bürger, der Toleranz gegenüber Andersdenkenden und -gläubigen übt. Damit leistete die Aufklärung einen wichtigen Beitrag zur Fortentwicklung des Menschenrechtsgedankens (M 4) und bildete die Grundlage für die Entstehung des modernen Verfassungsstaates.

M 3 Toleranz, Radierung von Daniel Chodowiecki, 1792

3 Menschenrechte

M 4 Der Beitrag der Aufklärung zur Entwicklung der Menschenrechte

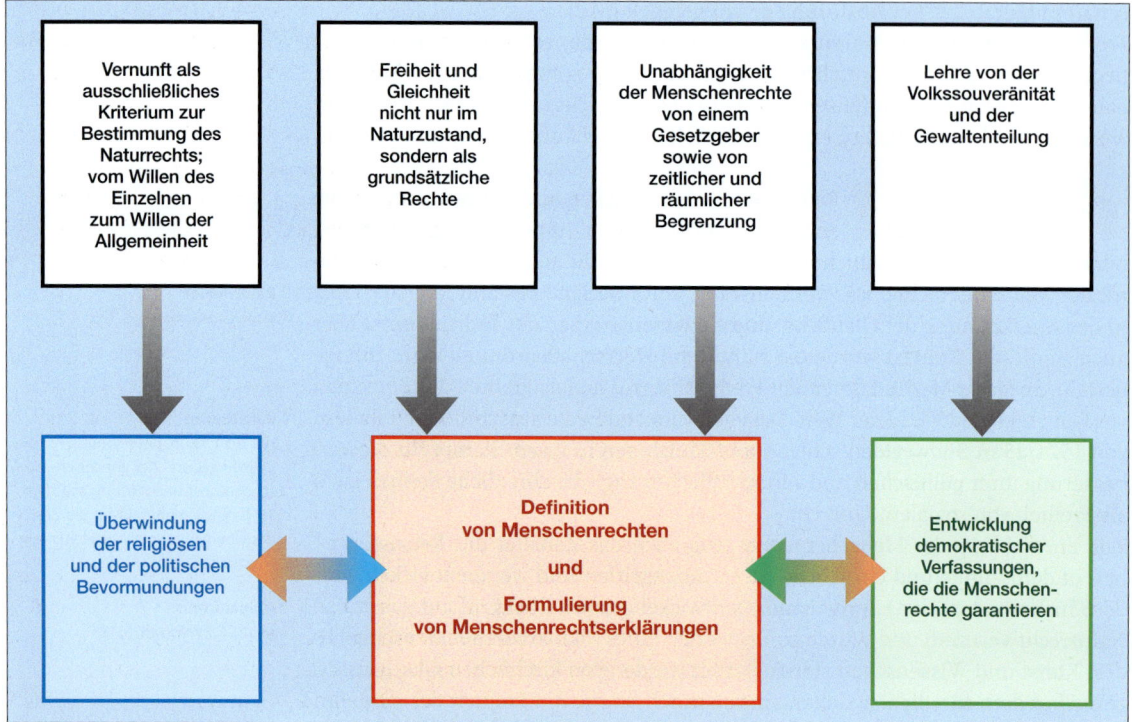

M 5 Thomas Hobbes (1588–1679), Gemälde von John Michael Wright (Ausschnitt), um 1670

M 6 John Locke (1632 bis 1704), Crayonstich (Ausschnitt), um 1697

Staatstheorien der Aufklärung

Seit dem 16. Jahrhundert schürten Religions- und Bürgerkriege das Bedürfnis der Menschen nach Frieden und Rechtssicherheit. Staatstheoretiker überlegten, wie der ideale Staat aufgebaut sein könnte und wie viel Macht dem Herrscher zukommen sollte. Der französische Philosoph Jean Bodin (1529–1595) entwickelte die Idee der Souveränität, wonach der Monarch als Repräsentant des Staates – losgelöst von Gesetzen und von Gott legitimiert – eine unteilbare und zeitlich unbegrenzte Macht über alle Untertanen ausüben könne und zugleich Leben und Eigentum schütze. Dagegen begründete der englische Philosoph Thomas Hobbes in seinem Werk „Leviathan" (1651) das Recht des Fürsten auf absolute Souveränität mit der Lehre des Gesellschaftsvertrages, wonach alle Menschen freiwillig einen Vertrag miteinander schließen, in dem sie auf alle Rechte und Freiheiten verzichten und dem Monarchen das Recht zur unbeschränkten Herrschaft übertragen (M 8, M 9).

Andere Vertreter der politischen Philosophie der Aufklärung, wie der englische Philosoph John Locke (M 10), übten Kritik an der absoluten Monarchie und entwickelten Staatstheorien, in denen der Untertan zum Bürger wurde, der nicht nur im Naturzustand frei und gleich sei, sondern auch innerhalb eines Staatenverbandes mündig bleibe und seine unveräußerlichen Rechte auf Leben, Freiheit und Besitz behalte. Locke formulierte zudem ein zweites, entscheidendes Prinzip der modernen Demokratie: die Gewaltenteilung. Durch die Trennung von gesetzgebender Gewalt (Legislative) und ausführender Gewalt (Exekutive) sollten der Staatsgewalt Grenzen gesetzt werden. Der Franzose Charles Montesquieu ergänzte die Lehre von der Gewaltenteilung um eine dritte, die richterliche Gewalt (Judikative) (M 11).

Jean-Jacques Rousseau entwickelte mit der Volkssouveränität ein weiteres Prinzip zur Entstehung des modernen Verfassungsstaates. In Anlehnung an Locke griff er die Lehre vom Gesellschaftsvertrag auf und argumentierte, dass die politische

Ordnung durch Zustimmung aller legitimiert sein müsse. Die Vertragsgrundlage bilde der gemeinsame Wille des Volkes (*volonté générale*), dem sich jeder Einzelne unterzuordnen habe. Dieser Entwurf einer direkten Demokratie wurde in der Jakobinerherrschaft während der Französischen Revolution wirksam (s. S. 134 ff.).

Institutionalisierung von Menschenrechten

Die französische Erklärung der Menschen- und Bürgerrechte von 1789 gilt als Meilenstein auf dem Weg zur modernen bürgerlichen Staatsverfassung. Zum ersten Mal wurden die Menschenrechte mit universalem Anspruch in einer Verfassung verankert. Der französischen Erklärung gingen jedoch frühere Bestrebungen voraus, Menschenrechte zu institutionalisieren. Im mittelalterlichen England wurden beispielsweise verschiedene Herrschaftsverträge ausgehandelt, in denen Könige oder Fürsten einzelnen Ständen – nicht Individuen – Privilegien zugestanden. Das bekannteste Beispiel ist die Magna Charta Libertatum (1215), die den englischen Adligen die Unverletzlichkeit der eigenen Person und ihres Privatbesitzes sowie den Schutz vor ungesetzlicher Bestrafung zusicherte. Auch im 17. Jahrhundert wurden in England Freiheitsrechte zur Abwehr königlicher Machtansprüche formuliert. Das Parlament setzte sich im Konflikt mit dem König zunächst in der Petition of Right (1628) und später in der Habeas-Corpus-Akte (1679) erfolgreich gegen willkürliche Besteuerung und Verhaftung zur Wehr. Und nach der „Glorious Revolution"* gelang es dem Parlament, mit der Bill of Rights (1689, M 12) eine konstitutionelle Verfassung durchzusetzen. Damit wurde zeitgleich zu Lockes Veröffentlichungen erstmals das Prinzip der Gewaltenteilung umgesetzt.

Der erste Menschenrechtskatalog wurde allerdings erst hundert Jahre später und nicht in Europa verkündet. Der amerikanische Unabhängigkeitskrieg, in dem sich die amerikanischen Kolonien gegen die Steuer- und Handelspolitik ihres englischen Mutterlandes sowie den Ausschluss von politischer Mitbestimmung wehrten, führte im Jahr 1776 zur Virginia Bill of Rights (M 13) sowie zur Unabhängigkeitserklärung der Vereinigten Staaten von Amerika (M 14), in der die Menschenrechte erstmals Bestandteil einer Verfassung wurden. Für Schwarze, Indianer und Frauen galten diese Rechte allerdings nicht. Beide Dokumente wurden wegweisend für die französische Erklärung der Menschen- und Bürgerrechte.

M 7 Charles Montesquieu (1689–1755), Radierung von Pierre Michel Alix nach einem zeitgenössischen Bildnis, um 1800

„Glorious Revolution"
Englische Revolution von 1688, in der die absolutistische Herrschaft der englischen Königsfamilie der Stuarts beendet wurde; der neue König, Wilhelm von Oranien, musste den Vorrang des Parlaments anerkennen und Herrschaftsrechte abtreten.

Webcode:
KB644438-129

1 ■ Erklären Sie anhand von Beispielen aus der Antike und dem Mittelalter Anspruch und Wirklichkeit der Erkenntnis, alle Menschen seien gleich.
2 ■ Erläutern Sie wesentliche Elemente von Menschenbild und Staatsphilosophie der Aufklärung in ihrem Begründungszusammenhang. Nutzen Sie auch M 4.
3 ■ Nennen Sie wesentliche Etappen bei der Institutionalisierung der Menschenrechte.
4 ■ Beurteilen Sie den ideengeschichtlichen Beitrag der unterschiedlichen Epochen zur Entwicklung der Menschenrechte.

Geschichte und Theorie: Staatstheorien der Aufklärung

M 8 Titelkupfer der Erstausgabe des „Leviathan" von Thomas Hobbes, 1651.

Der lateinische Satz am oberen Bildrand stammt aus dem Buch Hiob des Alten Testaments und lautet auf deutsch: „Es gibt keine Macht auf Erden, die ihm gleichkommt".

1 ■ Beschreiben Sie das Titelbild.
2 ■ Interpretieren Sie die Personifikation des Staates in der dargestellten Figur des Leviathan.

M 9 Thomas Hobbes, Leviathan, 1651

Die Menschen sind von Natur aus gleich, sowohl in ihren körperlichen als auch in den geistigen Anlagen. Es mag wohl jemand erwiesenermaßen stärker sein als ein anderer oder schneller in seinen Gedankengängen, wenn man jedoch alles zusammen bedenkt, so ist der Unterschied zwischen den einzelnen Menschen nicht so erheblich, dass irgendjemand Veranlassung hätte, sich einen Anspruch daraus herzuleiten, den ein anderer nicht mit dem gleichen Recht beanspruchen könnte. [...] Dieser Gleichheit der Fähigkeiten entspringen die gleichen Hoffnungen, ein Ziel zu erreichen. So werden zwei Menschen zu Feinden, wenn beide zu erlangen versuchen, was nur einem von ihnen zukommen kann. Um ihr Ziel zu erreichen [...], trachten sie danach, den anderen zu vernichten oder ihn sich untertan zu machen. [...] Und hieraus folgt, dass Krieg herrscht, solange die Menschen miteinander leben ohne eine oberste Gewalt, die in der Lage ist, die Ordnung zu bewahren. [...] Die einzige Möglichkeit, eine Gewalt zu schaffen, die in der Lage ist, die Menschen ohne Furcht vor feindlichen Einfällen oder den Übergriffen ihrer Mitmenschen ihres Fleißes und des Bodens Früchte genießen und friedlich für ihren Unterhalt sorgen zu lassen, liegt darin, dass alle Macht einem Einzigen übertragen wird – oder aber einer Versammlung, in der durch Abstimmung der Wille aller zu einem gemeinsamen Willen vereinigt wird. So wird praktisch ein Einziger oder eine Versammlung zum Vertreter aller ernannt, und jeder Einzelne gewinnt auf diese Weise das Gefühl, dass er selbst Teil hat an jeder nur erdenklichen Handlung oder Vorschrift desjenigen, der an seiner Stelle steht. Er wird also für alle Handlungen mitverantwortlich, weil er ja diesem Herrscher oder dieser Versammlung seinen Willen und seine Entscheidungsfreiheit freiwillig übertragen hat. [...] Wenn sich Menschen so zu einer Person vereinigen, bilden sie einen Staat. [...] Und er, der diese Person trägt, wird Souverän genannt. Man sagt, er habe souveräne Gewalt. Und alle übrigen nennt man Untertanen. [...] Wegen schlechter Verwaltung des Staates kann die höchste Gewalt ihrem Besitzer nicht genommen werden. Denn einerseits stellt derselbe den gesamten Staat dar, und folglich sind seine Handlungen als Handlungen des ganzen Staates anzusehen; wer kann aber dabei den Staat als schuldig anklagen? Andererseits schließt ja der, welchem die höchste Gewalt übertragen wird, mit denen, die sie ihm übertragen, eigentlich keinen Vertrag, und folglich kann er keinem Unrecht tun, weshalb ihm die höchste Gewalt genommen werden dürfte.

Thomas Hobbes, Leviathan, übers. v. Dorothee Tidow, hg. v. Peter Cornelius Mayer-Tasch, Rowohlt, Reinbek 1965, S. 96 ff., 136 ff.

M 10 John Locke, Über die Regierung, 1690

Um politische Gewalt richtig zu verstehen und sie von ihrem Ursprung herzuleiten, müssen wir sehen, in welchem Zustand sich der Mensch von Natur aus befindet. Es ist ein Zustand vollkommener Freiheit, innerhalb der Grenzen des Naturgesetzes seine Handlungen zu lenken und über seinen Besitz und seine Person zu verfügen, wie es ihm am besten scheint – ohne jemandes Erlaubnis einzuholen und ohne von dem Willen eines anderen abhängig zu sein. Es ist überdies ein Zustand der Gleichheit, in dem alle Macht und Rechtsprechung wechselseitig sind, da niemand mehr besitzt als ein anderer [...]. [...] Im Naturzustand herrscht ein natürliches Gesetz, das für alle verbindlich ist. Die Vernunft aber, welche dieses Gesetz rechtfertigt, lehrt alle Menschen, wenn sie sie nur um Rat fragen wollen, dass niemand einem anderen, da alle gleich und unabhängig sind, an seinem Leben, seiner Gesundheit, seiner Freiheit oder seinem Besitz Schaden zufügen soll. [...] Wo immer daher eine Anzahl Menschen sich so in einer Gesellschaft vereinigt hat, dass jeder seines Rechtes, das Naturgesetz zu vollstrecken, zugunsten der Allgemeinheit entsagt, da – und zwar einzig da – handelt es sich um eine politische oder bürgerliche Gemeinschaft. Und das ist überall dort der Fall, wo eine Anzahl im Naturzustand lebender Menschen sich zu einer Gesellschaft vereinigt, um ein Volk, einen einzigen politischen Körper unter einer einzigen höchsten Regierung zu bilden – oder wo sich irgendjemand einer schon bestehenden Regierung anschließt und sich ihr einverleibt. So nämlich bevollmächtigt er die Gesellschaft oder – was dasselbe ist – die Legislative, ihm Gesetze zu geben, wie es das öffentliche Wohl der Gesellschaft erfordert – Gesetze, zu deren Vollstreckung beizutragen er verpflichtet ist (da sie als seine eigenen Beschlüsse gelten). […] Nun begeben sich [= verzichten] zwar die Menschen mit ihrem Eintritt in die Gesellschaft der Gleichheit, Freiheit und Exekutivgewalt des Naturzustandes, um sie in die Hände der Gesellschaft zu legen […]; doch das geschieht nur mit der Absicht jedes Einzelnen, sich seine Freiheit und sein Eigentum umso besser zu erhalten. Die Macht der Gesellschaft oder der von ihr eingesetzten Legislative kann sich deshalb schlechterdings nicht weiter erstrecken als auf das gemeinsame Wohl. Sie ist verpflichtet, eines jeden Eigentum zu sichern. Wer immer deshalb die legislative oder höchste Gewalt eines Staatswesens in Händen hat, ist verpflichtet, nach festen, stehenden Gesetzen zu regieren, die dem Volk bekannt gemacht wurden – und nicht durch Maßnahmeverordnungen –, durch unparteiische und aufrechte Richter, die Streitfälle nach eben jenen Gesetzen entscheiden müssen, und die Macht der Gemeinschaft im Inland nur zur Vollstreckung dieser Gesetze, nach außen zur Verhütung oder Vergeltung fremden Unrechts und zum Schutz der Gesellschaft vor Einfällen und Angriffen zu verwenden. […] Wann immer daher die Legislative dieses grundlegende Gesetz der Gesellschaft überschreiten und aus Ehrsucht, Furcht, Torheit oder Verderbtheit den Versuch unternehmen sollte, entweder selbst absolute Gewalt über Leben, Freiheit und Besitz des Volkes an sich zu reißen oder eine solche Gewalt in die Hände eines anderen zu legen, verwirkt sie durch einen solchen Vertrauensbruch jene Macht, die das Volk mit weit anderen Zielen in ihre Hände gegeben, und die Macht fällt zurück an das Volk. Das Volk hat dann ein Recht, zu seiner ursprünglichen Freiheit zurückzukehren und durch die Errichtung einer neuen Legislative […] für ein eigenes Wohlergehen und seine Sicherheit zu sorgen […].

John Locke, Über die Regierung, übers. v. Dorothee Tidow, hg. v. Peter Cornelius Mayer-Tasch, Rowohlt, Reinbek 1966, S. 9 ff.

1 ■ Erarbeiten Sie arbeitsteilig die Argumentation der Staatstheorien von Hobbes und Locke.
2 ■ Vergleichen Sie Ihre Ergebnisse anhand folgender Aspekte: a) Verständnis vom natürlichen Urzustand des Menschen und b) Verhältnis des Einzelnen in der Gesellschaft und gegenüber der Staatsgewalt.
3 ■ **Zusatzaufgabe:** Stellen Sie die Vorstellungen von Lockes und Hobbes über den Staatsaufbau in einem Schaubild dar.
4 ■ Beurteilen Sie die Bedeutung des Menschenbildes und der Staatstheorien für die Formulierung von Menschenrechten sowie die weitere Entwicklung zu modernen demokratischen Staaten. Nutzen Sie den Darstellungstext sowie M 4, M 9 und M 10.

M 11 Charles Montesquieu, Vom Geist der Gesetze, 1748

In jedem Staat gibt es drei Arten von Gewalt: die gesetzgebende Gewalt, die vollziehende Gewalt in Ansehung der Angelegenheiten, die vom Völkerrecht abhängen, und die vollziehende Gewalt hinsichtlich der Angelegenheiten, die vom bürgerlichen Recht abhängen. […] Ich werde diese letzte die richterliche Gewalt und die anderen schlechthin die vollziehende Gewalt des Staates nennen. Die politische Freiheit des Bürgers ist jene Ruhe des Gemüts, die aus dem Vertrauen erwächst, das ein jeder zu seiner Sicherheit hat. Damit man diese Freiheit hat, muss die Regierung so eingerichtet sein, dass ein Bürger den anderen nicht zu fürchten braucht. Wenn in derselben Person oder gleichen obrigkeitlichen Körperschaft die gesetzgebende Gewalt mit der vollziehenden vereinigt ist, gibt es keine Freiheit; denn es steht zu befürchten, dass derselbe Monarch oder derselbe Senat tyrannische Gesetze macht, um sie tyrannisch zu vollziehen. Es gibt ferner keine Freiheit, wenn die richterliche Gewalt nicht von der gesetzgebenden und vollziehenden getrennt ist. Ist sie mit der gesetzgebenden Gewalt verbunden, so wäre die Macht über Leben und Freiheit der Bürger willkürlich, weil der Richter Gesetzgeber wäre. Wäre sie mit der vollziehenden Gewalt verknüpft, so würde der Richter die Macht eines Unterdrückers haben. Alles wäre verloren, wenn derselbe Mensch oder die gleiche Körperschaft der Großen, des Adels oder des Volkes diese drei Gewalten ausüben würde: die Macht, Gesetze zu geben, die öffentlichen Beschlüsse zu vollstrecken und die Verbrechen oder die Streitsachen der Einzelnen zu richten. […] Da in einem freien Staat jeder, dem man einen freien Willen zuerkennt, durch sich selbst regiert sein sollte, so müsste das Volk als Ganzes die gesetzgebende Gewalt haben. Das aber ist […] unmöglich […].

Deshalb ist es nötig, dass das Volk durch seine Repräsentanten das tun lässt, was es nicht selbst tun kann. […] Der große Vorteil der Repräsentanten besteht darin, dass sie fähig sind, die Angelegenheiten zu erörtern. Das Volk ist dazu keinesfalls geschickt. Das macht einen der großen Nachteile der Demokratie aus. […] Der repräsentative Körper soll nicht gewählt werden, damit er einen unmittelbar wirksamen Beschluss fasse, wozu er nicht geeignet ist, sondern um Gesetze zu machen und darauf zu achten, dass die von ihm gemachten Gesetze wohl ausgeführt werden. Dazu ist er sehr geeignet, das kann niemand besser als er. […] Die vollziehende Gewalt muss in den Händen eines Monarchen liegen. Denn dieser Teil der Regierung, der fast immer der augenblicklichen Handlung bedarf, ist besser durch einen als durch mehrere verwaltet, während das, was von der gesetzgebenden Gewalt abhängt, häufig besser durch mehrere als durch einen Einzelnen angeordnet wird.

Zit. nach: Fritz Dickmann (Bearb.), Geschichte in Quellen: Renaissance. Glaubenskämpfe. Absolutismus, 2. Aufl., bsv, München 1976, S. 716 ff.; übers. v. Ernst Forsthoff.

1 ■ Analysieren Sie M 11 im Hinblick auf die vom Autor skizzierte Organisation des Staates.
2 ■ Vergleichen Sie Montesquieus Staatstheorie mit den Entwürfen von Hobbes und Locke.
3 ■ Erörtern Sie, ob und inwiefern Montesquieu als Theoretiker der modernen Demokratie bezeichnet werden kann.
4 ■ **Geschichte produktiv:** Verfassen Sie einen Eintrag für ein Schülerlexikon zum Stichwort: Entwurf einer modernen Verfassung nach Montesquieu.

Institutionalisierung der Menschenrechte

M 12 Aus der englischen „Bill of Rights", 1689

Die in Westminster versammelten geistlichen und weltlichen Lords und Gemeinen [...] legten am 13. Tag im Februar im Jahr unseres Herrn 1689 Ihren Majestäten, zu der Zeit genannt und bekannt unter dem Namen und Titel Wilhelm und Maria, Prinz und Prinzessin von Oranien, die in eigener Person anwesend waren, eine gewisse geschriebene Erklärung vor [...]:

Die angemaßte Befugnis, Gesetze oder die Ausführung von Gesetzen durch königliche Autorität ohne Zustimmung des Parlaments aufzuheben, ist gesetzwidrig. Die angemaßte Befugnis, von Gesetzen oder der Ausführung von Gesetzen durch königliche Autorität zu dispensieren, wie sie kürzlich beansprucht und ausgeübt wurde, ist gesetzwidrig.

Die Errichtung des früheren außerordentlichen Gerichtshofes für kirchliche Rechtsfälle sowie alle anderen Kommissionen und Gerichtshöfe ähnlicher Natur sind gesetzwidrig und gefährlich.

Steuern für die Krone oder zum Gebrauch der Krone unter dem Vorwand eines Prärogativs ohne Erlaubnis für längere Zeit oder in anderer Weise als erlaubt oder bewilligt wurde zu erheben, ist gesetzwidrig.

Es ist das Recht des Untertans, dem König Bittschriften einzureichen, und jede Untersuchungshaft sowie Verfolgung wegen solch einer Petition ist gesetzwidrig.

Es ist gegen das Gesetz, es sei denn mit Zustimmung des Parlaments, eine stehende Armee im Königreich in Friedenszeiten aufzustellen oder zu halten. Den protestantischen Untertanen ist es erlaubt, Waffen zu ihrer Verteidigung gemäß ihrer Stellung und wie es das Gesetz gestattet zu führen.

Die Wahl von Parlamentsmitgliedern soll frei sein. Die Freiheit der Rede und der Debatten und Verhandlungen im Parlament darf von keinem Gerichtshof oder sonst wie außerhalb des Parlaments angefochten oder infrage gestellt werden.

Eine allzu hohe Bürgschaft darf nicht gefordert werden. Auch dürfen keine übermäßigen Geldstrafen auferlegt oder grausame und ungewohnte Strafen vollzogen werden [...].

Um allen Beschwerden abzuhelfen sowie zur Besserung, Stärkung und Erhaltung der Gesetze sollen Parlamentssitzungen häufig gehalten werden [...].

Im vollen Vertrauen, dass seine Hoheit, der Prinz von Oranien, seine diesbezügliche Erklärung erfüllen und sie gegen Verletzung ihrer hiermit zugesicherten Rechte sowie gegen alle sonstigen Angriffe auf ihre Religion, Rechte und Freiheiten schützen wird, beschließen die zu Westminster versammelten geistlichen und weltlichen Lords und Gemeinen, dass Wilhelm und Maria, Prinz und Prinzessin von Oranien, König und Königin von England sein und als solche erklärt werden sollen.

Zit. nach: Geschichte in Quellen, Bd. 3, bearb. von Fritz Dickmann, 3. Aufl., bsv, München 1982, S. 495.

M 13 Virginia Bill of Rights, 12. Juni 1776

Im Mai 1776 stellte Virginia seiner Verfassung eine „Bill of Rights" voran, deren Kerninhalte 1791 als Zusatzartikel 1 bis 10 Eingang in die US-Verfassung fanden:

I. Dass alle Menschen von Natur aus gleich frei und unabhängig sind und bestimmte angeborene Rechte besitzen, die sie ihrer Nachkommenschaft durch keinen Vertrag rauben oder entziehen können, wenn sie eine staatliche Verbindung eingehen, nämlich das Recht auf den Genuss des Lebens und der Freiheit, auf die Mittel zum Erwerb und Besitz von Eigentum, das Streben nach Glück und Sicherheit und das Erlangen beider.

II. Dass alle Gewalt im Volke ruht und folglich von ihm abgeleitet ist, dass die Behörden seine Bevollmächtigten und Diener sind und ihm zu aller Zeit verantwortlich.

III. Dass eine Regierung eingesetzt ist oder eingesetzt sein sollte zum allgemeinen Wohle, zum Schutz und zur Sicherheit des Volkes, der Nation oder der Gemeinde; dass von all den verschiedenen Regierungsformen diejenige die beste ist, die fähig ist, den höchsten Grad von Glück und Sicherheit hervorzurufen, und die am wirksamsten gegen die Gefahr schlechter Verwaltung gesichert ist; und dass die Mehrheit einer Staatsgemeinde ein unzweifelhaftes, unveräußerliches und unverletzliches Recht hat, eine Regierung zu reformieren, zu verändern oder abzuschaffen, wenn sie diesen Zwecken unangemessen oder entgegengesetzt befunden wird [...].

V. Dass die gesetzgebenden und vollziehenden Gewalten eines Staates getrennt und von der richterlichen unterschieden werden sollen. [...]

VI. Dass die Wahlen der Mitglieder, die als Vertreter des Volkes in der Versammlung dienen sollen, frei sein sollten und dass alle Menschen, die genügend ihr dauerndes Interesse an der Allgemeinheit und ihre Bindung an die Staatsgemeinde nachweisen können, das Recht zur Wahl haben, dass ihnen ihr Eigentum nicht zu öffentlichen Zwecken besteuert oder genommen werden kann ohne ihre eigene Einwilligung oder die der so gewählten Volksvertreter; dass sie ferner durch kein Gesetz gebunden werden können, dem sie nicht in gleicher Weise im Interesse der Allgemeinheit zugestimmt haben. […]

VIII. Dass bei allen hochnotpeinlichen oder peinlichen Prozessen jedermann das Recht hat, nach Ursache und Natur seiner Anklage zu fragen, seinen Anklägern und deren Zeugen gegenübergestellt zu werden, Zeugen zu seinen Gunsten herbeizurufen und eine sofortige Untersuchung durch einen unparteiischen Gerichtshof aus zwölf Leuten seiner Nachbarschaft zu verlangen, ohne deren einmütige Zustimmung er nicht schuldig befunden werden kann. […]

XII. Dass die Pressefreiheit eines der stärksten Bollwerke der Freiheit ist und nur durch despotische Regierungen beschränkt werden kann. […]

XVI. Dass die Religion oder die Ehrfurcht, die wir unserem Schöpfer schulden, und die Art, wie wir uns dieser Pflicht entledigen, nur durch unsere Vernunft und Überzeugung bestimmt werden kann, nicht durch Machtspruch oder Gewalt; und dass daher alle Menschen zur freien Religionsausübung gleicherweise berechtigt sind, entsprechend der Stimme ihres Gewissens, und dass es die gegenseitige Pflicht aller ist, christliche Milde, Liebe und Barmherzigkeit aneinander zu üben.

Zit. nach: Wolfgang Lautemann (Bearb.), Geschichte in Quellen, Bd. 4, bsv, München 1981, S. 107–109.

1 ■ Analysieren und vergleichen Sie M 12 und M 13 im Hinblick auf die genannten Rechte.
2 ■ **Zusatzaufgabe:** Vergleichen Sie M 13 mit den Grundrechten im Grundgesetz (S. 117).

M 14 Unabhängigkeitserklärung der Vereinigten Staaten, 4. Juli 1776

Folgende Wahrheiten erachten wir als selbstverständlich: dass alle Menschen gleich geschaffen sind; dass sie von ihrem Schöpfer mit gewissen unveräußerlichen Rechten ausgestattet sind; dass dazu Leben, Freiheit und das Streben nach Glück gehören; dass zur Sicherung dieser Rechte Regierungen unter den Menschen eingerichtet werden, die ihre rechtmäßige Macht aus der Zustimmung der Regierten herleiten; dass, wenn irgendeine Regierungsform sich für diese Zwecke als schädlich erweist, es das Recht des Volkes ist, sie zu ändern oder abzuschaffen und eine neue Regierung einzusetzen und sie auf solchen Grundsätzen aufzubauen und ihre Gewalten in der Form zu organisieren, wie es zur Gewährleistung ihrer Sicherheit und ihres Glücks geboten zu sein scheint.

Gewiss gebietet die Vorsicht, dass seit Langem bestehende Regierungen nicht um unbedeutender und flüchtiger Ursachen willen geändert werden sollten, und demgemäß hat noch jede Erfahrung gezeigt, dass die Menschen eher geneigt sind zu dulden, solange die Übel noch erträglich sind, als sich unter Abschaffung der Formen, die sie gewöhnt sind, Recht zu verschaffen. Aber wenn eine lange Reihe von Missbräuchen und Übergriffen, die stets das gleiche Ziel verfolgen, die Absicht erkennen lässt, sie absolutem Despotismus zu unterwerfen, so ist es ihr Recht, ist es ihre Pflicht, eine solche Regierung zu beseitigen und sich um neue Bürgen für ihre zukünftige Sicherheit umzutun. […]

Daher tun wir, die Vertreter der Vereinigten Staaten von Amerika, versammelt in einem allgemeinen Kongress, an den Obersten Richter der Welt betreffs der Rechtlichkeit unserer Absichten appellierend, im Namen und kraft der Autorität des rechtlichen Volkes dieser Kolonien, feierlich kund und erklären, dass diese Vereinigten Kolonien freie und unabhängige Staaten sind und es von Rechts wegen sein sollen; dass sie von jeglicher Treuepflicht gegen die britische Krone entbunden sind und dass jegliche politische Verbindung zwischen ihnen und dem Staate Großbritannien vollständig gelöst ist, […] und dass sie als freie und unabhängige Staaten Vollmacht haben, Kriege zu führen, Frieden zu schließen, Bündnisse einzugehen, Handel zu treiben und alle anderen Akte und Dinge zu tun, welche unabhängige Staaten von Rechts wegen tun können.

Adolf Rock, Dokumente der amerikanischen Demokratie, Limes, 2. Aufl., Wiesbaden 1953, S. 102 ff.

1 ■ Analysieren Sie M 14 im Hinblick auf
a) die natürlichen Rechte,
b) das Prinzip der Volkssouveränität,
c) das Prinzip der Gewaltenteilung und
d) die Freiheitsrechte.
2 ■ Beurteilen Sie die Bedeutung der Amerikanischen Revolution für die Entwicklung der Menschenrechte.

Präsentationsvorschläge

Thema 1: Die Magna Charta von 1215 – Vorläufer der modernen Menschenrechtserklärungen?
Die *Magna Charta Libertatum* von 1215 ist die erste Urkunde zur Regelung von Rechten im europäischen Raum. Sie fehlt in keiner Chronologie zur Entwicklung der Menschenrechte. Zu Recht?

Literaturtipp:
Hanna Vollrath, Magna Charta, in: Johannes Fried u.a. (Hg.), Die Welt des Mittelalters. Erinnerungsorte eines Jahrtausends, München 2011, S. 312–323.

Thema 2: Friedrich II. – ein aufgeklärter Monarch?
Der preußische König Friedrich II. gilt als der prominenteste Vertreter des aufgeklärten Absolutismus. Vergleichen Sie die Staatstheorien der Aufklärung mit dem Selbstverständnis und der Herrscherpraxis Friedrichs II.

Literaturtipp:
Günter Birtsch, Friedrich der Große und die Aufklärung, In: Oswald Hauser (Hg.), Friedrich der Große in seiner Zeit, Köln 1987, S. 31–46.

3.2 Die Umsetzung der Menschenrechte in der Französischen Revolution

Leitfragen:
1 Wie wurden die Menschenrechte in der Französischen Revolution umgesetzt?
2 Welche Bedeutung hatte die Revolution für die Entwicklung der Menschenrechte?

Bedeutung der Revolution Die Französische Revolution gilt als wichtiger Meilenstein für die Entwicklung der Menschenrechte. Die revolutionären Prinzipien Freiheit, Gleichheit und Brüderlichkeit wirkten über die Grenzen Frankreichs hinaus und bestimmten die politische Kultur im Europa des 19. und 20. Jahrhunderts. Die Revolution in Frankreich bündelte die Erfahrungen der Englischen und der Amerikanischen Revolution und schuf mit dem Wandel von einer absolutistischen Monarchie in eine Republik zugleich das Modell der modernen Gesellschaftsordnung, das bis in die Gegenwart die Basis des Selbstverständnisses demokratischer Staaten bildet. Dabei hat die Erklärung der Menschen- und Bürgerrechte von 1789 bis heute nicht ihre Vorbildfunktion in der weltweiten Menschenrechtsdiskussion eingebüßt.

Ancien Régime
Bezeichnung für Frankreich vor der Revolution 1789; es war politisch vom Absolutismus und sozial von der mittelalterlichen Ständegesellschaft geprägt.

Krise des Ancien Régime Gegen Ende des 18. Jahrhunderts geriet das französische Ancien Régime* in eine tiefe gesellschaftlich-politische Krise, die sich zu einer Staatskrise ausweitete und schließlich zum Ausbruch der Revolution führte. Die Geschichtswissenschaft macht dafür ein komplexes Ursachenbündel verantwortlich:

M1 Der Schwur im Ballhaus in Versailles am 20. Juni 1789, anonymes zeitgenössisches Gemälde nach der Federzeichnung von Jacques-Louis David (1748–1825) von 1791.
David, selbst Revolutionär und Mitglied des Jakobinerclubs, wurde von diesem 1790 beauftragt, den „Ballhausschwur" in einem großen Wandgemälde darzustellen, doch beendete er das Gemälde nie.

- die katastrophale Finanzlage infolge der hohen Staatsverschuldung,
- die wachsende Verarmung der Bevölkerung, vor allem des Dritten Standes aufgrund von Hungersnöten und einer hohen Steuer- und Abgabenlast,
- die Verkrustung der aus dem Mittelalter stammenden Ständegesellschaft durch Beharren des Ersten und Zweiten Standes auf Privilegien wie z. B. der Steuerfreiheit sowie
- die erfolglosen Versuche König Ludwigs XVI., eine Finanz- und Steuerreform durchzusetzen.

Die Revolutionäre beriefen sich zudem auf die Aufklärung, die zum geistigen Wegbereiter wurde. Vorbildwirkung hatte auch die Amerikanische Revolution (1773–1787), in deren Verlauf sich die nordamerikanischen Kolonien von ihrem britischen Mutterland emanzipierten und eine eigene Verfassung gaben.

Die Phasen der Französischen Revolution:

1770–1789 Die vorrevolutionäre Phase: Krise des Ancien Régime

1789–1791 Die liberale Phase der Revolution

1791–1794 Radikalisierung der Revolution (1791–1793) und Terrorherrschaft („La Grande Terreur"), auch: Jakobinerherrschaft (1793 bis 1794)

1794–1799 Die Verbürgerlichung der Revolution (auch: Herrschaft der Thermidorianer und des Direktoriums)

1799–1815 Die nachrevolutionäre Phase: Herrschaft Napoleons

Die liberale Phase: Freiheit und Rechtsgleichheit

Die liberale Phase der Französischen Revolution (1789–1791) ist gekennzeichnet durch das Nach- und Ineinander verschiedener Revolutionen: die Verfassungsrevolution, die Revolution der Stadtbürger und die Revolution der Bauern. Als König Ludwig XVI. im Frühjahr die Generalstände* zur Behebung der Finanzkrise einberief, verlangten die Vertreter des Dritten Standes grundlegende Veränderungen. Vor allem der geforderte neue Abstimmungsmodus (nach „Köpfen", nicht nach Ständen) stieß auf Widerstand des Königs und großer Teile des Adels. Daraufhin erklärte sich der Dritte Stand am 17. Juni 1789 zur Nationalversammlung, die nach dem Prinzip der Volkssouveränität politische Mitbestimmungsrechte (Gesetzgebung, Steuerbewilligung) beanspruchte. Am 20. Juni 1789 schworen die Abgeordneten, erst nach der Verabschiedung einer Verfassung auseinanderzugehen (Ballhausschwur, M 1). Angesichts der Unnachgiebigkeit des Königs erklärte sich die Nationalversammlung am 9. Juli zur Verfassunggebenden Versammlung.

Generalstände
Im Mittelalter entstandene Ständeversammlung des Ancien Régime, die seit 1614 nicht mehr einberufen worden war. Sie setzte sich aus dem Ersten Stand (Klerus), dem Zweiten Stand (Adel) und dem Dritten Stand (die nicht privilegierte Bevölkerung = ca. 98 %) zusammen. Die Abstimmung erfolgte nach Ständen, sodass Klerus und Adel den Dritten Stand stets mit 2 : 1 überstimmen konnten.

In den Städten kam es aufgrund der katastrophalen wirtschaftlichen Lage zum Sturz der alten königlichen und zur Bildung neuer bürgerlicher Stadträte sowie zum Ausbruch spontaner Gewalt. Am 14. Juli 1789 eroberten etwa 8 000 bewaffnete Pariser Bürger die Bastille, die alte Stadtfestung. Obwohl militärisch ohne Bedeutung erlangte der Sturm auf die Bastille Symbolkraft für die gesamte Französische Revolution. Unter dem Eindruck gewaltsamer Bauernunruhen auf dem Land verabschiedete die Nationalversammlung in der Nacht vom 4. auf den 5. August 1789 den Verzicht auf feudale Abgaben und auf alle steuerlichen Privilegien. Damit war die mittelalterliche Feudalordnung beseitigt.

Erklärung der Menschenrechte

Als Grundlage der neuen Ordnung verabschiedete die Nationalversammlung am 26. August 1789 die Erklärung der Menschen- und Bürgerrechte, die sich erstmals auf alle Menschen in allen Ländern bezog (M 7). Mit diesem umfassenden Geltungsanspruch gilt die Erklärung als Schlüsseldokument für die europäische Verfassungsentwicklung. Sie wurde in der Nationalversammlung vor ihrer Verabschiedung heftig debattiert und war im Ergebnis ein Kompromiss, der auf zahlreichen Entwürfen und Ergänzungen basierte. Diskutiert wurde beispielsweise die Frage, ob und inwieweit die Franzosen den Amerikanern folgen sollten (M 6). Wie die amerikanischen Rechtskataloge bestimmt die französische Erklärung zunächst die natürlichen Rechte des Menschen und definiert deren Schutz als Zweck der staatlichen Herrschaftsordnung. Darüber hinaus proklamiert sie die Souveränität der Nation: Unter Berufung auf Rousseau sollten die Gesetze den allgemeinen Willen (*volonté générale*) zum Ausdruck bringen. Hierin zeigt sich „die republikanisch-demokratische Idee der Gleichursprünglichkeit von Menschenrechten und Volkssouveränität" (Matthias Koenig).

M2 Kokarde, 1789

Seit 1789 war die Kokarde das Abzeichen der französischen Revolution. Im Innenkreis ist die Aufschrift „Egalité. Liberté" zu sehen. Diese beiden Tugenden wurden erst 1791 um „Fraternité" erweitert.

Ein Pflichtenkatalog
fehlt in der französischen Menschenrechtserklärung, obwohl in der Präambel neben Rechten auch explizit von Pflichten die Rede ist und der Nationalversammlung mehrere Entwürfe vorlagen. Darin wurden Pflichten wie Gehorsam gegenüber dem Gesetz, Pflicht zur Steuerzahlung, Achtung vor dem Recht des Anderen und auch die Ehrfurcht vor Gott aufgezählt. Die Befürworter einer Pflichtenerklärung argumentierten, der Mensch nutze eher seine Rechte als seine Pflichten zu erfüllen. Letztendlich lehnten die Abgeordneten mit 570 gegen 433 Stimmen die Verabschiedung eines Pflichtenkatalogs ab.

M3 **Olympe de Gouges (1748–1793), zeitgenössische Darstellung**

Olympe de Gouges, uneheliches Kind einer Handwerkerstochter und eines Adligen, wurde mit 16 Jahren zwangsverheiratet. Nach dem Tod ihres Ehemanns zog sie mit ihrem Kind nach Paris und arbeitete als Schriftstellerin und politische Kommentatorin. Aufgrund ihrer Kritik an der Jakobinerherrschaft wurde sie als „Konterrevolutionärin" verurteilt und am 3. November 1793 guillotiniert.

Sansculottes
(frz. wörtlich „ohne Kniebundhose") politisierte Arbeiter und Kleinbürger, die im Gegensatz zu den von Adligen und Klerus getragenen Kniebundhosen (sog. *Culottes*) lange Hosen trugen, wie sie zur Arbeit geeignet waren; s. auch S. 137

Obwohl die Erklärung der Bürger- und Menschenrechte aufgrund ihres revolutionären und universalistischen Pathos eine globale Ausstrahlungskraft hatte, wurde sie auch vehement kritisiert. Ungeklärt blieb das Verhältnis von Freiheit und Gleichheit, das Verhältnis von Rechten und Pflichten* sowie die Frage, für wen die Menschenrechte Gültigkeit besitzen. Denn die Erklärung galt nur für erwachsene, Steuer zahlende Männer. Frauen besaßen – auch in den USA – keine politischen Rechte. Für die Sklaven in den französischen Kolonien galten die Rechte bis 1794 nicht (M 11, M 12). Die christlichen Kirchen kritisierten die säkulare Ausrichtung der Erklärung.

Menschenrechte auch für Frauen? Im Rahmen der Debatte über die Menschenrechte wurde auch das Verhältnis von Mann und Frau diskutiert. Von Beginn der Revolution an forderten Frauen die rechtliche Gleichstellung, bessere Bildungs- und Berufschancen, eine Reform der Ehegesetzgebung sowie politische Mitbestimmung. Sie gründeten Frauenklubs und verfassten eine Vielzahl von Schriften, Petitionen, Zeitungsbeiträgen und Gedichten. Die bekannteste Autorin war Olympe des Gouges*, die 1791 eine Erklärung der Rechte der Frau und Bürgerin veröffentlichte (M 10). Darin forderte sie unter Berufung auf das Naturrecht die Gleichheit von Frauen und Männern.

Verfassung von 1791 Nach zweijähriger Beratung verabschiedete die Nationalversammlung am 3. September 1791 eine Verfassung, die auch der König zehn Tage später widerwillig mit seiner Unterschrift bestätigte. Sie sah die Bildung einer konstitutionellen Monarchie vor und verwirklichte entsprechend den Ideen der Aufklärung die Prinzipien der Gewaltenteilung und der Volkssouveränität (s. S. 126 ff.). Vorangestellt wurde der neuen Verfassung die Menschenrechtserklärung von 1789. Allerdings gelang es den Revolutionären nur zum Teil, die politischen Konsequenzen aus ihr zu ziehen. So ließ beispielsweise das indirekte Zensuswahlrecht nicht alle Franzosen zur Wahl der Nationalversammlung zu (M 1, S. 156). Ungeachtet dieser Inkonsequenz entstand mit der französischen Verfassung von 1791 erstmals ein demokratisch legitimierter Nationalstaat auf dem europäischen Kontinent. Außerdem ebnete sie den Weg zur modernen parlamentarischen Demokratie und wurde neben der amerikanischen Verfassung zum Leitbild aller Verfassungen des 19. Jahrhunderts.

Radikalisierung der Revolution Trotz der Verabschiedung der Verfassung beruhigten sich die politischen Verhältnisse in Frankreich nicht. Im Gegenteil: Die Revolution radikalisierte sich und mündete in einer Terrorherrschaft („La Terreur", 1791–1794). Verursacht wurde diese Entwicklung durch eine Reihe außen- und innenpolitischer Faktoren:
– Der König und Teile der Aristokratie arbeiteten gegen die Umsetzung der Verfassung.
– Der Werteverfall des Geldes, die Arbeitslosigkeit und die weiterhin steigenden Lebensmittelpreise verschärften die soziale Krise und führten zu „Teuerungsunruhen".
– Ein drohender Krieg gegen die europäischen Monarchien erhöhte die Furcht, Österreich und Preußen könnten die französischen Emigranten unterstützen, ihre Macht zurückzuerlangen.

Nach Beginn der Koalitionskriege (1792–1809) zwischen Frankreich und den europäischen Großmächten beschleunigten sich die Ereignisse: Im August 1792 stürmten Sansculotten* die Tuilerien, das königliche Stadtschloss, nahmen die Königsfamilie fest und zwangen die Legislative, Neuwahlen zu einem Nationalkonvent auszurufen. Der neue Nationalkonvent, der am 21. September 1792 erstmals zusammentrat, erklärte die **Abschaffung der Monarchie** sowie die **Errichtung der „unteilbaren Republik"**. Und er verurteilte den König wegen „Verschwörung gegen die Freiheit" zum Tode und ließ ihn am 21. Januar 1793 öffentlich guillotinieren. Die neue **Verfassung von 1793** sah ein allgemeines Wahlrecht und Elemente der direkten Mitbestimmung vor (M 13, M 14), trat jedoch nicht in Kraft, weil die Jakobiner eine revolutionäre Diktatur errichteten.

„Schreckensherrschaft": Despotismus der Freiheit?

Zu den entscheidenden politischen Akteuren wurden in dieser Phase (1793–1794) die Jakobiner. Zusammen mit den Sansculotten machten sie die Girondisten für die Koalitionskriege sowie für königstreue Bauernaufstände verantwortlich und entmachteten sie. Am 6. April 1793 errichteten die Jakobiner einen **Wohlfahrtsausschuss**, der unter der Führung **Robespierres*** die Regierungsgewalt übernahm. In der Folgezeit vereinigte diese Institution immer mehr Macht auf sich und übte eine „Schreckensherrschaft" (*La Terreur*) aus. Diese war gekennzeichnet durch Einschränkungen der Bürgerrechte sowie durch Revolutionstribunale, die Zehntausende zum Tode verurteilten. Robespierre legitimierte die **Revolutionsdiktatur** mit dem zentralen Argument, sie sei nur vorläufig. Die Republik müsse sich mithilfe von Terror gegen die militärische Belagerung von außen und die Konterrevolution im Innern behaupten. Dieser Terror unterscheide sich vom Despotismus, weil er sich auf die Tugend stütze. Vor allem anonyme Schriften verurteilten den Terror der Jakobinerdiktatur und verteidigten die Bürger- und Menschenrechte (M 1 a, b, S. 147).

Freiheit und soziale Gleichheit

Zu den Kennzeichen der Schreckensherrschaft gehörten aber auch die Verkündung **sozialer Grundrechte**, z. B. das Recht auf Arbeit, das Recht auf Bildung sowie eine Reihe sozialpolitischer Maßnahmen wie die Festsetzung von Höchstpreisen für Getreide und die öffentliche Unterstützung von Armen und Kranken. Robespierre, der als kompromissloser Verfechter der Gleichheitsidee galt, berief sich dabei auf Aufklärer wie Montesquieu und Rousseau, die in der Forderung nach Gleichheit nicht nur ein rechtliches, sondern auch ein soziales Problem erkannt hatten. Sie waren der Meinung, dass der Schutz des privaten Eigentums zwar Aufgabe des Staates sein sollte, ungleiche Besitzverteilung jedoch eine Gefahr für die Demokratie darstellte. Die Diskussion über die Frage, wie **soziale Gleichheit** zu verwirklichen sei, reichte von der Einschränkung des Privateigentums (Jakobiner) bis zur Herstellung möglichst gleicher Besitzverhältnisse (Sansculotten) (M 17, M 18).

Das Direktorium: Rückkehr zu den liberalen Anfängen?

Mit den militärischen Erfolgen des Volksheeres gegen die europäischen Monarchien ließ sich die Diktatur nicht mehr rechtfertigen. Als der Terror zunehmend auch Konventsmitglieder bedrohte, formierte sich eine Opposition gegen Robespierre, der am 27. Juli 1794 verhaftet und am nächsten Tag mit 21 seiner engsten Anhänger guillotiniert wurde. Nach dem Ende der Jakobinerdiktatur begann die **Herrschaft des Direktoriums** (1794–1799), in der das Besitzbürgertum seine Macht wiederherstellte. Der Konvent knüpfte an die Verfassungen von 1789 bzw. 1791 an und verabschiedete am 22. August 1795 die **Direktorialverfassung**. Die Wahl eines fünfköpfigen Direktoriums als oberstes Exekutivorgan sollte die Machtkonzentration in den Händen eines Einzelnen verhindern. Die Gewaltenteilung war gewährleistet, allerdings wurde das Wahlrecht wieder an das Einkommen gebunden (Zensuswahlrecht) und die unter den Jakobinern eingeführten sozialen Grundrechte abgeschafft (M 16). Die neue Regierung, das Direktorium, stützte sich primär auf das Militär.

Im Kontext der Radikalisierung bildeten sich verschiedene politische Gruppierungen heraus:

- Die **Girondisten**, liberale Demokraten, repräsentierten das Besitzbürgertum und strebten eine konstitutionelle Monarchie an.
- Die **Jakobiner**, radikale Demokraten, stützten sich auf Kleinbürger und Arbeiter und wollten die Republik.
- Die **Konstitutionellen** (auch Feuillants) vertraten die Interessen des Großbürgertums und verteidigten die Verfassung von 1791, also die konstitutionelle Monarchie.
- Die **Sansculotten**, repräsentierten die politisierten kleinbürgerlichen Schichten, und prägten seit dem Sturm auf die Tuilerien 1792 das politische Geschehen. Sie verteidigten die Republik und wollten Formen direkter Demokratie durchsetzen.

M 4 Maximilian de Robespierre (1758–1794), Gemälde, um 1790

Der Rechtsanwalt Robespierre wurde 1789 für den Dritten Stand in die Nationalversammlung gewählt. Als führendes Mitglied der Jakobiner und des Wohlfahrtsausschusses war er 1792/93 maßgeblich für die Terrorherrschaft verantwortlich. 1794 wurde er hingerichtet.

M 5 Napoleon Bonaparte (1769–1821) als Erster Konsul, anonymes Gemälde, um 1800

Napoleon, ein aus Korsika stammender französischer Offizier, schlug unter dem Direktorium als Brigadegeneral einen Aufstand von Königstreuen nieder. 1796 siegte er als Oberbefehlshaber der französischen Truppen gegen die österreichischen Heere, 1798 befehligte er den erfolgreichen Feldzug gegen Ägypten. 1799 stürzte er das Direktorium und regierte als Erster Konsul fast allein bis zu seiner Kaiserkrönung 1804. Nach der Dreikaiserschlacht von Austerlitz 1805 gegen Österreich und Russland bestimmte er bis zur Völkerschlacht von Leipzig 1813 die europäische Politik. Nach der französischen Niederlage wurde er 1815 auf die Insel Elba und – nach kurzer Rückkehr auf das Schlachtfeld – endgültig von den Engländern auf die Insel St. Helena verbannt, wo er 1821 starb.

Webcode:
KB644438-138

Als im Sommer 1799 die royalistische Opposition in der Armee und der jakobinische Widerstand in den Städten zunahm, stürzte General **Napoleon Bonaparte** (1769–1821) am 9. November 1799 das Direktorium, übernahm die Regierungsgewalt und erklärte die Revolution für beendet.

Napoleon – der Erbe der Revolution?

Mit der Konsularverfassung vom 13. Dezember 1799 begann die nachrevolutionäre Phase (1799–1815). Napoleon war für zehn Jahre „Erster Konsul", fungierte als oberster Befehlshaber und verfügte über die Gesetzesinitiative (M 19). Sukzessive baute er seine Herrschaft aus: 1802 ließ er sich das Konsulat auf Lebenszeit übertragen und zwei Jahre später durch Senatsbeschluss und Plebiszit zum **Kaiser** der Franzosen krönen. Obwohl Napoleon die Alleinherrschaft ausübte, genoss sein autoritäres Regime in der Bevölkerung eine hohe Akzeptanz. Sie basierte nicht nur auf seinen militärischen Erfolgen und dem Bedürfnis nach innenpolitischer Sicherheit und Ordnung, sondern auch auf dem gewährten Schutz der errungenen bürgerlichen Freiheiten. So schuf er mit dem *Code civil* von 1804 eine einheitliche Gesetzgebung, in der die Freiheit des Einzelnen, der Schutz des Eigentums, die Trennung von Staat und Kirche, die Zivilehe und Ehescheidung sowie die Rechtsgleichheit – allerdings zunächst nur für die männliche Bevölkerung – garantiert wurde (M 20). Nach der **Entmachtung Napoleons** verabschiedete der Senat im April 1814 eine entsprechend dem Modell von 1791 erarbeitete Verfassung (*charte constitutionelle*) und berief den Bruder des letzten Königs auf den Thron in einer **konstitutionellen Monarchie**.

Ungeachtet dieses raschen Wechsels der Verfassungen und Staatsformen, die alle für das 19. und 20. Jahrhundert prägend werden sollten, löste in Europa die praktische Umsetzung der Bürger- und Menschenrechte in der Französischen Revolution kontroverse Diskussionen über deren Institutionalisierung aus. Im Zentrum der Debatten stand dabei das Schlüsseldokument: die Erklärung der Bürger- und Menschenrechte von 1789.

1 ■ Erklären Sie den Verlauf der Französischen Revolution anhand folgender Kategorien: Phase, Zeit, wesentliche Ereignisse, historische Akteure, Maßnahmen zur Umsetzung der Menschen- und Bürgerrechte.

2 ■ Beurteilen Sie auf der Grundlage Ihrer Ergebnisse die Bedeutung der Französischen Revolution für die Entwicklung der Menschenrechte und die politische Kultur in Europa.

3 ■ **Geschichte produktiv:** Formulieren Sie ausgehend von der Diskussion in der Nationalversammlung über einen Pflichtenkatalog (S. 136) und der Forderung des Staatsrechtlers August Ludwig Stölzer (1735–1809), dass die Menschen vor Einführung von Rechten ihre Pflichten kennen müssen, anhand der Menschenrechtserklärung von 1789 einen Pflichtenkatalog. Vergleichen und diskutieren Sie Ihre Ergebnisse im Plenum.

M6 Auszug aus der Debatte der Nationalversammlung am 1. August 1789 über die Notwendigkeit einer Menschenrechtserklärung

Target [Abgeordneter des Dritten Standes]: Die Rechte des Menschen sind nicht hinlänglich bekannt, man muss sie bekannt machen. Ich glaube, dass diese Kenntnis, weit davon entfernt, gefährlich zu sein, nur nützlich wirken kann. Hätten unsere Vorfahren getan, was wir tun wollen, wären sie so unterrichtet, wie wir es sind, hätten positive Artikel dem Despotismus unüberschreitbare Schranken gezogen, so wären wir nicht dahin gekommen, wo wir sind. Dadurch, dass wir die Erklärung der Menschenrechte in Erz graben, müssen wir die Fehler unserer [alten] Verfassung heilen und die Nachwelt vor ihrer Wiederkehr bewahren.

Graf Castellane [liberaler Adliger]: Blicken Sie doch auf die Oberfläche unseres Erdballs, und Sie werden mit mir erheben, wenn Sie sehen, wie wenige Nationen keineswegs den Vollumfang ihrer Rechte, sondern nur einige Ideen, einige Reste, ihrer Freiheit bewahrt haben. Ohne hinweisen zu müssen auf ganz Asien und auch nicht auf die unglücklichen [schwarzen] Afrikaner, die auf den westindischen Inseln eine viel härtere Sklaverei erdulden müssen als in ihrer eigenen Heimat, ohne, sage ich, aus Europa hinauszugehen, sehen wir da nicht ganze Völker, die sich als das Eigentum einiger Herren betrachten, sehen wir nicht, dass sie fast sämtlich sich einbilden, sie seien Gesetzen Gehorsam schuldig, die von Despoten gemacht sind, denen diese selbst sich aber nicht unterwerfen? Selbst in England, dieser berühmten Insel, die das heilige Feuer der Freiheit aufbewahrt zu haben scheint, gibt es da nicht Missbräuche, die verschwinden würden, wenn die Menschenrechte besser bekannt wären?

Malouet [Abgeordneter des Dritten Standes]: Zurzeit ist die Regierung Frankreichs ohne Kraft und ohne Mittel, die Autorität ist erniedrigt, die Gerichte sind außer Tätigkeit; in Bewegung ist nur das Volk. Die Erhebung der Steuern hat aufgehört, alle Ausgaben steigen, alle Einnahmen sinken; alle lästigen Verpflichtungen erscheinen ungerecht. Unter solchen Umständen kann eine ausdrückliche Erklärung der allgemeinen und unbedingten Grundsätze der natürlichen Freiheit und Gleichheit dahin führen, dass die notwendigen Bande zerrissen werden. Die neu geschaffene amerikanische Gesellschaft umfasst nur Grundbesitzer, die an die Gleichheit gewohnt sind, weil sie auf dem von ihnen bebauten Grund und Boden keine Lehnslast [Feudallasten] vorgefunden haben. Solche Menschen waren zweifellos vorbereitet, die Freiheit mit aller ihrer Kraft bei sich aufzunehmen, weil sie durch ihre Neigungen, ihre Sitten und ihre Stellung zur Demokratie berufen waren. Wir aber [...] haben zu Mitbürgern eine unendliche Menge von besitzlosen Männern, die ihren Lebensunterhalt vor allem von gesicherter Arbeit, strenger Ordnung und einem beständigen Schutz erwarten. Ich glaube, meine Herren, in einem großen Reich ist es notwendig, dass die Menschen, denen vom Schicksal eine abhängige Stellung beschieden ist, eher auf die gerechten Grenzen als auf die Ausweitung ihrer natürlichen Freiheit blickt.

Delandines [Abgeordneter des Dritten Standes]: Eine unbegrenzte Rechteerklärung würde gierig aufgegriffen werden von dem Volk [...]; aber wird dieses Volk begreifen, dass diese ursprüngliche Gleichheit leider nur eine philosophische Erdichtung ist, die sofort verschwindet, wenn neben dem eben geborenen Schwächling ein anderes Kind zur Welt kommt, das stärker und geistig besser veranlagt ist? Wird es begreifen, dass die Freiheit, wenn auch die Tochter der Natur, unter dem Schutz positiver Gesetze steht und nicht darin besteht, alles zu tun, was einem nützt, wenn es anderen schadet, noch was einem gefällt, wenn es anderen schadet? Sind auch Gleichheit und Freiheit in der natürlichen Ordnung ein Erbteil jedes Einzelnen, so hat doch in der staatlichen Ordnung jeder Einzelne einen Teil davon zu opfern, um wechselseitige Gleichheit und Freiheit aller zu sichern. [...] Hüten wir uns davor, mit einem Schlag einen Damm niederzureißen, den Jahrhunderte errichtet haben.

Zit. nach: Irmgard und Paul Hartig, Die Französische Revolution. Quellen zur Geschichte und Politik, Klett, Stuttgart 1984, S. 47.

1 ■ Analysieren Sie die in der Debatte vorgetragenen Gründe für und gegen eine Verabschiedung der Erklärung der Menschenrechte.
2 ■ **Zusatzaufgabe:** Erläutern Sie, warum die Franzosen den Amerikanern in der Menschenrechtserklärung nicht folgen sollten.

M7 Erklärung der Menschen- und Bürgerrechte durch die Nationalversammlung, 26. August 1789

So erkennt und verkündet die Nationalversammlung angesichts des Höchsten Wesens und unter seinen Auspizien die Rechte des Menschen und des Bürgers wie folgt:

Art. 1. Frei und gleich an Rechten werden die Menschen geboren und bleiben es. Die sozialen Unterschiede können sich nur auf das gemeine Wohl gründen.

Art. 2. Der Zweck jedes politischen Zusammenschlusses ist die Bewahrung der natürlichen und unverlierbaren Menschenrechte. Diese Rechte sind Freiheit, Eigentum, Sicherheit und Widerstand gegen Bedrückung.

Art. 3. Jegliche Souveränität liegt im Prinzip und ihrem Wesen nach in der Nation; keine Körperschaft und kein Einzelner kann eine Autorität ausüben, die sich nicht ausdrücklich von ihr herleitet.

Art. 4. Die Freiheit besteht darin, alles tun zu können, was anderen nicht schadet. Also hat die Ausübung der natürlichen Rechte bei jedem Menschen keine anderen Grenzen als die, den anderen Mitgliedern der Gesellschaft den Genuss der gleichen Rechte zu sichern. Diese Grenzen können nur durch das Gesetz bestimmt werden.

Art. 5. Das Gesetz hat nur das Recht, Handlungen zu verbieten, die der Gesellschaft schädlich sind. Was nicht durch das Gesetz verboten ist, darf nicht verhindert werden, und niemand kann gezwungen werden, etwas zu tun, was das Gesetz nicht befiehlt.

Art. 6. Das Gesetz ist der Ausdruck des Gemeinwillens. Alle Bürger haben das Recht, persönlich oder durch ihre Vertreter an seiner Schaffung mitzuwirken. Es muss für alle das gleiche sein, mag es nun beschützen oder bestrafen. Alle Bürger sind vor seinen Augen gleich. Sie sind in der gleichen Weise zu allen Würden, Stellungen und öffentlichen Ämtern zugelassen, je nach ihrer Fähigkeit und ohne andere Unterschiede als ihre Tüchtigkeit und Begabung.

Art. 7. Niemand kann angeklagt, verhaftet oder gefangen gehalten werden in anderen als den vom Gesetz festgelegten Fällen und in den Formen, die es vorschreibt. Wer Willkürakte anstrebt, befördert, ausführt oder ausführen lässt, ist zu bestrafen; aber jeder Bürger, der durch ein Gesetz gerufen oder erfasst wird, muss augenblicklich gehorchen; durch Widerstand macht er sich schuldig.

Art. 8. Das Gesetz darf nur unbedingt und offensichtlich notwendige Strafen festsetzen und niemand darf bestraft werden, es sei denn kraft eines bereits vor seinem Delikt erlassenen, veröffentlichten und legal angewandten Gesetzes.

Art. 9. Jeder wird so lange als unschuldig angesehen, bis er als schuldig erklärt worden ist; daher ist, wenn seine Verhaftung als unerlässlich gilt, jede Härte, die nicht dazu dient, sich seiner Person zu versichern, auf dem Gesetzeswege streng zu unterdrücken.

Art. 10. Niemand darf wegen seiner Überzeugungen belehligt werden, vorausgesetzt, dass ihre Betätigung die durch das Gesetz gewährleistete öffentliche Ordnung nicht stört.

Art. 11. Die freie Mitteilung seiner Gedanken und Meinungen ist eines der kostbarsten Rechte des Menschen. Jeder Bürger darf sich also durch Wort, Schrift und Druck frei äußern; für den Missbrauch dieser Freiheit hat er sich in allen durch das Gesetz bestimmten Fällen zu verantworten.

Art. 12. Die Sicherung der Menschen- und Bürgerrechte macht eine öffentliche Gewalt notwendig; diese Gewalt wird demnach zum Nutzen aller eingesetzt, nicht aber zum Sondervorteil derjenigen, denen sie anvertraut ist.

Art. 13. Für den Unterhalt der öffentlichen Gewalt und für die Ausgaben der Verwaltung ist eine allgemeine Steuer vonnöten; sie ist gleichmäßig auf alle Bürger zu verteilen nach Maßgaben ihres Vermögens.

Art. 14. Die Bürger haben das Recht, selbst oder durch ihre Vertreter die Notwendigkeit einer öffentlichen Auflage zu prüfen, sie zu bewilligen, ihren Gebrauch zu überwachen und ihre Teilbeträge, Anlage, Eintreibung und Dauer zu bestimmen.

Art. 15. Die Gesellschaft hat das Recht, von jedem öffentlichen Beauftragten ihrer Verwaltung Rechenschaft zu fordern.

Art. 16. Eine Gesellschaft, deren Rechte nicht sicher verbürgt sind und bei der die Teilung der Gewalten nicht durchgeführt ist, hat keine Verfassung.

Art. 17. Da das Eigentum ein unverletzliches und heiliges Recht ist, darf es niemandem genommen werden, es sei denn, dass die gesetzlich festgestellte öffentliche Notwendigkeit es augenscheinlich verlangt, und nur unter der Bedingung einer gerechten und im Voraus zu entrichtenden Entschädigung.

Walter Markov u. a. (Hg.), Die Französische Revolution, Institut für marxistische Studien, Berlin 1989, S. 566 ff.

1 ■ Analysieren Sie die Erklärung, indem Sie die Artikel folgenden Kategorien zuordnen: a) individuelle Freiheitsrechte, b) politische Rechte, c) soziale Rechte.
2 ■ Überprüfen Sie, inwiefern die Erklärung den Anspruch der Aufklärung von Freiheit und Gleichheit gerecht wird (vgl. S. 126 ff.).
3 ■ Vergleichen Sie M 7 mit der amerikanischen Virginia Bill of Rights (M 13, S. 132).
4 ■ **Zusatzaufgabe:** Vergleichen Sie die Erklärung mit den Artikeln 1–19 des Grundgesetzes (S. 117).

M 8 Zeitgenössische Kritik an der Erklärung der Menschen- und Bürgerrechte, 1789

Die Kritik stammt von Honoré Gabriel Riqueti, Graf vom Mirabeau (1749–1791), Publizist und Abgeordneter des Dritten Standes in der Nationalversammlung.

Eine uneingeschränkte Erklärung der Menschenrechte, die auf alle Zeiten, alle Völker, alle moralischen und geografischen Breiten der Erde anwendbar ist, war zweifellos eine große und schöne Idee; ehe man jedoch so großzügig an das Gesetzbuch anderer Nationen dachte, hätte man wahrscheinlich besser daran getan, die Grundlagen unseres eigenen, wenn nicht fest zu umreißen, so doch wenigstens zu vereinbaren. [...] Bei jedem Schritt, den die Versammlung bei der Abfassung der Menschenrechte tut, sieht man sie erschrocken über den Missbrauch, den der Bürger mit ihnen treiben könnte, und den sie aus Vorsicht oft übertrieben darstellt. Daher diese vielfältigen Einschränkungen, die minutiösen Vorbehaltsklauseln und Bedingungen, die fast überall die Rechte durch Pflichten und die Freiheit durch Fesseln ersetzen, und die, indem sie sich in mehr als einer Hinsicht über die lästigen Details der Gesetzgebung hinwegsetzen, den Menschen in seiner Bindung an den bürgerlichen Stand zeigen – und nicht als von der Natur her frei.

Courrier de provence Nr. 31/1789. Zit. nach: Albert Soboul, Die Große Französische Revolution. Ein Abriss ihrer Geschichte (1789–1799), Wissenschaftliche Buchgesellschaft, Darmstadt 1983, S. 151.

1 ■ Geben Sie die Kritik mit eigenen Worten wieder.
2 ■ Überprüfen Sie anhand von M 7, ob und inwieweit die Kritik berechtigt ist.

Menschenrechte auch für Frauen?

M 9 Augustin Claude Le Grand, „Jean Jacques Rousseau oder der natürliche Mensch", Kupferstich, um 1785

1 ■ Interpretieren Sie M 9 im Hinblick auf die Geschlechterrollen.
2 ■ **Geschichte produktiv:** Formulieren Sie einen kritischen Kommentar aus der Perspektive einer Frau, die sich 1789 in einem Frauenklub engagiert.

M 10 Erklärung der Rechte der Frau und Bürgerin von Olympe de Gouges, 1791

I. Die Frau ist frei geboren und bleibt dem Mann an Rechten gleich. Gesellschaftliche Unterschiede dürfen nur im gemeinen Nutzen gegründet sein.
II. Der Zweck jeder politischen Vereinigung ist die Erhaltung der natürlichen und unverjährbaren Rechte der Frau und des Mannes: diese Rechte sind die Freiheit, das Eigentum, die Sicherheit und vor allem der Widerstand gegen Unterdrückung.
III. Der Ursprung aller Souveränität ist seinem Wesen nach beim Volk, das nichts anderes ist als die Verbindung von Frau und Mann: keine Körperschaft, kein Individuum kann eine Gewalt ausüben, die nicht ausdrücklich von ihr ausgeht.
IV. Die Freiheit und die Gerechtigkeit bestehen darin, jedem zu geben, was ihm gebührt; so hat die Ausübung der natürlichen Frauenrechte keine anderen Grenzen als die ewige Tyrannei, die der Mann ihr entgegenstellt; diese Grenzen müssen durch die Gesetze der Natur und der Vernunft abgeschafft werden.
V. Die Gesetze der Natur und der Vernunft verbieten alle der Gesellschaft schädlichen Handlungen: alles, was nach diesen weisen und göttlichen Gesetzen nicht verboten ist, kann nicht verhindert werden, und niemand kann gezwungen werden zu tun, was sie nicht befehlen.
VI. Das Gesetz muss der Ausdruck des allgemeinen Willens sein; alle Bürgerinnen und Bürger müssen persönlich oder durch ihre Vertreter an seiner Entstehung mitwirken, es muss für alle gleich sein: alle Bürgerinnen und Bürger sind vor ihm gleich und sollen gleichermaßen zu allen Würden, Stellen und öffentlichen Ämtern nach ihren Fähigkeiten zugelassen sein ohne einen anderen Unterschied als den ihrer Tugenden und Talente.
VII. Keine Frau ist ausgenommen; sie wird in den vom Gesetz bestimmten Fällen angeklagt, verhaftet und gefangen gehalten. […]
VIII. Das Gesetz soll nur solche Strafen festsetzen, die offenbar unbedingt notwendig sind, und niemand kann aufgrund eines Gesetzes bestraft werden, das nicht vor Begehung der Tat erlassen, verkündet und rechtmäßig auf die Frage angewendet worden ist.
IX. Jede für schuldig befundene Frau trifft die ganze Strenge des Gesetzes.
X. Niemand darf wegen seiner Meinungen […] beeinträchtigt werden; die Frau hat das Recht, auf das Schafott zu steigen; sie muss das gleiche Recht haben, auf die Tribüne zu steigen; vorausgesetzt, ihre Kundgebungen stören die durch das Gesetz festgelegte öffentliche Ordnung nicht.
XI. Die freie Äußerung der Gedanken und Meinungen ist eines der wertvollsten Frauenrechte, da diese Freiheit die Legitimität der Väter gegenüber ihren Kindern sichert. Jede Bürgerin kann daher frei sagen, ich bin Mutter eines Euch angehörigen Kindes, ohne dass ein barbarisches Vorurteil sie zur Verheimlichung der Wahrheit zwingt; unter Vorbehalt der Verantwortlichkeit für den Missbrauch dieser Freiheit in den durch das Gesetz bestimmten Fällen.
XII. Die Garantie der Frauen- und Bürgerinnenrechte erfordert höheren Nutzen; diese Garantie muss zum Vorteil aller und nicht zum Sondernutzen derer, denen sie anvertraut ist, eingesetzt werden.
XIII. Für den Unterhalt der öffentlichen Gewalt und für die Kosten der Verwaltung sind die Abgaben von Frau und Mann gleich; sie hat teil an allen Lasten, an allen schwierigen Aufgaben, daher muss sie gleichen Teil an der Verteilung der Stellen, der Posten, der Würden und Gewerbe haben.
XIV. Die Bürgerinnen und Bürger haben das Recht, selbst oder durch ihre Vertreter die Notwendigkeit der öffentlichen Abgabe festzustellen. Die Bürgerinnen können dazu jedoch nur im Fall der Einräumung gleicher Anteile nicht nur am Vermögen, sondern auch an der öffentlichen Verwaltung und an der Bestimmung von Höhe, Veranlagung, Eintreibung und Dauer der Steuer beitragen.
XV. Die Masse der Frauen ist zur Steuerleistung mit der der Männer zusammengeschlossen und hat das Recht, von jedem öffentlichen Beamten Rechenschaft über seine Verwaltung zu fordern.

XVI. Jede Gesellschaft, in der die Garantie der Rechte nicht zugesichert noch die Trennung der Gewalten festgelegt ist, hat keine Verfassung; die Verfassung ist nichtig, wenn nicht die Mehrheit der Individuen, die das Volk zusammensetzen, an ihrer Abfassung mitgewirkt hat.

XVII. Eigentum kommt beiden Geschlechtern zu, seien sie vereint oder getrennt: es stellt für jedes ein unverletzliches und heiliges Recht dar; niemand kann seiner als eines wahren Erbes der Natur beraubt werden, es sei denn, eine öffentliche, gesetzlich festgestellte Notwendigkeit fordere es klar; und dann nur unter der Bedingung einer gerechten und vorherigen Entschädigung.

Zit. nach: Autorinnengruppe Wien (Hg.), Das ewige Klischee. Zum Rollenbild und Selbstverständnis bei Männern und Frauen, Böhlau, Wien 1981, S. 50 ff.

1 ■ Vergleichen Sie die Erklärung der Rechte der Frau und Bürgerin (M 10) mit der Erklärung der Menschen- und Bürgerrechte (M 7).
2 ■ Beurteilen Sie ausgehend von der Aussage de Gouges' „ich sehe voraus, dass sich gegen mich die Tartuffes [Heuchler], die Engherz-Prüden, der Klerus und seine ganze höllische Gefolgschaft erheben werden" die Motive der Autorin und die Bedeutung ihrer Erklärung.
3 ■ **Zusatzaufgabe:** Analysieren Sie M 10 im Hinblick auf die Situation der Frauen zur Zeit des Ancien Régime.

Freiheit für die Kolonien?

M 11 Medaillon aus einer Kolonie Frankreichs, 1789.
Übersetzung der Inschrift: „Auch ich bin frei". Ende des 18. Jahrhunderts lebten in den französischen Kolonien ca. 1 Million Sklaven, die nach dem Gesetz als „persönlicher Hausrat" der weißen Besitzer galten.

M 12 Dekret des Nationalkonvents vom 4. Februar 1794
Die Abschaffung der Sklaverei stieß auf den erbitterten Widerstand der weißen Siedler und konnte nicht durchgesetzt werden. 1802 wurde die Sklaverei von Napoleon offiziell wiederhergestellt und blieb bis 1848 bestehen.

Der Nationalkonvent erklärt die Sklaverei der Neger in allen Kolonien für abgeschafft. Demzufolge dekretiert er, dass alle Menschen ohne Unterschied der Hautfarbe, die in den Kolonien ihren Wohnsitz haben, französische Bürger sind und sämtliche durch die Verfassung garantierten Rechte genießen. Der Nationalkonvent beauftragt den Wohlfahrtsausschuss, ihm unverzüglich einen Bericht über die notwendigen Maßnahmen vorzulegen, um die Durchführung des vorliegenden Dekrets sicherzustellen.

Zit. nach: Walter Grab (Hg.), Die Französische Revolution. Eine Dokumentation, Nymphenburger Verlagshandlung, München 1973, S. 222.

1 ■ Fassen Sie M 12 mit eigenen Worten zusammen.
2 ■ **Geschichte produktiv:** Formulieren Sie einen Maßnahmenkatalog zur Durchführung des Dekrets. Vergleichen und diskutieren Sie Ihre Ergebnisse.

Die Verfassungen von 1793 und 1795

M 13 Die Verfassung vom 24. Juni 1793
Erklärung der Menschen- und Bürgerrechte
Art. 1. Das Ziel der Gesellschaft ist das allgemeine Glück. Die Regierung ist eingesetzt, um dem Menschen den Genuss seiner natürlichen und unveräußerlichen Rechte zu verbürgen.
Art. 2. Diese Rechte sind Gleichheit, Freiheit, Sicherheit, Eigentum.
Art. 3. Alle Menschen sind von Natur und vor dem Gesetz gleich. […]
Art. 4. Jeder in Frankreich geborene und ansässige Mann, der das Alter von 21 Jahren erlangt hat, […] ist zur Ausübung der Rechte eines französischen Bürgers zugelassen. […]
Verfassungsurkunde
Art. 28. Jeder Franzose, der die Bürgerrechte ausübt, ist im ganzen Bereich der Republik wählbar. […]
Art. 122. Die Verfassung verbürgt allen Franzosen die Gleichheit, die Freiheit, die Sicherheit, das Eigentum, die Staatsschulden, die freie Ausübung des Gottesdienstes, einen allgemeinen Unterricht, öffentliche Unterstützung, unbeschränkte Pressefreiheit, das Petitionsrecht, Versammlungs- und Vereinsfreiheit, den Genuss aller Menschenrechte.

Günther Franz (Hg.), Staatsverfassungen. Eine Sammlung wichtiger Verfassungen der Vergangenheit und Gegenwart in Urtext und Übersetzung, 2. Aufl., Oldenbourg, München 1964, S. 373 ff.

M 14 Schaubild der Verfassung von 1793

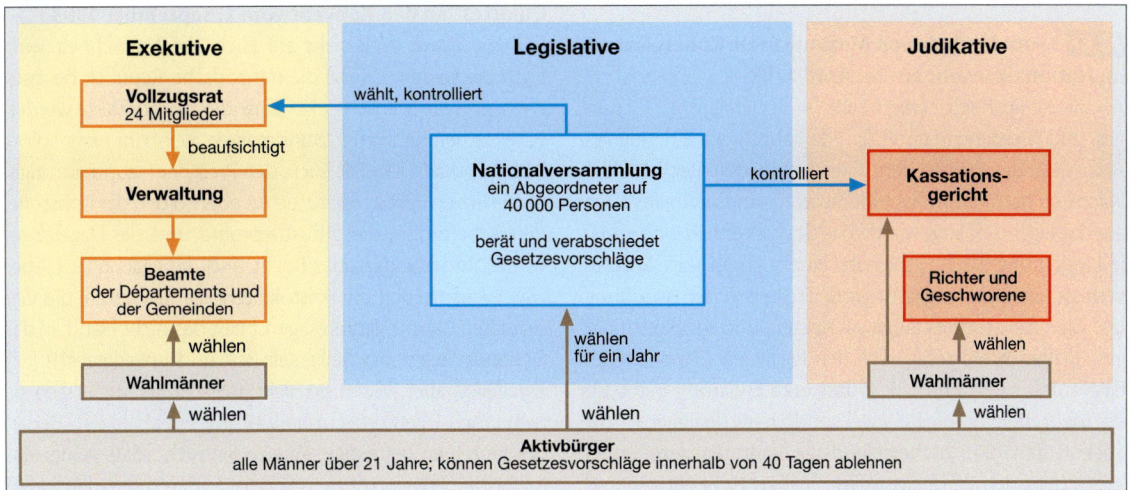

M 15 Die (Direktorial-)Verfassung vom 22. August 1795

Art. 1. Die französische Republik ist eins und unteilbar.
Art. 2. Die Gesamtheit der französischen Bürger ist der Souverän. […]
Art. 8. Jeder in Frankreich geborene und sich aufhaltende Mensch, der, wenn er volle 21 Jahre alt ist, sich in das Bürgerregister seines Kantons hat einschreiben lassen, der hierauf ein Jahr lang auf dem Gebiete der Republik gewohnt hat, und eine direkte Grund- oder Personalsteuer zahlt, ist französischer Bürger. […]

Zit. nach: http://www.verfassungen.eu/f/fverf95-i.htm (Download vom 10. Juli 2013).

M 16 Schaubild der Verfassung von 1795

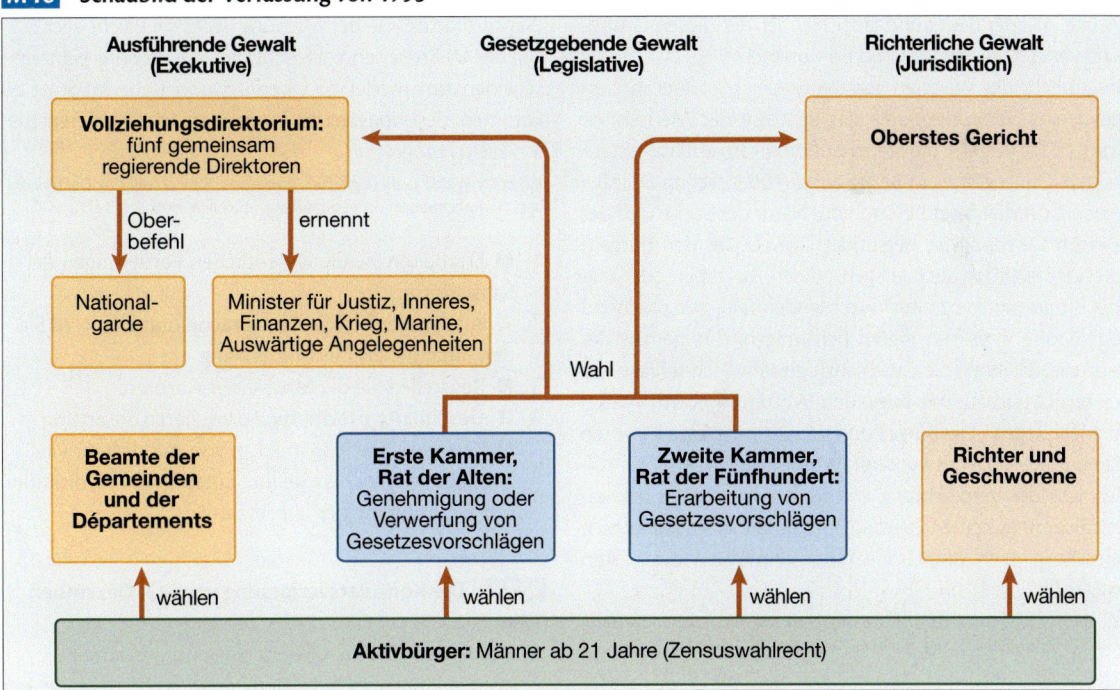

1 ■ Analysieren Sie arbeitsteilig die Verfassungen von 1793 und 1795 entsprechend der Methodenseite (S. 155 f.).
2 ■ Vergleichen Sie die Verfassungen mit der von 1791 (M 1, S. 156).
3 ■ Überprüfen Sie die Umsetzung der Menschen- und Bürgerrechte.

Freiheit und soziale Gleichheit

M 17 Aus der Rede von Maximilian de Robespierre im Nationalkonvent am 24. April 1793

Als ihr die Freiheit definiert habt [in der Erklärung der Bürger- und Menschenrechte], [...] da habt ihr ganz richtig gesagt, dass die Freiheit ihre Grenzen in den Rechten des Nächsten hat; warum habt ihr diesen Grundsatz nicht auch auf das Eigentum angewandt, das doch ebenfalls eine soziale Einrichtung ist? [...] Ihr habt eine Vielzahl von Artikeln verfasst, um eine möglichst große Freiheit in der Ausübung des Eigentumsrechtes zu gewährleisten, und ihr habt nicht ein einziges Wort gesagt, um den legitimen Charakter des Eigentums zu bestimmen, sodass eure Erklärung nicht für die Menschen im Allgemeinen, sondern für die Reichen, die Spekulanten, die Wucherer und die Tyrannen gegeben zu sein scheint. Ich schlage vor, diese Mängel zu beseitigen und die folgenden Wahrheiten einzusetzen:

Artikel 1. Das Eigentum ist das Recht eines jeden Bürgers, über den Teil der Güter frei zu verfügen, der ihm durch das Gesetz garantiert wird.

Artikel 2. Das Eigentumsrecht ist wie jedes andere Recht durch die Verpflichtung eingeschränkt, die Rechte des Nächsten zu respektieren.

Artikel 3. Das Eigentum darf weder die Sicherheit, die Freiheit, die Existenz noch das Eigentum unserer Mitmenschen beinträchtigen.

Artikel 4. Jeder Besitz und jeder Handel, der diesen Grundsatz verletzt, ist unlauter und unmoralisch.

Ihr sprecht des Weiteren von der Steuer [...]; aber ihr vergesst eine Verordnung, die das Interesse der Menschheit fordert: ihr vergesst die Steuer auf progressiver Basis festzusetzen. Denn gibt es in Bezug auf die öffentlichen Beiträge einen Grundsatz, der besser in der Natur der Sache und der ewigen Gerechtigkeit begründet läge als der, den Bürgern die Verpflichtung aufzuerlegen, zu den Ausgaben des Staates progressiv [prozentual wachsender Teil], entsprechend der Größe ihres Vermögens beizutragen, d.h. gemäß der Vorteile, die ihnen die Gesellschaft gewährt? Ich schlage vor, diesen Grundsatz mit folgenden Worten in einem Artikel niederzulegen: „Die Bürger, deren Einkommen die für ihren Lebensunterhalt notwendige Summe nicht übersteigt, sollen von der Verpflichtung entbunden werden, zu den öffentlichen Ausgaben beizutragen; die anderen sollen progressiv je nach der Größe ihres Vermögens die Lasten tragen."

Zit. nach: Walter Grab (Hg.), Die Französische Revolution. Eine Dokumentation, Nymphenburger Verlagshandlung, München 1973, S. 222.

1 ■ Analysieren Sie die Kritik des Autors an der Menschenrechtserklärung und ihre Begründung.
2 ■ Diskutieren Sie den Vorschlag, durch Steuerprogression soziale Gerechtigkeit herzustellen.

M 18 Eingabe der Pariser Sektion der „Sans-Culottes" an den Konvent vom 2. September 1793

[...] Die ganze Welt sieht auf Euch, die Menschheit wirft Euch die Leiden vor, die die französische Republik heimsuchen; und die Menschen kommender Jahrhunderte werden eure Namen für immer brandmarken, wenn ihr nicht sofort Abhilfe schafft. [...] Eilt Euch, den Preis der Hauptnahrungsmittel unverrückbar festzusetzen, ebenso den der Rohstoffe, den Arbeitslohn, die Industrieprofite und die Handelsgewinne; Ihr habt dazu das Recht und die Macht. [...] Aber wie! Werden Euch die Aristokraten, die Royalisten, die Gemäßigten die Intriganten sagen, heißt das nicht Hand an das Eigentum legen, das heilig sein soll und unverletzlich? [...] Zweifellos; aber wissen sie nicht, diese Schurken, wissen sie nicht, dass Eigentum nur so weit gut ist, als es den Bedarf des Einzelnen befriedigt? Wissen Sie nicht, dass keiner das Recht hat, etwas zu tun, was dem anderen schaden kann? Was gibt es Schändlicheres, als willkürlich einen Preis für die Lebensmittel zu verlangen, den sieben Achtel der Bürger nicht aufbringen können? Wissen sie endlich nicht, dass jedes der Individuen, die zusammen die Republik bilden, seinen Geist und seine Armee zu ihrem Nutzen gebrauchen und sein Blut bis zum letzten Tropfen für sie vergießen soll? Daher muss die Republik jedem von ihnen die Mittel sichern, sich mit den notwendigsten Bedarfsgütern in der Menge zu versorgen, die ausreicht, sein Leben zu erhalten. [...] Daher beschließt die Vollversammlung der Sektion „Sans-Culottes", die der Meinung ist, es sei Pflicht aller Bürger, die Maßnahmen vorzuschlagen, die ihnen geeignet erscheinen, um wieder zu Überfluss und Ruhe im Staat zu kommen, den Konvent zu bitten, dass er dekretieren [beschließen] möge: [...]

Zit. nach: Walter Grab (Hg.), Die Französische Revolution. Eine Dokumentation, Nymphenburger Verlagshandlung, München 1973, S. 174 f.

1 ■ Erarbeiten Sie die wesentlichen Forderungen der Sansculottes.
2 ■ Analysieren Sie die Textsprache und erläutern Sie den inhaltlichen Zusammenhang.
3 ■ Beurteilen Sie die Motive der Autoren.
4 ■ **Geschichte produktiv:** Formulieren Sie analog M 17 einen Vorschlag in Form von mindestens vier Artikeln. Vergleichen Sie Ihre Ergebnisse und diskutieren Sie Probleme der Umsetzung.

M 19 Die Konsulatsverfassung vom 13. Dezember 1799

1. Die französische Republik ist eins und unteilbar. [...]
2. Jeder in Frankreich geborene und wohnhafte Mann, der volle 21 Jahre alt ist, sich in das Bürgerverzeichnis seines Gemeindebezirkes hat einschreiben lassen und auf dem Gebiete der Republik ein Jahr lang gewohnt hat, ist französischer Bürger. [...]

7. Die Bürger eines Gemeindebezirkes bestimmen durch ihre Wahl diejenigen unter ihnen, welche sie am fähigsten zur öffentlichen Geschäftsführung halten. […] Aus diesem ersten Gemeindeverzeichnis müssen die öffentlichen Beamten des Bezirks genommen werden.

8. Die in den Gemeindeverzeichnissen eines Departements genannten Bürger bestimmen gleichfalls den zehnten Teil aus ihrer Mitte. Dadurch entsteht […] das Departementalverzeichnis, aus welchem die öffentlichen Beamten des Departements genommen werden müssen.

9. Die in dem Departementalverzeichnis genannten Bürger erwählen gleichfalls ein Zehntel aus ihrer Mitte. Hieraus entsteht ein drittes Verzeichnis von Bürgern dieses Departements, die zu öffentlichen Nationalstellen wählbar sind. […]

15. Der Erhaltungssenat besteht aus 80 Mitgliedern, die unabsetzbar und auf lebenslang ernannt sind; sie müssen wenigstens 40 Jahre alt sein. […]

19. Alle kraft des 9. Artikels in den Departements gebildeten Verzeichnisse müssen dem Senat zugeschickt werden; aus ihnen besteht das Nationalverzeichnis.

20. Er wählt aus diesem Verzeichnis die Gesetzgeber, die Tribunen, die Konsuln, Kassationsrichter und die Rechnungskommissarien. […]

23. Die Sitzungen des Senats sind nicht öffentlich. […]

25. Es sollen keine neuen Gesetze verkündet werden, als wenn der Vorschlag dazu von der Regierung gemacht, dem Tribunate mitgeteilt und vom Gesetzgebungskörper dekretiert sein wird. […]

34. Der Gesetzgebungskörper macht das Gesetz, indem er durch geheime Stimmensammlung, ohne die geringste eigene Verhandlung seiner Mitglieder, über die Gesetzesvorschläge entscheidet, welche von den Sprechern des Tribunats und der Regierung vor ihm erörtert werden. […]

39. Die Regierung ist dreien Konsuln, welche auf zehn Jahre ernannt werden und unbeschränkt wieder wählbar sind, anvertraut. […]

41. Der Erste Konsul verkündet die Gesetze; er ernennt und entsetzt nach Willkür die Mitglieder des Staatsrats, die Minister, die Gesandten und andere auswärtige Oberbeamten, die Offiziere der Land- und Seemacht, die Mitglieder der örtlichen Verwaltungen und die Regierungskommissarien bei den Gerichtshöfen. Er ernennt alle Kriminal- und Zivilrichter, ausgenommen die Friedens- und Kassationsrichter, ohne jedoch sie absetzen zu können. […]

44. Die Regierung schlägt die Gesetze vor und macht die nötigen Verordnungen, um ihre Vollziehung zu sichern. […]

52. Der Staatsrat beschäftigt sich, unter der Leitung der Konsuln, mit Abfassung der Vorschläge zu Gesetzen und Verordnungen der öffentlichen Verwaltung und mit Auflösung der Schwierigkeiten, die im Verwaltungsfache sich ergeben.

Karl H. L. Pölitz (Hg.), Die europäischen Verfassungen seit dem Jahre 1789 bis auf die neueste Zeit, Bd. 2, 2. Aufl., Brockhaus, Leipzig 1834, S. 58 ff.

1 ■ Analysieren Sie die gewährten Bürgerrechte.
2 ■ Vergleichen Sie die Verfassung von 1799 mit denen von 1791 (M 1, S. 156), 1793 (M 14), 1795 (M 16).
3 ■ **Geschichte produktiv:** Entwerfen Sie anhand von M 19 ein Verfassungsschaubild.

M 20 Aus dem *Code civil* (= *Code Napoléon*), 1804

1. Die Freiheit
Der Staatsbürger hat mit seiner Großjährigkeit die Freiheit, über seine Person zu verfügen. Er kann daher seinen Wohnsitz wählen, wo es ihm gut dünkt. […] Wir bezeichnen es als Naturrecht, dass wir den Menschen als moralisches Wesen behandeln, d. h. als ein vernunftbegabtes und freies Wesen, das dazu bestimmt ist, mit anderen vernunftbegabten und freien Wesen zusammenzuleben.

2. Die Rechtsgleichheit
Nachdem unsere Verfassung die Rechtsgleichheit eingeführt hat, muss jeder, der sie wieder abschwört und die abgeschafften Vorrechte der Geburt wieder einführen will, als Frevler gegen unseren Gesellschaftsvertrag gelten und kann nicht Franzose bleiben.

3. Die Gewalt des Familienvaters als Vorbild
Der Ehemann schuldet seiner Frau jeglichen Schutz, die Ehefrau schuldet dem Manne Gehorsam. Die Frau kann vor Gericht erscheinen nur mit Ermächtigung ihres Mannes, auch wenn sie selbst einen Beruf ausübt. In Dingen, die ihr Geschäft betreffen, ist sie selbstständig. Das Kind ist in jedem Alter verpflichtet, Vater und Mutter Ehre und Achtung zu erweisen. Das Kind verbleibt in der elterlichen Gewalt bis zur Großjährigkeit oder bis zur Heirat.

4. Von dem Eigentum
Eigentum ist das Recht, eine Sache auf die unbeschränkte Weise zu benutzen und darüber zu verfügen, vorausgesetzt, dass man davon keinen durch die Gesetze oder Verordnungen untersagten Gebrauch mache. Niemand kann gezwungen werden, sein Eigentum abzutreten, wenn es nicht des öffentlichen Wohls wegen und gegen eine angemessene und vorgängige Entschädigung geschieht.

Code Napoléon. Einzige offizielle Ausgabe für das Großherzogtum Berg, Düsseldorf 1810.

1 ■ Fassen Sie die vier Abschnitte mit eigenen Worten zusammen.
2 ■ Diskutieren Sie die These, Napoleon habe die Revolution sowohl vollendet als auch beendet. Berücksichtigen Sie auch den Darstellungstext.
3 ■ **Zusatzaufgabe:** Überprüfen Sie, ob der *Code civil* dem Anspruch der „Erklärung der Rechte der Frau und Bürgerin" von Olympe de Gouges gerecht wird (M 10).

Methode

Schriftliche Quellen vergleichen

Quellen bilden die Grundlage unserer historischen Kenntnisse. Sie vermitteln jedoch nie objektives Wissen über die Vergangenheit, sondern spiegeln bestimmte Wahrnehmungen wider, die sich je nach Standort der Beteiligten erheblich unterscheiden können. Geschichte wird also immer aus einer bestimmten **Perspektive** wahrgenommen. Für eine differenzierte Beurteilung ist es daher erforderlich, einen historischen Sachverhalt aus mehreren, also mindestens zwei unterschiedlichen Perspektiven beteiligter Zeitgenossen zu interpretieren und zu vergleichen. Dieses Prinzip der Geschichtsdarstellung wird als **Multiperspektivität** bezeichnet. Für den Vergleich werden die Quellen zunächst analysiert (s. S. 22 f.) und dann mithilfe geeigneter **Vergleichsaspekte** gegenübergestellt. Auch bei diesem Verfahren muss in einem weiteren Schritt der historische Kontext berücksichtigt werden, bevor die Quellen angemessen **beurteilt und bewertet** werden können.

Arbeitsschritte für den Vergleich

1. Leitfrage
– Welche Fragestellung bestimmt die Analyse und den Vergleich der Quellentexte?

2. Analyse

Formale Aspekte
– Um welche Quellengattung handelt es sich (z. B. Brief, Vertrag, Zeitungsbeitrag)?
– Wann und wo sind die Texte veröffentlicht worden?
– Wer sind die Autoren (ggf. Amt, Stellung, Funktion, soziale Schicht)?
– Mit welchem Thema setzen sich die Autoren auseinander?
– Wer ist der Adressat bzw. sind die Adressaten?
– Welche Intentionen oder Interessen verfolgen die Autoren?

Inhaltliche Aspekte
– Was sind die wesentlichen Aussagen des Textes?
– Wie ist die Textsprache (z. B. appellierend, polemisch, argumentativ, manipulierend, rhetorische Mittel)?
– Welche Überzeugungen vertreten die Autoren?
– Welche Wirkung sollten die Texte bei den Adressaten erzielen?

3. Vergleich
– Welche Vergleichsaspekte sind geeignet?
– Welche Unterschiede und Gemeinsamkeiten zeigen die Texte?

4. Historischer Kontext
– In welchen historischen Zusammenhang lassen sich die Quellen einordnen?

5. Urteil

Sachurteil
– Welcher Text ist aus welchen Gründen überzeugender?
– Sind die Verfasser glaubwürdig?
– Welche Rolle spielt die Entstehungszeit des Textes?
– In welcher Beziehung stehen die Texte?

Werturteil
– Wie lässt sich der historische Gegenstand im Hinblick auf die Leitfrage aus heutiger Sicht bewerten?

Methode

Übungsbeispiel

M1 Zwei Artikel aus französischen Zeitungen

a) Artikel aus der französischen Zeitung „L'Ami du Peuple" („Freund des Volkes") vom 23. August 1793

Die Zeitung wurde von Jean Paul Marat herausgegeben. Der Autor dieses Artikels blieb anonym.

Zu den Geldwechslern: Durch abscheulichen Schacher habt Ihr Misstrauen und Ablehnung gegen unsere Assignaten verbreitet; wer aber das Geld in Misskredit bringt, ist ein ebensolcher Verbrecher wie der Falschmünzer, der die umlaufende Menge erhöht. Euer Urteil lässt sich in zwei Worte fassen: zur Guillotine!

Zu den Verdächtigen: Nachdem man bei ihnen mit äußerster Sorgfalt Haussuchung gehalten und irgendwelche Dokumente gefunden hat, die darauf schließen lassen, dass sie in Korrespondenz mit Gegenrevolutionären stehen: „Die Stunde, da sich das Volk erhebt, ist die Todesstunde für Leute eures Schlages: Zur Guillotine!"

Zu den Egoisten: Das Volk ist müde, allein das Gewicht eines schrecklichen Krieges zu tragen. Die Zeiten sind vorbei, da man mit finanziellen Mitteln das Recht erkaufen konnte, seine beschämende Nutzlosigkeit erhalten zu dürfen. Ohne Euch davon zu entbinden, im progressiv ansteigenden Verhältnis zu Eurem Vermögen die ungeheuren Kosten zu bestreiten, die dieser Krieg verursacht, werdet Ihr in eigener Person die Sache der Freiheit verteidigen. Ihr habt die Wahl: Hier geht der Weg zu den Grenzen, dort zum Platze der Revolution, wo die Guillotine auf Euch wartet!

Zu den Gaunern, die unter der Maske des Patriotismus das Geld der Republik verprasst haben: Ihr habt das Vertrauen des Volkes missbraucht, Ihr habt Euch mit seinem Gold gestopft, Ihr habt Euch angeeignet, was seine Feinde hinterließen, Ihr seid noch ruchloser als die Gegenrevolutionäre, die sich zu erkennen gegeben haben. Deshalb ohne Gnade: zur Guillotine!

Alle diese Maßnahmen könnten ganz legal durchgeführt werden, wenn nicht im Nationalkonvent ein Geist der Mäßigung herrschen würde, der für das Gemeinwesen von verzweiflungsvoller Wirkung ist.

b) Artikel aus der französischen Zeitung „Le Vieux Cordelier" („Der Alte Cordelier") vom 24. Dezember 1793

Die Zeitung wurde von Camille Desmoulins herausgegeben. Der Autor dieses Artikels blieb anonym.

[Einige Personen] meinen offenbar, die Freiheit müsse wie die Kinder durch eine Zeit des Geschreis und der Tränen hindurch, um zur Reife zu gelangen. Ganz im Gegenteil: Es liegt in der Natur der Freiheit, dass man, um in ihren Genuss zu gelangen, sie nur wollen muss. Ein Volk ist frei, sobald es frei sein will; unseres ist mit dem Tage des 14. Juli in den vollen Genuss aller seiner Rechte gelangt.

Wir kämpfen, um die Güter zu verteidigen, die [die Freiheit] allen gewährt, die sie anrufen. Solche Güter sind die Erklärung der Menschenrechte, die sanfte Regel der republikanischen Grundsätze, die Brüderlichkeit, die heilige Gleichheit. Das sind die Spuren der Göttin, daran erkenne ich die Völker, bei denen sie Wohnung genommen hat. Soll ich sie anerkennen, soll ich ihr zu Füßen fallen, soll ich mein Blut für sie verströmen? Dann öffnet vorher die Zuchthäuser für die zweihunderttausend Bürger, die Ihr Verdächtige nennt, denn in der Erklärung der Rechte ist nirgends die Rede von Verdachtshäusern. Und glaubt nur nicht, eine solche Maßnahme würde das Ende der Republik bedeuten. Sie wäre die revolutionärste Tat, die Ihr je vollbracht hättet.

Ihr wollt alle Eure Feinde mit der Guillotine austilgen. Hat man je einen größeren Aberwitz gesehen? Könnt Ihr einen einzigen auf dem Schafott umbringen, ohne Euch unter seinen Verwandten oder Freunden zehn Feinde zu machen? Glaubt Ihr wirklich, diese Frauen, die Greise, diese Jammergestalten, diese Egoisten, diese Marodeure der Revolution seien eine Gefahr? [...]

Ich denke ganz anders als die, welche Euch sagen, der Schrecken müsse auf der Tagesordnung bleiben. Ich bin im Gegenteil überzeugt, dass die Freiheit gefestigt und Europa besiegt würde, wenn Ihr einen Vergebungsausschuss hättet. Ein solcher Ausschuss würde die Revolution vollenden, denn auch das Vergeben ist eine revolutionäre Maßnahme, die wirksamste überhaupt, wenn sie klug eingesetzt wird. Sollen die Schwachköpfe und Schurken mich als „Gemäßigten" bezeichnen, soviel sie mögen! Ich erröte nicht [...]. So gefährlich und politisch unklug es wäre, das Verdachtshaus sofort für alle Häftlinge zu öffnen, so großartig erscheint mir der Gedanke eines Vergebungsausschusses, würdig des französischen Volkes. Welchem Patrioten ginge dieses bloße Wort „Vergebungsausschuss" nicht durch und durch? Der Patriotismus ist ja die Summe aller Tugenden und kann folglich dort nicht überleben, wo nicht Menschlichkeit und Nächstenliebe sind, sondern eine gierige, vom Egoismus ausgetrocknete Seele. Ach, mein lieber Robespierre, an Dich wende ich mich hier. Ach, alter Freund aus Studienzeiten, Du, dessen eloquente Reden die Nachwelt lesen wird. Erinnere Dich an das, was wir in den Philosophie- und Geschichtsstunden gelernt haben: Dass die Liebe stärker und dauerhafter ist als die Furcht.

M1a und b zit. nach: Konrad Plieninger u.a., Arbeitsmaterialien Deutsch. Fächerverbindender Unterricht: Die Französische Revolution, Klett, Stuttgart 1993, S. 21ff.

1 ■ Interpretieren und vergleichen Sie die beiden Quellen mithilfe der Arbeitsschritte.

Methode

Lösungshinweise

1. Leitfrage:
Ist Terror zur Rettung der Revolution und ihrer Errungenschaften gerechtfertigt?

2. Analyse
Formale Aspekte
Quellengattung und Veröffentlichung
- M 1 a: Artikel aus der französischen Zeitung „L'Ami du Peuple" („Freund des Volkes") vom 23. August 1793; Herausgeber: Jean Paul Marat
- M 1 b: Artikel aus der französischen Zeitung „Le Vieux Cordelier" („Der Alte Cordelier") vom 24. Dezember 1793; Herausgeber: Camille Desmoulins

Autoren: Die Verfasser beider Artikel blieben anonym.
Thema: Stellungnahmen zu den Maßnahmen des Wohlfahrtsausschusses unter Robespierre während der Jakobinerherrschaft
Adressaten:
- Öffentlichkeit, insbesondere Leser der beiden Zeitungen
- M 1 a: explizit die vermeintlichen Nutznießer der Revolution
- M 1 b: explizit der Nationalkonvent und Robespierre

Intentionen: Der Verfasser von M 1 a verteidigt die Anwendung von Gewalt zur Durchsetzung politischer Forderungen, der Autor von M 1 b ruft zu Mäßigung und Vergebung auf.

Inhaltliche Aspekte
Wesentliche Textaussagen
M 1 a
Der Autor unterteilt die vermeintlichen Nutznießer der Revolution in vier Gruppen: „Geldwechsler", „Verdächtige", „Egoisten" und „Gauner":
- Die „Geldwechsler" hätten durch „abscheulichen Schacher […] Misstrauen und Ablehnung" gegen die Assignaten [Assignate = Papiergeld(schein)] verbreitet; sie seien daher „Verbrecher" und gehörten „zur Guillotine" (Z. 1–6).
- Bei „Verdächtigen" seien aufgrund von sorgfältiger Haussuchung „irgendwelche Dokumente" gefunden worden, die eine „Korrespondenz mit Gegenrevolutionären" belegen; auch ihnen drohe der Tod auf der Guillotine durch den Volkszorn (Z. 7–12).
- Von den „Egoisten", die sich mit Geld vom Kriegsdienst freigekauft hätten, fordert der Autor, entsprechend ihrem Vermögen die „ungeheuren [Kriegs]kosten zu bestreiten" und „in eigner Person die Sache der Freiheit [zu] verteidigen"; er stellt sie vor die Wahl: Kriegsbeteiligung oder Guillotine (Z. 13–22).
- Die „Gauner" hätten „unter der Maske des Patriotismus das Geld der Republik verprasst" und daher das Vertrauen des Volkes missbraucht; sie seien „noch ruchloser als die Gegenrevolutionäre" und gehören daher „ohne Gnade: zur Guillotine!" (Z. 23–29).

Der Autor beklagt, dass man die Strafmaßnahmen „ganz legal" durchführen könnte, wenn der Nationalkonvent nicht vom „Geist der Mäßigung" beherrscht würde (Z. 30 ff.).

M 1 b
Der Autor setzt sich für die Verteidigung der revolutionären Errungenschaften, die das Volk seit dem 14. Juli erlangt habe, ein: die „Freiheit", die „Erklärung der Menschenrechte", die „republikanischen Grundsätze", die „Brüderlichkeit", die „Gleichheit" (Z. 8–11). Er wendet sich
- gegen die Verhaftung von Verdächtigen, da in der „Erklärung der Rechte […] nirgends die Rede von Verdachtshäusern" sei (Z. 18), sowie
- gegen die Guillotine, da er infrage stellt, dass „diese Frauen, diese Greise, diese Jammergestalten, diese Egoisten, diese Marodeure der Revolution" eine Gefahr seien (Z. 25 ff.).

Der Verfasser plädiert für die Einsetzung eines „Vergebungsausschusses". Dieser würde die Freiheit und Europa festigen (Z. 30 f.), die Revolution vollenden, denn auch das Vergeben sei eine revolutionäre Maßnahme (Z. 32 f.), und den Patriotismus bewahren (Z. 41 ff.).
Im letzten Abschnitt appelliert der anonyme Autor direkt an Robespierre, er möge sich an das erinnern, was sie im Studium gelernt hätten: „[d]ass die Liebe stärker […] ist als die Furcht" (Z. 49 f.).

3. Vergleich
Mögliche Vergleichsaspekte
a) *Position der Autoren gegenüber der Jakobinerherrschaft*:
- Autor von M 1 a tritt vehement für Terror und Diktatur zur Durchsetzung der revolutionären Ziele ein.
- Autor von M 1 b lehnt das Mittel des Terrors ab, weil er dessen Wirksamkeit bezweifelt. Stattdessen plädiert er für gemäßigtes Handeln.

b) *Umgang mit den vermeintlichen Revolutionsgegnern*:
- Autor von M 1 a fordert, dass die vermeintlichen Nutznießer der Revolution verhaftet und durch die Guillotine verurteilt werden sollten. Er beklagt einen „Geist der Mäßigung" im Nationalkonvent, „der für das Gemeinwesen von verzweiflungsvoller Wirkung" sei (M 1 a, Z. 31 ff.).
- Autor von M 1 b plädiert für die Freilassung der Gefangenen. Er schlägt dem Konvent die Einsetzung eines „Vergebungsausschusses" vor, denn seiner Ansicht nach sei Vergeben die wirksamste revolutionäre Maßnahme (M 1 b, Z. 33).

c) *Textsprache*:
- Beide Autoren nutzen die Möglichkeit der direkten Anrede, um ihre Positionen gegenüber den expliziten Adressaten deutlich zu machen. Der Verfasser von M 1 a spricht die vermeintlichen Nutznießer der Revolution direkt an und der Autor von M 1 b appelliert an die Vertreter des Nationalkonvents und spricht im letzten Abschnitt seinen alten Studienfreund Robespierre persönlich an.
- Während die Textsprache von M 1 a sehr polemisch gestaltet ist (z. B. Z. 1, 16), argumentiert der Verfasser von M 1 b überwiegend sachlich (z. B. Z. 3 f.) und verwendet rhetorische Fragen (z. B. Z. 13 ff.), um ein Umdenken bei seinen Adressaten zu erreichen.

Textexterner Aspekt: Herausgeber der Zeitungen als Auftraggeber bzw. Verantwortliche der Artikel (nach Recherche!):
- M 1 a: Herausgeber Marat galt neben Robespierre als aggressiver Verfechter der radikalen Revolution.
- M 1 b: Herausgeber Desmoulins gehörte zu den Kritikern der Radikalisierung des Revolutionsprozesses, insbesondere des Terrors.

4. Historischer Kontext
Epoche: Französische Revolution; Phase der Jakobinerherrschaft (auch Schreckens- oder Gewaltherrschaft) 1793–1794
Ereignisse:
- Zusammentritt des neuen Nationalkonvents (21. September 1792)
- Hinrichtung des Königs (21. Januar 1793)
- De facto Übertragung der Regierung an den Wohlfahrtsausschuss auf Antrag der Jakobiner (April 1793)
- Übernahme des Vorsitzes im Wohlfahrtsausschuss durch Robespierre (27. Juli 1793)
- Verkündung der „Diktatur des Terrors" (5. September 1793)

Konflikte: Auseinandersetzung der Jakobiner im Sommer 1793 über die Umsetzung der Maßnahmen des Wohlfahrtsausschusses und über Frage, ob die Diktatur und der Terror „als Krieg der Freiheit gegen ihre Feinde" (Robespierre) gerechtfertigt seien.

5. Urteil
Sachurteil
- Die Quellen spiegeln die unterschiedliche Beurteilung von Gewalt während des Revolutionsprozesses durch die Zeitgenossen wider.
- Der Autor von M 1 a steht zwar stellvertretend für die Verfechter der radikalen Revolution, denen jedes Mittel (Terror und Diktatur) zur Durchsetzung der Ziele recht war, seine Position steht jedoch im Widerspruch zu den revolutionären Errungenschaften von 1789, v. a. die Freiheit, und der Verfassung von 1791.

Werturteil:
Aus heutiger Sicht und auf der Grundlage der Wertmaßstäbe unserer freiheitlichen und demokratischen Gesellschaftsordnung (z. B. Menschenrechte, Gewaltenteilung) ist Terror zur Durchsetzung von politischen Ziele nicht gerechtfertigt.

3.3 Die Entwicklung der Menschenrechte in Deutschland im 19. und 20. Jahrhundert

Folgen der Französischen Revolution

Die Französische Revolution bewirkte als „Laboratorium der Moderne" (Hans-Ulrich Thamer) langfristig tiefgreifende Veränderungen in der gesellschaftlichen Entwicklung anderer Länder. Die Idee der Menschenrechte und deren Verwirklichung wurden zum Maßstab, an dem sich das Handeln der politischen Akteure fortan messen lassen musste.

In Deutschland stießen vor allem im Bürgertum die Forderungen nach „Freiheit, Gleichheit und Brüderlichkeit" auf begeisterte Zustimmung. Es war Napoleon, der nach der Auflösung des Heiligen Römischen Reiches Deutscher Nation (1806) in den linksrheinischen Gebieten erstmals in Deutschland Rechtsgleichheit und bürgerliche Grundrechte einführte. So bestimmte beispielsweise die 1807 erlassene Konstitution für das Königreich Westfalen den *Code Napoléon* zum „bürgerlichen Gesetzbuch" für das Königreich.

Am weitesten gingen die Veränderungen in den süddeutschen Staaten Bayern, Baden und Württemberg: Sie verabschiedeten Verfassungen (1818/19), die den Wandel vom feudalen Stände- zum bürgerlich-liberalen Staat einleiteten. Die in ihnen aufgenommenen Grundrechte waren jedoch nicht als Freiheitsrechte konzipiert, sondern als Staatsbürgerrechte, die die politische Partizipation der Bevölkerung fördern sollte. Die einsetzende Restauration* verhinderte jedoch die Umsetzung verfassungsrechtlich garantierter Menschenrechte in allen Bundesstaaten des 1815 gegründeten Deutschen Bundes. Dass sich die Ideen der Französischen Revolution, vor allem die Hoffnung auf individuelle Freiheitsrechte und Volkssouveränität, nicht mehr zurückdrängen ließen, demonstrierten über 500 Studenten auf dem Wartburgfest am 17./18. Oktober 1817. Die feierliche Erinnerung an zwei historische Ereignisse, den Beginn der Reformation (1517) und den Sieg über Napoleon in der Völkerschlacht bei Leipzig (1813), sollte auch ihrer Sehnsucht nach Freiheit Ausdruck verleihen (M 4, M 5).

Leitfrage:
Wie wurden die Menschenrechte in Deutschland rechtlich verankert?

Restauration
Wiederherstellung früherer Verhältnisse; dient hier auch zur Bezeichnung der Epoche zwischen dem Wiener Kongress (1815) und der Revolution von 1848/49, in der die deutschen Fürsten die monarchische Ordnung „restaurierten", die durch die Französische Revolution destabilisiert worden war

M1 Die verfassunggebende Nationalversammlung in der Frankfurter Paulskirche, Farblithografie von C. A. Lill, 1848

3 Menschenrechte

M 2 Wahlaufruf für Frauen zur Wahl der Nationalversammlung, Januar 1919

M 3 Der preußische Justizminister Hans Kerrl bei einem Besuch im Referendarlager in Jüterbog (Brandenburg), 1934

Die angehenden Juristen hatten im Hof das Symbol der Justiz, den Paragrafen, am Galgen aufgehängt.

Webcode:
KB644438-150

Revolution von 1848/49

Die Verwirklichung der Menschenrechte erreichte in der Revolution von 1848/49 eine neue Dimension. Die Frankfurter Nationalversammlung verabschiedete am 20. Dezember 1848 die „Grundrechte des deutschen Volkes", die auch in die Paulskirchenverfassung vom 28. März 1849 aufgenommen wurden (M 6). Erstmals – und zum einzigen Mal bis 1919 – garantierte ein demokratisch gewähltes Parlament allen Deutschen gleiche und umfassende Rechte. Einige dieser Rechte wurden in der Geschichte der Menschen- und Bürgerrechte erstmals kodifiziert: die Wissenschaftsfreiheit, die Abschaffung der Todesstrafe und der Schutz ethnischer Minderheiten. Weil die Revolution scheiterte, trat die neue Verfassung von 1849 jedoch nie in Kraft. Und der Grundrechtekatalog wurde 1851 wieder außer Kraft gesetzt. Auch nach der Gründung des Deutschen Kaiserreichs (1871–1918) war die verfassungsrechtliche Garantie der Menschenrechte nicht gewährleistet. In der Reichsverfassung von 1871 fehlte ein klassischer Grundrechtekatalog. Einzelne Grundrechte wurden jedoch in Länderverfassungen verankert oder durch Reichsgesetze gewährt.

Zwischen Demokratie und Diktatur

Nach dem militärischen Zusammenbruch Deutschlands am Ende des Ersten Weltkrieges und der Novemberrevolution 1918 wurde in die neue Reichsverfassung vom 31. Juli 1919 der demokratisch legitimierten Weimarer Republik (1919–1933) ein umfassender Katalog von „Grundrechten und Grundpflichten der Deutschen" aufgenommen (M 8). Sie galten nun ausnahmslos auch für Frauen (M 2). Neben den tradierten Bürgerrechten wurde erstmals auch eine Reihe sozialer Rechte für den „Menschen als Arbeitenden" kodifiziert. Allerdings glichen diese Bestimmungen häufig nur Absichtserklärungen: So sollte nach Artikel 163 jeder Deutsche die Möglichkeit haben, seinen Lebensunterhalt durch Arbeit zu verdienen, und bei Nachweis einer fehlenden „angemessenen Arbeitsgelegenheit" Unterstützung bekommen; ein einklagbares Recht auf Arbeit bedeutete dieser Artikel jedoch nicht. Daher war die Wirksamkeit der Grundrechte eingeschränkt. Darüber hinaus ermächtigte der Artikel 48 den Reichspräsidenten im Falle eines Notstandes, wichtige Grundrechte vorübergehend außer Kraft zu setzen (M 9).

Während der nationalsozialistischen Herrschaft (1933–1945) schränkten die Nationalsozialisten unmittelbar nach ihrer Machtübernahme am 30. Januar 1933 die Grundrechte zunächst ein und setzten sie am 28. Februar 1933 mit der Reichstagsbrandverordnung schließlich ganz außer Kraft. Diese Notverordnung und das Ermächtigungsgesetz vom 24. März 1933, die beiden „Verfassungsurkunden" des NS-Staates, begründeten die Diktatur und gaben den Nationalsozialisten einen Freibrief für ihre Terrorherrschaft (M 10).

In Reaktion auf die Verbrechen und Morde der NS-Diktatur an Millionen Juden und anderer Minderheiten schrieb das Grundgesetz der Bundesrepublik Deutschland von 1949 die fundamentale Bedeutung der Menschenrechte fest: Die in Artikel 1–19 verbrieften Grundrechte wurden bewusst an den Anfang der Verfassung gesetzt und dürfen als unveräußerliche Rechte „in ihrem Wesensgehalt" nicht mehr verändert werden (M 11; s. auch S. 117). Bei Verstößen gegen die Menschenrechte kann das Bundesverfassungsgericht als „Hüterin der Verfassung" von jedem Bürger angerufen werden. Nach der Auflösung der DDR und der Wiedervereinigung (1990) gilt dieser dritte Grundrechtekatalog in der deutschen Verfassungsgeschichte auch für die neuen Bundesländer.

1 ■ Beschreiben Sie die Etappen der verfassungsrechtlichen Umsetzung der Menschenrechtsidee in Deutschland.
2 ■ Vergleichen und beurteilen Sie die Bedeutung der drei Grundrechtekataloge. Nutzen Sie auch den Materialienteil.

M4 Wartburgfest am 18. Oktober 1817, anonymer Holzstich, koloriert, um 1880.

Im Vormärz waren als Fest getarnte politische Versammlungen üblich geworden, da Zusammenkünfte von mehr als 20 Personen nur privaten Zwecken dienen durften. Beim Wartburgfest wurde der 4. Jahrestag der Völkerschlacht bei Leipzig (Sieg über die napoleonische Armee) gefeiert. Die Versammlung wurde zum politischen Manifest, indem Burschenschaftler vor der Wartburg (bei Eisenach in Thüringen) Symbole der reaktionären Fürstenherrschaft (z. B. Perückenzopf, Uniformen von Beamten, einen Polizeistock) verbrannten.

M5 Aus dem Programm des Wartburgfestes „Die Grundsätze und Beschlüsse des achtzehnten Oktobers", 1817

19. Freiheit und Gleichheit ist das Höchste, wonach wir zu streben haben, und wonach zu streben kein frommer und ehrlicher deutscher Mann jemals aufhören kann. Aber es gibt keine Freiheit als in dem Gesetz und durch das Gesetz, und keine Gleichheit als mit dem Gesetz und vor dem Gesetz. Wo kein Gesetz ist, da ist keine Gleichheit, sondern Gewalttat, Unterwerfung, Sklaverei.
20. Gesetze sind keine Verordnungen und Vorschriften; Gesetze müssen von denen ausgehen oder angenommen werden, welche nach denselben leben sollen, und wo ein Fürst ist, die Bestätigung des Fürsten erhalten. Alle Gesetze haben die Freiheit der Person und die Sicherheit des Eigentums zum Gegenstande [...].
24. Der 13te Artikel der Urkunde des Deutschen Bundes: „In allen Bundesstaaten wird eine landständische Verfassung stattfinden" enthält die feierliche Bestimmung, dass in keinem deutschen Staate die Willkür herrschen soll, sondern das Gesetz. Der 13te Artikel kann keinen anderen Sinn haben, als dass das deutsche Volk durch frei gewählte Vertreter unter der Sanktion deutscher Fürsten seine Verhältnisse ordnen, die Gesetze beschließen, die Abgaben bewilligen soll. [...]
25. [...] Jeder, von welchem der Staat Bürgerpflichten fordert, muss auch Bürgerrechte haben. [...]
28. Das erste und heiligste Menschenrecht, unverlierbar und unveräußerlich, ist die persönliche Freiheit. Die Leibeigenschaft ist das Ungerechteste und Verabscheuungswürdigste, ein Gräuel vor Gott und jedem guten Menschen. [...]
31. Das Recht, in freier Rede und Schrift seine Meinung über öffentliche Angelegenheiten zu äußern, ist ein unveräußerliches Recht jedes Staatsbürgers, das ihm unter allen Umständen zustehen muss. [...] Wo Rede und Schrift nicht frei sind, da ist überhaupt keine Freiheit, da herrscht nicht das Gesetz, sondern die Willkür.

Zit. nach: Heinz-Jörgen Franz, Grundrechte in Deutschland, Süddeutsche Verlagsgesellschaft, Ulm 1973, S. 41 f.

1 ■ Fassen Sie M5 in Form von Forderungen zusammen.
2 ■ Erläutern Sie mithilfe des Darstellungstextes und eines Lexikons den historischen Kontext.
3 ■ **Geschichte produktiv:** Formulieren Sie ein fiktives Interview mit einem Studenten über das Wartburgfest für eine zeitgenössische Zeitung.

M6 Die Paulskirchenverfassung vom 28. März 1849

Die „Grundrechte des deutschen Volkes" waren von der Frankfurter Nationalversammlung bereits am 27. Dezember 1848 in Kraft gesetzt worden.

Abschnitt VI. Die Grundrechte des deutschen Volkes
§ 130. Dem deutschen Volke sollen die nachstehenden Grundrechte gewährleistet sein. Sie sollen den Verfassungen der deutschen Einzelstaaten zur Norm dienen, und keine Verfassung oder Gesetzgebung eines deutschen Einzelstaates soll dieselben je aufheben oder beschränken können. [...]
§ 132. Jeder Deutsche hat das deutsche Reichsbürgerrecht. Die ihm kraft dessen zustehenden Rechte kann er in jedem deutschen Lande ausüben. [...]
§ 133. Jeder Deutsche hat das Recht, an jedem Orte des Reichsgebietes seinen Aufenthalt und Wohnsitz zu nehmen, Liegenschaften jeder Art zu erwerben und darüber zu verfügen, jeden Nahrungszweig zu betreiben, das Gemeindebürgerrecht zu gewinnen. [...]
§ 137. Vor dem Gesetze gilt kein Unterschied der Stände. Der Adel als Stand ist aufgehoben. Alle Standesvorrechte sind abgeschafft. Die Deutschen sind vor dem Gesetze gleich. [...] Die öffentlichen Ämter sind für alle Befähigten gleich zugänglich. Die Wehrpflicht ist für alle gleich; Stellvertretung bei derselben findet nicht statt.
§ 138. Die Freiheit der Person ist unverletzlich. [...]
Die Polizeibehörde muss jeden, den sie in Verwahrung ge-

nommen hat, im Laufe des folgenden Tages entweder freilassen oder der richterlichen Behörde übergeben. [...]

§ 139. Die Todesstrafe, ausgenommen wo das Kriegsrecht sie vorschreibt, oder das Seerecht im Fall von Meutereien sie zulässt, so wie die Strafen des Prangers, der Brandmarkung und der körperlichen Züchtigung, sind abgeschafft.

§ 140. Die Wohnung ist unverletzlich. [...]

§ 142. Das Briefgeheimnis ist gewährleistet. [...]

§ 143. Jeder Deutsche hat das Recht, durch Wort, Schrift, Druck und bildliche Darstellung seine Meinung frei zu äußern. Die Pressfreiheit darf unter keinen Umständen und in keiner Weise durch vorbeugende Maßregeln, namentlich Zensur, Concessionen, Sicherheitsbestellungen, Staatsauflagen, Beschränkungen der Druckereien oder des Buchhandels, Postverbote oder andere Hemmungen des freien Verkehrs beschränkt, suspendiert oder aufgehoben werden. [...]

§ 144. Jeder Deutsche hat volle Glaubens- und Gewissensfreiheit. [...]

§ 152. Die Wissenschaft und ihre Lehre ist frei.

§ 153. Das Unterrichts- und Erziehungswesen steht unter der Oberaufsicht des Staates und ist, abgesehen vom Religionsunterricht, der Beaufsichtigung der Geistlichkeit als solcher enthoben.

§ 158. Es steht einem jeden frei, seinen Beruf zu wählen und sich für denselben auszubilden, wie und wo er will.

§ 161. Die Deutschen haben das Recht, sich friedlich und ohne Waffen zu versammeln; einer besonderen Erlaubnis dazu bedarf es nicht. [...]

§ 162. Die Deutschen haben das Recht, Vereine zu bilden. [...]

§ 164. Das Eigentum ist unverletzlich. [...]

§ 174. Alle Gerichtsbarkeit geht vom Staate aus. [...]

§ 175. Die richterliche Gewalt wird selbstständig von den Gerichten geübt. Kabinetts- und Ministerialjustiz ist unstatthaft. Niemand darf seinem gesetzlichen Richter entzogen werden. Ausnahmegerichte sollen nie stattfinden.

Zit. nach: http://verfassungen.de/de/de06-66/verfassung48-i.htm (Download vom 23. Juli 2013).

1 ■ Beschreiben Sie die gewährten Grundrechte.
2 ■ **Zusatzaufgabe:** Vergleichen Sie M 6 mit der französischen Erklärung der Menschen- und Bürgerrechte (M 7, S. 139 f.).

M 7 „Die unartigen Kinder", undatierte Karikatur (nach 1849)

1 ■ Interpretieren Sie die Karikatur unter besonderer Berücksichtigung des gewählten Grundmotivs (Schule).

M8 Die Weimarer Reichsverfassung vom 31. Juli 1919

Art. 109. Alle Deutschen sind vor dem Gesetze gleich. Männer und Frauen haben grundsätzlich dieselben staatsbürgerlichen Rechte und Pflichten. Öffentlich-rechtliche Vorrechte oder Nachteile der Geburt oder des Standes sind aufzuheben. […]

Art. 111. Alle Deutschen genießen Freizügigkeit im ganzen Reiche. Jeder hat das Recht, sich an beliebigem Orte des Reichs aufzuhalten und niederzulassen, Grundstücke zu erwerben und jeden Nahrungszweig zu betreiben. […]

Art. 114. Die Freiheit der Person ist unverletzlich. Eine Beeinträchtigung oder Entziehung der persönlichen Freiheit durch die öffentliche Gewalt ist nur aufgrund von Gesetzen zulässig. […]

Art. 115. Die Wohnung jedes Deutschen ist für ihn eine Freistätte und unverletzlich. Ausnahmen sind nur aufgrund von Gesetzen zulässig. […]

Art. 117. Das Briefgeheimnis sowie das Post-, Telegraphen- und Fernsprechgeheimnis sind unverletzlich. […]

Art. 118. Jeder Deutsche hat das Recht, innerhalb der Schranken der allgemeinen Gesetze seine Meinung durch Wort, Schrift, Druck, Bild oder in sonstiger Weise frei zu äußern. An diesem Rechte darf ihn kein Arbeits- oder Anstellungsverhältnis hindern, und niemand darf ihn benachteiligen, wenn er von diesem Rechte Gebrauch macht. […]

Art. 123. Alle Deutschen haben das Recht, sich ohne Anmeldung oder besondere Erlaubnis friedlich und unbewaffnet zu versammeln.

Art. 124. Alle Deutschen haben das Recht, zu Zwecken, die den Strafgesetzen nicht zuwiderlaufen, Vereine oder Gesellschaften zu bilden. […]

Art. 135. Alle Bewohner des Reichs genießen volle Glaubens- und Gewissensfreiheit. […]

Art. 142. Die Kunst, die Wissenschaft und ihre Lehre sind frei. Der Staat gewährt ihnen Schutz und nimmt an ihrer Pflege teil. […]

Art. 151. Die Ordnung des Wirtschaftslebens muss den Grundsätzen der Gerechtigkeit mit dem Ziele der Gewährleistung eines menschenwürdigen Daseins für alle entsprechen. In diesen Grenzen ist die wirtschaftliche Freiheit des Einzelnen zu sichern. […]

Art. 153. Das Eigentum wird von der Verfassung gewährleistet. […]

Art. 165. Die Arbeiter und Angestellten sind dazu berufen, gleichberechtigt in Gemeinschaft mit den Unternehmern an der Regelung der Lohn- und Arbeitsbedingungen sowie an der gesamten wirtschaftlichen Entwicklung der produktiven Kräfte mitzuwirken. Die beiderseitigen Organisationen und ihre Vereinbarungen werden anerkannt.

Zit. nach: Ernst Rudolf Huber (Hg.), Dokumente der Novemberrevolution und der Weimarer Republik 1918–1932, Kohlhammer, 2. Aufl., Stuttgart 1966, S. 129 ff.

1 ■ Beschreiben Sie die in M8 gewährten Grundrechte.
2 ■ **Zusatzaufgabe:** Vergleichen Sie M8 mit der Paulskirchenverfassung (M6).

M9 Artikel 48 der Weimarer Reichsverfassung

Art. 48. Wenn ein Land die ihm nach der Reichsverfassung oder den Reichsgesetzen obliegenden Pflichten nicht erfüllt, kann der Reichspräsident es dazu mithilfe der bewaffneten Macht anhalten. Der Reichspräsident kann, wenn im Deutschen Reiche die öffentliche Sicherheit und Ordnung erheblich gestört oder gefährdet wird, die zur Wiederherstellung der öffentlichen Sicherheit und Ordnung nötigen Maßnahmen treffen, erforderlichenfalls mithilfe der bewaffneten Macht einschreiten. Zu diesem Zwecke darf er vorübergehend die in den Artikeln 114, 115, 117, 118, 123, 124 und 153 festgesetzten Grundrechte ganz oder zum Teil außer Kraft setzen. Von allen gemäß Abs. 1 oder Abs. 2 dieses Artikels getroffenen Maßnahmen hat der Reichspräsident unverzüglich dem Reichstag Kenntnis zu geben. Die Maßnahmen sind auf Verlangen des Reichstags außer Kraft zu setzen. […] Das Nähere bestimmt ein Reichsgesetz[1]. […]

Zit. nach: Ernst Rudolf Huber (Hg.), Dokumente der Novemberrevolution und der Weimarer Republik 1918–1932, Kohlhammer, 2. Aufl., Stuttgart 1966, S. 129 ff.

1 Das hier vorgesehene Reichsgesetz ist nie ergangen.

1 ■ Beurteilen Sie die Bedeutung des Artikels 48 für die Garantie der Grundrechte.
2 ■ **Geschichte produktiv:** Entwerfen Sie ein zeitgenössisches Plakat, das auf die Gefahren des Artikels hinweist.

M10 Der Historiker Eike Wolgast über die Beseitigung der Menschenrechte im NS-Regime, 2009

In Deutschland enthielt schon das Programm der NSDAP von 1920 eine Absage an wichtige Grundrechte. Mit der Forderung, dass kein Jude Volksgenosse und Staatsbürger sein dürfe, war die Gleichheit prinzipiell negiert. Das angestrebte Verbot von Zeitungen, die „gegen das Gemeinwohl" verstießen, wie das Verlangen, Gesetze „gegen eine Kunst- und Literaturrichtung, die einen zersetzenden Einfluss auf unser Volksleben ausübt", zu erlassen, höhlten die Meinungs- und Kommunikationsfreiheit ebenso aus wie die Freiheit der Kunst. Auch die Religionsfreiheit wurde im NSDAP-Programm angetastet, da nur solche religiösen Bekenntnisse zugelassen bleiben sollten, die nicht „gegen das Sittlichkeits- und Moralgefühl der germanischen Rasse" verstießen. Nach der Machtübernahme setzte die am 28. Februar 1933 erlassene „Verordnung zum Schutz von Volk und Staat" (Reichstagsbrandverordnung) „bis auf weiteres" folgende Grundrechte außer Kraft: Freiheit der Person […],

Unverletzlichkeit der Wohnung, Brief- und Postgeheimnis, freie Meinungsäußerung einschließlich Pressefreiheit, Vereinigungs- und Versammlungsfreiheit sowie Eigentumsgarantie. Diese Aufzählung entsprach den durch Artikel 48 der Reichsverfassung gewährten Vollmachten und einer Notverordnung von 1923, die allerdings zeitlich eingeschränkt gewesen war. Dagegen blieb die Notverordnung von 1933 während der ganzen Dauer der nationalsozialistischen Diktatur in Kraft. Zusammen mit dem „Gesetz zur Behebung der Not von Volk und Staat" (Ermächtigungsgesetz) bildete sie die eigentliche Verfassung des Dritten Reiches. Zur Verfassungsnorm, die auch über die Grundrechte befand, wurden der Führerwille und die Führerentscheidung. Eine neue Verfassung, die Adolf Hitler in seiner Regierungserklärung am 23. März 1933 angekündigt hatte, wurde nicht erarbeitet, um die Handlungs- und Entscheidungsfreiheit der Staatsspitze nicht zu begrenzen.

Eike Wolgast, Geschichte der Menschen- und Bürgerrechte, Kohlhammer, Stuttgart 2009, S. 208.

1 ■ Erläutern Sie die verfassungsrechtliche Situation der Menschenrechte in der NS-Zeit.

M 11 **Der Politikwissenschaftler Wolfgang Rudzio über das Grundgesetz, 2003**

Nach seiner Auflösung im Dritten Reich ist der Rechtsstaat, wie er bereits im Kaiserreich verwirklicht war, in der Bundesrepublik wiederhergestellt worden. Ihm entsprechen die Unabhängigkeit der Gerichte, die Gleichheit vor dem Gesetz, der Grundsatz des gesetzlichen Richters, das Verbot rückwirkenden Strafrechts und die richterliche Überprüfung von Festnahmen; auch darf die staatliche Exekutive nur aufgrund und im Rahmen von Gesetzen handeln. Die Bundesrepublik Deutschland will jedoch mehr als nur traditioneller Rechtsstaat sein. Das Neuartige der Rechtsstaatskonstruktion des Grundgesetzes besteht in der herausgehobenen Rolle von Grundrechten und in der Errichtung eines Bundesverfassungsgerichts. In Abwendung von dem positivistischen Rechtsverständnis vor 1933, das Recht allein an der formellen Korrektheit des Rechtsetzungsverfahrens maß, sucht nämlich das Grundgesetz durch Grundrechte „Recht" bis zu einem gewissen Grade auch inhaltlich festzuschreiben und Mehrheitsentscheiden zu entziehen. Zwar hat auch die Weimarer Reichsverfassung Grundrechte und einen Staatsgerichtshof gekannt. Deren andersartiger Stellenwert in der Bundesrepublik wird jedoch darin deutlich, dass im Unterschied zur Weimarer Verfassung
– die Grundrechte betont an den Anfang des Grundgesetzes gestellt sind, was den Charakter der Bundesrepublik als „anthropozentrischer Staat" verdeutlichen soll;
– die Grundrechte mit verfassungsändernder ⅔-Mehrheit verändert werden können, als menschenrechtliches Prinzip aber unantastbar sind (Art. 19 GG);
– die Grundrechte „unmittelbar geltendes Recht" sind, über die Gerichtsinstanzen einklagbar bis hin zum Bundesverfassungsgericht (Art. 1 GG);
– das Bundesverfassungsgericht verbindlich auch über die Verfassungsmäßigkeit von Gesetzen und nicht nur über Rechtsstreitigkeiten zwischen Verfassungsorganen entscheidet (Art. 93 GG).

Materiell hingegen stellen die Grundrechte nichts Neues dar. Sie gehören in die westliche, auf die englische Verfassungsentwicklung, die Amerikanische und die Französische Revolution zurückgehende liberal-demokratische Tradition […].

Wolfgang Rudzio, Das politische System der Bundesrepublik Deutschland, 6. überarb. Aufl., Leske + Budrich (UTB), Opladen 2003, S. 56 f.

1 ■ Analysieren Sie die wesentlichen Thesen des Autors.
2 ■ Nehmen Sie Stellung zu der Aussage des SPD-Politikers Carlo Schmid von 1949: „Die Grundrechte müssen das Grundgesetz regieren", sie dürften nicht wieder ein „Anhängsel der Verfassung" bilden wie zur Weimarer Zeit.

Präsentationsvorschläge

Thema 1: Königreich Westfalen – bürgerliches Musterland oder Napoleons Satellitenstaat?

In Rahmen seiner territorialen Neuordnung Europas schuf Napoleon 1807 auch das Königreich Westfalen, das bis 1813 existierte. Unter der Regentschaft seines Bruders Jérôme sollte ein Musterstaat mit einer modernen Verfassung und Verwaltung nach französischem Vorbild entstehen. Stellen Sie vor dem historischen Kontext Anspruch und Wirklichkeit dar.

Webcode:
KB644438-154

Thema 2: Marx und Menschenrechte

Der Philosoph Karl Marx (1818–1883) lehnte die bürgerliche Menschenrechtsidee ab und kritisierte vor allem das Recht auf Eigentum. Er plädierte statt für die Freiheit des Eigentums für die Freiheit *vom* Eigentum und eine klassenlose Gesellschaft, in der der Staat – vor dem das Individuum durch die Menschenrechte geschützt werden soll – am Ende überflüssig werde.

Literaturtipp:
Andrea Maihofer, Das Recht bei Marx. Zur dialektischen Struktur von Gerechtigkeit, Menschenrechten und Recht, Nomos-Verlag, Baden-Baden 1992.

Verfassungsschaubilder interpretieren

Eine Verfassung beschreibt den **gesetzlichen Rahmen eines Staates**, in dem die Grundstruktur, der organisatorische Aufbau, die Aufgaben und die Beziehungen der einzelnen Institutionen sowie die Rechte der Bevölkerung festgelegt sind. Verfassungsschaubilder bieten eine Möglichkeit, die häufig umfangreichen und komplizierten **Gesetzestexte** (Urkundentexte) grafisch und für den „Leser" damit vereinfacht und übersichtlich darzustellen.

Als Vorläufer moderner Verfassungen gilt die Analyse bestehender Staats- und Regierungsformen in der griechischen Antike. Die moderne Verfassungsentwicklung begann in Europa im 17. Jahrhundert mit der in England verabschiedeten *Bill of Rights* (M 12, S. 132). Erstmals wurden die Rechte des Einzelnen gegenüber dem Staat sowie die Gewaltenteilung schrittweise festgeschrieben. In der **Französischen Revolution** gelang es, Prinzipien der liberalen Demokratie, insbesondere die Volkssouveränität, verfassungsrechtlich festzuschreiben. Im Verlauf der zehnjährigen Revolution wurden **vier Verfassungen** verabschiedet (1791, 1793, 1795, 1799). Sie spiegeln nicht nur die einzelnen Phasen der Revolution wider, sondern verdeutlichen auch die unterschiedlichen Vorstellungen der historischen Akteure über die Staatsform, die Machtverteilung, das Wahlrechts und schließlich über die Frage, ob und welche Menschenrechte verankert werden sollten.

Arbeitsschritte für die Interpretation

1. Leitfrage
– Welche Fragestellung bestimmt die Untersuchung des Schaubildes?

2. Formale Aspekte
– Für welchen Staat gilt die Verfassung?
– Wann und durch wen wurde die Verfassung verabschiedet und wann wurde sie in Kraft gesetzt?
– Wie lange war die Verfassung gültig?

3. Inhaltliche Aspekte

Verfassungsorgane
– Welche Verfassungsorgane sind dargestellt?
– Wie sind die Organe zusammengesetzt und welche Aufgaben bzw. Befugnisse besitzen sie?
– Wie ist die Gewaltenteilung umgesetzt?

Machtverteilung
– Welche Auskunft gibt das Schaubild über die staatliche Machtverteilung, die Machtkonzentration und -beschränkung?
– Wie wird die Gewaltenteilung umgesetzt?

Rechte des Volkes
– Wer darf wen wie oft wählen?
– Welche Rechte wurden der Bevölkerung garantiert?

Struktur des Staates
– Um welche Staatsform handelt es sich?
– Beinhaltet die Verfassung föderative oder/und zentralistische Elemente?

4. Historischer Kontext
– In welchen geschichtlichen Zusammenhang lässt sich die Verfassung einordnen?

5. Urteil
– Beurteilen Sie die grafische Übersichtlichkeit und den inhaltlichen Aussagegehalt des Schaubildes.
– Worüber gibt das Schaubild keine Auskunft?
– Welche Gesamtaussage lässt sich hinsichtlich der Leitfrage formulieren?

Methode

Übungsbeispiel

M 1 Die französische Verfassung von 1791

Den Beginn der Verfassung bildet die Erklärung der Menschen- und Bürgerrechte vom 26. August 1789 (M 7, S. 139f.).

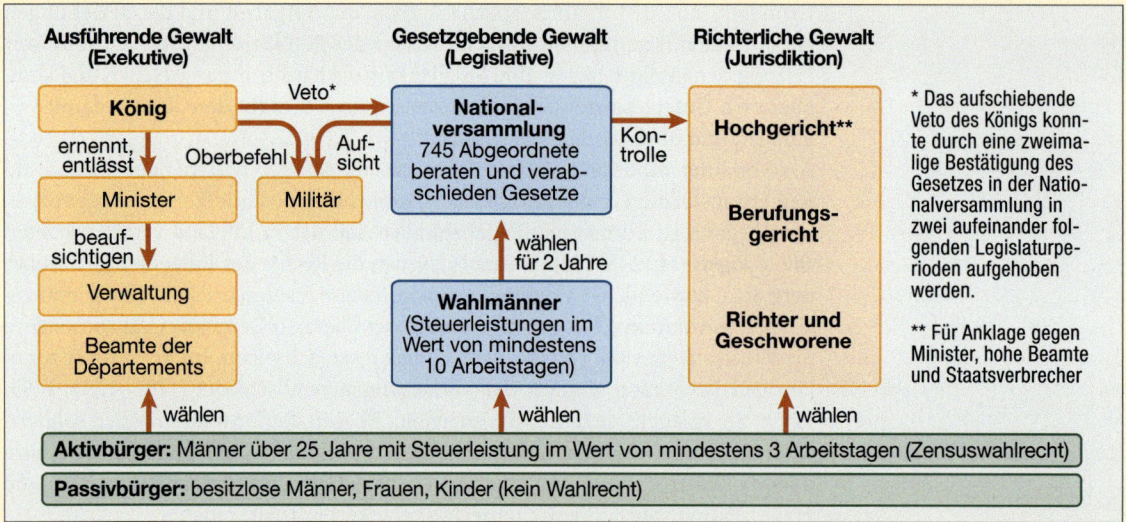

1 ■ Interpretieren Sie das Verfassungsschema mithilfe der Arbeitsschritte.

Lösungshinweise

1. Leitfrage
Inwiefern setzt die Verfassung von 1791 die bürgerlichen und politischen Freiheits- und Beteiligungsrechte um?

2. Formale Aspekte
Staat: Frankreich
Verabschiedung: 3. September 1791, durch die Nationalversammlung
Gültigkeitsdauer: wird faktisch aufgehoben mit der Übernahme der Exekutivgewalt durch die Nationalversammlung nach der Suspendierung und Gefangennahme des Königs am 10. August 1792

3. Inhaltliche Aspekte
Verfassungsorgane
– *Verfassungsorgane*: König und Minister (Exekutive), Nationalversammlung (Legislative), Hochgericht und Berufungsgericht (Judikative)
– *Zusammensetzung und Befugnisse der Institutionen* (exemplarisch):
  – König: Ernennung und Entlassung der Minister; Oberbefehl über das Militär, aufschiebendes Veto bei der Gesetzgebung
  – Nationalversammlung: Beratung und Verabschiedung der Gesetze, kontrollieren Minister und die Gerichte, beaufsichtigen Militär; Veto kann ggf. aufgehoben werden
Machtverteilung sowie Umsetzung der Gewaltenteilung (exemplarisch):
– Gewaltenteilung faktisch gewährleistet: Trennung von Exekutive, Legislative und Judikative
– starke verfassungsrechtliche Stellung der Exekutive: König besitzt weitreichende Befugnisse (s.o.), insbesondere Vetorecht bei Gesetzgebung, fehlende demokratische Legitimation

Rechte des Volkes
– *Wahlberechtigung*: Das Wahlrecht (Nationalversammlung über Wahlmänner; Beamte; Richter und Geschworene) ist an die Steuerleistung gebunden (Zensuswahlrecht); „Passivbürger" wie besitzlose Männer und Frauen besitzen kein Stimmrecht
– *Bürgerliche Freiheitsrechte*: gewährt durch die vorangestellte Menschenrechtserklärung von 1789
Struktur des Staates
– *Staatsform*: konstitutionelle Monarchie
– *Staatsaufbau*: zentralistisch

4. Historischer Kontext
Epoche: Neuzeit
Ereignis: Französische Revolution; Abschluss der liberalen Phase (1789 bis 1791)

5. Urteilen
Gesamtaussage im Hinblick auf die Leitfrage: Die Abgeordneten der Nationalversammlung schafften mit der Verabschiedung der Verfassung von 1791 offiziell die Monarchie ab und machten Frankreich zu einer konstitutionellen Monarchie. Die Gewaltenteilung war ungeachtet der starken Stellung des Königs gewährleistet. Die Menschenrechte erlangten Verfassungsrang, weil die Deklaration von 1789 vorangestellt wurde. Den Bürgern wurden somit verfassungsrechtlich verankerte politische Freiheiten gewährt. Eine konsequente Umsetzung der Menschenrechtserklärung wurde jedoch nicht erreicht. Das Parlament wurde beispielsweise nach einem Zensuswahlrecht gewählt; besitzlosen Männern und allen Frauen besaßen kein Stimmrecht. Die Forderung nach politischer Gleichheit wurde damit aufgegeben.

3.4 Universeller Anspruch und Wirklichkeit der Menschenrechte

Menschenrechte im modernen Völkerrecht

In der zweiten Hälfte des 20. Jahrhunderts erreichte die Entwicklung der Menschenrechte eine neue Dimension. Zwei Weltkriege und der Holocaust hatten gezeigt, dass der Nationalstaat als Garant von Bürgerrechten nicht ausreiche. Bis 1945 gab es keine angemessenen Verfahren des Völkerrechts*, um das Individuum gegenüber einem Staat, auch dem eigenen, ausreichend zu schützen. Das Prinzip staatlicher Souveränität verhinderte, dass Verletzungen von Menschen- und Bürgerrechten international sanktioniert werden könnten. Dabei hatte es bereits im 19. Jahrhundert Versuche gegeben, Menschenrechte auf internationaler Ebene zu institutionalisieren, z. B. das Sklavereiverbot des Wiener Kongresses von 1815 oder die Haager Friedenskonferenzen von 1899 und 1907.

Nach dem Ende des Zweiten Weltkrieges wurden neue Formen entwickelt, um dem universalen Anspruch der Menschenrechte gerecht zu werden. Menschenrechte sollten nun nicht mehr ausschließlich in nationalen Verfassungen, sondern auch im Völkerrecht verankert werden. So wurde das Souveränitätsprinzip als leitende Norm des Völkerrechts durch weitere Prinzipien wie die Verpflichtung zur friedlichen Konfliktlösung und die Achtung der Menschenrechte ergänzt. Zudem wurden die Menschenrechte von den Bürgerrechten gelöst: Im Gegensatz zum klassischen Völkerrecht sollten nicht nur Staaten als Rechtssubjekte gelten, sondern auch das einzelne Individuum. Die alliierten Nürnberger Prozesse gegen die Hauptverantwortlichen der nationalsozialistischen Verbrechen (1945–1949) waren der erste Versuch, einzelne Individuen für Kriegsverbrechen, Völkermord und Verbrechen gegen die Menschlichkeit zur Verantwortung zu ziehen.

Die Menschenrechtserklärung von 1948

Mit der Gründung der Vereinten Nationen (UN) 1945 bot sich die Chance, den universalen Anspruch der Menschenrechte zu verwirklichen. Zwar scheiterte der Versuch, eine Weltcharta der Menschenrechte als verbindliches Dokument des Völkerrechts zu verabschieden, aber in der UN-Charta vom 26. Juni 1945 wird die Verwirklichung der Menschenrechte neben der kollektiven Sicherung des Weltfriedens in Artikel 1 als Hauptziel der UN benannt. Und die am 10. Dezember 1948 von der UN in feierlicher Form verabschiedete Allgemeine Erklärung der Menschenrechte bildet eine historische Zäsur in der Geschichte der Menschenrechtsidee. Denn im Vergleich zu früheren, nationalen Erklärungen stellt die UN-Deklaration die erste internationale Kodifizierung von Menschenrechten dar. Der 10. Dezember wird seit 1948 als Internationaler Tag der Menschenrechte begangen (S. 170 f.). Drei Prinzipien prägen die Erklärung:
– Universalismus*,
– Unteilbarkeit und
– Unveräußerlichkeit der Menschenrechte.

Der Universalismus kommt bereits in der Präambel und in Artikel 1 zum Ausdruck. Der universale Anspruch zeigt sich auch in dem Verzicht, die Menschenrechte theologisch oder philosophisch zu begründen. Der Anspruch der Unteilbarkeit resultiert aus der Vorstellung, dass unterschiedliche Typen von Rechten einen Zusammenhang bilden und sich wechselseitig bedingen. So wurde in die UN-Erklärung neben den traditionellen bürgerlichen Rechten eine Reihe sozialer und kultureller Rechte gleichberechtigt aufgenommen. Die Unveräußerlichkeit steht im engen Kontext mit den neuen Prinzipien des Völkerrechts: Menschen

---

Leitfrage:
Wie lässt sich der universale Anspruch der Menschenrechte in einer globalisierten Welt verwirklichen?

Völkerrecht
Rechtsnormen, die seit dem Westfälischen Frieden 1648 die Beziehungen zwischen souveränen Staaten regeln; seit dem 20. Jh. aber auch Rechte und Pflichten nichtstaatlicher Akteure umfassen

Universalismus
Vorstellung, dass bestimmte normative Prinzipien, wie die Menschenrechte, unabhängig von historischen und kulturellen Zusammenhängen allgemeine Geltung beanspruchen können

3 Menschenrechte

Die wichtigsten UN-Menschenrechtskonventionen
1965
Internationales Übereinkommen zur Beseitigung jeder Form von Rassendiskriminierung
1966
Internationaler Pakt über bürgerliche und politische Rechte
Internationaler Pakt über wirtschaftliche, soziale und kulturelle Rechte
1979
Übereinkommen zur Beseitigung jeder Form von Diskriminierung der Frau
1989
Übereinkommen über die Rechte des Kindes

Der Hohe Kommissar für Menschenrechte
koordiniert und fördert die internationale Zusammenarbeit zur weltweiten Verwirklichung der Menschenrechte; er ist direkt dem UN-Generalsekretär unterstellt.

besitzen Rechte primär als Menschen und nicht als Staatsbürger. Und diese Rechte werden von der internationalen Staatengemeinschaft garantiert und geschützt. Einschränkend findet sich in diesem Zusammenhang stets der Hinweis, dass die UN-Deklaration noch keine völkerrechtliche Verbindlichkeit besaß. Dieser Kritik wird einerseits der programmatische Charakter der Erklärung, der eine wichtige Vorbildfunktion für die nationalen Menschenrechtserklärungen in der zweiten Hälfte des 20. Jahrhunderts hatte, entgegengesetzt sowie andererseits die Präzisierung der einzelnen Rechte in späteren UN-Menschenrechtskonventionen*.

Menschenrechte nach dem Ende des Kalten Krieges Der Zusammenbruch des kommunistischen Herrschaftssystems in Osteuropa 1989 und das Ende des Kalten Krieges boten eine neue Möglichkeit für die Realisierung des universalen Anspruchs der Menschenrechte. Auf der Weltkonferenz der Menschenrechte 1993 in Wien bekannten sich 171 Staaten in der Abschlusserklärung zu ihren menschenrechtlichen Verpflichtungen und wiesen der UN die Förderung und den Schutz der Menschenrechte als vorrangiges Ziel zu. Eine weiteres wichtiges Ergebnis war das von der UN beschlossene Hochkommissariat für Menschenrechte*. Allerdings traten in den 1990er-Jahren neue Konflikte in und zwischen Staaten auf, bei denen massiv Menschenrechte verletzt wurden. Ein europäisches Beispiel sind die gewaltsamen Auseinandersetzungen beim Zerfall Jugoslawiens. Darüber hinaus kam es zwischen Nord und Süd zu unterschiedlichen Auffassungen über die Frage, um welche Rechte der Menschenrechtskatalog ergänzt werden sollte. Unter Berufung auf Artikel 28 der UN-Menschenrechtserklärung von 1948 (M 4) fordern die Länder der Dritten Welt von den westlichen Staaten eine Garantie kollektiver Solidaritätsrechte, um die Menschenrechte effektiv zu schützen. Diese inzwischen als „dritte Menschenrechtsgeneration" klassifizierten Rechte werfen eine weitere grundlegende Frage auf: die der Hierarchisierung von Menschenrechten (M 1).

M 1 Die drei Generationen der Menschenrechte

Generation	1. Generation	2. Generation	3. Generation
Allgemeine Bezeichnung	Bürgerliche und politische Freiheitsrechte	Wirtschaftliche, soziale und kulturelle Rechte	Kollektive Rechte von Gesellschaften oder Völkern (auch: Solidaritätsrechte)
Konkrete Rechte	Recht auf Leben, Recht auf Freiheit, Religionsfreiheit, Verbot der Folter, Wahlrecht	Recht auf Arbeit, Recht auf Bildung, Recht auf Wohnung	Recht auf Entwicklung, Recht auf Frieden, Recht auf saubere Umwelt
Entstehungszeit	Seit dem 17./18. Jh., v. a. im Kontext der Französischen Revolution	Seit Mitte des 19. Jh. im Kontext der Industrialisierung und der Sozialen Frage	Seit Mitte des 20. Jh. im Kontext der Dekolonisation
Kodifizierung (Auswahl)	Französische Erklärung der Menschen- und Bürgerrechte, 1789 Allgemeine Erklärung der Menschenrechte, 1948 Internationaler Pakt über bürgerliche und politische Rechte (UN-Zivilpakt), 1966	Internationaler Pakt über wirtschaftliche, soziale und kulturelle Rechte (UN-Sozialpakt), 1966	Erklärung von Rio de Janeiro zu Umwelt und Entwicklung (Rio-Deklaration), 1992

1 ■ In der Diskussion über die Frage der Hierarchisierung von Menschenrechten wird häufig kritisiert, der Begriff „Generationen" sei missverständlich. Nehmen Sie Stellung und schlagen Sie einen alternativen Begriff vor.

Kampf gegen Menschenrechtsverletzungen

Um den universellen Anspruch zur Verwirklichung der Menschenrechte durchzusetzen, entwickelten die Vereinten Nationen verschiedene Instrumente. Ein erstes Instrument ist die **Koordinierung der internationalen Menschenrechtspolitik**. Neben dem Hochkommissariat für Menschenrechte (1993) wurde 2006 der **Menschenrechtsrat** (MRR) gegründet. Er soll vorrangig die UN-Mitglieder bei der Umsetzung ihrer Menschenrechtsverpflichtungen unterstützen und regelmäßig über die Menschenrechtssituation in den Mitgliedstaaten berichten. Der **Internationale Strafgerichtshof** (IStGH) stellt ein weiteres Mittel dar. Seine Einrichtung wurde 1998 von den UN beschlossen. Mit Sitz in Den Haag nahm der IStGH 2001 seine Arbeit auf und ist zuständig für seitdem begangene Delikte gegen das Völkerrecht, konkret: Völkermord, Kriegsverbrechen, Verbrechen gegen die Menschlichkeit und Verbrechen der Aggression. Seine Zuständigkeit ist allerdings eingeschränkt: Ein Täter kann nur zur Rechenschaft gezogen werden, wenn er einem Staat angehört, der das IStGH-Statut ratifiziert hat, oder wenn ein Beschluss des UN-Sicherheitsrates vorliegt. Zudem haben einige Staaten, wie auch die Mitglieder des UN-Sicherheitsrates USA, Russland und China, den IStGH bisher nicht anerkannt (M 6).

Ein drittes Instrument sind die **Friedenstruppen der Vereinten Nationen** („Blauhelme"), die seit 1948 in über 40 Krisengebieten für friedenssichernde Einsätze (*peacekeeping*) zum Einsatz kommen. An diesen UN-Missionen beteiligen sich mehr als 100 Staaten, darunter auch Deutschland. Allerdings zeigte sich in der Praxis, dass die Einbindung möglichst vieler Staaten aufgrund unklarer Befehlsstrukturen und Sprachbarrieren ineffektiv ist. Für eine ständige UN-Eingreiftruppe als Alternative fehlt eine konkrete Vereinbarung. Zudem stellen die UN-Blauhelme auch ein **völkerrechtliches Problem** dar: Interventionen zum Schutz von Menschenrechten können mit dem Verweis auf das Prinzip der Souveränität als unerwünschte Einmischung in die Innenpolitik zurückgewiesen werden. Dieses Problem steht in enger Verbindung zu der grundsätzlichen Frage, ob und inwiefern die Gewährleistung der Menschenrechte im Völkerrecht der Gegenwart noch eine innere Angelegenheit der Staaten ist.

M2 Kongolesische Kinder laufen auf einer Straße neben Panzern von UN-Blauhelmsoldaten in Marabu (Demokratische Republik Kongo), Fotografie, 2006.

Seit 1999 ist die UN-Mission „MONUSCO" (bis 2010 „MONUC") in der Demokratischen Republik Kongo stationiert. Anlass war der zweite Kongokrieg von 1998 bis 2002, in dem sich Truppen der Regierung Kabila und verschiedene Rebellengruppen sowie Einheiten mehrerer benachbarter afrikanischer Staaten gegenüberstanden. Wegen anhaltender Kämpfe und Übergriffe ist die UN-Mission seit 2005 mit einem „robusten" UN-Mandat ausgestattet: Die ca. 20 000 UN-Soldaten sollen die Zivilbevölkerung mit allen notwendigen Mitteln militärischer Gewalt schützen. Bis heute ist das Land nicht befriedet, sodass der UN-Einsatz umstritten ist.

M3 Häftlinge im US-Gefangenenlager Guantánamo auf Kuba, Fotografie, 2002.

In orangefarbene Overalls gekleidete Häftlinge knien am 11. Januar 2002 im US-Marinestützpunkt Guantanamo Bay auf Kuba. Die unter Terrorverdacht stehenden Häftlinge werden dort bis heute ohne Verfahren auf unbegrenzte Zeit festgehalten und haben keinen Rechtsbeistand.

Webcode:
KB644438-160

11. September 2001 — Die Terroranschläge in den USA vom 11. September 2001 und ihre Folgen wirkten sich auch auf die Menschenrechtsdiskussion aus. Im Kampf gegen den internationalen Terrorismus wurden im Interesse der Sicherheit Menschen- und Bürgerrechte eingeschränkt oder verletzt. So inhaftierten die USA ohne Anklage, Rechtsbeistand und faires Gerichtsverfahren Terrorverdächtige in Afghanistan, im Irak und im US-Gefangenenlager Guantánamo auf Kuba (M 3). Auch andere demokratische Staaten beschlossen eine Reihe von Antiterrormaßnahmen zum Schutz ihrer Bürger, die von Menschenrechtsaktivisten als Einschränkung der individuellen Freiheit kritisiert werden. Neue Dynamik erhielt die Diskussion über das angemessene Verhältnis von Sicherheit und Freiheit mit der Enthüllung geheimdienstlicher Überwachungsprojekte der USA und Großbritanniens durch den amerikanischen „Whistleblower" Edward Snowden im Sommer 2013 (M 10, M 11).

1 ■ Beschreiben Sie den Grad der praktischen Umsetzung der Menschenrechte nach dem Ende des Zweiten Weltkrieges.
2 ■ Diskutieren Sie die von den Vereinten Nationen entwickelten Instrumente zum internationalen Menschenrechtsschutz.
3 ■ **Geschichte produktiv:** Die UN verabschiedete 1989 das „Übereinkommen über die Rechte des Kindes". Formulieren Sie einen internationalen Katalog für Kinderrechte.

M 4 Allgemeine Erklärung der Menschenrechte vom 10. Dezember 1948

Präambel: Da die Anerkennung der angeborenen Würde und der gleichen und unveräußerlichen Rechte aller Mitglieder der Gemeinschaft der Menschen die Grundlage von Freiheit, Gerechtigkeit und Frieden in der Welt bildet, […]
5 verkündet die Generalversammlung diese Allgemeine Erklärung der Menschenrechte als das von allen Völkern und Nationen zu erreichende gemeinsame Ideal, damit jeder Einzelne und alle Organe der Gesellschaft sich diese Erklärung stets gegenwärtig halten und sich bemühen, durch
10 Unterricht und Erziehung die Achtung vor diesen Rechten und Freiheiten zu fördern und […] ihre […] Anerkennung und Einhaltung […] zu gewährleisten.

Art. 1: Alle Menschen sind frei und gleich an Würde und Rechten geboren. […]
15 Art. 2: Jeder hat Anspruch auf die in dieser Erklärung verkündeten Rechte und Freiheiten […].
Art. 3: Jeder hat das Recht auf Leben, Freiheit und Sicherheit der Person. […]
Art. 5: Niemand darf der Folter oder grausamer […] Behand-
20 lung oder Strafe unterworfen werden. […]
Art. 7: Alle Menschen sind vor dem Gesetze gleich. […]
Art. 9: Niemand darf willkürlich festgenommen, in Haft gehalten oder des Landes verwiesen werden. […]
Art. 12: Niemand darf willkürlichen Eingriffen in sein Privat-
25 leben […] ausgesetzt werden. […]
Art. 13: Jeder hat das Recht auf Freizügigkeit und freie Wahl seines Wohnsitzes innerhalb eines Staates. Jeder Mensch hat das Recht, jedes Land […] zu verlassen. […]
Art. 14: Jeder hat das Recht, in anderen Ländern vor Verfol-
30 gungen Asyl zu suchen und zu genießen. […]
Art. 15: Jeder hat Anspruch auf Staatsangehörigkeit. […]
Art. 17: Jeder hat allein oder in der Gemeinschaft mit Anderen Recht auf Eigentum. […]
Art. 18: Jeder hat Anspruch auf Gedanken-, Gewissens- und
35 Religionsfreiheit. […]
Art. 19: Jeder hat das Recht auf freie Meinungsäußerung […].
Art. 20: Alle Menschen haben das Recht, sich friedlich zu versammeln. […]
40 Art. 22: Jeder hat als Mitglied der Gesellschaft Recht auf soziale Sicherheit. […]
Art. 23: Jeder hat das Recht auf Arbeit, auf freie Berufswahl, auf angemessene und befriedigende Arbeitsbedingungen sowie auf Schutz gegen Arbeitslosigkeit. […]
45 Art. 26: Jeder hat das Recht auf Bildung. […]
Art. 29: Jeder hat Pflichten gegenüber der Gemeinschaft, in der allein die freie und volle Entwicklung seiner Persönlichkeit möglich ist.

Zit. nach: www.humanrights.ch/home/front_content.php?idcat=7 (Download vom 7. August 2013).

1 ■ Fassen Sie die Rechte in Stichworten zusammen und ordnen Sie nach politischen und sozialen Rechten.

2 ■ Überprüfen Sie, inwiefern die Prinzipien Universalismus, Unteilbarkeit und Unveräußerlichkeit umgesetzt wurden.

3 ■ **Zusatzaufgabe:** Vergleichen Sie M4 mit der französischen Menschenrechtserklärung (M 7, S. 139 f.).

Der Internationale Strafgerichtshof (IStGH)

M 5 Der kongolesische Rebellenführer Thomas Lubanga vor dem Internationalen Strafgerichtshof in Den Haag, Fotografie, 2011.

Das Urteil gegen Lubanga war der erste Richterspruch des 2002 eingerichteten „Weltstrafgerichts". Der IStGH erließ 2006 Haftbefehl gegen Lubanga, der daraufhin nach Den Haag gebracht wurde. 2009 begann der Prozess. 2012 wurde Lubanga wegen Kriegsverbrechen zu 14 Jahren Freiheitsstrafe verurteilt. Zwischen 2002 und 2003 hatten Truppen des Rebellenführers zahlreiche Kinder gewaltsam rekrutiert und in den Krieg geschickt.

M6 Der Journalist Johannes Dieterich über das Verfahren gegen Lubanga, 2012

Fast zehn Jahre nach seiner Gründung wird vor dem Internationalen Strafgerichtshof in Den Haag heute das erste Urteil verkündet. Der Angeklagte heißt Thomas Lubanga und ist ein vergleichsweise kleiner Fisch. Dem 51-jährigen Kongolesen wird vorgeworfen, während eines regionalen Konflikts in seiner Heimat Ituri zu Beginn des Jahrtausends, Kindersoldaten rekrutiert zu haben. Dass die Behörde, die rund 700 Menschen beschäftigt und mehr als 100 Millionen Euro jährlich verschlingt, nicht mehr vorweisen kann in zehn Jahren, sieht auf den ersten Blick beschämend aus.

Doch der Chefankläger der einst als „größte Errungenschaft im internationalen Recht seit der Verabschiedung der UN-Charta" gepriesenen Institution zeigt sich trotzdem zufrieden. „Als wir anfingen, meinten viele, dass wir keinen einzigen Fall zu Ende führen könnten", sagt Luis Moreno-Ocampo am Vorabend des historischen Datums. „Heute sind wir eine in der ganzen Welt respektierte Einrichtung."

Das allerdings ist nur die halbe Wahrheit. Zwar wird die Liste der vor dem Gerichtshof angeklagten Menschenrechtsverbrecher immer länger. […] Allerdings betreffen sämtliche Fälle den afrikanischen Kontinent. Das ist einer der wichtigsten Kritikpunkte am IStGH. Dem in Kürze aus dem Amt scheidenden Chefankläger wird vorgeworfen, sein Augenmerk ausschließlich auf Afrika gelegt zu haben und andere, mächtigere Staaten außen vor zu lassen. Warum George Bush und Tony Blair im Zusammenhang mit dem Irak-Krieg einer Anklage entkamen, wollen Kritiker des Gerichtshofs wie der Berliner Menschenrechtsanwalt Wolfgang Kaleck wissen. Afrika sei nicht grundsätzlich gegen den Strafgerichtshof, „aber gegen Moreno und seine Heuchelei", wettert der Kommissionspräsident der Afrikanischen Union, Jean Ping.

Die Ankläger des Gerichtshofs verteidigen sich mit dem Hinweis, dass es in den seltensten Fällen sie gewesen seien, die die Verfahren angestrengt haben: In vier Fällen (Uganda, Kongo, Zentralafrikanische Republik und Elfenbeinküste) waren es vielmehr afrikanische Regierungen selbst, die ihre Widersacher vor den Kadi gezogen sehen wollten – in zwei weiteren Fällen (Darfur und Libyen) forderte der UN-Sicherheitsrat die Behörde zum Tätigwerden auf.

Heuchelei muss deshalb eher Afrikas Staatschefs als den Haager Anklägern vorgeworfen werden. Wenn es ihnen zupass kommt, rufen sie den IStGH an, den sie in ungelegenen Fällen lauthals beschimpfen oder einfach links liegen lassen. Morenos Nachfolgerin, die Afrikanerin Fatou Bensouda, weist darauf hin, dass die Bevölkerung des Kontinents ganz anders als ihre Führer denke. Sie unterstütze die Arbeit des Gerichtshofs, die ihnen als den Opfern der Menschenrechtsverbrechen zugute komme – viertausend Geschädigte von Menschenrechtsverbrechen wurden in Den Haag bereits gehört. […]

Sie [die Kooperation zwischen Afrikanischer Union und IStGH)] wäre vor allem bei der Festnahme von Angeklagten des IStGH gefragt – allen voran im Fall von Sudans Präsident Omar al-Baschir, der bei Reisen ins afrikanische Ausland von seinen Amtskollegen in Schutz genommen statt verhaftet wird. Die Abhängigkeit von fremden Exekutivkräften sei die eigentliche Schwäche der Institution, meint Ottilia Anna Maunganidze vom südafrikanischen Institut für Sicherheitsstudien. […]

Zur Rechtfertigung ihrer Untätigkeit weisen die Staatschefs gerne darauf hin, dass die strafrechtliche Verfolgung eines Übeltäters eine Verständigung verhindern könne – um des lieben Friedens willen soll also die Gerechtigkeit geopfert werden. Das Credo der Protagonisten des Gerichtshofs lautet dagegen, dass es ohne Gerechtigkeit keinen Frieden gibt. Zumindest langfristig zahle sich Straflosigkeit nicht aus. Fast zehn Jahre nach seiner Etablierung spricht einiges dafür, dass es den Haager Juristen gelingen könnte, diesen Grundsatz – wenn auch kostspielig und langwierig – im Bewusstsein aller Völker zu verankern. […] Voraussetzung für einen wirklichen globalen Triumph ist allerdings, dass auch andere Regionen der Welt ins Blickfeld der Despotenjäger rücken. […]

Zit. nach: http://www.fr-online.de/meinung/analyse-das-gefesselte-weltgericht,1472602,11889816.html (Download vom 17. April 2012).

1 ■ Erstellen Sie einen Steckbrief zum IStGH. Nutzen Sie auch den Darstellungstext.
2 ■ Erörtern Sie anhand von M 6 die These, beim IStGH handle es sich um die „größte Errungenschaft im internationalen Recht seit der Verabschiedung der UN-Charta" (Z. 11 ff.).

Darstellungen analysieren

Zu den zentralen Aufgaben des Historikers gehört die Arbeit mit Quellen, die in schriftlicher, bildlicher und gegenständlicher Form einen direkten Zugang zur Geschichte bieten. Ihre Ergebnisse präsentieren die Wissenschaftler in selbst verfassten Darstellungen – häufig auch **Sekundärtexte** genannt, in denen sie unter Beachtung wissenschaftlicher Standards die Ergebnisse ihrer Quellenforschungen sowie ihre Schlussfolgerungen und Bewertungen veröffentlichen. Grundsätzlich lassen sich Darstellungen in **zwei große Gruppen** gliedern:
– in fachwissenschaftliche und
– in populärwissenschaftliche bzw. „nichtwissenschaftliche" Darstellungen.
Die **fachwissenschaftlichen Texte** wenden sich an ein professionelles Publikum, bei dem Grundkenntnisse des Faches, der Methoden und der Begrifflichkeit vorausgesetzt werden können. Zu den relevanten Kennzeichen fachwissenschaftlicher Darstellungen gehört, dass alle Einzelergebnisse durch Verweise auf Quellen oder andere wissenschaftliche Untersuchungen durch Fußnoten belegt werden. **Populärwissenschaftliche Darstellungen**, die sich an ein breiteres Publikum wenden, verzichten dagegen auf detailliert belegte Erkenntnisse historischer Befunde und Interpretationen. In erster Linie geht es darum, komplexe historische Zusammenhänge anschaulich und vereinfacht zu präsentieren. Zu dieser Gruppe werden beispielsweise publizistische Texte und historische Essays in Zeitungen und Magazinen sowie Schulbuchtexte gezählt.

Arbeitsschritte für die Analyse

1. Leitfrage
– Welche Fragestellung bestimmt die Untersuchung der Darstellung?

2. Analyse
Formale Aspekte
– Wer ist der Autor (ggf. zusätzliche Informationen über den Verfasser)?
– Um welche Textsorte handelt es sich?
– Mit welchem Thema setzt sich der Autor auseinander?
– Wann und wo ist der Text veröffentlicht worden?
– Gab es einen konkreten Anlass für die Veröffentlichung?
– An welche Zielgruppe richtet sich der Text (Historiker, interessierte Öffentlichkeit)?
– Welche Intentionen oder Interessen verfolgt der Verfasser?

Inhaltliche Aspekte
– Was sind die wesentlichen Aussagen des Textes?
  a) anhand der Argumentationsstruktur: These(n) und Argumente
  b) anhand der Sinnabschnitte: wesentliche Aspekte und Hauptaussage
– Wie ist die Textsprache (z. B. appellierend, sachlich oder polemisch)?
– Welche Überzeugungen vertritt der Autor?

3. Historischer Kontext
– Auf welchen historischen Gegenstand bezieht sich der Text?
– Welche in der Darstellung angesprochenen Sachaspekte bedürfen der Erläuterung?

4. Urteil
– Ist der Text überzeugend im Hinblick auf die fachliche Richtigkeit (historischer Kontext) sowie auf die Schlüssigkeit der Darstellung?
– Was ergibt ggf. ein Vergleich mit anderen Darstellungen zum gleichen Thema?
– Wie lässt sich der dargestellte historische Gegenstand aus heutiger Sicht im Hinblick auf die Leitfrage bewerten?
– Welche Gesichtspunkte des Themas werden vom Autor kaum oder gar nicht berücksichtigt?

Methode

Übungsaufgabe

M 1 Der Jurist und Sprachwissenschaftler Gerd Hankel über den Internationalen Strafgerichtshof, 2009

Gerd Hankel (Jahrgang 1957) ist Mitarbeiter des Hamburger Instituts für Sozialforschung und untersucht seit Jahren den Völkermord in Ruanda, der 1994 etwa einer Million Menschen das Leben kostete. Sein Beitrag erschien zuerst in der Tageszeitung „Neues Deutschland" vom 17. April 2009.

Die Entscheidung des Internationalen Strafgerichtshofs, einen Haftbefehl gegen den sudanesischen Präsidenten Omar al-Bashir zu erlassen, ist richtig. Auch amtierende Staatsoberhäupter stehen heute, wenn sie der Begehung von
5 Massenverbrechen verdächtig sind, nicht über dem Völkerrecht. Dass die weltpolitische Realität dieser Behauptung oft und deutlich Hohn spricht, macht sie gleichwohl nicht zu einer falschen. Wenn Politiker und Militärs, die Kriegsverbrechen, Verbrechen gegen die Menschlichkeit oder Völker-
10 mordverbrechen bewusst und zielgerichtet möglich gemacht haben, gewöhnlich nicht vor einer internationalen Instanz zur Verantwortung gezogen werden, ist das zunächst eine Frage der Durchsetzbarkeit von Rechtsvorschriften und nicht ihrer normativen Geltung. […]
15 Natürlich kann man die Entwicklung auch anders sehen. Nämlich als eine Entwicklung, die geprägt ist von zynischer Doppelmoral und einer daraus folgenden Rechtswahrnehmung, die vom Grundsatz der rechtlichen Gleichbehandlung gleicher oder vergleichbarer Fälle nichts wissen will.
20 Schon im Sommer 1945, bei den Verhandlungen zum Londoner Abkommen, auf denen das Statut für das Nürnberger Militärtribunal ausgearbeitet wurde, waren die alliierten Großmächte bemüht, den Tatbestand der Verbrechen gegen die Menschlichkeit so zu fassen, dass eigenes Fehlverhal-
25 ten der Vergangenheit – Kolonialverbrechen, Unterdrückung von Minderheiten, Beseitigung vermeintlicher politischer Gegner – nicht darunter fallen. […]
Wie gesagt, man kann die Entwicklung auch so sehen. Man kann sich überdies noch der Meinung derer anschließen, die
30 in den sich gegenwärtig nur auf Afrika erstreckenden Aktivitäten des Gerichts einen neokolonialistischen Akt der Arroganz erkennen und die internationale Strafjustiz in ihrer bisher praktizierten Form für eine reichlich heuchlerische bzw. interessengeleitete Veranstaltung halten. Doch dann
35 sollte man auch wissen, wem diese Kritik nutzt. Und vor allem sollte man wissen, welches denn alternativ die geeignete Antwort auf staatlich organisierte Massenverbrechen sein soll. Dass der Internationale Strafgerichtshof derzeit ausschließlich in Afrika aktiv ist, liegt, neben der Faktizität
40 des kriegerischen Geschehens, daran, dass drei der vier afrikanischen Fälle von den betreffenden Staatsführungen selbst vor das Gericht gebracht wurden. Die nationale Justiz dieser Länder (Kongo, Uganda, Zentralafrikanische Republik) war, wie es als Zulässigkeitsvoraussetzung im Römischen Statut heißt, „nicht in der Lage, die Ermittlungen oder die
45 Strafverfolgung ernsthaft durchzuführen". Diesen Umstand als Ausweis einer wie auch immer motivierten Arroganz gegenüber Afrika verstehen zu wollen, zeugt von einer argen Verengung des Blicks. […]
Nicht von ungefähr war die Kritik am Haftbefehl gegen
50 Omar al-Bashir gerade in den Ländern der Arabischen Liga und der Afrikanischen Union besonders laut. Das mag an der geografischen Nähe oder an weltanschaulicher Verbundenheit liegen, möglicherweise wird auch eine Art Solidarität zwischen autoritären oder diktatorischen Regimes eine
55 Rolle gespielt haben. Wie dem auch sei, die Forderung jedenfalls, die dort und vereinzelt auch in anderen Ländern nach einer strafrechtlichen Gleichbehandlung aller Staaten, schwacher wie mächtiger, erhoben wird, ist zwar richtig, aber nur schrittweise umzusetzen und sollte deshalb nicht
60 in einem Willkürvorwurf gegen den jetzigen Status quo der internationalen Strafjustiz münden. Im Weltmaßstab alles Unrecht hinnehmen zu wollen, nur weil die strafrechtliche Ahndung eines einzigen angeblich ein Akt der Willkür ist, ist von verquerer Logik und läuft ziemlich unverblümt darauf
65 hinaus, dass alles beim Alten bleiben soll. Die Chance, über Präzedenzfälle einzelne Akteure der internationalen Politik unter Druck zu setzen und ein konkretes, dauerhaft mahnendes Zeichen gegen die Umarmungs- und Küsschen-Diplomatie mit mutmaßlichen Kriegsverbrechern und
70 -verbrecherinnen zu setzen, wäre damit vertan.

Zit. nach: http://www.ag-friedensforschung.de/themen/ICC/debatte.html (Download 13. August 2013).

1 Analysieren Sie M 1 mithilfe der Arbeitsschritte von Seite 163.

Lösungshinweise

1. Leitfrage
Ist der Haftbefehl des Internationalen Strafgerichtshofes gegen den sudanesischen Präsidenten Omar al-Bashir gerechtfertigt?

2. Analyse
Formale Aspekte
Darstellungsart: fachwissenschaftliche Darstellung
Autor: Gerd Hankel (Jahrgang 1957); Jurist und Sprachwissenschaftler; Mitarbeiter des Hamburger Instituts für Sozialforschung; untersucht seit Jahren beispielsweise den Völkermord in Ruanda
Thema: Internationaler Strafgerichtshof
Veröffentlichung: zuerst in der Tageszeitung „Neues Deutschland" vom 17. April 2009; auch auf der Homepage der AG Friedensforschung an der Universität Gesamthochschule Kassel
Anlass: Haftbefehl vom 4. März 2009 gegen den sudanesischen Präsidenten Omar al-Bashir wegen Verbrechen gegen die Menschlichkeit und Kriegsverbrechen im Darfur-Konflikt
Adressaten: ineressierte Öffentlichkeit
Intention: Der Verfasser verteidigt die in Teilen der internationalen Öffentlichkeit umstrittene Anklage gegen den sudanesischen Staatspräsidenten Omar al-Bashir auf sachlich-argumentativer Ebene.

Inhaltliche Aspekte
Wesentliche Aussagen anhand der Argumentationsstruktur
– *These*: Haftbefehl des Internationalen Strafgerichtshofs gegen den sudanesischen Präsidenten Omar al-Bashir sei richtig (Z. 1–3)
Kontra-Argumentation:
– Entwicklung sei geprägt von zynischer Doppelmoral und einer daraus folgenden Rechtswahrnehmung, „die vom Grundsatz der rechtlichen Gleichbehandlung gleicher oder vergleichbarer Fälle nichts wissen will" (Z. 16 ff.); historischer Bezug als Beleg: bei der Ausarbeitung des Statuts für das Nürnberger Militärtribunal (1945) hätten die Alliierten darauf geachtet, dass eigenes Fehlverhalten der Vergangenheit, z. B. Kolonialverbrechen, juristisch nicht verfolgt werden könne (Z. 20 ff.)
– es existiere auch die Auffassung, dass sich die gegenwärtig nur auf Afrika erstreckenden Aktivitäten des Gerichts ein „neokolonialistischer Akt der Arroganz" seien (Z. 31 f.)
– daher sei die Kritik am Haftbefehl gegen Omar al-Bashir gerade in den Ländern der Arabischen Liga und der Afrikanischen Union „besonders laut" gewesen (Z. 50 ff.)
Pro-Argumentation:
– wenn amtierende Staatsoberhäupter der Begehung von Massenverbrechen verdächtig sind, stünden sie nicht über dem Völkerrecht (Z. 3 ff.)
– wenn Politiker und Militärs wegen Verbrechen gegen die Menschlichkeit nicht vor einer internationalen Instanz zur Verantwortung gezogen werden, sei das zunächst eine Frage der Durchsetzbarkeit von Rechtsvorschriften und nicht ihrer normativen Geltung (Z. 8 ff.)
– die Aktivitäten des Internationalen Strafgerichtshof in Afrika seien vor allem der Tatsache geschuldet, dass drei der vier afrikanischen Fälle von den betreffenden Staatsführungen selbst vor das Gericht gebracht wurden (Z. 40 ff.); rechtlicher Beleg: Rom-Statut des IStGH (Z. 44 f.)
– Kritik der Arabischen Liga und der Afrikanischen Union seien lediglich begründet in der geografischen Nähe, in der weltanschaulichen Verbundenheit oder auch in einer „Art Solidarität zwischen autoritären oder diktatorischen Regimes" (Z. 54 f.)
Fazit: Generalisierung des Falles al-Bashir
– strafrechtliche Gleichbehandlung aller Staaten sei nur schrittweise umzusetzen „und sollte deshalb nicht in einem Willkürvorwurf gegen den jetzigen Status quo der internationalen Strafjustiz münden" (Z. 58 ff.)
– die Chance, über Präzedenzfälle einzelne Akteure der internationalen Politik unter Druck zu setzen und ein Zeichen gegen die „Umarmungs- und Küsschen-Diplomatie" mit mutmaßlichen Kriegsverbrechern zu setzen, müsse genutzt werden (Z. 66 ff.)

3. Historischer Kontext
Anlass: Haftbefehl des IStGH vom 4. März 2009 gegen den sudanesischen Präsidenten Omar al-Bashir wegen Verbrechen gegen die Menschlichkeit und Kriegsverbrechen im Darfur-Konflikt
Darfur-Konflikt: eine seit 2003 andauernde bewaffnete Auseinandersetzung zwischen den verschiedenen Volksgruppen in der westsudanesischen Provinz Darfur und der sudanesischen Regierung; hunderttausende Menschen wurden infolge des Konfliktes getötet, ca. 2,5 Millionen vertrieben
IStGH: nahm 2002 seine Arbeit auf und ist zuständig für seitdem begangene Delikte gegen das Völkerrecht, z. B. Verbrechen gegen die Menschlichkeit und Verbrechen der Aggression; es fehlt jedoch aus mehreren Gründen die universelle Zuständigkeit (s. S. 161 f.)

4. Urteil
Sachurteil:
– z. B. *Schlüssigkeit*: gegeben durch eine differenzierte Argumentation zu relevanten Gesichtspunkten des Themas
Werturteil:
– *Möglicher Bewertungsansatz im Hinblick auf die Leitfrage*: Mit seinem Fazit, das durch Präzedenzfälle ein Zeichen für die internationale Verfolgung von Verbrechen gegen die Menschlichkeit gesetzt werden sollte, rechtfertigt der Autor den Haftbefehl gegen al-Bashir mit einer schlüssigen Argumentation. Aber der Fall zeigt auch die Grenzen der internationalen Strafjustiz: Al-Bashir ist noch immer auf freiem Fuß (Stand: Oktober 2013).
– *Unberücksichtigter Gesichtspunkt*: Auseinandersetzung mit einem wesentlichen Argument der Kritiker, der Haftbefehl gegen al-Bashir behindere den Friedensprozess in Darfur.

M2 Eingang des Internationalen Strafgerichtshofes (IStGH) in Den Haag, Fotografie, 2010

3 Menschenrechte

Islam und Menschenrechte

M 7 Karikatur, Deutschland, um 2000

1 ■ Interpretieren Sie M 7.
2 ■ Formulieren Sie einen Titel.

M 8 Die Allgemeine Erklärung der Menschenrechte im Islam, 1981

Die Erklärung wurde am 19. September 1981 von der Organisation der Islamischen Konferenz (OIK) unterzeichnet. Die OIK entstand 1971 mit dem Ziel, die islamische Solidarität und die Zusammenarbeit auf wirtschaftlichem, sozialem, kulturellem und wissenschaftlichem Gebiet zu fördern, und benannte sich 2011 in „Organisation für Islamische Zusammenarbeit" um. Derzeit gehören der locker verbundenen Gruppierung 56 Länder an. Die Erklärung umfasst 23 Artikel:
Im Namen Gottes, des Erbarmers und des Barmherzigen
Präambel
Vor 14 Jahrhunderten legte der Islam die „Menschenrechte" umfassend und tiefgründend als Gesetz fest. Zu ihrem
5 Schutze umgab er sie mit ausreichenden Sicherheiten. Er gestaltete seine Gesellschaft nach Grundregeln und Prinzipien, die diese Rechte stärken und stützen. Der Islam ist die letzte der Botschaften des Himmels, die der Herr der Welten seinen Gesandten – Heil über sie! – offenbarte, damit sie sie
10 den Menschen überbrächten als Recht und Anleitung, was ihnen ein gutes und würdiges Leben, beherrscht von Recht, Wohlfahrt, Gerechtigkeit und Heil, gewährleiste. […]
*Artikel 1
Das Recht auf Leben*
15 a) Das Leben des Menschen ist geheiligt. Niemand darf es verletzen: „Wenn einer jemanden tötet, (und zwar) nicht (etwa zur Rache) für jemand (anders, der von diesem getötet wurde) oder (zur Strafe für) Unheil (das er) auf der Erde (angerichtet hat), so soll es so sein, als ob er die Menschen
20 alle getötet hätte, und wenn einer jemanden am Leben erhält, soll es so sein, als ob er die Menschen alle am Leben

erhalten hätte" (Koran 5, 32). Diese Heiligkeit kann nur durch die Macht der Scharia¹ und durch die von ihr zugestandenen Verfahrensweisen angetastet werden.

Zit. nach: Bundeszentrale für politische Bildung (Hg.), Menschenrechte. Dokumente und Deklarationen, 2. Aufl., Bundeszentrale für politische Bildung, Bonn 1999, S. 619.

1 Scharia: System von Rechtsbestimmungen und Idealen der islamischen Gemeinschaft, die auf Gottes Geboten gründen (religiös fundiertes Rechtsverständnis, d. h., den Menschen wird prinzipiell keine Gesetz gebende Gewalt im Staat eingeräumt)

1 ■ Vergleichen Sie M 8 mit der Präambel und Artikel 1 der Menschenrechtserklärung von 1948 (M 4).
2 ■ **Zusatzaufgabe:** Diskutieren Sie die Berechtigung der Kritik, die Menschenrechte seien ein europäisches oder westliches Kulturgut und damit nicht auf andere Kulturen und Zivilisationen übertragbar.

M 9 Die Politikwissenschaftlerin Anne Duncker, 2009

Die Menschenrechte, wie sie die Allgemeine Erklärung der Menschenrechte (AEMR) der Vereinten Nationen von 1948 festschreibt, erheben den Anspruch, überall auf der Welt, zu jeder Zeit und für alle Menschen gleichermaßen gültig zu
5 sein. In den Jahren nach der Herausgabe der Erklärung mehrten sich jedoch kritische Stimmen, die in der Deklaration ein spezifisch westliches Ideal von Menschenrechten verwirklicht sahen. Neben Kritikern aus asiatischen und afrikanischen Staaten waren es vor allem muslimische Vertreter,
10 die die Allgemeingültigkeit des Dokuments infrage stellten. Mit der „Allgemeinen Erklärung der Menschenrechte im Is-

lam", herausgegeben 1981 vom Islamrat für Europa, und der „Kairoer Erklärung der Menschenrechte im Islam", 1990 veröffentlicht von der Organisation der Islamischen Konferenz, wurden zwei islamische Gegenentwürfe zur UN-Deklaration vorgelegt.

Die islamischen Erklärungen stellen die Scharia, das islamische Recht, als Grundlage und Auslegungshorizont über alle anderen Rechte. In beide Erklärungen wird Kollektivrechten ein wesentlich höherer Stellenwert eingeräumt als in der Erklärung der Vereinten Nationen. […]

Wie die meisten anderen Religionen erhebt der Islam den Anspruch, dass allein seine Glaubensgrundsätze wahr und befolgenswert sind. Ziel ist es daher, die Religion so weit wie möglich zu verbreiten. Zur Entstehungszeit des Islam war mit der Ausbreitung der Religion zudem ein politischer Machtanspruch verbunden. Wenn nötig, mussten dem Ziel der Stärkung der *umma* [religiöse Gemeinschaft aller Muslime] individuelle Ansprüche untergeordnet werden. Diese Auffassung kommt in beiden islamischen Erklärungen deutlich zum Ausdruck und veranschaulicht die enge Verknüpfung von Politik, Recht und Religion im Islam bis heute.

Zudem betonen die islamischen Dokumente den Zusammenhang von Rechten und Pflichten. Viele Pflichten sind dabei an das Wohlergehen der Gemeinschaft geknüpft. Zu den Pflichten gehört, die Familie zu schützen und der Gemeinschaft zu dienen, kulturelles Erbe zu erhalten und individuelle Rechte wie das Recht auf Bildung oder Arbeit wahrzunehmen, um somit zum Gemeinwohl beizutragen. Das Recht auf freie Entfaltung der Persönlichkeit – beispielsweise durch die Entscheidung, nicht zu arbeiten oder keine Familie zu gründen – gilt nach konservativ-islamischem Menschenrechtsverständnis daher nur mit Einschränkungen. Gemeinschaftsrechte und Pflichten gegenüber der Gemeinschaft können somit die Rechte des Einzelnen schwächen. Gleichzeitig können sie dem Einzelnen Schutz geben und sein Wohlergehen stärken. So ist es für viele Muslime beispielsweise schwer verständlich, dass es in vielen westlichen Gesellschaften üblich ist, alte Menschen zur Pflege in ein Altenheim zu geben, statt sie in der Familie zu versorgen. […]

Problematisch ist, dass zahlreiche Vorschriften der Scharia im Gegensatz zur Allgemeinen Erklärung der Menschenrechte stehen. Dies gilt zum einen für den Geltungsbereich der Rechte: Wie bereits erwähnt, gehen konservative Interpreten davon aus, dass die Scharia über allen anderen Rechten steht und diese beschränken kann. Das Wesensmerkmal der Unteilbarkeit der Menschenrechte wird somit verworfen. Auch der Anspruch der Egalität, das heißt, dass alle Menschen ohne Unterschied die gleichen Rechtsansprüche haben, wird durch die Scharia infrage gestellt. Konkret zeigen sich die Unterschiede vor allem in den Bereichen der Religions- und Meinungsfreiheit, der Gleichberechtigung der Religionen sowie der Gleichstellung von Frauen und Männern. […] Muslimen und Nicht-Muslimen kommt laut Scharia eine unterschiedliche Rechtsstellung zu. In den meisten islamischen Staaten, das heißt in Staaten, deren Gesetzgebung auf der Scharia basiert, können Nicht-Muslime keine hohen Ämter in Politik oder Verwaltung einnehmen. […] Da im Islam die Religionszugehörigkeit des Mannes an die Kinder übergeht, dürfen muslimische Frauen keine Nicht-Muslime heiraten, muslimische Männer hingegen dürfen auch jüdische oder christliche Frauen ehelichen. Auch die Beschränkung der Meinungsfreiheit betrifft Nicht-Muslime stärker: Insbesondere die Verbreitung von Ansichten, die möglicherweise die *umma* schwächen könnten, sind verboten. Ein Missionsverbot lässt sich daraus ebenso ableiten wie ein Verbot kritischer Äußerungen über den Islam. […]

Ebenfalls sind Männer und Frauen im islamischen Recht nicht gleichgestellt. Dem Mann wird „Vollmacht und Verantwortung" (Sure 4, 34) seiner Frau gegenüber zugeschrieben. Sie muss ihm gehorchen und jederzeit – auch sexuell – zur Verfügung stehen (Sure 2, 223). Gehorcht eine Frau ihrem Mann nicht, soll er sie bestrafen. Dem Mann werden auch größere Pflichten auferlegt. Ihm kommt es zu, die Familie zu ernähren. Deshalb ist für Männer auch ein größerer Erbteil vorgesehen als für Frauen. Ein Mann darf bis zu vier Frauen heiraten – eine Regel, die ursprünglich verwitweten Frauen ein Auskommen sichern sollte. […]

Im Islam wird die Ehe als verpflichtend angesehen. Abweichende Lebensentwürfe sind nicht vorgesehen, Homosexualität wird geächtet. In Staaten mit überwiegender Scharia-Gesetzgebung wie Jemen, Iran, Saudi-Arabien oder Teile des Sudan und Nigerias steht auf homosexuelle Handlungen die Todesstrafe. Andere islamische Staaten wie Pakistan, Ägypten oder Marokko sehen Haftstrafen vor. In Ländern wie der Türkei oder Jordanien – die zwar islamisch geprägt sind, das staatliche Recht jedoch nicht auf der Scharia basiert – steht Homosexualität nicht unter Strafe. Sie wird dennoch von vielen Familien und weiten Teilen der Gesellschaft verfemt. […]

Heute treten zahlreiche Muslime nicht nur für die Gleichberechtigung von Frauen und Männern im Islam ein, sondern für die Anerkennung der Menschenrechte in ihrer Gesamtheit. Sie argumentieren, dass Menschenrechte und Islam keinen Gegensatz darstellten, sondern die Scharia – zeitgenössisch interpretiert – mit den Menschenrechten durchaus vereinbar sei. Diese moderne Koranauslegung ruft den Widerstand konservativer Theologen hervor, die der Auffassung sind, dass der Koran Gottes authentisches Wort und somit für alle Zeiten unveränderbar gültig sei.

Zit. nach: http://www.bpb.de/internationales/weltweit/menschenrechte/38719/menschenrechte-und-islam?p=1 (Download vom 1. August 2013).

1 ■ Beschreiben Sie anhand von M 9 das Verhältnis zwischen Islam und Menschenrechten.

Geschichte kontrovers: Freiheit versus innere Sicherheit?

M 10 Der Journalist Carsten Luther, 2013

Die freie Welt, zu deren Führungsmacht die USA heute mehr gedrängt denn berufen sind, war immer eine Utopie. Die Idee unveräußerlicher Rechte, die allen Menschen zustehen, konkurriert auf internationaler Ebene seit jeher mit
5 dem Bedürfnis nach Sicherheit und existenziellen Interessen einzelner Staaten. Als Franklin D. Roosevelt 1941 der ganzen Welt vier Freiheiten versprach – die der Meinungsäußerung, der Religion, die Freiheit von Not und die Freiheit von Furcht –, offenbarte sich dieser Konflikt. In der Debatte über
10 die Überwachungsaktivitäten westlicher Geheimdienste, die Edward Snowden¹ mit seinen Enthüllungen ausgelöst hat, setzt er sich fort. Roosevelts Rede ist einer der intellektuellen Ursprünge einer Menschenrechtsbewegung, die letztlich in die Charta der Vereinten Nationen mündete.
15 Über das klassische Verständnis der Menschenrechte hinaus definierte er Sicherheit – jene der sozialen und wirtschaftlichen Bedingungen wie auch jene der Abwehr direkter Bedrohungen für Leib und Leben – gleichsam als Freiheitsrecht. Ganz im Sinne Wilhelm von Humboldts:
20 „Denn ohne Sicherheit ist keine Freiheit."
Wenn also Sicherheit keinen Gegensatz zur Freiheit bedeutet und der Staat für beides zu garantieren hat, ist die Beurteilung der nun bekannt gewordenen Datenerfassungen durch die Geheimdienste nicht einfach. Sie allein als bösar-
25 tigen Eingriff in die individuellen Rechte zu fassen, wird der Sache nicht gerecht und zeugt überdies von einem ungesunden Misstrauen in die Absichten demokratischer Staaten. Rein zu argumentativen Zwecken auf die Spitze getrieben: Könnte nicht selbst Wirtschaftsspionage am Ende so
30 begriffen werden, dass sie der Sicherheit dient, weil sie die ökonomischen Lebensbedingungen der Bürger schützt?
Wer Snowden als Helden bezeichnet, macht es sich jedenfalls zu einfach. Denn seine Unterstützer argumentieren, Snowden habe zutiefst ungerechte, ja rechtswidrige Prakti-
35 ken aufgedeckt; er habe Staaten als übermächtige Apparate entlarvt, deren einziges Ziel die totale Überwachung sei. Als ob sich die Interessen demokratischer Staaten grundsätzlich von denen der Bürger unterschieden. Wem seine Daten in den Händen jener Unternehmen gut aufgehoben scheinen,
40 die qua Geschäftsmodell das Versprechen der informationellen Selbstbestimmung im Internet untergraben, der muss erklären, warum er staatliche Stellen für gefährlicher hält. Wer dann keinen Unterschied darin findet, ob nun westliche Demokratien spitzeln und spähen, um etwa Ter-
45 roristen ausfindig zu machen, oder ob totalitäre Länder alles über ihre Bürger wissen wollen, um Widerspruch auszuschalten, hat das Vertrauen in die Errungenschaften der bedingt freien Welt längst verloren. Als Bundeskanzlerin Angela Merkel vom Neuland gesprochen hat, das die Welt
50 moderner Kommunikation für uns alle sei, lag sie in einer Hinsicht völlig richtig: Die Illusion, wie frei und sicher Daten, Informationen und Meinungen im Internet sind – oder sein müssten –, hält sich hartnäckig. Wir vertrauen der Cloud unser Leben an, schicken Geld, Geheimes, gar Intimes in ei-
55 nen Raum, von dem wir wissen könnten, dass er dieses Versprechen der informationellen Selbstbestimmung nicht einlösen kann. Eben weil er potenziell allen zugänglich ist. Solchen, die an dieser Freiheit teilnehmen, sie zur Wissens- und Willensbildung, zur Verständigung und für vielfältigen
60 Fortschritt nutzen wollen. Aber eben auch solchen, die uns betrügen, berauben oder töten wollen.

Zit. nach: http://www.zeit.de/politik/ausland/2013-07/abhoerskandal-snowden-freiheit-datenschutz (Download vom 26. Juli 2013).

1 Edward Snowden (geb. 1983): Der US-Amerikaner war bis Mai 2013 technischer Mitarbeiter der US-amerikanischen Geheimdienste CIA und NSA und enthüllte im Juni 2013 zahlreiche als streng geheim eingestufte Informationen über US-amerikanische und britische Programme zur Überwachung der weltweiten Internetkommunikation.

M 11 Der Journalist Karsten Polke-Majewski, 2013

Manchmal sind Freiheit und Unfreiheit schwer zu unterscheiden. Vielleicht fühlen sich deshalb so wenige Bürger von dem Abhörskandal des amerikanischen Geheimdienstes NSA betroffen. Ganz falsch ist diese Gelassenheit ja
5 nicht. Die Deutschen leben so frei und selbstbestimmt wie nie. […] Unser Freiheitsraum hat sich stetig erweitert. Allerdings nahm gleichzeitig die digitale Überwachung ebenso stetig zu. […] Seit langem ist davon auszugehen, dass Geheimdienste – nicht nur amerikanische – den Internetver-
10 kehr ausspähen. Auch deutsche Behörden haben Informationen daher bezogen. Aber hat uns das in unserer Freiheit eingeschränkt? Hat es die Demokratie unterlaufen?
Man könnte sogar so weit gehen, zu sagen: Dass Edward Snowden all die geheimen Dinge aufdecken konnte, ist ein
15 Beweis für die selbstregulatorische Kraft der Demokratie. Schließlich ist es nur in einer Demokratie möglich, dass derartig detaillierte Berichte über die Arbeit von Geheimdiensten veröffentlicht werden, und dass der Bote dies überlebt hat. Oder kann sich jemand Enthüllungen wie die von
20 Snowden […] in China oder Russland vorstellen?
Müssen wir uns also keine Sorgen machen? Im Gegenteil. Denn Überwachung ist das Gegenteil von Freiheit, auch wenn viele es gerade nicht so recht merken. Der Staatsrechtler Dieter Grimm sagte einmal in der ZEIT: „Der allwis-
25 sende Staat wird schnell zum allmächtigen Staat. Freiheit gibt es dagegen nur im begrenzten Staat." Das ist das zentrale Problem, vor dem wir stehen. Es ist zu kritisieren, wenn Geheimdienste Terroristen jagen und es dabei mit den Gesetzen nicht so genau nehmen. Oder wenn sie Behörden
30 und Regierungen anderer Länder ausspionieren, zumal befreundeter. Doch gerade Letzteres ist gängige Praxis jeder kühlen Interessenpolitik […]. Was uns aber wirklich viel mehr zu denken geben muss, ist, dass NSA und GCHQ aus-

nahmslos alle Bürger überwachen, deren Daten sie habhaft werden können – völlig ohne Verdacht. Das bedeutet nämlich: Selbst wenn ein Bürger sich stets nach Recht und Gesetz verhält, kann er den Staat nicht mehr auf Distanz halten. Mehr noch: Die modernen Auswertungsmethoden, die aus statistischen Beobachtungen Korrelationen bilden, um daraus wiederum Vorhersagen auf Verhaltensweisen zu treffen, sind so abstrakt, dass kein Bürger mehr ohne Weiteres verstehen kann, warum er ins Visier gerät.

Das rührt an den Kern unseres Gemeinwesens. Denn eine Demokratie lebt davon, dass Räume vorhanden sind, in denen sich der Bürger unbeobachtet bewegen kann. Unser zivilisiertes Zusammenleben funktioniert, weil es diesen Rückzugsraum gibt. Wenn der Bürger aber fürchten muss, dass der Staat ständig und grundlos bis in die letzten Winkel dieses Raumes leuchtet, fängt er an, sich selbst zu kontrollieren, und verliert womöglich den Mut, sich kritisch zu äußern. Verstärkt wird dieser Effekt dadurch, dass die Überwachung stets mit dem moralischen Argument belastet ist, es geschähe alles zu unserem Besten, um uns vor Terroristen zu schützen. Ein Argument übrigens, das auch Diktaturen gerne vorbringen.

Gebrochen werden muss deshalb mit der Logik, immer mehr geheime präventive Maßnahmen trügen zu unserer Sicherheit bei, weshalb es schon in Ordnung sei, auf etwas Freiheit zu verzichten. Abgeräumt werden muss die Idee, Geheimdienste könnten nicht demokratisch kontrolliert werden. Nicht alles kann transparent gemacht werden. Aber zumindest die Parlamentarier, die ja auch Geheimnisträger sind, müssen wissen, was die Geheimdienste treiben. Und sie müssen die Möglichkeit haben, Sanktionen zu erwirken: Mittelkürzungen bei Missverhalten der Organisation, Entlassung einzelner bei Missachtung der Kontrollgremien, strafbewehrte Informationspflichten für alle. Schließlich müssen die Bürger wieder zu einem gesunden Misstrauen gegen den Staat finden. Wehrhafter Demokrat zu sein bedeutet auch, sich nicht vom üblichen „Vertraut uns einfach, es hat euch doch noch nie geschadet!" einlullen zu lassen. Dafür ist die moderne Technik zu mächtig. Sonst kann, mit Grimm gesprochen, allzu schnell der Punkt erreicht sein, an dem wir nicht mehr das Modell einer freien, menschenwürdigen Gesellschaft verteidigen, sondern uns einem Modell annähern, das wir eigentlich bekämpfen wollten.

Zit. nach: http://www.zeit.de/politik/deutschland/2013-07/nsa-snowden-freiheit (Download vom 27. Juli 2013).

1 ■ Analysieren Sie arbeitsteilig die Positionen und die wichtigsten Argumente der Autoren.
2 ■ Vergleichen Sie Ihre Ergebnisse.
3 ■ **Zusatzaufgabe:** Führen Sie eine Pro-und-Kontra-Argumentation zum Thema: Sind die Einhaltung der Menschenrechte und die Gewährleistung der inneren Sicherheit vereinbar?

Präsentationsvorschläge

Thema 1:
Guantánamo – Sinnbild des amerikanischen Krieges gegen den Terror?
Gegen die USA wird der Vorwurf erhoben, sie würden beim Umgang mit inhaftierten Terror-Verdächtigen, z. B. im Gefangenenlager Guantánamo auf Kuba, gegen Menschenrechte verstoßen. Insbesondere republikanische US-Politiker verteidigen die Einrichtung als notwendiges Instrument im Kampf gegen den internationalen Terror und wehren sich im US-Kongress gegen die Schließung.
Literaturtipp:
David Rose, Guantánamo Bay. Amerikas Krieg gegen die Menschenrechte, Fischer, Frankfurt/M. 2004.

Thema 2:
Blauhelmeinsätze – ein effektives Mittel zum Schutz der Menschenrechte?
Die Friedenstruppen der Vereinten Nationen werden seit 1948 in über 40 Krisengebieten für friedenssichernde Einsätze eingesetzt. Kritiker weisen immer wieder darauf hin, dass die Blauhelme häufig nicht den Frieden sichern konnten. Zeigen Sie an zwei Beispielen, ob die Kritik zutreffend ist.
Literaturtipps:
Gerald Braun, Frieden als Abwesenheit von Krieg? Kritischer Vergleich einiger Blauhelmeinsätze in den neunziger Jahren, in: Aus Politik und Zeitgeschichte (APuZ), hg. von der Bundeszentrale für politische Bildung, Bonn 48 (1998), H. 16/17, S. 3–12.
Francisca Landshuter, Die Friedensmissionen der Vereinten Nationen. Ein Sicherheitskonzept im Wandel, Berliner Studien zur Internationalen Politik und Gesellschaft, Bd. 4, Weißensee Verlag, Berlin 2007.

Geschichtskultur

Der 10. Dezember – Tag der Menschenrechte

Jedes Jahr am 10. Dezember begeht die internationale Völkergemeinschaft den Tag der Menschenrechte – in Erinnerung an die Verabschiedung der „Allgemeinen Erklärung der Menschenrechte" durch die Generalversammlung der Vereinten Nationen im Jahr 1948 (M 4, S. 161). Weltweit nehmen Politiker, Menschenrechtsorganisationen und engagierte Bürger den Tag zum Anlass, mit Reden, Aktionen oder Protesten auf Menschenrechtsverletzungen hinzuweisen (M 1).
Darüber hinaus werden an diesem Tag Menschenrechtsaktivisten mit Preisen gewürdigt: Das schwedische Nobelpreis-Komitee verleiht den Friedensnobelpreis, das Europäische Parlament den Sacharow-Preis* und die Organisation „Reporter ohne Grenzen" den Menschenrechtspreis.
Am 10. Dezember 2010 erinnerte UN-Generalsekretär Ban Ki-moon in einer offiziellen Erklärung an die vielen „Menschenrechtsverteidiger", denen man den internationalen Menschenrechtstag widmen sollte (M 2). Zu ihnen gehören beispielsweise die Unterzeichner des chinesischen Bürgerrechtsmanifests „Charta 08". Sie waren am Vorabend des Menschenrechtstages 2008 – noch vor der Veröffentlichung der Charta im Internet – festgenommen worden (M 3, M 4). Einer der Erstunterzeichner erklärte: „Unsere Charta propagiert dieselben Ideen und Werte, die in der Allgemeinen Erklärung der Menschenrechte enthalten sind." Der Fall zeigt, dass der universelle Anspruch der Menschenrechte auch im 21. Jahrhundert noch immer an seine Grenzen stößt.

Sacharow-Preis
Der mit 50 000 Euro dotierte Preis „für die Freiheit des Geistes" wird seit 1988 vergeben. Er ist benannt nach dem russischen Atomphysiker und Friedensnobelpreisträger Andrej Sacharow (1921–1989).

1 ■ Informieren Sie sich über Aktivitäten zum vergangenen bzw. kommenden Menschenrechtstag in Ihrer Stadt oder Ihrem Landkreis sowie über die diesjährigen Preisträger der genannten Menschenrechtsauszeichnungen.
2 ■ **Geschichte produktiv:** Entwerfen Sie ein Logo zum Tag der Menschenrechte.
3 ■ **Zusatzaufgabe:** Im Jahr 2011 initiierte das deutsche Außenministerium einen weltweiten Wettbewerb um ein Menschenrechtslogo. Von über 15 000 Vorschlägen aus mehr als 190 Ländern wurde der Entwurf des Serben Predrag Štakić ausgewählt. Recherchieren Sie das Logo im Internet und vergleichen Sie es mit Ihren Entwürfen.

M 1 Aktion von *amnesty international* zum Tag der Menschenrechte am 10. Dezember 2008 in Berlin anlässlich des 60. Jahrestags der Verabschiedung der UN-Menschenrechtserklärung, Fotografie, 2008

M2 Erklärung des UN-Generalsekretärs Ban Ki-moon zum Tag der Menschenrechte, 10. Dezember 2010

Die Menschenrechte sind die Grundlage von Freiheit, Frieden, Entwicklung und Gerechtigkeit – und das Herz der Arbeit der Vereinten Nationen auf der ganzen Welt. […] Aber es passiert oft, dass der Fortschritt auf mutige Frauen und Männer trifft, die ihre eigenen Rechte und die Rechte anderer schützen wollen. Es sind diese Menschenrechtsverteidiger, denen wir diesen Tag der Menschenrechte widmen. Menschenrechtsverteidiger sind unterschiedlich. Sie können Teil einer zivilgesellschaftlichen Organisation sein, ein Journalist oder auch ein einzelner Bürger, der durch den Missbrauch in seiner Umgebung angespornt wird, etwas zu tun. Aber sie alle haben die gemeinsame Verpflichtung, Fehlverhalten zu entlarven, gefährdete Menschen zu schützen und der Straflosigkeit ein Ende zu bereiten. […] Menschenrechtsverteidiger spielen eine entscheidende Rolle im Kampf gegen Diskriminierung. Sie ermitteln gegen Verstöße und helfen Opfern, Gerechtigkeit und Unterstützung zu erlangen. Zu oft birgt ihre Arbeit ein enormes Risiko. Menschenrechtsverteidiger werden belästigt, ihrer Arbeitsplätze beraubt und zu Unrecht verhaftet. In vielen Ländern werden sie gefoltert, geschlagen und ermordet. Auch ihre Freunde und Familienmitglieder werden belästigt und eingeschüchtert. Frauen, die Menschenrechte verteidigen, sind zusätzlichen Risiken ausgesetzt und benötigen deshalb besondere Unterstützung. An diesem Tag der Menschenrechte haben wir die Gelegenheit, den Mut und die Errungenschaften der Menschenrechtsverteidiger zu würdigen. […] Staaten tragen die Hauptverantwortung, Menschenrechtsaktivisten zu schützen. Ich rufe alle Staaten dazu auf, die Freiheit der Meinungsäußerung und der Versammlungsfreiheit zu gewährleisten, die ihre Arbeit ermöglicht. […]

Zit. nach: www.unric.org/de/pressemitteilungen/26390-uno-generalsekretaer-ban-ki-moon-erklaerung-zum-tag-der-menschenrechte-10-dezember-2010 (Download vom 10. August 2013).

1 ■ Erklären Sie, warum Ban Ki-moon dazu aufruft, den Tag der Menschenrechte den „Menschenrechtsverteidigern" zu widmen.

2 ■ Diskutieren Sie Möglichkeiten zum Schutz der „Menschenrechtsverteidiger".

M3 Die chinesische „Charta 08", Dezember 2008

Das von chinesischen Intellektuellen und Menschenrechtsaktivisten verfasste Bürgerschaftsmanifest wurde anlässlich des Tages der Menschenrechte 2008 im Internet veröffentlicht.

Freiheit: Die Freiheit ist der Kern der universellen Werte. Rechte wie das der Rede, der Publikation, des Glaubens, der Versammlung und Organisation, der Freizügigkeit, des Streiks, der Demonstration und andere sind allesamt konkrete Erscheinungsformen der Freiheit. Wo die Freiheit nicht blüht, dort kann von moderner Zivilisation keine Rede sein.
Menschenrechte: Sie sind kein Geschenk des Staates, sondern Rechte, die jeder Mensch von Geburt an besitzt. Sie zu schützen, ist das oberste Ziel einer Regierung, und sie sind die legitimierende Basis allen Rechts; […]. Die politischen Katastrophen Chinas sind eng verbunden mit der Missachtung der Menschenrechte durch die machthabenden Behörden. Der Mensch ist das Wesentliche am Staat, ihm dient er und für ihn ist die Regierung da.
Gleichberechtigung: Jedes Individuum ist allen anderen gleichgestellt, ohne Ansicht seiner sozialen Position, seines Berufes, Geschlechts, seiner wirtschaftlichen Situation, seiner Rasse, Hautfarbe, seines Glaubens oder seiner politischen Ansichten; dies gilt auch für seine Persönlichkeit, seine Würde und seine Freiheit. Das Prinzip der Gleichheit aller Menschen vor dem Recht ist ebenso zu verwirklichen wie die sozialen, wirtschaftlichen, kulturellen und politischen Rechte der Bürger. […]

Zit. nach: www.oai.de/de/publikationen/oai-blog/42-kaleidoskop/155-liu-xiaobo-erhaelt-den-friedensnobelpreis.html (Download v. 18. August 2013).

1 ■ Fassen Sie die wesentlichen Grundsätze der „Charta 08" zusammen.

2 ■ Vergleichen Sie diese mit der UN-Menschenrechtserklärung (M 5, S. 161).
Tipp: Den vollständigen Text der „Charta 08" finden Sie unter dem angegebenen Link unter M 3.

M4 Verleihung des Friedensnobelpreises an den abwesenden chinesischen Menschenrechtsaktivisten Liu Xiaobo in Oslo, Fotografie, 10. Dezember 2010.

Liu Xiaobo gehörte zu den Initiatoren der „Charta 08" und wurde kurz vor deren Veröffentlichung im Dezember 2008 wegen „Anstiftung zur Untergrabung der Staatsgewalt" unter Hausarrest gestellt und ein Jahr später zu elf Jahren Haft verurteilt. Liu Xiaobo befindet sich trotz weltweiter Proteste bis heute im Gefängnis.

1 ■ **Zusatzaufgabe:** Recherchieren Sie die aktuelle Situation von Liu Xiaobo.

Kompetenzen überprüfen

Anwendungsaufgabe:
Interpretation einer sprachlichen historischen Quelle mit gegliederter Aufgabenstellung

M1 Jean-Jacques Rousseau, *Contract Social* (Der Gesellschaftsvertrag), 1762

Da jedoch die Stärke und die Freiheit jedes Menschen die Hauptwerkzeuge seiner Erhaltung sind, wie kann er sie hergeben, ohne sich Schaden zu tun und die Sorgfalt zu versäumen, die er sich schuldig ist? Diese Schwierigkeit lässt sich
5 […] in die Worte zusammenfassen:
„Wie findet man eine Gesellschaftsform, die mit der ganzen gemeinsamen Kraft die Person und das Vermögen jedes Gesellschaftsgliedes verteidigt und schützt und kraft dessen jeder Einzelne, obgleich er sich mit allen vereint, gleichwohl
10 nur sich selbst gehorcht und so frei bleibt wie vorher?" Dies ist die Hauptfrage, deren Lösung der Gesellschaftsvertrag gibt. […]
Scheidet man also vom Gesellschaftsvertrag alles aus, was nicht zu seinem Wesen gehört, so wird man sich überzeu-
15 gen, dass er sich in folgende Worte zusammenfassen lässt: „Jeder von uns stellt seine ganze Kraft unter die oberste Leitung des allgemeinen Willens, und wir nehmen jedes Mitglied als untrennbaren Teil des Ganzen auf."
Damit demnach der Gesellschaftsvertrag keine leere Formel
20 sei, enthält er stillschweigend folgende Verpflichtung, die allein den übrigen Kraft gewähren kann; sie besteht darin, dass jeder, der dem allgemeinen Willen den Gehorsam verweigert, von dem ganzen Körper dazu gezwungen werden soll; das hat keine andere Bedeutung, als dass man ihn zwin-
25 gen werde, frei zu sein. […]
Aus dem Vorhergehenden ergibt sich, dass der allgemeine Wille [*volunté générale*] beständig der richtige ist und immer auf das allgemeine Beste abzielt; daraus folgt jedoch nicht, dass Volksbeschlüsse immer gleich richtig sind. Man
30 will stets sein Bestes, sieht jedoch nicht immer ein, worin es besteht. Das Volk lässt sich nie bestechen, wohl aber oft hinters Licht führen, und nur dann scheint es Böses zu wollen. Oft ist ein großer Unterschied zwischen dem Willen aller [*volunté de tous*] und dem allgemeinen Willen; Letzterer
35 geht nur auf das allgemeine Beste aus, Ersterer auf das Privatinteresse und ist nur eine Summe einzelner Willensmeinungen. […]
Solange mehrere vereinigte Menschen sich als einen einzigen Körper betrachten, haben sie nur einen einzigen Willen,
40 der die gemeinsame Erhaltung und die allgemeine Wohlfahrt zum Gegenstande hat.

Gesellschaftsvertrag I, 6–7; II, 3; III, 1; IV, 1; zit. nach: Dieter Oberdörfer/Beate Rosenzweig (Hg.), Klassische Staatsphilosophie, 2. Aufl., C. H. Beck, München 2010, S. 310 ff.

Interpretieren Sie die Quelle, indem Sie
1 diese analysieren und
2 in den historischen Kontext einordnen.
3 Vergleichen Sie die Auffassungen des Autors mit den Ansichten Hobbes' und Lockes (M9 und M10, S. 130 f.).
4 Setzen Sie sich kritisch mit den Auffassungen des Autors im Hinblick auf die Entwicklung der Menschenrechte sowie der modernen demokratischen Staaten auseinander.

M2 Jean-Jacques Rousseau (1712–1778), Porträt von Maurice Quentin de Latour, um 1753

Menschenrechte

Überprüfen Sie Ihre Kompetenzen

M2 Karikatur von Martin Erl, 2010.

Hintergrund: Die Karikatur bezieht sich auf ein Treffen der deutschen Bundeskanzlerin Angela Merkel mit Chinas damaligem Premierminister Wen Jiabao in Peking im Jahr 2010.

Zentrale Begriffe

Aufklärung
Bürgerrechte
Gesellschaftsvertrag
Menschenrechte
Naturrecht
Solidaritätsrechte
Souveränität
Universalismus
Völkerrecht

■ Sachkompetenz
1 Fassen Sie die Entwicklungsetappen der Menschenrechte zusammen.

■ Methodenkompetenz
2 Interpretieren Sie die Karikatur M 2 entsprechend den Arbeitsschritten auf S. 179.
3 Formulieren Sie einen Titel, der die zentrale Aussage der Karikatur zusammenfasst.

■ Urteilskompetenz
4 Bewerten Sie den universalen Anspruch und die Wirklichkeit der Menschenrechte aus gegenwärtiger Perspektive.

■ Handlungskompetenz
5 Formulieren Sie eine UN-Charta der Menschenrechte für das 21. Jahrhundert.
6 Präsentieren und diskutieren Sie Ihre Ergebnisse im Plenum.

Themenabschluss

Menschenrechte in historischer Perspektive

M1 Der Historiker Axel Herrmann über die Menschenrechte in einer globalisierten Welt, 2008

Menschenrechte der dritten Generation

Nachdem sich die Fronten des Ost-West-Konflikts nach 1989 schnell aufgelöst hatten, wähnte man zunächst das „Zeitalter der Menschenrechte" am Horizont. [...] Doch schon bald traten neue, zwischen- und innerstaatliche Konflikte auf, die bisher unterdrückt worden waren. Auch latente Spannungen zwischen Nord und Süd in Menschenrechtsfragen zeigten sich offen. Bereits seit Mitte der 1960er-Jahre des 20. Jahrhunderts besaßen nämlich die Länder der Dritten Welt in den Organen der UN eine deutliche Mehrheit und begannen, auf die Ausgestaltung der Menschenrechtspolitik zunehmend Einfluss zu nehmen. So entwickelten sich in der Dritten Welt eigene Menschenrechtsvorstellungen, die sich von denen des Westens abhoben und auf ein steigendes Selbstbewusstsein der Entwicklungsländer hindeuteten. Diese Rechte, für die man inzwischen den Rang einer „dritten Menschenrechtsgeneration" reklamiert hat, fußen sehr stark auf sozialen Ansprüchen, die – wenn sie verwirklicht würden – natürlich jedem Individuum zugute kämen. Ihre Realisierung lässt sich aber nur im weltweiten Rahmen bewerkstelligen. [...]

Kernpunkte eines solchen Kataloges sind das Recht auf Frieden und Entwicklung, auf Wasser und Nahrung, auf Zugang zu Medikamenten und Gesundheitsversorgung, auf eine intakte Umwelt sowie einen gerechten Anteil an den Schätzen von Natur und Kultur – Ressourcen und Leistungen, die in den entwickelten Industriestaaten der Bevölkerung meist zugänglich sind, in Entwicklungs- und Schwellenländern jedoch oft nicht. Alle diese Forderungen fanden auch Eingang in die Millenniumserklärung der UN.

Wie berechtigt, aber auch problematisch solche Rechtsansprüche sein können, soll am Beispiel des Trinkwassers gezeigt werden. 1,2 Milliarden Menschen haben keinen Zugang zu sauberem Wasser; das sind rund 18,2 Prozent der Weltbevölkerung. Wasser gilt zwar als Allgemeingut, nicht aber seine Aufbereitung und die Versorgung der Haushalte. Diese Dienstleistungen gelangen aber auch in den Entwicklungsländern zunehmend in die Hände großer privater Versorgungsunternehmen westlichen Ursprungs. Lukrativ ist für jene aber der Markt nur dort, wo zahlungskräftige Kunden leben. So stehen in Bombay Menschen vor Wassertanklastern Schlange, während in Saudi-Arabien die Wüste mit aufwändiger Bewässerungstechnik für den Agrarexport kultiviert wird.

Der gerechtere Zugang zu sauberem Wasser könnte gleichzeitig den Frieden sichern helfen. Nicht auszuschließen sind Kriege ums Wasser. Mit großer Sicherheit wird der globale Klimawandel die Wasserressourcen gerade in den Regionen der Erde verknappen, die schon heute unter Wassermangel leiden. So erscheint uns das Recht auf sauberes Wasser nur auf den ersten Blick als ein soziales Menschenrecht, für dessen Erfüllung die jeweilige nationale Regierung zuständig ist. Die globale Wasserkrise ist so weit fortgeschritten, dass sie die kollektiven Rechte auf Frieden und Entwicklung tangiert und allein durch internationale, partnerschaftliche Zusammenarbeit gelöst werden kann. [...]

Menschenrechte in der internationalen Politik

Der Grundsatz, dass die Menschenrechte weltweite Geltung besitzen und unteilbar sind, damit also allen Menschen zustehen, ist eine der zentralen Aussagen der Allgemeinen Erklärung der Menschenrechte. Dementsprechend verabschiedeten auf der Weltmenschenrechtskonferenz 1993 in Wien die Vertreter von 171 Staaten eine gemeinsame Erklärung, in der es heißt: „Alle Menschenrechte sind allgemeingültig, unteilbar, bedingen einander und bilden einen Sinnzusammenhang."

Dennoch zeigen sich die wohlhabenden Länder vor allem aus wirtschaftlichen Gründen gegenüber kollektiven Rechtsansprüchen ärmerer Länder reserviert. Als Argument führt man ins Feld, dass jene meist soziale Bereiche betreffenden Rechte nicht den gleichen Rang einnehmen könnten wie die individuellen Freiheitsrechte. Entscheidendes Kriterium für die Allgemeingültigkeit müsse ihre Einklagbarkeit sein. Insofern besitzen die klassischen Menschenrechte als Abwehrrechte den großen Vorteil, dass sie vom Staat grundsätzlich nur Respektierung und keine größeren materiellen Leistungen verlangen.

Skepsis gegenüber dem universellen Charakter der Menschenrechte kommt aber auch aus den Ländern der Dritten Welt. Etliche asiatische und afrikanische Staaten vertreten den Standpunkt, dass die bestehenden Menschenrechtsstandards weitgehend auf westlicher Denkweise beruhen und die individuellen Freiheitsrechte überbetonen. Manche autoritären Regierungen benutzen diese an sich berechtigte Diskussion, um die klassischen Freiheitsrechte generell infrage zu stellen.

www.bpb.de/izpb/8357/menschenrechte-in-einer-globalisierten-welt?p=0 (Download vom 24. Juni 2013).

1 ■ Erläutern Sie die Menschenrechtsvorstellungen der Dritten Welt.
2 ■ Überprüfen Sie die Realisierbarkeit der Menschenrechte der dritten Generation anhand der Allgemeinen Erklärung der Menschenrechte von 1948 (M 5, S. 161).
3 ■ Diskutieren Sie, ob die individuellen Freiheitsrechte den gleichen Rang wie die sozialen Rechte einnehmen sollten.

M2 Plakat zur Kampagne „Wasser ist Menschenrecht" der Gewerkschaft ver.di, 2012

Fast zwei Millionen Menschen in den 27 EU-Staaten haben keinen Zugang zu sauberem Trinkwasser und sanitärer Grundversorgung. Weltweit sind davon ca. zwei Milliarden Menschen betroffen. Rein rechnerisch haben auf der Erde mehr Menschen ein Handy als einen Zugang zu Toiletten. Die Europäische Bürgerinitiative (EBI) „Wasser ist Menschenrecht" fordert vor diesem Hintergrund:
– Wasser und sanitäre Grundversorgung als Garantie für alle Menschen in Europa
– Keine Liberalisierung der Wasserwirtschaft
– Verbesserung des Zugangs zu Wasser und sanitärer Grundversorgung weltweit

Die EBI startete 2012 und konnte bis 2013 die erforderlichen Unterschriften von mindestens einer Million aus acht der 27 EU-Staaten sammeln. Damit ist sie die erste erfolgreiche Bürgerinitiative auf europäischer Ebene und zwingt die EU-Kommission nun, sich mit dem Problem auseinanderzusetzen. Die Vereinten Nationen erklärten bereits 2010 in einer völkerrechtlich nicht bindenden Resolution den Anspruch auf sauberes Wasser zum Menschenrecht.

1 ■ Informieren Sie sich über die Reaktion der EU-Kommission auf die EBI „Wasser ist Menschenrecht".
2 ■ Eine Mehrheit des Deutschen Bundestages lehnte am 28. Februar 2013 einen Antrag zur Anerkennung von Wasser als Menschenrecht ab. Hintergrund ist die Forderung, dass die Trinkwasserversorgung eine öffentliche und keine private Angelegenheit sein sollte. Erörtern Sie auf der Basis Ihrer Kenntnisse, ob Wasser zu den Menschenrechten gezählt werden sollte. Nutzen Sie auch M 1.

Zeittafel

1215	Magna Charta Libertatum (England)
1679	Habeas-Corpus-Akte (England)
1689	Bill of Rights (England)
1776	Virginia Bill of Rights (USA)
1776	Amerikanische Unabhängigkeitserklärung
1789	Erklärung der Menschen- und Bürgerrechte (Frankreich)
1791	Erklärung der Rechte der Frau und Bürgerin (Olympe de Gouges, Frankreich)
1948	Allgemeine Erklärung der Menschenrechte (Vereinte Nationen)
1950	Europäische Menschenrechtskonvention
1966	„Internationaler Pakt über Bürgerliche und Politische Rechte" („Zivilpakt") und der „Internationale Pakt über wirtschaftliche, soziale und kulturelle Rechte" („Sozialpakt") der Vereinten Nationen
1981	Afrikanische Charta der Menschenrechte und der Rechte der Völker („Banjul Charta"; Organisation für Afrikanische Einheit)
1981	Allgemeine Erklärung der Menschenrechte im Islam (Islamrat für Europa)
1990	Kairoer Erklärung der Menschenrechte im Islam (Organisation der Islamischen Staaten)
1993	Einrichtung eines UN-Hochkommissariats für Menschenrechte
2000	Charta der Grundrechte der Europäischen Union (2009 in Kraft getreten)
2006	Gründung des UN-Menschenrechtsrats (Vereinte Nationen)

Methoden

Methoden im Überblick

Arbeitsschritte für die Interpretation schriftlicher Quellen

1. **Leitfrage**
   – Welche Fragestellung bestimmt die Untersuchung der Quelle?

2. **Analyse**
   Formale Aspekte
   – Um welche Quellengattung handelt es sich (z. B. Brief, Rede, Vertrag)?
   – Wann und wo ist der Text entstanden bzw. veröffentlicht worden?
   – Wer ist der Autor (ggf. Amt, Stellung, Funktion, soziale Schicht)?
   – Was ist das Thema des Textes?
   – Wer ist der Adressat bzw. sind die Adressaten (z. B. Privatperson, Institution, Machthaber, Öffentlichkeit, Nachwelt)?

   Inhaltliche Aspekte
   – Was sind die wesentlichen Textaussagen (z. B. anhand des gedanklichen Aufbaus bzw. einzelner Abschnitte)?
   – Welche Begriffe sind von zentraler Bedeutung (Schlüsselbegriffe)?
   – Wie ist die Textsprache (z. B. sachlich, emotional, appellativ, informativ, argumentativ, manipulierend, ggf. rhetorische Mittel)?
   – Welche Überzeugungen, Interessen oder Intentionen vertritt der Verfasser?
   – Welche Wirkung soll der Text bei den Adressaten erzielen?

3. **Historischer Kontext**
   – Auf welches Ereignis, welchen Konflikt, welche Prozesse bzw. Epoche bezieht sich der Inhalt der Quelle?

4. **Urteil**
   Beurteilen nach sachlichen Aspekten (Sachurteil)
   – Welchen politisch-ideologischen Standpunkt nimmt der Autor ein?
   – Inwieweit ist der Text glaubwürdig? Enthält der Text Widersprüche?
   – Welche Problematisierung ergibt sich aus dem Text?

   Bewerten nach heutigen Wertmaßstäben (Werturteil)
   – Wie lassen sich die Aussagen des Textes im Hinblick auf die Leitfrage aus heutiger Sicht bewerten?

Arbeitsschritte für die Analyse von Geschichtskarten

1. **Formale Merkmale**
   – Welchen Titel trägt die Karte?
   – Welche Zeichen werden in der Legende verwendet und was bedeuten sie?

2. **Inhaltliche Aspekte**
   – Welcher historische Gegenstand wird thematisiert?
   – Welche Zeit stellt die Karte dar?
   – Handelt es sich um eine statische oder dynamische Karte?
   – Welchen Raum erfasst die Karte?
   – Handelt es sich um eine topografische oder thematische Karte?

3. **Analyse**
   – Welche Einzelinformationen lassen sich ablesen?
   – Welche Beziehungen bestehen zwischen den Einzelinformationen?
   – Welche weitergehenden Schlüsse lassen sich ziehen?

4. **Kartenkritik**
   – Welche kartografischen Informationen fehlen?
   – Welche thematischen, zeitlichen und räumlichen Aspekte werden unter- bzw. übergewichtet, welche fehlen?

5. **Fazit**
   – Welche Gesamtaussage lässt sich formulieren?

Arbeitsschritte für die Analyse von Darstellungen

1. **Leitfrage** – Welche Fragestellung bestimmt die Untersuchung der Darstellung?

2. **Analyse** *Formale Aspekte*
   - Wer ist der Autor (ggf. zusätzliche Informationen über den Verfasser)?
   - Um welche Textsorte handelt es sich, z. B. wissenschaftliche Abhandlung, populärwissenschaftliche Literatur, Essay, Schulbuch)?
   - Mit welchem Thema setzt sich der Autor auseinander?
   - Wann und wo ist der Text veröffentlicht worden?
   - Gab es einen konkreten Anlass für die Veröffentlichung (z. B. Jahrestag, öffentliche Kontroverse)?
   - An welche Zielgruppe richtet sich der Text (Historiker, interessierte Öffentlichkeit)?
   - Welche Intentionen oder Interessen verfolgt der Verfasser?

   Inhaltliche Aspekte
   - Was sind die wesentlichen Aussagen des Textes?
     a) anhand der Argumentationsstruktur: These(n) und Argumente
     b) anhand der Sinnabschnitte: wesentliche Aspekte und Hauptaussage
   - Wie ist die Textsprache (z. B. appellierend, sachlich oder polemisch)?
   - Welche Überzeugungen vertritt der Autor?

3. **Historischer Kontext**
   - Auf welchen historischen Gegenstand (Epoche, Ereignis, Prozess bzw. Konflikt) bezieht sich der Text?
   - Welche in der Darstellung angesprochenen Sachaspekte bedürfen der Erläuterung?

4. **Urteil**
   - Ist der Text überzeugend im Hinblick auf die fachliche Richtigkeit (historischer Kontext) sowie auf die Schlüssigkeit der Darstellung (Stichhaltigkeit der Argumentation, Verwendung von Belegen)?
   - Was ergibt ggf. ein Vergleich mit anderen Darstellungen zum gleichen Thema?
   - Wie lässt sich der dargestellte historische Gegenstand aus heutiger Sicht im Hinblick auf die Leitfrage bewerten?
   - Welche Gesichtspunkte des Themas werden vom Autor kaum oder gar nicht berücksichtigt?

Arbeitsschritte für die Interpretation von Verfassungsschaubildern

1. **Leitfrage** – Welche Fragestellung bestimmt die Untersuchung des Schaubildes?

2. **Formale Aspekte**
   - Für welchen Staat gilt die Verfassung?
   - Wann und durch wen wurde die Verfassung verabschiedet und wann wurde sie in Kraft gesetzt?
   - Wie lange war die Verfassung gültig?

3. **Inhaltliche Aspekte** *Verfassungsorgane*
   - Welche Verfassungsorgane sind dargestellt?
   - Wie sind die Organe zusammengesetzt und welche Aufgaben bzw. Befugnisse besitzen sie?
   - Wie ist die Gewaltenteilung umgesetzt?

   Machtverteilung
   - Welche Auskunft gibt das Schaubild über die staatliche Machtverteilung, die Machtkonzentration und -beschränkung?
   - Wie wird die Gewaltenteilung umgesetzt?

Methoden

Rechte des Volkes
- Wer darf wen wie oft wählen?
- Welche Rechte wurden der Bevölkerung garantiert?

Struktur des Staates
- Um welche Staatsform handelt es sich?
- Beinhaltet die Verfassung föderative oder/und zentralistische Elemente?

4. Historischer Kontext — In welchen geschichtlichen Zusammenhang lässt sich die Verfassung einordnen?

5. Urteil
- Beurteilen Sie die grafische Übersichtlichkeit und den inhaltlichen Aussagegehalt des Schaubildes.
- Worüber gibt das Schaubild keine Auskunft?
- Welche Gesamtaussage lässt sich hinsichtlich der Leitfrage formulieren?

Arbeitsschritte für die Analyse historischer Spielfilme

1. Formale Aspekte
- Wer sind Regisseur, Drehbuchautor und Auftraggeber?
- Welches Land bzw. welche Länder haben den Film produziert?
- Wie lang ist der Film?
- Wann ist der Film entstanden und aufgeführt worden?
- Aus welchem Anlass wurde der Film gedreht (z. B. Jubiläum eines historischen Ereignisses)?

2. Inhaltliche Aspekte

Filminhalt
- Mit welchem historischen Thema (z. B. Person) setzt sich der Film auseinander?
- Wie lässt sich die Handlung kurz zusammenfassen?
- Wer sind die Hauptfiguren und in welcher Beziehung stehen sie zueinander?

Filmische Mittel
- Welche szenischen Gestaltungsmittel (z. B. Einstellungsgrößen, Kameraperspektiven und -bewegung) sind verwendet worden?
- Wie werden Ton (Geräusche, Musik, Sprache und Dialoge, Kommentare) und Beleuchtung (Hell-Dunkel bzw. Farbkontraste) eingesetzt?
- Nimmt der Film die Perspektive der Hauptfigur ein oder werden auch andere Sichtweisen dargestellt?

3. Historischer Kontext — Auf welchen historischen Sachverhalt (Epoche, Ereignis, Person bzw. Konflikt) bezieht sich das Thema des Films?

4. Urteil

Intention
- Welche Intentionen verfolgt der Film?
- Wie wirkt der Film auf den Betrachter?
- Welche Reaktionen – z. B. Kritiken – rief der Film nach der Uraufführung in der Öffentlichkeit hervor?
- Welche gesellschaftlichen Anschauungen, Normen und Werte spiegelt der Film aus der Zeit wider, in der er entstanden ist?

Authentizität der Handlung
- Ist die Handlung logisch und glaubhaft?
- Halten sich Regisseur und/bzw. Autor an die historische Realität? (Welche Änderungen wurden vorgenommen? Gibt es fiktive Szenen?)

Bewertung
- Wie lässt sich der Film aus heutiger Sicht bewerten? (z. B. Verfassen einer eigenen Filmkritik)

Arbeitsschritte für die Interpretation einer Karikatur

1. **Thema** – Gibt es eine Bildunterschrift oder Ähnliches, die das Thema benennt?

2. **Analyse** *Formale Aspekte*
   - Wer ist der Karikaturist, wann hat er gelebt, welchem politischen Umfeld gehört er an?
   - Wann entstand die Karikatur, an welchem Ort und für welchen Auftraggeber?
   - Wie wird die Karikatur verbreitet (Zeitung, Flugblatt usw.)?

   Inhaltliche Aspekte
   - Auf welche Epoche, welches Thema oder welche Person bezieht sich die Karikatur?
   - Welche Stilmittel (z. B. Übertreibung, Ironie, Sarkasmus) werden benutzt?
   - Welche Stereotypen und Symbole werden eingesetzt?

3. **Historischer Kontext** – In welchen historischen Zusammenhang (Ereignis, Epoche, Prozess bzw. Konflikt) lässt sich die Quelle einbauen?

4. **Urteil** *Aussage*
   Karikaturist:
   - Welchen politisch-ideologischen Standpunkt nimmt der Karikaturist ein?
   - Welche Intention verfolgt er mit der Karikatur?

   Adressaten:
   - Welche Wirkung soll die Karikatur erzielen?

   Sachurteil:
   - Wie lässt sich die Aussage der Karikatur auf der Ebene des historischen Gegenstandes beurteilen?

   Werturteil:
   - Wie lässt sich die Aussage der Karikatur aus heutiger Sicht bewerten?

Arbeitsschritte für die Interpretation von Porträts

1. **Leitfrage** – Welche Fragestellung bestimmt die Untersuchung des Porträts?

2. **Formale Aspekte**
   - Wer ist der Maler und Auftraggeber (ggf. soziale Herkunft, gesellschaftliche Stellung, Wertmaßstäbe)?
   - Für welchen Zweck wurde das Bild gemalt?
   - Wann ist das Gemälde entstanden?
   - Um welche Art von Gemälde handelt es sich?
   - Gibt es einen Titel?
   - Wer ist der Adressat bzw. sind die Adressaten?

3. **Inhaltliche Aspekte** *Beschreibung*
   - Wie sind die Personen (Mimik, Gestik, Körperhaltung, Kleidung) dargestellt?
   - Wie ist die Bildkomposition (Personen, Umgebung, Gegenstände, Situation, Symbole in ihren Relationen) angelegt?
   - Welche Darstellungsmittel (Technik, Farben, Lichtwirkung, Perspektive) werden eingesetzt?

   Deutung
   - Welche symbolische Bedeutung hat die Personendarstellung, die Bildkomposition und der Einsatz der Darstellungsmittel?

4. **Historischer Kontext** – Wie sind die Bildelemente durch Bezugnahme auf den historischen Zusammenhang zu deuten?

5. **Bewertung** – Wie lässt sich die historische Bedeutung des Bildes zusammenfassen?

Methoden

Arbeitsschritte für die Interpretation von Statistiken

1. Leitfrage	–	Welche Fragestellung bestimmt die Untersuchung der Statistik?
2. Einordnung	–	Wo wurde die Statistik veröffentlicht?
	–	Wer ist Autor bzw. Auftraggeber?
	–	Wann und aus welchem Anlass ist die Statistik erschienen?
	–	Was wird thematisiert?
3. Inhalt der Statistik	–	Welche Einzelaspekte werden beleuchtet?
	–	Welche Zahlenwerte sind aufgeführt?
	–	Welche Kategorien werden in Beziehung gesetzt?
	–	Welche Einzelinformationen lassen sich aus der Statistik ablesen (Schwerpunkte, Ausschläge, regelhafte Verläufe)?
	–	Welche Zusammenhänge ergeben sich aus den Datenreihen?
4. Historischer Kontext	–	Auf welche historische Epoche bzw. welchen Zeitraum bezieht sich die Statistik?
	–	Auf welchen geografischen Raum wird verwiesen?
5. Aussageabsicht	–	Welche Intention verfolgte der Autor bzw. Auftraggeber?
	–	Worüber gibt die Statistik keine Auskunft?
	–	Gibt es Hinweise auf Manipulationen des Zahlenmaterials?
6. Fazit	–	Welche Gesamtaussage lässt sich formulieren?

Recherchieren im Internet – Kriterien zur Beurteilung von Internetseiten

1. Anbieter	–	Wer ist der Anbieter der Seite (Urheber, Autor; Einzelperson, Organisation oder Institution)?
	–	Weist sich der Anbieter aus, indem er Informationen über sich bereitstellt?
	–	Ist der Anbieter seriös (Universität, anerkannte internationale politische Organisation, angesehene Tageszeitung, großes Museum)?
2. Informationen	–	Sind die Informationen sachlich? Werden Quelle und Belege korrekt angegeben?
	–	Gibt es Werbung?
	–	Wird die Seite regelmäßig aktualisiert? Trägt die Seite eine Datumsangabe zum „Stand"?
	–	Was wird angeboten (Texte, Bilder, Grafiken, Filme, Tonquellen, Animationen)?
3. Anwendung	–	Bietet die Startseite eine gute Orientierung?
	–	Ist die Navigation sinnvoll und nachvollziehbar?
	–	Ist die Ladezeit von Einzelseiten angemessen?
4. Interaktivität	–	Besteht die Möglichkeit der Kontaktaufnahme mit dem Anbieter (Adresse, E-Mail, Telefon)?
	–	Kann man mit anderen Nutzern kommunizieren (Chats, Foren, Newsgroups)?
	–	Werden andere interaktive Elemente (Spiele, Fragebogen, Tests usw.) angeboten?
5. Verweise	–	Gibt es Hinweise auf andere Internetseiten, Literatur oder Materialien?
	–	Sind die weiteren Hinweise korrekt benannt, kommentiert und aktuell?

Arbeitsschritte für den Vergleich schriftlicher Quellen

1. **Leitfrage** – Welche Fragestellung bestimmt die Analyse und den Vergleich der Quellentexte?

2. **Analyse** *Formale Aspekte*
   - Um welche Quellengattung handelt es sich (z. B. Brief, Vertrag, Zeitungsbeitrag)?
   - Wann und wo sind die Texte veröffentlicht worden?
   - Wer sind die Autoren (ggf. Amt, Stellung, Funktion, soziale Schicht)?
   - Mit welchem Thema setzen sich die Autoren auseinander?
   - Wer ist der Adressat bzw. sind die Adressaten?
   - Welche Intentionen oder Interessen verfolgen die Autoren?

   Inhaltliche Aspekte
   - Was sind die wesentlichen Aussagen des Textes?
   - Wie ist die Textsprache (z. B. appellierend, polemisch, argumentativ, manipulierend, rhetorische Mittel)?
   - Welche Überzeugungen vertreten die Autoren?
   - Welche Wirkung sollten die Texte bei den Adressaten erzielen?

3. **Vergleich**
   - Welche Vergleichsaspekte sind geeignet?
   - Welche Unterschiede und Gemeinsamkeiten zeigen die Texte?

4. **Historischer Kontext** – In welchen historischen Zusammenhang lassen sich die Quellen einordnen?

5. **Urteil** *Sachurteil*
   - Welcher Text ist aus welchen Gründen überzeugender?
   - Sind die Verfasser glaubwürdig?
   - Welche Rolle spielt die Entstehungszeit des Textes?
   - In welcher Beziehung stehen die Texte?

   Werturteil
   - Wie lässt sich der historische Gegenstand im Hinblick auf die Leitfrage aus heutiger Sicht bewerten?

Arbeitsaufträge

„Wiedergeben, einordnen, beurteilen" – Arbeitsaufträge in der Abiturklausur

Anforderungsbereich I –	Wiedergeben von Sachverhalten aus einem abgegrenzten Gebiet und im gelernten Zusammenhang unter rein reproduktivem Benutzen geübter Arbeitstechniken, z. B.:
nennen, aufzählen:	zielgerichtet Informationen zusammentragen, ohne sie zu kommentieren;
bezeichnen, schildern, skizzieren:	historische Sachverhalte, Probleme oder Aussagen erkennen und zutreffend formulieren;
aufzeigen, beschreiben, zusammenfassen, wiedergeben:	historische Sachverhalte unter Beibehaltung des Sinnes auf Wesentliches reduzieren.
Anforderungsbereich II –	selbstständiges Erklären, Bearbeiten, Ordnen bekannter Inhalte und das angemessene Anwenden gelernter Inhalte und Methoden auf andere Sachverhalte, z. B.:
analysieren, untersuchen:	Materialien oder historische Sachverhalte kriterienorientiert bzw. aspektgeleitet erschließen;
begründen, nachweisen:	Aussagen (z. B. Urteil, These, Wertung) durch Argumente stützen, die auf historischen Beispielen und anderen Belegen gründen;
charakterisieren:	historische Sachverhalte in ihren Eigenarten beschreiben und diese dann unter einem bestimmten Gesichtspunkt zusammenfassen;
einordnen:	historische Sachverhalte in einen historischen Zusammenhang stellen;
erklären:	historische Sachverhalte durch Wissen und Einsichten in einen Zusammenhang (Theorie, Modell, Regel, Gesetz, Funktionszusammenhang) einordnen und begründen;
erläutern:	wie „erklären", aber durch zusätzliche Informationen und Beispiele verdeutlichen;
herausarbeiten:	aus Materialien bestimmte historische Sachverhalte herausfinden, die nicht explizit genannt werden, und Zusammenhänge zwischen ihnen herstellen;
gegenüberstellen:	wie „skizzieren", aber zusätzlich argumentierend gewichten;
widerlegen:	Argumente dafür anführen, dass eine Behauptung zu Unrecht aufgestellt wird.
Anforderungsbereich III –	reflexiver Umgang mit neuen Problemstellungen, den eingesetzten Methoden und gewonnenen Erkenntnissen, um zu eigenständigen Begründungen, Folgerungen, Deutungen und Wertungen zu gelangen, z. B.:
beurteilen:	den Stellenwert historischer Sachverhalte in einem Zusammenhang bestimmen, um ohne persönlichen Wertebezug zu einem begründeten Sachurteil zu gelangen;
bewerten, Stellung nehmen:	wie „beurteilen", aber zusätzlich mit Offenlegen und Begründen eigener Wertmaßstäbe, die Pluralität einschließen und zu einem Werturteil führen, das auf den Wertvorstellungen des Grundgesetzes basiert;
entwickeln:	Analyseergebnisse synthetisieren, um zu einer eigenen Deutung zu gelangen;
sich auseinandersetzen, diskutieren:	zu einer historischen Problemstellung oder These eine Argumentation entwickeln, die zu einer begründeten Bewertung führt;

Arbeitsaufträge

prüfen, überprüfen: Aussagen (Hypothesen, Behauptungen, Urteile) an historischen Sachverhalten auf ihre Angemessenheit hin untersuchen;

vergleichen: auf der Grundlage von Kriterien historische Sachverhalte problembezogen gegenüberstellen, um Gemeinsamkeiten, Unterschiede, Teilidentitäten, Ähnlichkeiten, Abweichungen oder Gegensätze zu beurteilen.

Die folgenden Arbeitsaufträge verlangen Leistungen aus den **Anforderungsbereichen I, II und III:**

interpretieren: Sinnzusammenhänge aus Quellen erschließen und eine begründete Stellungnahme abgeben, die auf einer Analyse, Erläuterung und Bewertung beruht;

erörtern: Argumente auf ihren Wert und ihre Stichhaltigkeit hin abwägend prüfen und auf dieser Grundlage eine eigene Stellungnahme entwickeln; die Erörterung setzt eine Analyse voraus;

darstellen: historische Entwicklungszusammenhänge und Zustände mithilfe von Quellenkenntnissen und Deutungen beschreiben, erklären und beurteilen.

Formulierungshilfen für die Bearbeitung von Textquellen und Darstellungen

Arbeitsschritte	Strukturierungsfunktion	Formulierungsmöglichkeiten	Beispiel
Analyse formaler Aspekte	Einleitung	– Der Verfasser thematisiert/behandelt/greift (auf) … – Er beschäftigt sich/setzt sich auseinander mit der Frage/mit dem Thema … – Die Autorin legt dar/führt aus/äußert sich zu … – Das zentrale Problem/Die zentrale Frage des Textes/Briefes/der Rede ist …	Der SPD-Politiker Philipp Scheidemann thematisiert in seiner Rede vor der Weimarer Nationalversammlung am 12. Mai 1919 den Versailler Vertrag.
Analyse inhaltlicher Aspekte	Wiedergabe der Position/Kernaussage	– Die Autorin vertritt die These/Position/Meinung/Auffassung … – Er behauptet …	Der Historiker Detlev Peukert vertritt die These, der Untergang der Weimarer Republik sei auf „vier zerstörerische Prozesse" zurückzuführen (Z. xx).
	Wiedergabe der Begründung/Argumentation/wesentlichen Aussagen	– Sie belegt ihre These … – Als Begründung/Beleg seiner These/Behauptung führt der Autor an … – Der Reichskanzler legt dar/führt aus … – Die Historikerin argumentiert/kritisiert/bemängelt … – Der Verfasser weist darauf hin/betont/unterstreicht/hebt hervor/berücksichtigt …	Kennan betont, dass die Amerikaner in Deutschland Konkurrenten der Russen seien und daher in „wirklich wichtigen Dingen" keine Zugeständnisse machen dürften (Z. xx).
	Abschließende Ausführungen	– Am Ende unterstreicht/betont der Autor noch einmal … – Der Autor schließt seine Ausführungen mit … – Sie kommt am Ende ihrer Argumentation zu dem Schluss, dass … – Zum Abschluss seiner Rede … – Zusammenfassend führt die Abgeordnete aus …	Am Ende seines Briefes betont Bismarck noch einmal die Notwendigkeit eines Bündnisses mit Österreich (Z. xx).
Vergleich von Texten	Übereinstimmung	– Der Historiker ist derselben Meinung/Auffassung/Position … – Sie teilt dieselbe Meinung/Auffassung/Position … – Die Autoren stimmen darin überein …	Brandt und Grass stimmen darin überein, dass die Bildung einer Großen Koalition mit Risiken verbunden sei (vgl. M 1, Z. xx; M 2, Z. xx).
	Gegensatz	– Im Gegensatz zu … – Die Positionen widersprechen sich/weichen voneinander ab/sind unvereinbar/konträr …	Die Positionen der beiden anonymen Verfasser sind hinsichtlich ihrer Haltung zum Terror der Jakobiner unvereinbar.
Historischer Kontext		– Die Quelle(n) lassen sich/sind in … ein(zu)ordnen. – Die Texte sind im Zusammenhang mit … zu sehen. – Die Rede stammt aus der Zeit des/der …	Veröffentlicht wurden beide Zeitungsartikel in der Zeit der Jakobinerherrschaft, die von 1793 bis 1794 andauerte und auch als „Schreckens- und Gewaltherrschaft" bezeichnet wird.
Urteil Sachurteil	Intention des Autors	– Der Autor beabsichtigt/intendiert/will/strebt an/fordert/plädiert für … – Die Politikerin verfolgt die Absicht/das Ziel … – Der Außenminister appelliert/ruft auf …	Der Ministerpräsident will mit seiner Rede die Abgeordneten von der Notwendigkeit wirtschaftlicher Reformen überzeugen.
	Beurteilung des Textes	– Die Argumentation ist (nicht) nachvollziehbar/überzeugend/stichhaltig/schlüssig … – Der Verfasser argumentiert einseitig/widersprüchlich … – In seiner Darstellung beschränkt sich der Historiker nur auf …	Der britische Historiker Peter Heather begründet seine These in drei stichhaltigen Argumentationssträngen.
Werturteil	Bewertung des Textes	– Aus heutiger Sicht/Perspektive kann gesagt werden/lässt sich sagen … – Der Position/Meinung/Auffassung/Ansicht des Autors stimme ich (nicht) zu … – Ich stimme der Position/… des Autors (nicht) zu … – Die Position/… der Verfasserin teile ich (nicht) … – Ich teile die Position/… des Historikers (nicht) … – Meiner Meinung/Auffassung/Ansicht zufolge/nach …	Ich stimme der Kritik von Francisco de Vitoria am Vorgehen der Spanier in der Neuen Welt zu, weil … Die Position des anonymen Verfassers des ersten Zeitungsartikels (M 1) teile ich nicht, da heute in unserer freiheitlichen Grundordnung Terror zur Durchsetzung politischer Ziele abgelehnt wird.

Zitieren in Klausuren oder Facharbeiten

Funktion des Zitierens
In schriftlichen Arbeiten, deren Grundlage Textmaterial ist, sind Zitate und deren Nachweise unerlässlich. Sie dienen als Beleg und Rechtfertigung der eigenen Analyse und Interpretation. Um dieser Funktion zu genügen, müssen Zitate exakt sein, einen begrenzten Umfang haben und kenntlich gemacht werden.
Bei jedem Zitat muss die Quelle angeführt werden:
– in einer Fußnote unten auf der Seite (Facharbeit),
– in fortlaufenden Anmerkungen am Ende der Arbeit (Facharbeit) oder
– in einer Klammer hinter dem Zitat (Klausur).
Vermieden werden sollten:
– die Aneinanderreihung von Zitaten (z. B. Dann sagte er: „[...]"),
– das Zitieren von Nebensächlichkeiten,
– die Verwendung von Anführungszeichen zur Entschuldigung eigener umgangssprachlicher Formulierungen (z. B. Darauf „kontert" Bismarck, ...).
Grundsätzlich unterscheidet man zwischen **direktem** (auch wörtlichem) und **indirektem** (auch sinngemäßem) **Zitieren**.

Direktes Zitieren
Direktes Zitieren bedeutet die exakte Übernahme eines Wortes, einer Wortgruppe, von Sätzen oder Textpassagen. Der Wortlaut eines Zitates darf dabei nicht verändert werden.

Regel	Beispiel
Zitate werden am Anfang und am Ende durch Anführungszeichen kenntlich gemacht. In einer Klausur erfolgt der Quellenbeleg mittels Zeilenangabe in runden Klammern nach dem Zitat, z. B. (Z. 8 f.) oder (Z. 15 ff.) bzw. (Z. 15–18).	Bismarck argumentiert gegenüber dem Kaiser, ein Defensivbündnis mit Österreich könne auch gesehen werden „als Ersatz der Garantien, welche früher der Deutsche Bund gewährte" (Z. 38 ff.). Otto Wels betont: „Die Verfassung von Weimar ist keine sozialistische Verfassung" (Z. 23 f.).
Kürzungen oder Auslassungen im Zitat werden durch eckige Klammern gekennzeichnet.	Angesichts der Verfolgungen, so erklärt Wels, die „die Sozialdemokratische Partei in der letzten Zeit erfahren hat, wird [...] niemand von ihr verlangen [...] können, dass sie für das [...] Ermächtigungsgesetz stimmt" (Z. 1 ff.).
Erklärungen oder semantisch notwendige Ergänzungen werden in eckige Klammern gesetzt.	Der SPD-Fraktionsvorsitzende versichert, „wir [die Sozialdemokraten, Ergänzung des Verfassers] stehen zu den Grundsätzen des Rechtsstaates, der Gleichberechtigung, des sozialen Rechtes, die in ihr festgelegt sind [...]" (Z. 24 ff.).
Zitate, die in den eigenen Satzbau integriert werden, müssen grammatisch angepasst werden. Diese Veränderungen werden mit eckigen Klammern gekennzeichnet. Das gilt beispielsweise, wenn in einem wörtlichen Zitat bei der Übernahme die Groß- und Kleinschreibung geändert werden muss.	In diesem Zusammenhang betont der Reichskanzler, er habe bereits bei den Friedensverhandlungen 1866 auf die „tausendjährige[n] Gemeinsamkeit der gesamtdeutschen Geschichte" (Z. 43 f.) hingewiesen. Otto Wels argumentiert, „[d]as Sozialistengesetz hat die Sozialdemokratie nicht vernichtet" (Z. 32 f.).
Enthält eine Textstelle, die man zitiert, bereits ein Zitat, stellt man dieses Zitat in einfache Anführungszeichen.	Werner Schulz erinnert in seiner Rede vom 9. Oktober 2009 in Leipzig: „Mit ‚Wir sind das Volk' wurde eine Zeile aus dem Revolutionslied ‚Trotz alledem' von 1848 skandiert."

Zitieren

Indirektes Zitieren
Das indirekte Zitieren bietet dem Schreiber die Möglichkeit, eine Textstelle sinngemäß wiederzugeben oder darauf zu verweisen.

Die indirekte Wiedergabe einer Textstelle erfolgt mithilfe des Konjunktivs. (Sollten Konjunktiv I und Indikativ identisch sein, verwendet man Konjunktiv II.) Die Zeilenangabe erfolgt am Ende der Textpassage in runden Klammern und wird durch den Zusatz „vgl." ergänzt.	Bismarck warnt, Deutschland dürfe sich keiner Isolierung aussetzen (vgl. Z. 11 ff.).
Indirektes Zitieren kann auch durch einen Verweis auf eine bzw. mehrere Textstelle(n) erfolgen.	In seinem Brief an den Kaiser betont Bismarck mehrmals die Notwendigkeit einer Defensivallianz mit Österreich (vgl. Z. 12 ff., 35 ff., 42 ff.).

Tipps zur Anfertigung einer Präsentation

Was ist eine Präsentation?
Im Schulalltag werden Sie häufig mit dem Arbeitsauftrag „Präsentieren Sie Ihre Ergebnisse!" konfrontiert. Was versteht man jedoch unter einer Präsentation? Für die einen bedeutet Präsentation prinzipiell mehr als ein nur auf das gesprochene Wort gestützter Kurzvortrag, andere sehen eine Präsentation erst gegeben, wenn sich der Vortrag auf moderne, computergestützte Darstellungsmöglichkeiten, z. B. eine Powerpoint-Präsentation, stützt.

Im Allgemeinen versteht man unter „Präsentation" eine gründlich vorbereitete, themen- und adressatenbezogene sowie vor allem mediengestützte Vorstellung von Informationen. Im Unterschied zum traditionellen „Kurzvortrag" oder „Referat" kommt bei der Präsentation dem **funktionalen Einsatz der verwendeten Medien** eine besondere Bedeutung zu. Um bei den Zuhörern eine optimale Aufmerksamkeit zu erlangen, sollte von Anfang an das Interesse der Adressaten für die präsentierten Inhalte geweckt werden. Besonders wirksam ist daher eine aktive Einbeziehung des Publikums. So wird die Präsentation zu einem gegenseitigen Prozess des Gebens und Nehmens von Informationen und Meinungen.

In einigen Bundesländern ist die Präsentation neben dem schriftlichen und mündlichen Abitur inzwischen **Bestandteil der Abschlussprüfungen**.

Präsentationstypen
Unter Berücksichtigung verschiedener Kriterien lassen sich einzelne Präsentationstypen unterscheiden:

Autor	Einzelpräsentation Partnerpräsentation Gruppenpräsentation
Adressaten	Mitschüler, z. B. im Kurs Öffentlichkeit, z. B. Schulveranstaltung in der Aula Prüfungskommission, z. B. Präsentationsprüfung
Ziele	Informationspräsentation Überzeugungspräsentation
Kommunikationsstrukturen	„Ein-Weg-Kommunikation" Einbeziehung der Adressaten
Medien	auditive Präsentation visuelle Präsentation multimediale Präsentation

Präsentationsformen
Für den Unterrichtsalltag bietet sich eine Reihe von Präsentationsformen an:

schriftlich	Referat Facharbeit Thesenpapier
visualisiert	Wandzeitung Lernplakat Strukturbild Zeitstrahl
auditiv	Rede Vortrag Reportage Interview

audiovisuell	Videodokumentation
	Internetpräsentation
gestalterisch	Ausstellung
	Rekonstruktion
	Modell

Präsentationsstruktur

Die Präsentation sollte eine schlüssige Binnenstruktur mit klarer Phaseneinteilung und nachvollziehbarer Gewichtung der Teilaspekte aufweisen:

Einleitung	Begrüßung der Zuhörer
	Vorstellung des Themas, der Problemstellung bzw. Leitfrage und der Gliederung
	Einstiegsmöglichkeiten:
	Einbeziehung des Publikums, z. B. Vorwissen erfragen, Erwartungen aufnehmen
	Interesse wecken, z. B. mit einem aktuellen Bezug, einem persönlichen Erlebnis, einer Provokation, einem Zitat
Hauptteil	nachvollziehbare Gewichtung der Inhalte
	Vorstellung von Zwischenergebnissen
	Erläuterung verwendeter Fachbegriffe sowie gezeigter Statistiken, Tabellen und Strukturbilder
	einbeziehen von Beispielen
	konsequenter Bezug zur Gliederung
Schlussteil	Bezug zur Einleitung, insbesondere zur Problemstellung bzw. Leitfrage herstellen
	kurze, ggf. thesenhafte Zusammenfassung der wesentlichen Ergebnisse
	Formulierung eines Ausblickes
	ggf. Reflexion des Arbeitsprozesses
	Danksagung an die Zuhörer für die Aufmerksamkeit

Thema, Gliederung und Thesenpapier

Die Idee für ein Thema resultiert häufig aus persönlichen Interessen. Allerdings sind die ersten Ideen oft zu allgemein und weit gefasst oder weisen keine Problemorientierung auf. Daher sollten Sie bei der Themenformulierung Ihre Grundidee eingrenzen und einen klaren Schwerpunkt festlegen.

Grundsätzlich sollte das Thema:
- nicht nur Ihren Interessen, sondern auch Ihren Fähigkeiten und Vorkenntnissen entsprechen,
- einen klaren Schwerpunkt aufweisen,
- problemorientiert angelegt sein oder eine Leitfrage beinhalten,
- präzise und gut verständlich formuliert sein.

Wenn Sie eine erste Formulierung für Ihr Thema gefunden haben, d. h. einen Arbeitstitel, sollten Sie sich zunächst mit der Sie betreuenden Lehrkraft verständigen.

Die Gliederung einer Präsentation sollte logisch sein, einen roten Faden verfolgen und inhaltlich nicht überfrachtet sein. Sie sollte beinhalten:
- eine Einführung in das Thema (Einleitung),
- einen möglichst mehrfach gegliederten und nummerierten Themenschwerpunkt, in dem die Auseinandersetzung mit der Leitfrage erfolgt (Hauptteil), sowie
- einen zusammenfassenden Abschluss (Fazit, Resümee, Ausblick).

Das Thesenpapier ist weder ein Inhaltsverzeichnis noch eine Stichwortsammlung, sondern das Resultat der Auseinandersetzung mit einem bestimmten Thema anhand einer Leitfrage. Es ist die verdichtete Darstellung von Informationen und Auffassungen. Grundsätzlich sollte das Thesenpapier eine Abfolge von Behauptungen (Thesen) sein, die
- einen Zusammenhang haben und sich an der Gliederung orientieren,

- als Indikativ-Sätze knapp und prägnant formuliert sind, auch mit appellativem, die Diskussion provozierendem Charakter,
- ggf. auch kurz begründet werden können.

Für den **Aufbau eines Thesenpapiers** gibt es keine verbindlichen Regelungen. Es gibt verschiedene Varianten, die auch miteinander kombinierbar sind:

1) Die Thesen sind „pur" aneinandergereiht.
Beispiel: Die Königsherrschaft Heinrichs I. (919–936) markiert den Beginn einer eigenständigen deutschen Geschichte.

2) Jeder These ist eine Begründung beigefügt.
Beispiel: Die Königsherrschaft Heinrichs I. (919–936) markiert den Beginn einer eigenständigen deutschen Geschichte, weil es Heinrich gelang, sich im Innern gegen die konkurrierenden Stammesherzöge durchzusetzen und das Reich nach außen zu sichern.

3) Jeder These wird eine Antithese gegenübergestellt.
Beispiel: Die Königsherrschaft Heinrichs I. (919–936) markiert den Beginn einer eigenständigen deutschen Geschichte. Andere Historiker sehen den Beginn der deutschen Geschichte in der Kaiserkrönung Ottos I. im Jahr 962.

Thema, Gliederung und Thesenpapier anhand eines Beispiels

Fächer	Referenzfach: Geschichte
	Bezugsfach: Politikwissenschaft
Thema	Von der Kooperation zur Konfrontation – Wer ist schuld am Kalten Krieg?
	oder:
	Der Kalte Krieg – Wer trägt die Schuld?
Gliederung	1 Definition des Kalten Krieges
	1.1 Begriff
	1.2 Kennzeichen
	1.3 Verlauf
	2 Ursachen des Kalten Krieges
	2.1 Forschungspositionen während des Kalten Krieges
	2.1.1 „Realisten"
	2.1.2 „Revisionisten"
	2.2 Positionen nach Ende des Kalten Krieges
	3 Droht ein neuer Kalter Krieg?
	3.1 Vergleich anhand wesentlicher Kennzeichen
	3.1.1 Weltweite Rüstungsausgaben
	3.1.2 Rüstungspläne Russlands und der USA (z. B. Raketenabwehrschild)
	3.2 Fazit

Präsentationen

Wie baue ich eine Präsentation auf?
Im Anschluss an die Abgabe der Seminararbeit folgt die mündliche Präsentation. Neben der Vorstellung der Arbeitsergebnisse beinhaltet sie auch die Beantwortung von Fragen.

Gliederung
Beim Aufbau der Präsentation empfiehlt sich eine Dreiteilung: Einleitung – Hauptteil – Schluss.
Einleitung: Begrüßen Sie Ihr Publikum, stellen Sie Ihr Thema und Ihre Frage/Problemstellung vor.
Im **Hauptteil** erläutern Sie u. a. die Fragestellung Ihrer Arbeit, die Ergebnisse und ggf. auch Probleme bei der Ergebnisfindung.
Im **Schlussteil** sollten Sie das Kernergebnis bündeln (Wiederanknüpfung an die in der Einleitung genannte Fragestellung), ggf. einen Ausblick geben, eine Danksagung aussprechen und zur Fragerunde überleiten.

Redemanuskript
Sie sollten sich für Ihre Präsentation ein Redemanuskript erstellen und dabei u. a. auf Folgendes achten:
- Nutzen Sie Karteikarten, Papier raschelt.
- Nummerieren Sie Ihre Karteikarten.
- Beschriftung: einseitig, nur Stichworte, leserlich schreiben.
- Wenn Sie Grafiken einsetzen oder Schaubilder an der Tafel entwickeln wollen, notieren Sie sich diese auf einer Karteikarte.

Medieneinsatz
- Nutzen Sie nur solche Medien, die Sie auch bedienen können.
- Prüfen Sie die Funktionstüchtigkeit der Geräte.
- Medien sollten sparsam verwendet werden.
- Der Einsatz sollte einfach sein.
- Üben Sie Ihre Präsentation. Den Ablauf sollten Sie auswendig kennen.

Präsentation

Checkliste für eine gelungene Präsentation

Fachliche Aspekte

- [ ] Das Thema und die Gliederung werden vorgestellt.
- [ ] Die Präsentation geht von einer Problemstellung bzw. Leitfrage aus.
- [ ] Die Präsentation ist logisch aufgebaut und der Vortragszeit angepasst.
- [ ] Die Informationen werden strukturiert vorgetragen.
- [ ] Die Teilaspekte des Themas werden angemessen gewichtet.
- [ ] Die Ausführungen sind sachlich korrekt.
- [ ] Fachtermini werden verwendet und erklärt.
- [ ] Der fachübergreifende Aspekt wird berücksichtigt (Wahl eines Bezugsfaches).

Methodische Aspekte

- [ ] Die Präsentationsform ist dem Thema angemessen ausgewählt.
- [ ] Die verwendeten Medien sind nachvollziehbar in die Präsentation eingebunden, besitzen Aussagekraft und zeigen in ihrer ästhetischen Gestaltung Qualität.
- [ ] Die Funktionstüchtigkeit und die problemlose Handhabung der eingesetzten Medien sind gewährleistet.
- [ ] Fachmethoden, z. B. Analyse einer Statistik, werden korrekt angewendet.

Kommunikative Aspekte

- [ ] Die Präsentation erfolgt weitgehend im freien Vortrag.
- [ ] Der/die Vortragende hält Blickkontakt mit allen Zuhörern.
- [ ] Die Sprechweise ist angemessen bzw. wird den Inhalten gemäß variiert:
    - [ ] Laute und deutliche Aussprache
    - [ ] Bewusste Betonung
    - [ ] Ausgeglichene Redegeschwindigkeit
    - [ ] Gute Pausentechnik
- [ ] Verständliche und kurze Satzkonstruktionen
- [ ] Gestik und Körperhaltung unterstützen das Gesprochene.
- [ ] Reaktionen der Zuhörer, z. B. Zwischenfragen, werden aufgenommen.

Thesenpapier

Präsentation

Name:

Referenzfach: Geschichte
Bezugsfach: Politikwissenschaft

Thema: Der Kalte Krieg – Wer trägt die Schuld?

1 Definition des Kalten Krieges

Der Kalte Krieg entstand ab 1947 zwischen den ehemaligen Bündnispartnern der Anti-Hitler-Koalition und bestimmte bis zum Zusammenbruch des Ostblocks 1989/90 die Weltpolitik.

Einige Historiker bevorzugen den Begriff „Ost-West-Konflikt", weil es während des Kalten Krieges auch „heiße" Kriege wie den Korea- oder Vietnamkrieg gegeben hat.

Zu den wichtigsten Kennzeichen des Kalten Krieges gehören Blockbildung, Systemkonkurrenz, militärisches Wettrüsten und sogenannte Stellvertreterkriege.

Der Verlauf des Kalten Krieges ist gekennzeichnet durch Phasen der Konfrontation und Phasen der Entspannung.

2 Ursachen des Kalten Krieges

Die „Realisten" gingen davon aus, dass der Ostblock für den Konflikt verantwortlich ist. Die „Revisionisten" lasteten den Konflikt in erster Linie den USA an.

Nach dem Ende des Kalten Krieges werden in der Forschung vor allem die wechselseitigen Fehlinterpretationen vor dem Hintergrund gegensätzlicher Weltanschauungen für den Konflikt verantwortlich gemacht.

3 Droht ein neuer Kalter Krieg?

Ungeachtet der seit 2000 ansteigenden weltweiten Rüstungsausgaben sowie der Verstimmungen im russisch-amerikanischen Verhältnis aufgrund des geplanten US-Raketenabwehrschildes in Europa kann zurzeit nicht vom Beginn eines neuen Kalten Krieges gesprochen werden.

Tipps zur Anfertigung einer Facharbeit

Themenfindung

Die Findung eines Facharbeitsthemas erfolgt in Absprache mit der Lehrkraft. Das Thema der Facharbeit soll sich in das Rahmenthema einordnen und Ihren individuellen Interessen und Erfahrungen entsprechen. Folgende Zugänge bieten sich zur Themenfindung an:

Zugang	Themenbeispiele für Facharbeiten
Ein allgemeines Thema der Geschichte aus der Perspektive der **Lokal- oder Regionalgeschichte** betrachten und an einem Beispiel erarbeiten	• Die Römer in der Gegend von …: Das Beispiel … • Ein frühneuzeitlicher Hexenprozess in … • Die Entstehung von Arbeiterwohnvierteln im Raum …: Das Beispiel … • Schule in der Kaiserzeit – im Spiegel der Jahresberichte des Gymnasiums … in … • Widerstand gegen den Nationalsozialismus in Bayern: Das Beispiel der … Kirche/der … Partei in …/der Gruppe … aus … • Bauernleben im Wandel der Jahrhunderte im Raum …: Das Beispiel des Bauernhofes … • Glasmacherindustrie im Kurfürstentum Bayern: Die Geschichte der Hütte … in … • Spuren jüdischen Lebens in Bayern in der Zeit …: Das Beispiel … in … • Die Beziehungen zwischen der DDR und der Bundesrepublik von … bis … in der Berichterstattung in der Zeitung …
Eine **Familiengeschichte** beispielhaft im Kontext eines allgemeinen Themas aus der Geschichte untersuchen	• Erfahrungen der Migration: Die Familie … aus Süditalien und ihr Leben in Deutschland seit den 1960er-/70er-Jahren (eine Zeitzeugenbefragung) • Frauenalltag im 19./20. Jahrhundert anhand der Briefe/Fotografien/Lebenserinnerungen/gegenständlichen Quellen der Frau … aus … • Die Geschichte des (ehemaligen) Familienunternehmens … in … (z. B. Industrie, Gastgewerbe, Transportgewerbe)
Beispielhaft ein Thema mit einer besonderen historischen Dimension untersuchen, z. B. aus dem Bereich der **Mentalitätsgeschichte** oder der **Umweltgeschichte**	• Umgang mit Sterben und Tod: Begräbnisse und Begräbnisrituale von … bis … im Raum … am Beispiel des Friedhofs von … • Der Naturschutzpark … in … und seine Geschichte • Umweltverschmutzung und Umweltschutz am Beispiel des Flusses …

Facharbeit

Zugang	Themenbeispiele für Facharbeiten
Einem allgemeinen Thema der Geschichte am Beispiel eines „Hobbys" nachgehen	• Sport in der Zeit des Nationalsozialismus: Der Sport/Fußball/Handball/...-Verein ... • Musik in der Weimarer Republik/in der Bundesrepublik der 1950er-Jahre/der 1960er-Jahre ... als Spiegel der Gesellschaft: Das Beispiel der musikalischen Veranstaltungen in .../im Raum ... • Briefmarken als Träger politischer Botschaften: Marken aus ... von ... bis ...
Geschichtsdarstellungen in der populären **Geschichtskultur,** z. B. in historischen Spielfilmen, in Romanen, auf Internetseiten, in der Tourismuswerbung, in Computerspielen, in Comics	• Antikenbilder in historischen Spielfilmen am Beispiel von ... • Mittelalterklischees in Computerspielen am Beispiel von ... • Der Wandel der Industriegesellschaft im Roman: Das Beispiel ... von ...
Themen, die sich aus der Untersuchung eines ausgewählten **Bibliotheks-, Museums- oder Archivbestandes** ergeben	Beispiele für Bestände: • Stadtarchive, Stadtbibliotheken • Archive von Kirchen und jüdischen Einrichungen • Vereins- und Verbandsarchive • Gegenständliche Quellen in einem Museum (Alltagsgegenstände, Malerei, Fotografien usw.) • Bauten im öffentlichen Raum (Denkmäler, Rathäuser, Kirchen usw.) • Unternehmensarchive • Zeitungsarchive • Archive von Sport- und Kultureinrichtungen • Archive von Tourismuseinrichtungen

Einstieg in das Thema

Wenn Sie eine erste Formulierung für ein Thema gefunden haben, d. h. einen **Arbeitstitel,** sollten Sie sich mithilfe einer Mindmap einen ersten inhaltlichen und arbeitstechnischen Überblick verschaffen (s. S. 194). Die Mindmap ist an dieser Stelle als Brainstorming zu verstehen. Sie kann Ihnen dabei helfen, die **„Machbarkeit"** der Arbeit frühzeitig zu überprüfen. Das heißt z. B.: Ist mein Thema zu breit/zu umfangreich angelegt? Bekomme ich die Filme, die ich untersuchen möchte? Ist das Archiv in den Monaten meiner Recherche geöffnet? Benötige ich Hilfe bei der Auswahl und Untersuchung von Archivalien? Sind die möglichen Zeitzeugen zu Interviews bereit? Die Mindmap stellt in der unten dargestellten Form nur einen Vorschlag dar und sollte gegebenenfalls um weitere Aspekte ergänzt werden.

Facharbeit

Mindmap zum Themeneinstieg

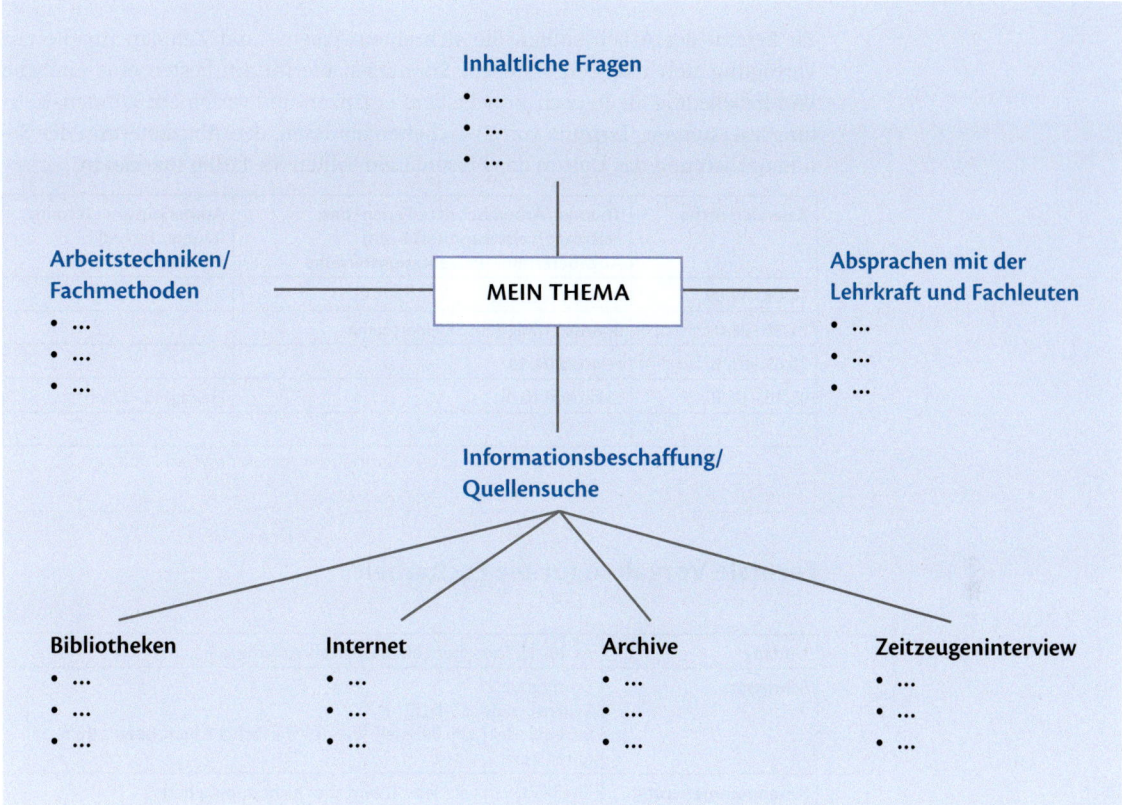

Inhaltliche Fragen	– Was interessiert mich an dem Thema? – Was weiß ich von/verbinde ich mit dem Thema (Aspekte, Einzelfragen, Begriffe)? – Welche Probleme könnten auftreten/wären vorab zu klären?
Arbeitstechniken/Fachmethoden	– In welcher Form (DIN-A4-Papier, Karteikarten, Computer) will ich meine Exzerpte in Archiven usw. anfertigen? – Wie führe ich inhaltlich ein Zeitzeugeninterview durch? Stehen Aufnahmegeräte zur Verfügung? – Welche Fragen will ich mithilfe welcher Quellenbestände beantworten?
Absprachen mit der Lehrkraft und Fachleuten	– Welche Fragen/Schritte sollte ich zu welchem Zeitpunkt mit dem Seminarleiter absprechen? – Möchte ich vorab externe Fachleute zurate ziehen?
Informationsbeschaffung/ Quellensuche	*Bibliotheken* – Welche will ich nutzen? – Nach welchen Büchern/CDs will ich suchen? *Internet* – Welche Portale (Lexika, solide Internetportale) will ich nutzen? *Archive* – Welche Archive möchte ich nutzen? – Was erwarte ich dort? Wonach will ich suchen? *Zeitzeugeninterviews* – Welche Interviewpartner hätte ich gerne? – Stehen diese zur Verfügung?

Facharbeit

Arbeits- und Zeitplan

Zu Beginn der Arbeit sollten Sie sich einen Arbeits- und Zeitplan für die zur Verfügung stehende Zeit erstellen. Sie nutzen hierfür am besten eine einfache Wordtabelle, die Sie je nach Projektstand ergänzen und verfeinern können. **Leistungsmessungen**, Termine von **Zwischenergebnissen**, den Abgabetermin der **Seminararbeit** und das Datum der **Präsentation** sollten Sie farbig markieren.

Kalenderwoche	Themen/Arbeitsschritte/Ferien- und Feiertage/Leistungsmessungen/ Abgabetermine/Präsentationstermine	Anmerkungen (Termine, Räume, Technik, Personen)
14.09.–19.09.	Vorbesprechung	
21.09.–26.09.	Brainstorming zum Seminarthema	
28.09.–03.10.	Feiertag 03.10.	
05.10.–10.10.	Exkursion nach …	Freitag, 13–17 Uhr
…	…	…

Formale Vorgaben für die Facharbeit

Umfang	ca. 10–15 Textseiten (ohne Grafiken, Anhang u. Ä.)
Schriftsatz	Schriftgrad: 12 Zeilenabstand: 1,5-fach Seitenränder (zum Beispiel): links 3,5 cm, rechts 2,5 cm, oben 2,5 cm, unten 2 cm
Seitennummerierung	Titelblatt: zählt als Seite 1, wird aber nicht nummeriert Inhaltsverzeichnis: zählt als Seite 2, wird nicht nummeriert folgende Textseiten: beginnen mit Seite 3 und werden alle bis zum letzten Blatt durchnummeriert
Heftung	Schnellhefter oder Klebebindung oder Spiralbindung
Teile der Seminararbeit	Titelblatt Inhaltsverzeichnis Einleitung Hauptteil Zusammenfassung Anhang (Literatur- und Quellenverzeichnis, Abkürzungsverzeichnis, ggf. Grafiken und Tabellen, Selbstständigkeitserklärung)
Klassifikation der Seminararbeitsteile (Beispiel für eine Dezimalzählung)	1 Einleitung 2 erstes Thema des Hauptteils 2.1 erstes Unterthema 2.2 zweites Unterthema 3 zweites Thema des Hauptteils 3.1 … 3.1.1 … 3.1.2 … 3.2 … 4 Zusammenfassung 5 Anhang 5.1 Literatur- und Quellenverzeichnis 5.2 ggf. Abkürzungsverzeichnis 5.3 ggf. Grafiken, Tabellen, Abbildungen u. a. 5.4 Selbstständigkeitserklärung

Selbstständigkeitserklärung

Auf dem letzten Blatt Ihrer Seminararbeit müssen Sie eine Erklärung abgeben, in der Sie bestätigen, dass Sie die Arbeit selbstständig angefertigt haben:
Ich erkläre, dass ich die Seminararbeit ohne fremde Hilfe angefertigt und nur die im Literaturverzeichnis angeführten Quellen und Hilfsmittel benutzt habe.
Ort und Datum, Unterschrift

Zitate und Literaturangaben

Regeln des Zitierens
Alle wörtlichen Zitate (Absätze, Sätze, Halbsätze, zentrale Begriffe und Formulierungen usw.), die Sie in einer Seminararbeit aus anderen Fundstellen übernehmen, sind als solche mit An- und Abführungszeichen zu kennzeichnen und mit dem Fundort zu versehen. Auslassungen aus längeren Zitaten sind mit einer Klammer und drei Punkten zu kennzeichnen, d.h. mit [...].
Vermeiden Sie zu häufiges Zitieren. In Ihrer Arbeit soll erkennbar sein, dass Sie einen eigenständigen Gedankengang verfolgen. Merken Sie bei Ihrer Niederschrift, dass Sie viele Zitate aneinanderreihen, sollten Sie Ihren Gedankengang prüfen.

Verkürzte Zitatnachweise
Im laufenden Text sollten Sie verkürzte Zitatnachweise verwenden:
– *Maier, 1995, S. 450 f.*
Sie können die verkürzten Zitatnachweise entweder
– direkt im Anschluss an das Zitatende in den Text einfügen (mit Klammern) oder
– mit einer Fußnote unten auf die Seite setzen, in diesem Fall ohne Klammern.

Weitere Hinweise zum Zitieren finden Sie auf S. 185 ff.

Tipps zur Arbeit mit einem Portfolio

Was ist ein Portfolio?

Das Wort „Portfolio" hat lateinische Wurzeln. Es setzt sich zusammen aus *„folium"* (Blatt) und *„portare"* (tragen). Die historischen Ursprünge des Begriffs liegen in der Renaissance, als man Sammelmappen von Künstlern und Architekten als Portfolio bezeichnete. In der Finanzwelt ist das „Portfolio" heute eine Zusammenstellung von Wertpapieren, über die ein Kunde verfügt.

In den USA entwickelte sich in den 1990er-Jahren ein pädagogisches Konzept, das Portfolioarbeit in Schule und Ausbildung für unabdingbar hält. Auch in Deutschland gewinnt die Arbeit mit dem Portfolio in den Schulen immer mehr Bedeutung. Felix Winter, ein Hauptvertreter der schulischen Portfolioarbeit, hat eine Definition in fünf Sätzen verfasst[1]:

– Ein Portfolio ist eine Sammlung von Dokumenten, die unter aktiver Beteiligung der betreffenden Schülerinnen und Schüler zustande gekommen ist und etwas über ihre Lernergebnisse und Lernprozesse aussagt.
– Den Kern eines Portfolios bilden Originalarbeiten, die von Schülerinnen und Schülern selbst reflektiert werden.
– Für die Erstellung eines Portfolios werden in der Regel gemeinsame Ziele und Kriterien formuliert, an denen sich die Schülerinnen und Schüler orientieren können, wenn sie für ihr Portfolio arbeiten und eine Auswahl von Dokumenten zusammenstellen.
– Portfolios werden häufig auch anderen Personen präsentiert (z. B. Eltern, Besuchern).
– Anhand von Portfolios finden Gespräche über Lernen und Leistung statt.

Typen und Formen des Portfolios

Portfolios sollen helfen, über den eigenen Lernprozess nachzudenken. Sie können und sollen Lernprozesse dokumentieren, die sonst in der Leistungsbeurteilung wenig Berücksichtigung finden.

Es gibt eine Vielzahl von Portfoliotypen, die sich nicht trennscharf voneinander abgrenzen lassen. Häufig wird unterschieden zwischen einem *Individual Portfolio* und einem *Showcase Portfolio* (Präsentationsportfolio). Für die Arbeit in der Schule lassen sich grundsätzlich zwei Typen unterscheiden, die allerdings häufig in Mischformen verwendet werden:

Prozessorientierte Portfolios dienen der Dokumentation von Lernfortschritten und umfassen erste schriftliche Vorüberlegungen ebenso wie überarbeitete Konzepte und Endergebnisse sowie selbstreflexive Anmerkungen des Portfolioverfassers.

Produkt- bzw. ergebnisorientierte Portfolios basieren auf einer Sammlung von Arbeiten, die gezielt nach bestimmten Kriterien als gelungen ausgewählt wurden, und enthalten auch eine schriftliche Begründung der Auswahlentscheidungen. In der schulischen Praxis haben sich Formen des letzteren Typs durchgesetzt.

Portfolios können zeitlich und thematisch unabhängig vom Unterricht erstellt werden, betreut durch eine Lehrkraft, oder in den Unterricht integriert werden, sei es dadurch, dass Schülerinnen und Schüler Wahlthemen bearbeiten, die vom Kursthema abgeleitet werden, sei es, dass ein Teil des Unterrichts für die Präsentation und Auswertung der angefertigten Portfolios zur Verfügung gestellt wird.

---

1 Felix Winter, Ein Schnellkurs in Sachen Portfolio, abzurufen unter: http://www.portfolio-schule.de.

Ein Portfolio kann in Einzel- oder Gruppenarbeit erstellt werden. Gruppenportfolios werden selten eingesetzt, eignen sich aber, um Teamprozesse zu dokumentieren. Einzelportfolios bieten die Möglichkeit, gezielt auf die Möglichkeiten und Fähigkeiten des Einzelnen einzugehen und die individuelle Leistung zu würdigen.

Schritte bei der Portfolioarbeit

1. Klärung von Rahmenbedingungen und Zielen
- Anforderungen/Standards
- Zeitrahmen
- Spielräume: Verhältnis von Offenheit und Vorgabe bei der Auswahl der Beiträge/Produkte
- Transparenz bezüglich der Bewertungskriterien

2. Sammlung
- Sammeln und Sichten von Produkten während des gesamten Arbeitsprozesses vor dem Hintergrund der möglichen Verwendbarkeit für das Portfolio (Abgleich mit den Zielen)
- Mögliche Vorstrukturierung durch ein dynamisches Inhaltsverzeichnis

3. Auswahl
- Endgültige Entscheidung über die Aufnahme von Arbeiten in das Portfolio
- Kurze schriftliche Begründung für jedes aufgenommene Produkt
- Rückbezug auf die Anforderungen/Standards

4. Reflexion
- Reflexion über den Lernprozess, z. B. über Sackgassen und Umwege, Veränderung von Zielen
- Eigene Beurteilung aller ins Portfolio aufgenommenen Produkte nach sinnvollen Qualitätskriterien

5. Projektion
- Persönliche Auswertung
- Abgleich mit den Zielen
- Schlussfolgerungen für die weitere Lernarbeit

6. Präsentation
- Vorstellung des Portfolios (Adressat Lehrer/Lehrerin)
- Eventuell Teilpräsentationen im Unterricht oder in Ausstellungen

Die Arbeitsschritte sind angelehnt an: Thomas Häcker, Portfolio: ein Entwicklungsinstrument für selbstbestimmtes Lernen, Schneider Hohengehren, Baltmannsweiler 2007, S. 145 ff.

Das E-Portfolio

Beim E-Portfolio handelt es sich um eine digitale Sammlung von Produkten durch eine Person oder eine Gruppe. Abgesehen von der Digitalität gibt es keine grundsätzlichen Unterschiede zum klassischen Portfolio. In einzelnen Phasen der Portfolioarbeit sind allerdings Besonderheiten zu beachten.

Bei der Klärung der Vorgaben in der ersten Phase der Arbeit (Kontext) müssen die technischen Rahmenbedingungen, z. B. Vorhandensein einer Portfoliosoftware, Ausstattung mit Smartboards, ebenso geprüft werden wie rechtliche Aspekte, vor allem Fragen des Urheberrechts und des Datenschutzes.

In der Sammlungsphase muss Zeit für die Digitalisierung von Produkten eingeplant werden. Möglichkeiten zur Verlinkung sollten vor allem in den Phasen der Auswahl, der Reflexion und der Projektion genutzt werden. Die Präsentation erfolgt in der Regel elektronisch.

Hilfen zur Erstellung eines Portfolios

Klärung der Rahmenbedingungen

Thema: Ist das Thema klar umgrenzt? Welchen Bezug hat das Thema zum Unterricht?

Zielvereinbarungen: Sind die Ziele klar formuliert? Welcher Spielraum ist für begründete Änderungen gegeben?

Zeitrahmen: Welche zeitlichen Vorgaben werden gemacht? (Kursabschnitt, Kurshalbjahr, andere Zeitvorstellungen)

Abgabetermin: Sind Abgabe- und Präsentationstermin identisch?

Zweck: Welche Funktion(en) hat das Portfolio? (z. B. Bewertungsgrundlage im Bereich der „Sonstigen Leistungen im Unterricht")

Bewertung: Sind eindeutige, transparente Bewertungskriterien vereinbart? (Gewichtung von Grundanforderungen, Eigeninitiative, Selbstständigkeit, Reflexionsfähigkeit, strukturierter und individueller Gestaltung, Gewichtung der erbrachten Leistung)

Kompetenzerwerb: Welche Kompetenzen werden vorrangig gefördert? (z. B. Förderung der Methoden- und der Urteilskompetenz)

Strukturierung und Gestaltung: Welche verbindlichen Vorgaben gibt es zu Aufbau, Inhalt und formaler Gestaltung? (z. B. verbindliche Einzelbestandteile, Art und Umfang der Produkte, Verwendung vorgeschriebener Formblätter z. B. für das Deckblatt und für die einzelnen Kapitel des Portfolios, zur Selbstbeurteilung) Sind zusätzliche Produkte möglich/erwünscht?

Rückmeldung: Sind Gespräche über das Portfolio während des Arbeitsprozesses vorgeschrieben/möglich, z. B. Austausch mit Lernpartnern, Gespräche mit dem Lehrer/der Lehrerin? Müssen Termine und Inhalte von Beratungsgesprächen dokumentiert werden?

Arbeit am Portfolio

Hilfen bei Auswahl und Reflexion

Warum sehe ich das als eine beste Arbeit an?
Was ist mir bei der Bearbeitung besonders gut gelungen?
Welche Schwierigkeiten sind aufgetreten?
Welche Ergänzungen müssen noch vorgenommen werden?
Welche alternativen Vorgehensweisen gibt es?

Welche Impulse von außen, z. B. durch einen Lernpartner, haben mich weitergebracht?
Welche Rückmeldungen/Kommentare waren kontraproduktiv?
Wie kann ich meinen Arbeitsprozess optimieren?

Selbstbeurteilungen müssen in ganzen Sätzen als zusammenhängender Text verfasst werden und sollten möglichst konkret sein, d.h. auf die Gegenstände des Portfolios und den Lernprozess bezogen sein und diesen nachvollziehbar machen. Am Ende der Portfolioarbeit sollte eine Reflexion des gesamten Lernprozesses stehen.

Beispiel

Thema des Portfolios:
Frauenrechte in der Französischen Revolution

Vereinbarungen zum Inhalt des Portfolios (Mindestanforderungen)
- **Titelblatt**
- **Inhaltsverzeichnis**
- **Arbeits-/Zeitplan**
- **Mindmap**
- **Zwei Quelleninterpretationen** zur Rolle/Stellung der Frau im Zeitalter der Französischen Revolution. z. B.
    - Jean Antoine de Condorcet, Über die Zulassung der Frauen zum Bürgerrecht, 1789
    - Jean Jacques Rousseau, Emile oder über die Erziehung, Kapitel 5 („Die Frau ist geschaffen, dem Mann zu gefallen...")
- **Analyse einer Darstellung und kritische Auseinandersetzung mit ihr**, z. B. Vorwort zur Neuausgabe von Hannelore Schröder in: Olympe de Gouges, Erklärung der Rechte der Frau und Bürgerin, hg. v. Hannelore Schröder, Ein-Fach-Verlag. Aachen 1995 (online abzurufen unter: http://www.hannelore-schroeder.nl/olympe-de-gouges-stiftung/mutter-der-menschenrechte.html)
- **Rechercheprotokoll** mit Begründung für die Auswahl von Quellen und Darstellungen
- ein **kreatives Arbeitsprodukt**, z. B. Entwurf eines Denkmals für Olympe de Gouges oder Antrag mit Begründung zur Einführung eines Olympe-de-Gouges-Preises
- **Zeitleiste** mit zentralen Daten zur Entwicklung der Frauenrechte von der Französischen Revolution bis zur Gegenwart
- **Zwei Selbstbeurteilungen**, davon eine am Schluss zur Reflexion des gesamten Arbeitsprozesses
- **Literaturverzeichnis**
- **Kopien der bearbeiteten Materialien**
- **Fakultative Leistungen:** Analyse einer Darstellung, z. B. Iring Fetscher, Olympe de Gouges: Zweimal hingerichtet. Eine Vorkämpferin für Demokratie und die Gleichberechtigung der Frau, in: Die Zeit, Nr. 11, 6. März 1988, S. 49 (online abzurufen unter: http://www.zeit.de/1987/11/zweimal-hingerichtet) und Vergleich mit der Darstellung aus dem Pflichtbereich

Portfolio

Strukturierungshilfe für das Portfolio

Deckblatt für eine Einlage in das Portfolio

Kurs: _____ Datum: _____

Name: _____

Titel der Einlage: _____

Art der Aufgabe, die bearbeitet wurde:
_____
_____

Wie ich an dieser Aufgabe gearbeitet habe:
_____
_____
_____
_____

Warum dieser Leistungsnachweis für das Portfolio ausgewählt wurde:
_____
_____
_____

Was meiner Meinung nach daran gelungen ist:
_____
_____
_____

Was er von mir und meiner Arbeit zeigt:
_____
_____
_____

Was ich anhand dieses Leistungsnachweises gelernt habe:
_____
_____
_____
_____

Zit. nach: Felix Winter, Netzwerk Portfolio, http://www.portfolio-schule.de/go/Material (Download vom 10. Oktober 2013)/© Friedrich Verlage 1997–2000.

Klausurthemen

Tipps zur Vorbereitung auf Klausurthemen

Übung 1: Inhalte der Lehrplanthemen wiederholen
Die großen historischen Zusammenhänge und Leitfragen der Lehrplanthemen werden im vorliegenden Schülerbuch in den Themeneinführungen S. 6–9, 58–61 und 116–119 erläutert. Jedes Teilthema des Lehrplans ist in Form eines Kapitels aufbereitet. Jedes Kapitel wiederum ist in kleine Themeneinheiten unterteilt:

1. In jeder „Themeneinführung" und in jeder „Themeneinheit" finden Sie unter den Darstellungstexten Aufgaben. Bearbeiten Sie die Aufgaben. Durch „Querlesen" – das heißt durch das Lesen der Zwischenüberschriften und Fettdrucke – gelangen Sie rasch zu den Einzelabschnitten, die Sie für die Beantwortung von Teilaufgaben benötigen.
2. Arbeiten Sie an den Stellen, an denen es Ihnen sinnvoll erscheint, noch einmal die zugehörigen Materialien im Materialteil durch (Verweise in den Darstellungen).
3. Halten Sie Ihre Ergebnisse auf Karteikarten fest (s. unten).

Übung 2: Wichtige Daten merken und anwenden
Auf den Themenabschlussseiten finden Sie immer eine Zeittafel. Auf drei Arten können Sie damit für das Abitur üben:

1. Geben Sie jeden Eintrag der Zeittafel mit eigenen Worten wieder.
2. Schreiben Sie auf die Vorderseite einer Karteikarte ein Ereignis, auf die Rückseite das Datum (s. unten).
3. Vertiefen Sie Ihre Kenntnisse über zentrale Daten, indem Sie noch einmal die zugehörigen Darstellungen und Materialien aus dem Kapitel durcharbeiten. Schreiben Sie auf Ihre Karteikarten: a) welche Ursachen zu einem Ereignis geführt haben, b) wie es abgelaufen ist, c) welche Folgen es gehabt hat.

Übung 3: Zentrale Begriffe verstehen und erklären
Das Grundwissen zu jedem Kapitel finden Sie am Kapitelanfang. Die neuen Begriffe eines Kapitels sind auf den „Kompetenzen überprüfen"-Seiten aufgelistet; Seitenverweise führen zu den entsprechenden Erläuterungen im Kapitel:

1. Lesen Sie zu jedem Begriff die Erläuterung.
2. Klären Sie Fremdwörter.
3. Erläutern Sie den Inhalt jedes Begriffs anhand von historischen Beispielen. Halten Sie Ihre Ergebnisse auf Karteikarten fest (s. unten).

Ergebnisse sichern: Arbeitskartei anlegen
Halten Sie die Ergebnisse der Übungen 1 bis 3 auf Karteikarten fest:

1. Notieren Sie auf der Vorderseite eine Frage, einen Begriff oder ein Datum, schreiben Sie auf die Rückseite Ihre Erläuterungen.
2. Wiederholen Sie mithilfe Ihrer Arbeitskartei die Inhalte, Daten und Begriffe der Schwerpunktthemen – alleine, in Partnerarbeit oder in kleinen Gruppen.

Übung 4: Methodentraining – Unterscheiden von Textmaterialien
Schriftliche Quellen und Darstellungen gehören zu den Materialien, die am häufigsten in Abiturklausuren vorkommen (weitere Materialarten können z. B. Statistiken, Gemälde, Fotografien sein). Damit Sie lernen, schriftliche Quellen und Dar-

stellungen auf den ersten Blick voneinander zu unterscheiden, sollten Sie dies mithilfe Ihres Schülerbuches trainieren, z. B. in Partnerarbeit:

1 Lesen Sie in den Materialteilen des Kapitels 1 die Überschriften, Einleitungen und Anfänge der Textmaterialien und bestimmen Sie jeweils, ob es sich um eine schriftliche Quelle (= Textquelle) oder eine Darstellung handelt.
2 Wiederholen Sie die Übung anhand der Textmaterialien eines anderen Kapitels.

Übung 5: Methodentraining – Darstellungen auswerten
Wiederholen Sie mithilfe der folgenden „Checkliste" die Grundschritte bei der Auswertung von Darstellungen (s. auch S. 167 ff.):

1 Thema: Mit welchem Thema bzw. welcher Frage beschäftigt sich der Autor/die Autorin? Was will er/sie erklären?
2 Aussagen: Welche zentralen Aussagen werden von dem Autor/der Autorin getroffen bzw. welche Thesen werden aufgestellt?
3 Argumente: Mit welchen Daten bzw. Argumenten belegt der Autor/die Autorin seine/ihre Aussagen und Thesen?
4 Abgrenzung: Will sich der Autor/die Autorin gegen eine andere Position absetzen? Wenn ja, gegen welche und aus welchen Gründen?
5 Interessen: Von welchen (Wert-)Maßstäben aus werden Ereignisse, Entwicklungen und das Handeln von Personen beurteilt?

Übung 6: Methodentraining – Interpretation schriftlicher Quellen
Die Interpretation schriftlicher Quellen ist eine der zentralen Anforderungen im Abitur:

1 Prägen Sie sich die systematischen Arbeitsschritte zur Interpretation einer schriftlichen Quelle von S. 22 f. ein.
2 Merken Sie sich die „Faustregel" zur Analyse der formalen Merkmale schriftlicher Quellen und üben Sie die Beantwortung der „W-Fragen" anhand von fünf selbst ausgewählten schriftlichen Quellen des Schülerbuchs.

„**Faustregel**"
für die Analyse der formalen Merkmale schriftlicher Quellen:
WER sagt **WO, WANN, WAS, WARUM,** zu **WEM** und **WIE?**

Klausurbeispiel

Aufgabentyp A: Interpretation einer sprachlichen historischen Quelle

Das System der Encomienda

Aufgabenstellung:

Interpretieren Sie die Quelle, indem Sie
1 sie analysieren,
2 sie in den historischen Kontext einordnen und
3 die Darstellung der Encomienda durch den Autor beurteilen.

M1 Petrus Martyr de Anghiera (1457–1526), „Acht Dekaden über die Neue Welt" (1511; Auszug)

Petrus Martyr de Anghiera war ein Geschichtsschreiber und Geistlicher italienischer Herkunft, seit 1487 am spanischen Hof, 1501 spanischer Botschafter und später Mitglied des königlichen Indienrates.

Für die Arbeit des Goldschürfens gilt folgende Ordnung. Jedem fleißigen und angesehenen Spanier werden ein oder mehrere Kaziken [...] mit ihren Untertanen zugewiesen. Vertragsgemäß hat der Kazike zu gewissen Jahreszeiten mit
5 einer Kolonne Eingeborener zur Goldmine des Besitzers zu kommen, dem er zugeteilt ist. Dort werden die Werkzeuge zum Graben ausgeteilt. Ein bestimmter Arbeitslohn ist für den Kaziken und die Eingeborenen zu ihrem Unterhalt festgesetzt. Wenn sie von den Goldminen zur Feldarbeit zu-
10 rückkehren, die sie zur entsprechenden Jahreszeit betreiben müssen, um einer Hungersnot vorzubeugen, empfangen sie ihr Entgelt: der eine ein Hemd, der andere ein Untergewand, der dritte einen Mantel oder einen Hut. Denn an den Sachen haben sie Freude, und sie gehen auch nicht mehr
15 nackt einher. So beschäftigen die Spanier die Eingeborenen ähnlich wie Hörige mit Goldgewinnung und Feldbestellung. Diese eingeborenen Lohnarbeiter ertragen das Joch zwar ungern, aber sie nehmen es hin [...]. Der König wünscht jedoch nicht, dass diese Indios als Sklaven gelten. Nach sei-
20 nem Willen werden sie nur auf Frist zugeteilt und dann wieder freigestellt. In der Jahreszeit, in der die Eingeborenen von ihren Häuptlingen, den Kaziken, [...] zur Arbeit einberufen werden, entlaufen viele in die Wälder und Berge, wenn sie die Gelegenheit dazu finden. Dort verstecken sie sich und
25 geben sich mit den Früchten des Waldes als Nahrung zufrieden, um nicht die Zwangsarbeit ausführen zu müssen. Die Einwohner Españolas sind gelehrig: Sie haben ihre alten Riten schon ganz vergessen, bekennen sich mit Frömmigkeit zur Lehre Christi und sprechen nach, was ihnen von unse-
30 rem Glauben beigebracht wird. Die angesehensten der spanischen Siedler erziehen in ihren Häusern Söhne der Häuptlinge. Die Kinder fassen leicht einfache Lehren auf und nehmen schnell feinere Sitten an. Wenn sie älter geworden sind, besonders nach dem Tod ihrer Väter, schickt man sie
35 zu ihren Familien zurück, damit sie über ihre Stammesgenossen herrschen. Diese spanisch erzogenen Söhne der Häuptlinge sind im Glauben an Christus schon gefestigt und beweisen sowohl ihre Liebe zu den Spaniern wie zu ihren eigenen Untertanen. Mit sanfter Überredung gelingt es
40 ihnen, ihre Stammesgenossen gutgelaunt zur Arbeit in die Goldminen zu führen. [...] Alles Gold, das man in den Bergen von Cibao und Puerto Real schürft, wird nach der Stadt Concepcion gebracht. In den dort bestehenden Münzstätten wird es abgeliefert und zu Barren umgeschmolzen. Man
45 behält die Steuer für den König ein, die ein Fünftel beträgt, und zahlt jedem Spanier den Anteil aus, der ihm für seine Arbeit zusteht.

Zit. nach: Wolfgang Behringer (Hg.), Lust an der Geschichte: Amerika. Die Entdeckung und Entstehung einer neuen Welt, Piper, München, Zürich 1992, S. 65–67.

Klausurbeispiel

Lösungshinweise

Zu 1.
Vorbemerkung zur Aufgabe

Beachten Sie, dass der Operator „analysieren" immer verschiedene Teilaufträge umfasst, die je nach Text in unterschiedlicher Gewichtung bedeutsam sind. In der Regel sind Ausführungen zu folgenden Aspekten zu machen: Autor des Textes, Adressat(en), Quellengattung, Entstehungszeitpunkt/situativer Kontext, Thema, Intention des Autors (kurze Ausführungen), Inhalt und Aufbau der Argumentation. Bringen Sie Textbelege. Wahren Sie eine kritische Distanz zum Text (Verwendung von Anführungszeichen, Konjunktiv).

Autor: Petrus Martyr de Anghiera (1457–1526), italienischer Herkunft, aber seit 1487 am spanischen Hof und in der Gunst des Königspaars, da er später offiziell die Interessen Spaniens vertritt.

Quellengattung: Zeitgenössische Historiografie über die Entdeckung der „Neuen Welt" durch die Spanier in Form einer Chronik.

Adressaten: Königshaus und gelehrtes Publikum in der „Alten Welt"

Situativer Kontext: Aufbau einer Kolonialherrschaft in der „Neuen Welt"; vor dem Requerimiento

Thema: Darstellung der Arbeitsverpflichtung der indigenen Bevölkerung, des Umgangs mit den Goldvorkommen und des Erfolgs der Missionierung auf Española

Intention: Bemühen um eine positive Sichtweise (wohlwollende Objektivität) in den Ausführungen zur Praxis der Encomienda

Inhaltliche Aspekte

- Arbeitsverpflichtung der indigenen Bevölkerung zu bestimmten Zeiten in den Goldminen
- Zuweisung von Kaziken mit einer festgelegten Anzahl von Untertanen an Spanier
- Stellung von Arbeitswerkzeugen
- Lohnauszahlung nach Beendigung der Arbeit in den Minen – danach Feldarbeit zur Sicherung des eigenen Lebensunterhalts
- Entlohnung, z. B. aus Kleidungsstücken, bereite der einheimischen Bevölkerung Freude und diene der Bedeckung ihrer Nacktheit.
- Diese Dienstbarkeit gelte nur für eine bestimmte Zeit, da die einheimische Bevölkerung dem Willen des Königs nach prinzipiell frei und eher Hörigen vergleichbar sei.
- Auch wenn diese Arbeitsverpflichtung weitgehend hingenommen werde, versuchten viele Indios davor zu fliehen.
- Sowohl die Missionierung als auch die Erziehung der Häuptlingssöhne in vornehmen spanischen Familien verliefen auf Española erfolgreich.
- Nach der Rückkehr in ihre Stämme und der Herrschaftsübernahme verträten Häuptlingssöhne einerseits die Interessen ihrer Untertanen, andererseits der Spanier, indem sie ihre Untertanen zur Erfüllung der Dienstbarkeit anhielten.
- Alle Goldfunde würden in den Münzstätten zu Goldbarren geschmolzen.
- Von diesem Gold würden die Steuer von einem Fünftel an den König entrichtet und die Spanier für ihre Arbeit entlohnt.

Zu 2.
Vorbemerkung zur Aufgabe

Achten Sie auf den Operator. „Einordnen" – historische Kontextualisierung – bedeutet Aufgaben- und Textbezug. Vermeiden Sie eine „Wissensausschüttung" und gebrauchen Sie historische Fachbegriffe.

Die Encomienda steht ganz am Anfang der Errichtung der spanischen Herrschaft in Lateinamerika und reagiert unmittelbar auf die als nicht haltbar empfundenen Zustände auf Española. Erfahrungen, auf denen man aufbauen konnte, gab es praktisch nicht. In diesem Zusammenhang ist auf den Erlass von Königin Isabella von 1503 hinzuweisen, der die Encomienda einerseits im Sinne des europäischen Feudalsystems errichtete (Abhängigkeit der indigenen Bevölkerung von den Konquistadoren, Dienstpflicht), andererseits aber den Erfordernissen Rechnung trägt, die sich aus der Kolonisierung und den damit verbundenen Zielen ergab (Ausbeutung der Gold- und Silberschätze, Eingliederung der „Neuen Welt" in das spanische Reich, Christianisierung von „Heiden"). Der Indienrat war 1511 noch nicht begründet, ein Vizekönig noch nicht installiert. Die Konquistadoren hatten vor Ort nahezu uneingeschränkte Gewalt. Sie ließen die einheimische Bevölkerung für ihre wirtschaftlichen Interessen arbeiten und machten in diesem Sinne von der Encomienda Gebrauch, ohne sich um die sich daraus ergebenden Schutz- und Fürsorgepflichten zu kümmern. Es entstand so ein Unterdrückungssystem, das zur teilweisen bzw. völligen Auslöschung der indigenen Bevölkerung führte. Eingriffe der spanischen Krone zugunsten der Bevölkerung blieben weithin wirkungslos, da die räumliche Distanz zu groß war, schnell und direkt reagieren zu können. Festzuhalten ist aber, dass es speziell aus dem Kreis der Missionare (Las Casas, Dominikaner) immer wieder Vorstöße gab, das Schicksal der „Indianer" zu verbessern und der Willkürherrschaft der Konquistadoren Einhalt zu gebieten (Hinweis auf die „Neuen Gesetze"), was jedoch vor Ort an seine Grenzen stieß.

Zu 3.
Vorbemerkung zur Aufgabe

Achten Sie auf die Unterscheidung zwischen einer Beurteilung aus zeitgenössischer und aus heutiger Sicht. Prüfen Sie vor dem Hintergrund Ihres eigenen historischen Wissens und der Kenntnis anderer Quellen die Position des Autors zur Encomienda. Welchen Aussagen können Sie zustimmen, welche Aussagen müssen Sie relativieren oder ablehnen? Formulieren Sie ein abschließendes Fazit oder begründen Sie, warum Ihnen das nicht möglich ist.

Anghiera sieht das System, in dem die indigene Bevölkerung zur Arbeit in den Goldminen herangezogen wird, aus einer eher mittelalterlichen Sicht (vgl. sein Hinweis auf den Status der „Hörigen" in Europa, Z. 19). Er betont die genau definierte Dienstpflicht, die es der Bevölkerung ermögliche, sich auch der Feldarbeit mit der notwendigen Zeit zu widmen, hebt die Entlohnung der Einheimischen hervor, die aus von ihnen mit „Freude" entgegengenommenen nützlichen Sachleistungen bestehe, und weist auf die auch offiziell gewünschte Abgrenzung ihres Status von der Sklaverei hin (Z. 22 ff.).

- Den Tatbestand, dass sich „viele" ihren Verpflichtungen entziehen, indem sie „in die Wälder und Berge" fortlaufen (Z. 29 f.), stellt er als Folge des als „Zwangsarbeit" charakterisierten Systems dar, ohne die Betroffenen zu kritisieren (sie „geben sich mit den Früchten des Waldes als Nahrung zufrieden"), ohne aber auch daraus Schlussfolgerungen bezüglich der Mängel des Systems zu ziehen.
- Auch der „Herrenstatus" der Spanier wird von Anghiera ohne Einschränkungen als gegeben hingenommen, ihre Stellung erscheint ihm im Sinne des europäischen Grundherrn im Feudalsystem als selbstverständlich, sofern sie „fleißig und angesehen" sind (Z. 2); deshalb erscheint es als genauso selbstverständlich, dass sie es sind, die – nach Abzug der Steuern – den Anteil am Ertrag des abgelieferten Goldes erhalten, der ihnen für ihre „Arbeit" (das heißt, die Arbeit der ihnen zugewiesenen Einheimischen) zusteht.
- Schließlich betont Anghiera auch, dass die Spanier für die Verbreitung des christlichen Glaubens unter der indigenen Bevölkerung sorgen (Z. 33 ff.).
- Anghiera geht von der theoretisch vorgesehenen Behandlung der indigenen Bevölkerung aus, beschäftigt sich aber nicht mit den tatsächlichen Auswirkungen der Encomienda, wie dies ein Gutachten der Hofgeistlichen des spanischen Königs wenige Jahre später (1519) tut. Die negativen Konsequenzen für die einheimische Bevölkerung nimmt er nicht in den Blick.

Die schriftliche Abiturprüfung

1 Aufgabentypen

Für die schriftliche Abiturprüfung sind die folgenden Aufgabentypen mit gegliederter Aufgabenstellung vorgesehen:

Aufgabentyp A
Interpretation sprachlicher oder nichtsprachlicher historischer Quellen

Aufgabentyp B
Analyse von Darstellungen und kritische Auseinandersetzung mit ihnen
Das zu untersuchende Material **kann**
– bei **Typ A** auch aus **mehreren Quellen**,
– bei **Typ B** auch aus **mehreren Darstellungen**
bestehen.
Eine Mischung von Quelle und Darstellung ist als Aufgabentyp nicht zulässig.

2 Anforderungsbereiche

In den Klausuren und in der schriftlichen Abiturprüfung wird bei der Bewertung zwischen den drei sogenannten „Anforderungsbereichen" unterschieden:
Der **Anforderungsbereich I** umfasst das Wiedergeben von Sachverhalten aus einem abgegrenzten Gebiet und im gelernten Zusammenhang unter rein reproduktivem Benutzen eingeübter Arbeitstechniken. Dies erfordert vor allem Reproduktionsleistungen wie:
– Wiedergeben von grundlegendem historischen Fachwissen
– Bestimmen der Quellenart
– Unterscheiden zwischen Quellen und Darstellungen
– Entnehmen von Informationen aus Quellen und Darstellungen
– Bestimmen von Raum und Zeit historischer Sachverhalte

Der **Anforderungsbereich II** umfasst das selbstständige Erklären, Bearbeiten und Ordnen bekannter Inhalte und das angemessene Anwenden gelernter Inhalte und Methoden auf andere Sachverhalte. Dies erfordert vor allem Reorganisations- und Transferleistungen wie:
– Erklären kausaler, struktureller bzw. zeitlicher Zusammenhänge
– Sinnvolles Verknüpfen historischer Sachverhalte zu Verläufen und Strukturen
– Analysieren von Quellen oder Darstellungen
– Konkretisieren bzw. Abstrahieren von Aussagen der Quelle oder Darstellung

Der **Anforderungsbereich III** umfasst den reflexiven Umgang mit neuen Problemstellungen, den eingesetzten Methoden und gewonnenen Erkenntnissen, um zu eigenständigen Begründungen, Folgerungen, Deutungen und Wertungen zu gelangen. Dies erfordert vor allem Leistungen der Reflexion und Problemlösung wie:
– Entfalten einer strukturierten, multiperspektivischen und problembewussten historischen Argumentation
– Diskutieren historischer Sachverhalte und Probleme
– Überprüfen von Hypothesen zu historischen Fragestellungen
– Entwickeln eigener Deutungen
– Reflektieren der eigenen Urteilsbildung unter Beachtung historischer bzw. gegenwärtiger ethischer, moralischer und normativer Kategorien

Abiturprüfung

Checkliste zum Schreiben einer Geschichtsklausur

Thema auswählen (wenn mehrere Klausurthemen gestellt sind)
Lesen Sie sich in Ruhe alle gestellten Klausurthemen durch. Sie sollten sich weniger nach spontanen Interessen entscheiden, sondern das Thema wählen, bei dem Sie sich fachlich wie methodisch am sichersten fühlen.

Aufgabenstellung erschließen
Achten Sie auf den genauen Wortlaut der Aufgabenstellung bzw. der einzelnen Arbeitsanweisungen. Vergegenwärtigen Sie sich, was die einzelnen Operatoren von Ihnen verlangen.

Materialien auswerten
Lesen Sie die vorgelegten Materialien mehrmals. Unterscheiden Sie zwischen Quellen und Darstellungen. Unterstreichen Sie mit farbigen Stiften zentrale Aussagen und markieren Sie Schlüsselbegriffe. Notieren Sie sich Stichpunkte. Analysieren und interpretieren Sie die Texte mithilfe methodischer Arbeitsschritte (s. S. 22 f., 167 ff.) und im Hinblick auf die Aufgabenstellung.

Historische Einordnung vornehmen
Ordnen Sie die Materialien in den geschichtlichen Kontext ein und notieren Sie Stichpunkte zum historischen Hintergrund (Ereignisse, Personen, Prozesse, Strukturen, Begriffe).

Gliederung entwerfen
Entwerfen Sie eine Gliederung und ordnen Sie Ihre Notizen zur Materialauswertung und zum historischen Kontext entsprechend zu. Vervollständigen Sie Ihre Gliederung um Argumente und Beispiele für/gegen eine These, die durch die Aufgabenstellung vorgegeben ist oder sich durch die Position des Autors/der Autoren ergibt.

Zeitplan erstellen
Ordnen Sie jeder Arbeitsanweisung einen entsprechenden Zeitumfang zu. Berücksichtigen Sie „Zeitfenster" für Pausen und die Schlusskorrektur.

Reinschrift fertigen
Formulieren Sie entsprechend Ihrer Gliederung einen Fließtext. Achten Sie dabei auf Ihren Zeitplan. Belegen Sie Ihre Ausführungen mit Zitaten aus den Materialien. Stützen Sie Ihre Thesen durch Argumente und Beispiele.

Schlusskorrektur durchführen
Lesen Sie Ihre Klausur möglichst zweimal durch. Achten Sie sowohl auf fachliche Richtigkeit und eine sachliche Ausdrucksweise als auch auf die korrekte Anwendung der Rechtschreibung und Zeichensetzung sowie der Zitierregeln (s. S. 185 f.).

Fachliteratur

Hinweise auf Internetseiten zum Thema finden Sie unter Webcode: KB644438-209

Chronologische Überblickswerke/Geschichtsatlanten

Der große Ploetz, hg. vom Verlag Ploetz, Göttingen 2010.
dtv-Atlas zur Weltgeschichte, einbändige Sonderausgabe, 3. Aufl., München 2010.
Kettermann, Günter, Atlas zur Geschichte des Islam, Frankfurt/M. 2008.
Markschies, Christoph u. a. (Hg.), Atlas der Weltbilder, Berlin 2011.
Putzger Historischer Weltatlas. Atlas und Chronik zur Weltgeschichte, 104. Aufl., Berlin 2011.

Lexika, Handbücher

Dülmen, Richard van (Hg.), Fischer Lexikon Geschichte, akt., vollst. überarb. und erg. Aufl., Frankfurt/M. 2003.
Elger, Ralf/Stolleis, Friederike (Hg.), Kleines Islam-Lexikon. Geschichte – Alltag – Kultur, München 2001.
Goertz, Hans-Jürgen (Hg.), Geschichte. Ein Grundkurs, 3. rev. u. erw. Aufl., Reinbek bei Hamburg 2007.
Gutjahr, Hans-Joachim (Hg.), Duden. Basiswissen Schule: Geschichte, 3., akt. Aufl., Berlin 2011.
Jordan, Stefan, Lexikon Geschichtswissenschaft. Hundert Grundbegriffe, Stuttgart 2010.
Pleticha, Heinrich (Hg.), Geschichtslexikon. Daten, Fakten und Zusammenhänge, 5., akt. Aufl., Berlin 2004.

Methodentraining Geschichte

Bauer, Volker, u. a. (Hg.), Methodenarbeit im Geschichtsunterricht, Berlin 1998.
Kolossa, Bernd, Methodentrainer Gesellschaftswissenschaften. Sekundarstufe II, Berlin 2000.
Rauh, Robert, Methodentrainer Geschichte Oberstufe. Quellenarbeit – Arbeitstechniken – Klausurentraining, Berlin 2010.

Kapitel 1

Bade, Klaus J. u. a. (Hg.), Enzyklopädie Migration in Europa. Vom 17. Jahrhundert bis zur Gegenwart, 3. Aufl., Paderborn 2010.
Bleckmann, Bruno, Die Germanen, München 2009.
Dahlmann, Dittmar/Kotowski, Albert S./Karpus, Zbigniew (Hg.), Schimanski, Kuzorra und andere. Polnische Einwanderer im Ruhrgebiet zwischen der Reichsgründung und dem Zweiten Weltkrieg, Essen 2005.
de Las Casas, Bartolomé, Kurzgefasster Bericht von der Verwüstung der Westindischen Länder, hg. v. Michael Sievernich, übers. v. Ulrich Kunzmann, Frankfurt/M. 2006.
Edson, Evelyn/Savage-Smith, Emilie/von den Brincken, Anna Dorothee, Der mittelalterliche Kosmos. Karten der christlichen und islamischen Welt, Darmstadt 2005.
Goddar, Jeannette/Huneke, Dorte (Hg.), Auf Zeit. Für immer. Zuwanderer aus der Türkei erinnern sich. Ein Projekt der Bundeszentrale für politische Bildung und des KulturForums Türkei-Deutschland e. V., Schriftenreihe Band 1183, Bundeszentrale für politische Bildung, Bonn 2011.
Landesverband Lippe (Hg.), 2000 Jahre Varusschlacht, Bd. 3, Mythos, Stuttgart 2009.
Mehr, Christian, Entdeckungen und Eroberungen in der frühen Neuzeit, Ditzingen 2013.
Speitkamp, Winfried, Kleine Geschichte Afrikas, Stuttgart 2007.
Wisotzky, Klaus/Wölk, Ingrid (Hg.), Fremd(e) im Revier!? Zuwanderung und Fremdsein im Ruhrgebiet, Essen 2010.

Kapitel 2

Bossong, Georg, Das maurische Spanien, 2. Aufl., München 2010.
Feldbauer, Peter/Liedl, Gottfried, Die islamische Welt 1000–1517, Wirtschaft, Gesellschaft, Staat, Wien 2008.
Halm, Heinz, Der Islam, Geschichte und Gegenwart, 8. Aufl., München 2011.
Hattstein, Markus/Delius, Peter (Hg.), Islam, Kunst und Architektur, Köln 2000.
Jaspert, Nikolas, Die Kreuzzüge, 6. Aufl., Darmstadt 2013.
Krämer, Gudrun, Geschichte des Islam, München 2005.
Legler, Rolf, Andalusien. Maurische Pracht in Spaniens Süden, Stuttgart 2011.
Lilie, Ralph-Johannes, Einführung in die byzantinische Geschichte, Stuttgart 2007.
Matuz, Josef, Das Osmanische Reich, Grundlinien seiner Geschichte, 7. Aufl., Darmstadt 2012.
Nagel, Tilman, Die islamische Welt bis 1500, München 1998.
Prinz, Friedrich, Von Konstantin zu Karl dem Großen. Entfaltung und Wandel Europas, Düsseldorf 2000.
Schneider, Reinhard, Das Frankenreich, München 2010.
Steinbach, Udo, Geschichte der Türkei, 5. Aufl., München 2010.

Kapitel 3

Amnesty International Report 2013. Zur weltweiten Lage der Menschenrechte, deutsche Ausgabe, Frankfurt/M. 2013.
Bielefeld, Heiner, Menschenrechte in der Einwanderungsgesellschaft. Plädoyer für einen aufgeklärten Multikulturalismus, Bielefeld 2007.
Bundeszentrale für politische Bildung (Hg.), Menschenrechte. Dokumente und Deklarationen, 2. Aufl., Bundeszentrale für politische Bildung, Bonn 1999.
Fritzsche, Karl Peter, Menschenrechte. Eine Einführung mit Dokumenten, Stuttgart 2009.
Grundrechte-Report. Zur Lage der Bürger- und Menschenrechte in Deutschland, hg. v. T. Müller-Heidelberg u. a., Frankfurt/M. 2013.
Koenig, Matthias, Menschenrechte, Frankfurt/M. 2005.
Pollmann, Arnd/Lohmann, Georg (Hg.), Menschenrechte. Ein interdisziplinäres Handbuch, Stuttgart 2012.
Rose, David, Guantánamo Bay. Amerikas Krieg gegen die Menschenrechte, Frankfurt/M. 2004.
Wolgast, Eike, Geschichte der Menschen- und Bürgerrechte, Stuttgart 2009.

Begriffslexikon

Abbasiden: islamische Kalifendynastie, die sich auf den Onkel Muhammads, al-Abbas, zurückführte (750–1258).

Absolutismus: Herrschaftsform in West- und Mitteleuropa im 17./18. Jh. mit einem starken Monarchen an der Spitze, der nach zentralisierter Macht und unbeschränkter Herrschaft (gegenüber dem Adel und anderen Partikulargewalten) strebte, welche er von Gott herleitete. Hauptvertreter war Frankreich unter König Ludwig XIV. (1661–1715) (siehe S. 124).

Adel: die bis um 1800 in West- und Mitteleuropa mächtigste Führungsschicht mit erblichen Vorrechten, politischen und militärischen Pflichten, Standesbewusstsein und besonderen Lebensformen. Adel war meist verbunden mit Grundbesitz und daraus begründeten Herrschafts- und Einkommensrechten. Obwohl gesellschaftlich zur sozialen Oberschicht gehörend, konnte der Landadel wirtschaftlich z. T. zur Mittelschicht gehören. Im islamischen Kulturkreis hat es einen Adel im europäischen Sinn nicht gegeben.

Al-Andalus: arabischer Name für die zwischen 711 und 1492 muslimisch beherrschten Teile der Iberischen Halbinsel. Al-Andalus war vor allem der südliche Teil der Iberischen Halbinsel; der christliche Norden gehörte nicht dazu.

Aufklärung: Reformbewegung, die, im 17. Jh. von England ausgehend, über Frankreich ganz Europa erreichte. Charakteristisch für die A. ist die Loslösung vom überlieferten christlichen Offenbarungsglauben sowie vom durch das Christentum begründeten theolog.-metaphys. Weltbild zugunsten religiöser Toleranz. Die Vertreter strebten danach, durch den Erwerb neuen Wissens Fragen beantworten und Irrtümer beseitigen zu können (siehe S. 124).

Aufstand: auch Rebellion genannt, offener, gewaltsamer Widerstand mehrerer Personen gegen die Staatsgewalt, im Unterschied zur Revolution ist die Zielsetzung begrenzter; Beispiele für die Auslöser von Aufständen können Erhöhung von Brotpreisen oder Arbeitsnormen sein.

Arbeiter: In der kapitalistischen Industrieproduktion führt der Arbeiter persönlich frei und ohne Besitz von Produktionsmitteln in einem Vertragsverhältnis mit einem Unternehmer gegen Lohn fremdbestimmte Arbeit aus. Viele Arbeiter entwickelten das Bewusstsein, als Klasse zusammenzugehören. Sie verstanden sich als → Proletariat, dessen Situation durch Reformen oder Revolution zu verbessern sei.

Assimilation: Sprache, Kultur und Lebensgewohnheiten der Mehrheitsgesellschaft werden von der Minderheit übernommen.

Beamte: Personen, denen der Staat oder die Gemeinschaft fest umschriebene Aufgaben zuweisen. Das Beamtentum bildete sich in Europa heraus, als im Zuge der Entstehung des modernen Staates der Herrscher professionell eingestellte Personen für Justiz, Hofhaltung, Heer, Verkehr, Wirtschaft, Diplomatie u. a. benötigte. Entscheidend für das Amt war nicht mehr die Herkunft, sondern die berufliche Bildung.

Bürger, Bürgertum: Im Mittelalter und in der frühen Neuzeit v. a. die freien und voll berechtigten Stadtbewohner, im Wesentlichen die städtischen Kaufleute und Handwerker; im 19. und 20., in einigen Ländern (z. B. England) auch schon im 18. Jh. die Angehörigen einer durch Besitz, Bildung und spezifische Einstellungen gekennzeichneten Bevölkerungsschicht, die sich von Adel und Klerus, Bauern und Unterschichten (einschließlich der Arbeiter) unterscheidet. Zu ihr gehören Besitz- oder Wirtschaftsbürger (= Bourgeoisie, also größere Kaufleute, Unternehmer, Bankiers, Manager), Bildungsbürger (Angehörige freier Berufe, höhere Beamte und Angestellte zumeist mit akademischer Bildung), am Rande auch die Kleinbürger (kleinere Handwerker, Krämer, Wirte). Staatsbürger meint dagegen alle Einwohner eines Staates ungeachtet ihrer sozialen Stellung, soweit sie gleiche „bürgerliche" Rechte und Pflichten haben (vor Gericht, in Wahlen, in der öffentlichen Meinung). Staatsbürger im vollen Sinne waren lange Zeit nur Männer und nur die Angehörigen der besitzenden und gebildeten Schichten, im 19. Jh. allmähliche Ausweitung auf nichtbesitzende männliche Schichten, im 20. Jh. auf Frauen.

Bürgerliche Gesellschaft: Die Gesellschaft, in der das Bürgertum, insbesondere die Bourgeoisie (also das Wirtschaftsbürgertum) zur führenden Schicht oder Klasse wird. Sie löste im 18. und 19. Jh. die alte Feudalgesellschaft ab, in der Adel und Klerus die bestimmenden Stände waren. Mit der Industriellen Revolution und dem nach und nach durchgesetzten Verfassungsstaat gewann das Bürgertum immer mehr Einfluss und Macht.

Bürgerrecht: In der Antike ein Rechtsstatus, der für erwachsene Männer die Möglichkeit zu politischer Betätigung einschloss, für Frauen und Männer bestimmte Rechte, z. B. in Athen das auf Landbesitz in Attika, in

Rom das Recht, eine vollgültige Ehe zu schließen, ferner einen besonderen Rechtsschutz, den z. B. der Apostel Paulus als römischer Bürger für sich in Anspruch nahm. Fremde (in Athen „Metöken" genannt) und Sklaven waren vom Bürgerrecht ausgeschlossen. In Griechenland wie in Rom war das Bürgerrecht erblich, konnte darüber hinaus jedoch auch verliehen werden. Während es in Athen äußerst selten an Fremde und freigelassene Sklaven verliehen wurde, konnten in Rom Sklaven römische Bürger werden; es wurde auch häufig an besiegte Städte, in der späten Republik an ganz Italien, in der Kaiserzeit auch an provinziale Städte und ganze Provinzen verliehen, bis Kaiser Caracalla es 212 n. Chr. allen freien Reichsbewohnern gab. In der Tatsache, dass Rom – anders als in Athen – das Bürgerrecht häufig an Unterworfene verliehen hat, sieht die Forschung eine Bedingung für die römische „Weltherrschaft".

Bulle: urspr. Bezeichnung für Metallsiegel. Etwa seit dem 15. Jh. steht die Bezeichnung für alle Urkunden mit Bleisiegel, insbesondere für päpstliche Urkunden.

Byzantinisches Reich: Kaiserreich im östlichen Mittelmeerraum. Es entstand in der Spätantike nach der Reichsteilung von 395 aus der östlichen Hälfte des Römischen Reiches und endete im Jahr 1453 mit der Eroberung von Konstantinopel durch die Osmanen. Das Reich erstreckte sich anfangs bis zur Arabischen Halbinsel und nach Nordafrika bis zum Atlantik, war aber seit dem 7. Jahrhundert weitgehend auf Kleinasien und Südosteuropa beschränkt und wurde von der Hauptstadt Konstantinopel (dem heutigen Istanbul, das auch Byzanz genannt wurde) aus regiert.

Dekolonisation: die einvernehmlich oder gewaltsam erlangte Aufhebung der Kolonialherrschaft. Die Länder Lateinamerikas erlangten in der Regel Anfang des 19. Jh. ihre Unabhängigkeit. Das Ende des Kolonialismus in Asien und Afrika begann dagegen, nach Ansätzen in der ersten Hälfte des 20. Jh., vor allem nach 1945.

Dhimmi (Sg.): Schutzbefohlener; nicht-muslimischer Bewohner unter islamischer Herrschaft; der Begriff bezog sich allerdings nur auf die Angehörigen einer Buchreligion (Jude, Christ, Zoroastrier). Ein Dhimmi musste der Obrigkeit eine Kopfsteuer entrichten (*dschizya*); dafür erhielt er insbesondere das Recht, seine Religion weiter ausüben zu können (Dhimmi-System).

Diktatur: Herrschaftssystem, bei dem ein Einzelner, eine Gruppe oder eine Partei mit Gewalt herrscht.

Dominikaner: vom heiligen Dominikus 1215 gegründeter katholischer Bettelorden. Die Schwerpunkte des Ordens lagen auf Seelsorge, Predigt und der Inquisition. Er entfaltete in den spanischen und portugiesischen Kolonien eine intensive Missionstätigkeit.

Dschihad: in allgemeiner Bedeutung „Anstrengung auf dem Wege Gottes", „zielgerichtetes Bemühen"; in spezieller Bedeutung auch der bewaffnete Kampf des Muslims zur Verbreitung und Sicherung islamischen Glaubens und islamischer Herrschaft.

Exklusion: Die Mehrheitsgesellschaft und eine „Parallelgesellschaft" leben weitgehend ohne Berührungspunkte nebeneinander her.

Expansion: Ausdehnung, Ausbreitung. Die Expansion eines Staates hat die Vergrößerung des Staatsgebietes zulasten anderer Staaten zum Ziel; dies geschieht meist in Form der Kolonisation. Die europäische Expansion zu Beginn der Neuzeit stellt ein zentrales Ereignis der Weltgeschichte dar, in dessen Verlauf zuerst Spanien und Portugal und später weitere europäische Mächte Kolonialreiche in außereuropäischen Gebieten gründeten.

Feindbild: negatives Vorurteil gegenüber anderen Menschen, Menschengruppen (insbesondere Minderheiten), Völkern, Staaten oder Ideologien, das auf einer Schwarz-Weiß-Sicht der Welt beruht und mit negativen Vorstellungen, Einstellungen und Gefühlen verbunden ist. Typisch für ein Feindbild ist, dass im Anderen bzw. Fremden „das Böse" gesehen wird und diesem negativen Bild kontrastierend ein positives Selbstbild gegenübergestellt wird.

Feudalsystem: Im Mittelalter vergab der König an Adelige, die Kriegs- und Verwaltungsaufgaben übernahmen, Lehen, d. h. Ländereien oder nutzbare Rechte (z. B. Zolleinnahmen). Bei der Übergabe des Lehens verpflichteten sich der König als Lehnsherr und der Adelige als Lehnsmann (Vasall) durch Eid zu gegenseitiger Treue: Der Vasall war zu Gefolgschaft, zur Unterstützung seines Herrn in Krieg und Frieden verpflichtet. Wie der König vergaben auch die Adeligen Lehen an eigene Vasallen, sodass eine Lehnspyramide entstand. Der mittelalterliche Staat ruhte im Wesentlichen auf diesen persönlichen Beziehungen zwischen Herren und Vasallen. Diese politische Ordnung wird daher auch als Lehnssystem oder Feudalismus (abgeleitet von lat. *feudum* = Lehen) bezeichnet. Feudalismus im weiteren Sinn bezieht die Grundherrschaft als wirtschaftliche Grundlage des Lehnssystems mit ein.

Begriffslexikon

Fremde: bezeichnet etwas, das als abweichend von Vertrautem wahrgekommen wird, das heißt aus Sicht dessen, der diesen Begriff verwendet, als etwas (angeblich) Andersartiges oder weit Entferntes. Fremdheit kann gleichwohl positiv (im Sinne von Exotik) als auch negativ empfunden werden. Menschen, die als in diesem Sinne fremd wahrgenommen werden – im Gegensatz zu Bekannten und Vertrauten – werden als Fremde bezeichnet. Als fremd wahrgenommenen Regionen werden im Gegensatz zu Heimat als fremd bezeichnet.

Frühe Neuzeit: Epochenbezeichnung für das 16. bis 18. Jh.

Generalstände: (frz. = *état généraux*) In Frankreich vor 1789 die ständige Vertretung des Königreichs durch Geistliche, Lehnsfürsten und Abgeordnete königlicher Städte; wichtigste Aufgaben waren Steuerbewilligung und Vorlage von Beschwerden; wurden nach 1614 erst wieder 1789 einberufen.

Germanen: Sammelbegriff für eine Vielzahl von Völkern und Stämmen in Nord- und Mitteleuropa, die zur indogermanischen Sprachfamilie gehören. Im 2. und 1. Jh. v. Chr. breiteten sie sich nach Westen und Süden aus, wurden jedoch zunächst von Römern an Rhein und Donau aufgehalten. Ab der Zeitenwende prägte der Kontakt mit den Römern die germanische Welt, wie auch die Entwicklung des Römischen Reiches sich zunehmend mit der germanischen Welt verband. In der Spätantike kam es im Verlauf der Völkerwanderung zu weitreichenden Zügen mehrerer germanischer Stämme und schließlich zu deren Einfall in das Römische Reich.

Geschichtskultur: Gesamtheit der Erscheinungsformen von Geschichtswissen und dem Umgang mit diesen in einer Gesellschaft.

Gesellschaftsvertrag: Die vor allem in den Staatstheorien der Aufklärung entwickelte Theorie vom Gesellschaftsvertrag ging von der (fiktiven) Vorstellung aus, dass die ehemals ganz freien Menschen in einem Vertrag miteinander auf einen Teil ihrer Rechte verzichteten und diese – zu ihrem Schutz und Wohl – auf den dadurch entstehenden Staat übertrugen. Dessen Macht wurde so als ursprünglich vom Volk übertragene gerechtfertigt und gleichzeitig begrenzt.

Gewaltenteilung: Trennung zwischen den drei Staatsorganen Legislative (Parlament), Exekutive (Verwaltung einschließlich Regierung) und Judikative (Rechtsprechung). Mit der Gewaltenteilung soll der Einfluss einer Staatsgewalt auf die anderen begrenzt werden.

Globalisierung: Prozess einer zunehmenden internationalen Verflechtung in Wirtschaft, Politik, Kultur oder Kommunikation. Die Herausbildung globaler Kommunikations- und Verkehrssystem im Zuge der spanischen und portugiesischen Expansion wird von manchen Forschern als „Proto-Globalisierung" bezeichnet.

Grundherrschaft: Wirtschaftssystem in West- und Mitteleuropa vom frühen Mittelalter bis in das 19. Jh. (siehe S. 64).

Hochkultur: Merkmale einer Hochkultur sind: Staat mit zentraler Verwaltung und Regierung, Religion, Arbeitsteilung, Kenntnis einer Schrift, Zeitrechnung, Kunst, Architektur, Wissenschaft und Technik.

Identität: (lat. *idem* ‚derselbe', ‚das selbe', ‚der Gleiche') bezeichnet die Eigentümlichkeit im Wesen eines Menschen, die ihn kennzeichnet und ihn als Individuum von anderen unterscheidet.

Ideologie: vor allem die Bezeichnung für eine umfassende Deutung gesellschaftlich-politischer Verhältnisse und historischer Entwicklungen. Diese Deutung ist durch Interessen bedingt und daher einseitig und verzerrt; sie soll bestehende Verhältnisse begründen bzw. rechtfertigen.

Imam: islamischer Führer, vor allem beim Gebet; daher später auch Bezeichnung für das Haupt des islamischen Reiches und der islamischen Gemeinde; Imam ist einer der Titel des Kalifen; auch die Schiiten verwenden diesen Titel für ihre Anwärter auf die Führung im Islam; das Amt heißt Imamat.

Imperialismus: Im neuzeitlichen Verständnis bedeutet Imperialismus zunächst die Ausdehnung der Herrschaft eines Staates über andere Länder durch Eroberung, Annexion und Durchdringung; eine seiner Formen ist der Kolonialismus. Mit Bezug auf die Zeit seit der Hochindustrialisierung bedeutet Imperialismus ein ausgeprägtes, in verschiedenen Formen auftretendes, zugleich wirtschaftliches und politisches Ausnutzungs- und Abhängigkeitsverhältnis zwischen industriell weit fortgeschrittenen und wirtschaftlich wenig entwickelten Staaten und Regionen (besonders in Afrika und Asien). Vor allem die Zeit zwischen 1880 und 1918 gilt als Epoche des Imperialismus.

Indigene Bevölkerung: (lat. *indiges*: „eingeboren") Urbevölkerung eines Gebietes, das von anderen Völkern erobert und/oder kolonisiert wurde.

Inquisition: gerichtliche Untersuchung im christlichen Kulturraum. Im engeren Sinn verstand man darunter die Gerichte der katholischen Kirche, die seit dem 13. Jh. Ketzer und später Hexen verfolgten. Im Zuge der Hexenverfolgungen des 16./17. Jh. griff sie auf ganz Europa über; sie bestand formell in Frank-

reich bis 1772, in Spanien wurde 1781 das letzte Todesurteil vollstreckt, 1834 wurde sie endgültig aufgehoben (Italien 1859, Kirchenstaat 1879).
Integration: Es gibt enge Kontakte zwischen der Minderheit und der Mehrheitsgesellschaft, die von gegenseitigem Respekt und Toleranz geprägt sind.

Kaiser: höchster weltlicher Herrschertitel in Europa. Mit der Kaiserkrönung Karls des Großen 800 lebte die römische Kaiseridee wieder auf. Seit 962 erhielten alle deutschen Könige auch den Kaisertitel. Das Krönungsrecht lag beim Papst. Die mittelalterlichen deutschen Kaiser verbanden mit der Krone auch den Herrschaftsanspruch über Italien und Burgund, die Einflussnahme auf die Kirche und die Schutzherrschaft für die Christenheit.
Kalif: Oberhaupt der islamischen Gemeinschaft und des islamischen Staates in der Nachfolge des Propheten. Kalif bedeutet Stellvertreter; ursprünglicher Titel „Stellvertreter des Gesandten Gottes"
Konquista: (span. = Eroberung) Begriff für die Eroberung und Unterwerfung Mittel- und Süd-Amerikas durch die Spanier. Die eroberten Gebiete der indianischen Hochkulturen wurden dem spanischen Königreich einverleibt und bildeten die Grundlage für die jahrhundertelange Herrschaft der Spanier in Mittel- und Südamerika.
Kontroverse: (lat. *controversia* ‚Streitigkeit' ‚Widerspruch') (wissenschaftliche) Streitfrage, Meinungsstreit; heftige Auseinandersetzung, Streit.
Krise: eine über einen längeren Zeitraum anhaltende massive Störung des gesellschaftlichen, politischen oder wirtschaftlichen Systems.
Kultur: im weitesten Sinne alles, was der Mensch selbst gestaltend hervorbringt, im Unterschied zu der von ihm nicht geschaffenen und nicht veränderten Natur. Kulturleistungen sind alle formenden Umgestaltungen eines gegebenen Materials, wie in der Technik, der Bildenden Kunst, aber auch geistiger Gebilde wie etwa im Recht, in der Moral, der Religion, der Wirtschaft und der Wissenschaft.

Menschen- und Bürgerrechte: Der durch die Aufklärung verbreitete und in der Amerikanischen und Französischen Revolution mit Verfassungsrang ausgestattete Begriff besagt, dass jeder Mensch unantastbare Rechte besitzt, die der Staat achten muss, vor allem das Recht auf Leben, Glaubens- und Meinungsfreiheit, Versammlungs- und Vereinigungsfreiheit, Freizügigkeit, persönliche Sicherheit, Eigentum und Widerstand im Fall der Verletzung von Menschenrechten. Im 19. und 20. Jh. wurden auch soziale Menschenrechte, besonders von sozialdemokratisch-sozialistischer Seite, formuliert, so das Recht auf Arbeit, soziale Sicherheit und Bildung.
Migration: (lat. *migrare* bzw. *migratio* = wandern, wegziehen bzw. Wanderung) Bezeichnung für die Verlegung des Aufenthaltsortes von einzelnen Personen oder Gruppen. Die Ursachen der Migration sind vielfältig: Sie reichen von der erzwungenen Auswanderung durch politische oder religiöse Verfolgung bis zur freiwilligen Migration, um den eigenen Wohlstand zu verbessern oder die eigene Karriere zu fördern. Darüber hinaus unterscheiden Historiker und Sozialwissenschaftler zwischen dauerhafter und zeitweiliger Migration, bei der die Menschen nach einer gewissen Zeit wieder in ihr Heimatland zurückkehren.
Mittelalter: Bezeichnung für die Geschichtsepoche um 500–um 1500 n. Chr., d. h. die Zeit zwischen Antike und Neuzeit.
Moderne/Modernisierung: Prozess der beschleunigten Veränderung einer Gesellschaft in Richtung auf einen entwickelten Status (Moderne), meist bezogen auf den Übergang von der Agrar- zur Industriegesellschaft. Kennzeichen: Säkularisierung, Verwissenschaftlichung, Bildungsverbreitung, Technisierung, Ausbau und Verbesserung der technischen Infrastruktur (Verkehr, Telefonnetz, Massenmedien), Bürokratisierung und Rationalisierung in Politik und Wirtschaft, soziale Sicherung (Sozialstaat), zunehmende Mobilität, Parlamentarisierung und Demokratisierung, kulturelle Teilhabe (Massenkultur), Urbanisierung; wissenschaftlich nicht unumstritten, weil als Maßstab der Moderne meist die europäische Zivilisation gilt und Kosten, z. B. Umweltverschmutzung, kaum berücksichtigt sind.
Mythos: meist mündlich überlieferte Sagen und Dichtungen von Göttern und Helden oder anderen bedeutsamen Personen und Ereignissen. Mythische Erzählungen, die bei den Naturvölkern und in den alten Hochkulturen als Teil der Geschichte verstanden wurden, versuchen häufig zu erklären, wie die Gegenwart in der Vergangenheit begründet ist. Dazu beschwören sie meist eine glanzvolle Vergangenheit, die es in der Gegenwart wiederherzustellen gilt. Solche Mythen enthalten ein Sinn- bzw. Heilsversprechen, das den Menschen in einer als trostlos erfahrenen Welt Orientierung und Halt geben soll. Sowohl von der Theologie als auch der aufgeklärten Philosophie wird der Mythos als irrational abgelehnt.

Nasriden: (arab. *an Nasriyyun*): islamische Herrscherdynastie von Granada 1237–1492; begründet von Muhammed I. ibn Nasir (Reg. 1237–1273).

Begriffslexikon

Nation: (lat. *natio* = Geburt) große Gruppen von Menschen mit gewissen, ihnen bewussten Gemeinsamkeiten, z. B. gemeinsame Sprache, Geschichte, Verfassung sowie innere Bindungen und Kontakte (wirtschaftlich, politisch, kulturell). Diese Bindungen werden von den Angehörigen der Nation positiv bewertet. Nationen haben oder wollen eine gemeinsame staatliche Organisation (Nationalstaat) und grenzen sich von anderen Nationen ab.

Nationalismus: Als wissenschaftlicher Begriff meint er die auf die moderne Nation und den Nationalstaat bezogene politische Ideologie zur Integration von Großgruppen durch Abgrenzung von anderen Großgruppen. Der demokratische Nationalismus entstand in der Französischen Revolution und war verbunden mit den Ideen der Menschen- und Bürgerrechte, des Selbstbestimmungsrechts und der Volkssouveränität. Der integrale Nationalismus entstand im letzten Drittel des 19. Jh. und setzte die Nation als absoluten, allem anderen übergeordneten Wert.

Nationalstaat: Bezeichnung für die annähernde Übereinstimmung von Staat und Nation durch staatliche Konstituierung einer gegebenen Nation; der Nationalstaat löste im 19. Jh. den frühneuzeitlichen Territorialstaat ab.

Naturrecht: das in der „Natur" des Menschen begründete, ihr „entspringende" Recht, das dem positiven oder von Menschen „gesetzten" Recht gegenübersteht und ihm übergeordnet ist. Historisch wurde das Naturrecht zur Begründung entgegengesetzter Positionen benutzt, und zwar abhängig vom Menschenbild: Entweder ging man davon aus, dass alle Menschen von Natur aus gleich seien, oder, umgekehrt, dass alle Menschen von Natur aus verschieden seien. In der Neuzeit wurde es sowohl zur Legitimation des Absolutismus benutzt (Recht des Stärkeren), wie über die Begründung des Widerstandsrechts, zu dessen Bekämpfung (Gleichheit aller Menschen).

Neuzeit: Epochenbezeichnung für die Geschichte seit ca. 1500; häufig unterteilt in frühe Neuzeit (16.–18. Jh.) und Moderne (ab der Zeit um 1800).

Parlament, Parlamentarisierung: In parlamentarischen Regierungssystemen ist das Parlament das oberste Staatsorgan. Es entscheidet mit Mehrheit über die Gesetze und den Haushalt und kontrolliert oder wählt die Regierung. Das Parlament kann aus einer oder zwei Kammern (Häusern) bestehen. Im Einkammersystem besteht das Parlament nur aus der Versammlung der vom Wahlvolk gewählten Abgeordneten (Abgeordnetenhaus), im Zweikammersystem tritt dazu ein nach ständischen oder regionalen Gesichtspunkten gewähltes oder ernanntes Haus. Im demokratischen Parlamentarismus herrscht allgemeines und gleiches Wahlrecht. Im Deutschen Reich bestand seit 1871 ein Zweikammersystem: Reichstag und Bundesrat, heute: Bundestag und Bundesrat.

Polis: (griech. = Burg, Siedlung, Stadt; Plural: Poleis) Die Polis war in der Antike der politische Mittelpunkt eines umliegenden Gebietes. Hier hatten die Beamten ihren Sitz, hier tagten die Volksversammlung und der Rat; deshalb spricht man auch von Stadtstaat. Die einzelnen Poleis waren bestrebt, ihre Selbstständigkeit und wirtschaftliche Unabhängigkeit zu wahren. Unser Adjektiv politisch bzw. der Begriff Politik leitet sich von diesem Wort ab.

Proletariat: nach marxistischer Lehre Angehörige einer sozialen Schicht, die nichts als ihre Arbeit besitzen und diese gegen Lohn zur Verfügung stellen

Propaganda: (lat. *propagare* ‚ausbreiten') ursprünglich ein Synonym für Werbung, bezeichnet der Begriff vor allem die schriftliche und mündliche Verbreitung politischer Lehren und Ideen unter werbender und einseitiger Beeinflussung der öffentlichen Meinung

Rebellion: *siehe* Aufstand

Rechtsstaat: Staat, in dem die Staatsgewalt mit allen staatlichen Organen, die Grundrechte und die individuelle Rechtssicherheit durch die Verfassung und unabhängige Rechtsordnung festgelegt, kontrolliert und garantiert werden.

Rekonquista: (span. = Wiedereroberung) Bezeichnung für die Rückeroberung der von Muslimen beherrschten Gebiete der Iberischen Halbinsel durch Christen vom 8. bis zum Ende des 15. Jh.

Reform: Neuordnung, Verbesserung und Umgestaltung von politischen und sozialen Verhältnissen im Rahmen der bestehenden Grundordnung; hierin, oft weniger in den Zielen, unterscheiden sich Reformen von Revolutionen als politisches Mittel zur Durchsetzung von Veränderungen.

Reichstag: Stände- oder Volksvertretung eines Reiches; im Heiligen Römischen Reich die Ständeversammlung, die sich zunächst nur aus den Fürsten, später auch Grafen und freien Herren sowie Vertretern der Reichs- und Bischofsstädte zusammensetzte; sie befasste sich mit Heerfahrt, Reichskriegen, -steuern, -gesetzen und Erhebungen in den Reichsfürstenstand. Seit 1663 tagte der Reichstag als ständiger Gesandtenkongress in Regensburg (Immerwährender Reichstag). Im Norddeutschen Bund und dann im Deutschen Reich bis 1933 übte der Reichstag (teils mit dem Reichsrat) die Reichsgesetzgebung aus.

Begriffslexikon

Renaissance: (französisch Wiedergeburt) beschreibt eine europäische Kulturepoche des 15. und 16. Jahrhunderts. Der Begriff Renaissance wurde im 19. Jahrhundert geprägt. Die zeitgenössischer Künstler und Gelehrter waren bestrebt, die kulturellen Leistungen der griechischen und römischen Antike nach dem ausklingenden Mittelalter wieder neu zu beleben. Ausgehend von den Städten Norditaliens beeinflusste ihre innovative Malerei, Architektur, Skulptur sowie Literatur und Philosophie auch die Länder nördlich der Alpen. Wesentliche Geisteshaltung ist der Humanismus (siehe auch S. 65).

Republik: Staatsform, in der im Gegensatz zur Monarchie das Volk als Träger der Staatsgewalt angesehen wird. Dies können in der historischen Realität sowohl Demokratien als auch Diktaturen sein. Heute dient der Begriff vor allem zur Bezeichnung für nicht monarchische Staatsformen und ist mit der Idee der Volkssouveränität verbunden.

Restauration: Wiederherstellung der alten Ordnung, Wiedereinsetzung des alten Königshauses.

Revolution: Am Ende einer Revolution steht der tief greifende Umbau eines Staates und nicht nur ein Austausch von Führungsgruppen. Typisch ist das Vorhandensein eines bewussten Willens zur Veränderung, eine entsprechende Aktionsgruppe mit Unterstützung im Volk oder in einer großen Bevölkerungsgruppe. Typisch sind auch die Rechtsverletzung, die Gewaltanwendung und die schnelle Abfolge der Ereignisse. Beispiele sind die Französische Revolution 1789 und die Russische Revolution 1917. Revolutionen werden auch Vorgänge genannt, die nicht alle genannten Merkmale aufweisen. Die Revolution in der DDR 1989 wird wegen ihres gewaltlosen Verlaufs auch Friedliche Revolution genannt.

Rezeption: (lat. *recipere* ‚aufnehmen') allgemein die Aufnahme bzw. Übernahme fremden Gedanken- bzw. Kulturgutes; im engeren Sinne die verstehende Aufnahme und Aneignung eines Textes, einer Werks der bildenden Kunst o. ä. durch den Leser, Hörer, Betrachter.

Sachurteile: Urteile auf der Ebene des historischen Gegenstandes (Grundlage: Quellen).

Säkularisierung: bezeichnet im Allgemeinen einen Prozess der Verweltlichung, d. h., dass die Lebenswelt des Menschen immer weniger durch die Religion bestimmt wird.

Scharia: ursprünglich „der deutlich gebahnte Weg"; Rechtsbestimmungen der islamischen Gemeinschaft, die auf Gottes Gebote gründen (religiös fundiertes Recht).

Schiiten: Gruppe der Anhänger Alis, des Vetters und Schwiegersohnes des Propheten; sie forderte das Kalifenamt zunächst für Ali in der direkten Nachfolge des Propheten, dann für seine Nachfahren. In den Bürgerkriegen 656–661 und 680/683–692 differenzierten sich die zwei großen unterschiedlichen religiösen Gruppierungen des Islam, die Sunniten und die Schiiten (heute ca. 10 Prozent), heraus.

Segregation bzw. Separation: Es findet nur da ein Zusammenleben statt, wo es notwendig ist. Ansonsten werden Sprache und Gewohnheiten beibehalten.

Sklaverei: rechtliche und wirtschaftliche Abhängigkeit eines Menschen als Eigentum eines anderen. In der Antike war Sklaverei bei allen Kulturvölkern verbreitet. Das Christentum verbot Sklaverei, bekämpfte sie aber nicht systematisch. Im 10. Jh. erlosch der gewerbsmäßige Sklavenhandel im Fränkischen Reich. Mit Hörigkeit und Leibeigenschaft bildeten sich im Mittelalter verdeckte Formen von Sklaverei aus. Mit der Entdeckung Amerikas und dem Kolonialismus begannen die Versklavung der Eingeborenen durch die Europäer und ein ausgedehnter Sklavenhandel mit Menschen aus Afrika. Die Abschaffung der Sklaverei wurzelt in der Aufklärung, die tatsächliche Beendigung begann Ende des 18. Jh. und zog sich bis ins 20. Jh. hin: Saudi-Arabien stellte die Sklaverei erst 1963 ab. In entlegenen Gebieten existiert Sklaverei noch heute (Kinderhandel, Zwangsprostitution; siehe S. 125).

Souveränität: Der von Jean Bodin im 16. Jh. geprägte Begriff (lat. *superanus* = überlegen) bezeichnet die höchste und unabhängige Staatsgewalt nach innen und außen (innere und äußere Souveränität). Im Absolutismus war der Fürst alleiniger Souverän, d. h. Träger aller Staats- und damit Herrschaftsgewalt. Dagegen gilt in demokratischen Staaten das Prinzip der Volkssouveränität. Alle Gewalt geht vom Volke aus, das seinen Willen direkt oder indirekt durch Abgeordnete zur Geltung bringt. Die Idee der Volkssouveränität setzte sich zuerst in der Amerikanischen und Französischen Revolution durch. Sie wird nur durch die in der Verfassung festgelegten Menschenrechte beschränkt. Völkerrechtlich, d. h. nach außen, gilt ein Staat als souverän, der nicht von einer anderen Macht besetzt ist und unabhängig von anderen Staaten handeln kann.

Staat: Gebiet mit festgelegter Grenze, in dem die Ausübung von Gewalt ausschließlich der Regierung und Verwaltung übertragen ist und in dem der Träger der Souveränität Recht setzen kann. Historisch gab es unterschiedliche Ausprägungen von Staaten, u. a. Stammes-, Stadtstaat, Großreich und Nationalstaat.

Begriffslexikon

Stereotypen: verallgemeinerndes Urteil über sich oder Andere, das häufig in die Nähe eines ungerechtfertigtes Vorurteils rückt. Stereotype haben mit Mythen gemeinsam, dass sie emotional aufgeladen sind, der kollektiven Abgrenzung von anderen, damit der Identitätsbildung oder Identitätsvergewisserung dienen und die Komplexität der Wirklichkeit durch Vereinfachung reduzieren. Ebenso wie Mythen werden sie gelernt und tradiert, beruhen nicht oder nicht vornehmlich auf eigenen Erfahrungen. Allerdings funktioniert die Tradierung längst nicht so systematisch wie bei den Mythen. Stereotype werden im Regelfall nicht in Stein gegossen oder in Ritualen wiederholt, sie sind aber stärker als Mythen im Alltag integriert.

Sufi: muslimischer Mystiker; die Bewegung der Sufis wird auch als Sufismus bezeichnet. Das Ziel, das Aufgehen des Selbst in Gott, wurde u. a. mit einem asketischen Lebensstil erstrebt; daher auch die Bezeichnungen „Armer", arab. *fakir*, pers. *darwisch*.

Sultan: Inhaber der Regierungsgewalt im islamischen Kulturkreis; er wurde 1055 das erste Mal dem Häuptling der Seldschuken vom Kalifen in Bagdad offiziell bestätigt; Mamluken und Osmanen übernahmen ihn; von den christlichen Europäern oft mit Großherr übersetzt; der Herrscher von Oman führt den Titel noch heute.

Sunniten: Hauptrichtung des Islam, die ihre Selbstbezeichnung von der Sunna herleitet; im Koran und im Hadith bezeichnet der Begriff „Sunna" die Worte und Taten Muhammads. Die Sunniten verstehen sich als diejenigen, die den Worten und Taten Muhammads folgen. Sie stellen damit ihrem Selbstverständnis nach die orthodoxen Muslime dar (siehe auch Scharia). Die Sunniten stellen heute ca. 90 Prozent der Muslime.

Symbol: (lat. *symbolum* ‚(Kenn)zeichen', eigtl. ‚Zusammengefügtes'): Gegenstand oder Vorgang, der stellvertretend für einen anderen (nicht wahrnehmbaren, geistigen) Sachverhalt steht; Sinnbild

Tanzimat: (türk. = Neuordnung): Bezeichnung für die in mehreren Phasen zwischen 1839 und 1876 von der osmanischen Regierung ergriffeen Reform- und Modernisierungsversuche, um die innen- und außenpolitischen Krisen des Osmanischen Reiches abzuwehren.

Timar/-System: ursprünglich „Pflege", „Verpflegung"; im Osmanenreich Kleinpfründe zur Versorgung der Provinzialreiterei; höhere militärische Ränge erhielten Großpfründe; erfasste später auch zivile Beamte; das Timar-System, im 14. Jh. eingerichtet, wurde 1831 aufgehoben.

Türken: Name der Turksprachen sprechenden Nomadenvölker; stammen ursprünglich aus dem Innern der Mongolei; übernahmen während ihres Zugs nach Westen weitgehend den Islam, so auch die Seldschuken (Turkmenen genannt) 970; türkische Militärsklaven gewannen in der islamischen Welt zeitweise politischen und militärischen Einfluss; sie erwiesen sich als erfolgreiche Glaubenskrieger des sunnitischen Islam; aus einem der seit dem 11. Jh. in Anatolien entstandenen turkmenischen Grenzfürstentümer entwickelte sich das Osmanische Reich.

Toleranz: auch Duldsamkeit, meint allgemein ein Geltenlassen bzw. ein Gewährenlassen fremder Überzeugungen, Handlungsweisen und Sitten; besonders in religiösen, ethischen und politischen Fragen.

Transformationsprozesse: grundlegender Wechsel oder Austausch des politischen Regimes und gegebenenfalls auch der gesellschaftlichen und wirtschaftlichen Ordnung.

Ulama: islamische Gelehrte; einflussreiche Gruppe der Theologen und Rechtsgelehrten im Islam.

Umma: arabisches Wort, das Gemeinde, Gemeinschaft bedeutet; zunächst auf Muhammads Gemeinde in Medina bezogen; danach Bezeichnung für die gesamte religiös-politische Gemeinschaft der Muslime.

Urbanisierung: Als umfassender Begriff meint Urbanisierung die Verbreitung städtischer Kultur und Lebensweise über ganze Regionen auch unter Einbeziehung des Landes. Sie ist ein typisches Phänomen der Moderne. Ihre zentralen Merkmale spiegeln sich in der Großstadt: z. B. Massenangebot und Massenkonsum, Geschwindigkeit, Mobilität und Anonymität. Im engeren Sinne meint Urbanisierung auch Verstädterung, bewirkt durch schnelleres Wachstum der Stadtbevölkerung gegenüber langsamerem Wachstum oder gar Stillstand/Rückgang der Landbevölkerung. Die Zusammenballung großer Menschenmassen auf relativ engem Raum förderte verstärkt gegen Ende des 19. Jh. die Entwicklung einer spezifischen städtischen Kultur und Lebensweise.

Verfassung: Grundgesetz eines Staates, in dem die Regeln der Herrschaftsausübung und die Rechte und Pflichten der Bürger festgelegt sind. Demokratische Verfassungen beruhen auf der Volkssouveränität und dementsprechend kommt die Verfassung in einem Akt der Verfassungsgebung zustande, an der das Volk direkt oder durch von ihm gewählte Vertreter (Verfassungsversammlung) teilnimmt. Eine demokratische

Verfassung wird in der Regel schriftlich festgehalten (zuerst in den USA 1787), garantiert die Menschenrechte, legt die Verteilung der staatlichen Gewalt (Gewaltenteilung) und das Mitbestimmungsrecht des Volkes (Wahlrecht, Parlament) bei der Gesetzgebung fest.

Völkerrecht: Bereich des Rechts, das die Beziehungen zwischen den Staaten regelt. Wichtige Rechtsquellen sind Verträge, Erklärungen und das Gewohnheitsrecht.

Volkssouveränität: Grundprinzip der Legitimation demokratischer Herrschaft, nach dem alle Staatsgewalt vom Volke ausgeht. Entwickelte sich aus der frühneuzeitlichen Naturrechtslehre. Die Ausübung von Herrschaft ist an die Zustimmung des Volkes durch direkte Mitwirkung (Plebiszit) oder durch Wahlen gebunden; setzte sich in der Amerikanischen (1776) und Französischen Revolution (1789) als revolutionäres Prinzip gegen die absolute Monarchie durch. Die Volkssouveränität wird durch die Geltung der Menschen- und Bürgerrechte eingeschränkt.

Werturteile: Urteile auf der Grundlage des gegenwärtigen subjektiven und gesellschaftlichen Normensystems, indem heutige Wertbegriffe verdeutlicht und an den betrachteten Sachverhalt angelegt werden (Grundlage: Werte/Normen).

Zivilisation: ursprünglich die verfeinerte Lebensweise in den Städten gegenüber dem einfachen Landleben. Zivilisation bezieht sich auf den Entwicklungsstand von Wirtschaft (Landwirtschaft, Gewerbe, Verkehr, Arbeitsteilung usw.), von Technik und Politik (Machtverteilung, soziale Organisation usw.), von Kunst, Philosophie, Religion und Wissenschaft. Sie umfasst aber auch weiterhin Elemente der ursprünglichen Bedeutung, z. B. Umgangsformen. Im Deutschen oft abwertend auf den ersten Bereich eingeengt, wird der zweite mit dem Kultur-Begriff positiv davon abgesetzt. Der Begriff der „europäischen Zivilisation" entstand in den romanischen und angelsächsischen Ländern (frz. = *civilisation occidentale*, engl. = *western civilisation*) und meint die christlich-europäische Kultur in Abgrenzung zu außereuropäischen Kulturen.

Personenlexikon und Personenregister

Aristoteles (384–322), griechischer Philosoph; Schüler Platons; Lehrer Alexanders des Großen; lebte und lehrte überwiegend in Athen; Verfasser zahlreicher philosophischer Schriften aus vielen Wissensgebieten, darunter Staatstheorie, Wissenschaftstheorie, Ethik, Logik und Physik   6, 64, 77 ff.

Arminius (um 17 v. Chr.–21 n. Chr., im Volksmund *Hermann der Cherusker*), Sohn einer german. Adelsfamilie aus dem Stamm der Cherusker; kämpfte in röm. Diensten, besiegte 9 n. Chr. den röm. Feldherrn Varus; Arminius wurde zur deutschnationalen Mythen- und Symbolfigur stilisiert (gilt vor allem für das 19. Jh.)   24 f.

Augustus (63 v. Chr.–14. n. Chr., ursprüngl.: Gaius Octavius, seit 27: Ehrentitel *Augustus*), Adoptivsohn und Großneffe Gaius Julius Caesars; erster röm. Kaiser; beendete eine fast hundert Jahre dauernde Phase römischer Bürgerkriege, ordnete das Reich neu und erweiterte erheblich dessen Grenzen   13, 16

Bonaparte, Napoleon (1769–1821), franz. Feldherr; wandelte die Erste Französische Republik in eine Monarchie mit ihm als Kaiser (1804–1814/15) um; bestimmte bis zu seiner Verbannung 1815 die europäische Politik   138, 142, 149

Caesar, Gaius Julius (100–44 v. Chr.), röm. Feldherr, Staatsmann und Schriftsteller (*Commentarii de bello gallico*); 58–51 eroberte er als Prokonsul ganz Gallien bis zum Rhein; 45 vom Senat zum Diktator auf Lebenszeit ernannt; Caesar trug maßgeblich zum Ende der Römischen Republik bzw. zu ihrer späteren Umwandlung in ein Kaiserreich bei.   12 f., 14 ff.

Casas, Bartolomé de Las (1474–1566), span. Dominikanermönch, Bischof von Chiapa/Mexiko; mit Christoph Kolumbus befreundet, ihm war auch der schriftliche Nachlass von Kolumbus zugänglich, den er für die Abfassung seiner *Historia de las Indias*. nutzte; Las Casas setzte sich für die Menschenrechte der Indios ein, 1542 erreichte er vorrübergehend eine Aufhebung des Encomienda-Systems; er wirkte in den letzten Jahren in Spanien und hatte bedeutenden Einfluss auf Karl V.   34, 37, 54

Enver Pascha (1881–1922), Politiker, Generalleutnant und Kriegsminister des Osmanischen Reichs während des Ersten Weltkrieges; einer der führenden Jungtürken   101

Gama, Vasco da (1469–1524), portugiesischer Seefahrer und Entdecker des östlichen Seewegs nach Indien (Seeweg um das Kap der Guten Hoffnung)   42, 99

Gouges, Olympe de (1748–1793, eigentlich Marie Gouze); frz. Frauenrechtlerin, Revolutionärin, Schriftstellerin und Verfasserin der *Erklärung der Rechte der Frau und Bürgerin* (1791)   136, 141 f., 175

Heinrich IV. (1050–1106), König aus dem Hause der Salier (seit 1056); Kaiser (seit 1084), Gegenspieler von Papst Gregor VII. im Investiturstreit; 1077 Bußgang nach Canossa   80

Hobbes, Thomas (1588–1679), englischer Philosoph und Staatstheoretiker, Verfasser des Werkes Leviathan (theoretisches Werk über die staatliche Gewalt); gilt als Begründer des aufgeklärten Absolutismus   128, 130

Justinian I. (482–565), römischer Kaiser (seit 527); seine Regierung markiert den Übergang von der Antike zum Mittelalter bzw. von römischer Tradition zu byzantinischer Regierung; er veranlasste den Neubau der *Hagia Sophia* (Hauptkirche des Byzantinischen Reiches im heutigen Istanbul, 532–537); J. beauftragte die für die Rechtsgeschichte prägende systematische Zusammenfassung des römischen Rechts   62 f., 67

Kant, Immanuel (1724–1804), französischer Philosoph der Aufklärung   127

Karl der Große (74–814); aus dem Geschlecht der Karolinger; seit 768 König des Fränkischen Reiches; eroberte in Italien das Langobardenreich, gleichzeitig erneuerte er die Pippin'sche Schenkung und den Schutz des Kirchenstaates; An Weihnachten 800 wurde Karl zum römischer Kaiser gekrönt.   67, 70

Karl V. (1500–1558), aus dem Geschlecht der Habsburger; seit 1506 Herr der Niederlande und von Burgund; seit 1516 als Karl I. König von Spanien, ab 1519 Kaiser des Heiligen Römische Reichs (gekrönt 1530)   34, 96

Kolumbus, Christoph (1451–1506); Seefahrer aus Genua; stieß 1492 auf Amerika, als er in spanischen Diensten eine Westroute nach Indien suchte; legte damit den Grundstein für die spanische Konquista und seinen Nachruf als „Entdecker Amerikas".   10 ff., 28, 33, 37, 42

Personenlexikon

Konstantin I., der Große (ca. 285–337), römischer Kaiser im Westen (seit 306), Alleinherrscher über das Gesamtreich (seit 324); unter ihm vollzog sich die so genannte Konstantinische Wende (Edikt von Mailand 313), die den Christen Religionsfreiheit gewährte (Aufstieg des Christentums zur wichtigsten Religion im Imperium Romanum begann); 325 verlegt er seinen Herrschaftssitz von Rom in den Osten des Reiches bzw. in das nach ihm benannte Konstantinopel *66f.*

Locke, John (1632–1704), englischer Philosoph; vor allem für seine staatstheoretischen Schriften bekannt; vertrat den Gedanken der Volkssouveränität *128, 130f.*

Luther, Martin (1483–1546), Begründer der Reformation, auf Wunsch des Vaters begann er 1505 ein juristisches Studium, wegen eines Gelübdes – er war während eines Gewitters in Lebensgefahr geraten – trat er in das Kloster der Augustinereremiten in Erfurt ein; 1507 Weihe zum Priester; 1512 Doktor der Theologie und Professor für Bibelauslegung an der Universität Wittenberg; mit der Publikation seiner 95 Thesen leitete er die Reformation ein. *102, 125*

Mehmed II. (1432–1481), Fatih, „der Eroberer"; osmanischer Sultan (Reg. 1451–1481); 1453 eroberte er Konstantinopel und erhob das Osmanische Reich zur Großmacht (Ende des Byzantinischen Reiches) *98f., 105f., 113f.*

Mehmed VI. (1861–1926), letzter osmanischer Sultan (Reg. 1918–1922) *107*

Moctezuma II. (ca. 1467–1520), ab 1502 aztekischer König; starb in span. Gefangenschaft *38*

Montesquieu, Charles de Secondat, Baron de La Brède et de M. (1689–1755), franz. Schriftsteller, Philosoph und Staatstheoretiker der Aufklärung, hatte mit seiner Schrift *Vom Geist der Gesetze* (1748) großen Einfluss auf die moderne Staatstheorie und Verfassungsentwicklung, besonders mit dem Grundsatz der Gewaltenteilung *128f., 131, 137*

Mustafa Kemal (ab 1934 Beiname Atatürk = „Vater der Türken"; 1881–1938), türkischer Staatspräsident seit Ausrufung der Republik (Reg. 1924–1938) *107f., 110*

Pippin der Jüngere (714–768), aus dem Geschlecht der Karolinger, Vater Karls des Großen; seit 751 König der Franken *67*

Robespierre, Maximilian de (1758–1794), Rechtsanwalt und Politiker; als ein führendes Mitglied der Jakobiner war er mitverantwortlich für die Schreckensherrschaft (*La Terreur*) von 1793/94; 1794 hingerichtet *137, 144*

Rousseau, Jean-Jacques (1712–1778), französisch-schweizerischer Schriftsteller, Philosoph, Pädagoge und Komponist der Aufklärung; wichtiger Wegbereiter der Französischen Revolution; nach R. verderbe die Gesellschaft den ursprünglich guten Menschen; im *Contrat Social* (Der Gesellschaftsvertrag, 1762) entwirft er ein politisches Modell einer Gesellschaft, in der sich der Einzelne total dem Gesetz unterordnet *128f., 135, 137, 172*

Sallust/ius Crispus, C. (86–35 v. Chr.), röm. Historiker und Politiker; Gegner der Nobilitätsherrschaft; mit dem Aufstieg Roms zur Weltherrschaft begann für ihn ein moralischer Verfall *19*

Tacitus, Publius Cornelius (um 55–um 120), bedeutender röm. Historiker und Senator *16f., 20ff.*

Urban II. (um 1035–1099), als Papst (1088–1099) rief er auf den Synoden von Piaccenza und Clermont (1095) die abendländische Christenheit zur Befreiung des Heiligen Landes auf und leitete damit die Kreuzzüge ein *80, 84*

Varus, Publius Quinctilius (47/46 v. Chr.–9 n. Chr), röm. Feldherr und Senator; 9 n. Chr. erfuhr das röm. Herr unter seinem Kommando in der nach ihm benannten Varusschlacht gegen die Germanen eine vernichtende Niederlage; Varus nahm sich noch auf dem Schlachtfeld das Leben *16, 24f.*

Sachregister

Fettdruck: Erläuterungen im Begriffslexikon S. 146
Kursiv gesetzte Seitenzahlen: Erläuterungen in der Marginalspalte oder auf den Grundwissen-Seiten

11. September 2001 58, 160

A

Abbasiden 66, 68, 71, 73, 76, 82
Ablass 80 f., 125
Absolutismus *124 f.*, 134
Akkulturation *59*, 86
AKP (Partei für Gerechtigkeit und Entwicklung) 109
Al Andalus 88 f., 92, 94 f.
Alhambra 89, 96 f.
Allgemeine Erklärung der Menschenrechte 117, 123, 157, 161, 166
Almohaden 89, 90
Almoraviden 89, 90
Altamerikanische Kulturen *12*
Amerikanischer Unabhängigkeitskrieg 129
Ancien Régime *134*
Anwerbeabkommen 46
Anwerbestopp 43, 47
Assimilation *7*, 86
Aufklärung 35 f., *124*, 127 f., 130, 135
Azteken 12, 38 f.

B

Ballhausschwur 134 f.
Barbaren 14–16, 33 f., 38
Berliner Kongress 101
Bill of Rights 129, 132
Bürgerrechte 117, *124*, 137, 150
Byzantinisches Reich 66, 75, 83, 98
Byzanz 66

C

Chinesisches Kaiserreich *12*
Christentum 66 f.
Christianisierung 66
Code Napoléon 145, 149

D

Demokratie *124*, 150, 168 f.
Deutsches Kaiserreich 150
Dhimmi 72, 76, 83, 88
Diktatur 12 f., 137, 148, 150
Dschihad 83, 85 f., 89, 92
Dualismus 68

E

Ebstorfer Weltkarte 29 f.
Emir 73
Emirat von Córdoba 88, 90
Entdeckungsfahrten 28, 42
Encomienda-System 34
Erklärung der Menschen und Bürgerrechte 129, 135, 139 f., 142
Erklärung der Rechte der Frau und Bürgerin 136, 141
Ermächtigungsgesetz 150, 154
Erster Weltkrieg 101
Exklusion *7*

F

Fatimiden *68*, 76, 82
Feindbild 58 f., 102
Frankenreich 67
Freiheitsrechte 117–119, 129, 149
Fremd(e) 6 f., 9, 11, 15, 17, 30, 33, 44, 56 f., 59, 84, 111, 126
Fremdbild 33 ff.
Fremdenhass 6, 52
Friedenstruppen (Blauhelme) 159

G

Gastarbeiter 46, 48, 51 f.
Generalstände *135*
Germanen 14–21, 23 f.
Germanisierungspolitik 44 f.
Gesellschaftsvertrag 128, 172
Gewaltenteilung 128 f.
Glorious Revolution *129*
Griechen 14 f., 107 f.
Griechische Philosophie *64*
Grundgesetz 117, 150
Grundherrschaft *64*
Grundrecht 117, 137, 149–154

H

Habeas-Corpus-Akte 129
Habsburger *64*, 98, 100, 102
Hadith 72
Hagia Sophia 62 f., 114
Handel 55, 72–75, 83, 91, 94, 99
Hanse *74*
Heilige Liga *100*
Heiliger Krieg 80, 85
Heiliges Römisches Reich *64*

Sachregister

Hochkommissariat für Menschenrechte 157
Hostienfrevellegende 82
Humanismus 125

I

Identität 18, 45, 48, 56–58, 97, 108–111
Imam 82
Imperialismus 100
Imperium Romanum 12f., 66
Indianerschutzpolitik 34
Indigene Völker 34
Indios 33–38
Industrialisierung 13
Inka 12, 39
Inquisition 90
Integration 7, 45, 47f., 52f
Internationaler Strafgerichtshof 159
Investiturstreit 80
Islam 13, 27, 48, 53, 58–61, 63, 68, 72–79, 82–92, 96f., 108–111, 114, 125, 166f.
Islamistischer Terrorismus 58, 160
Islamische Erklärung der Menschenrechte 166
Istanbul 98

J

Jaffa, Vertrag von 83
Jakobiner 137
Jerusalem 26, 80f., 84–86, 112
Judenpogrome 81–83, 88–90, 92
Jungtürken 101

K

Kahlenberg, Schlacht am 98
Kaiser 12f., 66–70
Kalifat 68
Kalifat von Cordoba 88, 94
Kangnido-Weltkarte 32
Karlowitz, Friedensschlüsse von 100
Kartografie 28
Kelten 14–15, 18
Koalitionskriege 136f.
Kompass 28
Konquista 13
Konquistador 34
Konstantinopel 75, 83, 98
Kontaktzone 14
Kreuzzüge 80–83
Kreuzzugsaufruf 84
Kreuzzugsgedanke 80, 84, 89
Krimkrieg 101
Kulturkampf 44
Kultur 9f., 14ff., 34ff., 43ff., 56, 58ff., 66f., 72ff., 96f., 114f.

Kulturraum 66–68, 72–75, 79
Kulturtransfer 59
Kummet 74

L

Laizismus 108
Langobarden 67
Las Navas de Tolosa, Schlacht von 89f.
Lateinisches Kaiserreich 83
Lausanne, Vertrag von 107f.
Lehnswesen 64f.

M

Magna Charta Libertatum 129
Mamluken 68, 83, 86
Marktwirtschaft 74, 109
Masuren 43–45
Mauren 88f.
Maya 12
Menschenrechte 116ff., 123, 126ff., 157ff.
Menschenrechtsverletzungen 116–119, 159, 170
Menschenrechtskonventionen 118, 158
Menschenrechtsrat (MRR) 159
Migranten 7, 44–53, 56, 58
Migration 13, 43, 47f., 50, 53, 56
Millets 99
Mittelalterliche Gesellschaft 13
Mohacs, Schlacht bei 98
Mythos 15, 25, 86, 92

N

Nasriden 89–92, 96
Nationalsozialistische Herrschaft 150, 153
Naturrecht 126f., 136, 145
Navigation 28
Nürnberger Prozesse 157

O

Ölkrise 47
Orthodoxie 67, 69f.
Osmanisches Reich 42, 98–102

P

Papsttum 67, 80
Paris, Friedensvertrag von 101
Partizipationsrecht 117
Patriarchate 67
Patrimonium Petri 67
Petition of Right 129
PKK (Kurdische Arbeiterpartei) 109
Polen 43–45
Ponthion, Vertrag von 67
Portulankarte 28

Sachregister

R
Rechtsgleichheit 135, 138, 145, 149
Rekonquista 89, 96 f.
Reformation 102, *125*, *127*
Reichstagsbrandverordnung 150
Renaissance 65, *125*, *127*
Republik 12, 19, 107–110, 134 f., 137, 144, 147
Restauration *149*
Revolution
– allgemein *125 f.*
– Amerikanische 129, 135
– England 127, 129
– Französische 134 ff., 149
– Novemberrevolution 1918/19 150
– 1848/49 150
Ritter 65, *80 f.,* 83, 86–87
Ritualmordlegende 82
Römer 14–18, 24, 69 f.,
Römisches Reich 16 f., 66 f., 73
Rückkehrhilfegesetz 48
Ruhrgebiet 13, 43–46, 49–54
Ruhrkampf 45
Ruhrpolen 43–45, 52
Rumseldschuken 82, 98

S
Sansculottes *136 f.*, 144
Scharia 68, 108, 166 f.
Schiiten 82
Schisma 68
Segregation 7
Seldschuken 75, *81 f.*
Separation 7, 52
Sèvres, Friedensvertrag von 107
Sklaven 34–36, 38, 57, 73, 76, 83, 99, 124, 125, 126
Sklavenhandel 35, 57, 125
Solidaritätsrechte 158
Souveränität 128, 135 f., 157, 159
Soziale Rechte 117, 150
Stadt 13, 28, 72–75, 79, 94, 99, 124
Stand/Stände 64, 73 f., *125*, 129, 135, 139 f, 149, 153
Ständegesellschaft 65, 126 f.
Sturm auf die Bastille 135
Subsistenzwirtschaft 74
Sufis 89
Sultan 68
Sunniten 82, 98

T
Tag der Menschenrechte 170
Taifa-Königreichen *88*–90
Tanzimat *100*, 104

Terrorismus 160
– islamischer *58*
Timar/-System 98, 100
Toleranz *59*, 124, 127
Tordesillas, Vertrag von 33
T-Q-Karte *26*
Türkei 43, 46, 48, 50–53, 58 f., 107–114
Türken 46, 48, 50 f., 53, 56, 98, 100–103, 107 f.
Türkenkrieg 100

U
UN (Vereinte Nationen) 157–159, 166 f.
Unabhängigkeitserklärung der Vereinigten Staaten 129, 133, 166 f.
UN-Charta 157
Universalismus 157

V
Varusschlacht 24
Verfassung
– allgemein 117, 126 f., 155
– amerik. 129, 132
– engl. 129, 132
– frz. 129, 135–145, 156
– osman. 101, 107, 109, 111
– Paulskirchenverfassung 150–152
– Weimar Reichsverfassung 150, 153
Versailler Vertrag 45
Virginia Bill of Rights 129, 132 f.
Völkermord 118, 157, 159, 164
Völkerrecht 117, 131, *157*–159, 164
Völkerschlacht bei Leipzig 138, 149, 151
Völkerwanderung 17, 65, 67, 73
Volkssouveränität 128 f., 135 f., 149,

W
Wahlrecht 108, 116, 124, 136 f., 156
Waq-Waq-Baum 31
Wartburgfest 149, 151
Weimarer Republik 150
Weltbild 26, 28
Wesir 73, 98
Westgotenreich 68, 88–89
Wiedervereinigung 150

Z
Zuwanderung 43, 46, 53
Zuwanderungsgesetz 48
Zypernkonflikt *109*

Bildquellen

Umschlag: akg-images; **6** M 1: akg-images; **8** M 2: Volkhard Binder, Berlin; **8** M 3: © TOM; **10** M 1: akg-images; **11**: Volkhard Binder, Berlin; **12** M 1: akg-images/© Banco de México Diego Rivera Frida Kahlo Museums Trust/VG Bild-Kunst, Bonn 2013; **15** M 1: bpk; **16** M 2: bpk/Münzkabinett, SMB/Lutz-Jürgen Lübke; **17** M 3: bpk/Hermann Buresch; **17** M 4: Volkhard Binder, Berlin; **19** M 10: akg-images; **20** M 11: akg-images; **21** M 15: akg-images; **22** M 1: bpk; **24** M 1: picture-alliance/Bildagentur Huber/R. Schmid; **25** M 3: Sammlung Wilfried Mellies/Lippisches Landesmuseum Detmold; **26** M 1: akg-images/British Library; **27** M 2: Bodleian Library, University of Oxford; **28** M 3: picture-alliance/MAXPPP/© Costa/Leemage; **28** M 4: akg-images; **29** M 5: akg-images; **31** M 9: Bodleian Library, University of Oxford; **32** M 11: akg-images/Jürgen Sorges; **33** M 1: akg-images; **33** M 2: Carsten Märtin, Oldenburg; **34** M 3: De Agostini Picture Library/The Bridgeman Art Library; **35** M 4: Volkhard Binder, Berlin; **35** M 5: bpk/Staatliche Kunstsammlungen Dresden/Jürgen Karpinski; **36** M 6: bpk/British Library Board/Robana; **37** M 7: akg-images; **39** M 13: akg/De Agostini Pict.Lib.; **41** M 1: Giraudon/The Bridgeman Art Library; **42** M 2: Volkhard Binder, Berlin; **43** M 1: Montanhistorisches Dokumentationszentrum (montan.dok) beim Deutschen Bergbau-Museum Bochum, 033303933000; **44** M 2: Dietrich Hackenberg – www.lichtbild.org; **47** M 3 und M 4: bpk/Jochen Moll; **48** M 5: ullstein bild-Firo; **49** M 8: akg-images; **50** M 9 und M 10: Uwe Rogal, Berlin; **54** M 2: picture-alliance/dpa/© dpa-Report; **55** M 3: Volkhard Binder, Berlin; **58** M 1: sportfotodienst/imago stock&people; **60** M 2: Volkhard Binder, Berlin; **62** M 1: R. u. S. Michaud/akg-images; **63**: Volkhard Binder, Berlin; **64** M 1: Volkhard Binder, Berlin; **66** M 1: Volkhard Binder, Berlin; **68** M 2: akg-images; **69** M 3: akg-images; **71** M 8: Kunsthistorisches Museum Wien; **72** M 1: akg/De Agostini Pict.Lib.; **73** M 2: Volkhard Binder, Berlin; **73** M 3: akg-images/Rabatti – Domingie; **74** M 4: akg/Bildarchiv Monheim; **75** M 5: akg-images; **77** M 9: © British Library Board/bridgeman; **79** M 12: ullstein bild – IBERFOTO; **80** M 1: akg-images/British Library; **81** M 2: © British Library Board; **81** M 4: Volkhard Binder, Berlin; **82** M 4: Volkhard Binder, Berlin; **83** M 5: Staatliche Münzsammlung München, Fotograf: Nicolai Kästner München; **83** M 6: ullstein bild – Roger-Viollet; **88** M 1: Peter Willi/bridgemanart.com; **89** M 2: © huber-images.de/Simeone Giovanni; **89** M 3: akg-images/Gilles Mermet; **90**: Volkhard Binder, Berlin; **92** M 7: Album/Oronoz/AKG; **95** M 3: Achim Bednorz/Bildarchiv Monheim; **96** M 1: Hervé Champollion/akg-images; **100** M 2: Kupferstich-Kabinett, Staatliche Kunstsammlungen Dresden; **100** M 3: © Bettmann/Corbis; **101** M 4: akg-images; **104** M 11: IAM/akg; **106** M 1: akg-images/Erich Lessing; **107** M 1: Volkhard Binder, Berlin; **108** M 2 und M 3: picture-alliance/dpa/© dpa-Report/Turkpix; **110** M 4: ullstein bild – Granger Collection; **112** M 2: bpk/Scala; **113** M 3: R. u. S. Michaud/akg-images; **114** M 1: © Jake Warga/Corbis; **115** M 4: akg/De Agostini Pict.Lib.; **116** M 1: ullstein bild; **116** M 2: © OSMAN ORSAL/Reuters/Corbis; **118** M 3: Volkhard Binder, Berlin; **118** M 4: Heiko Sakurai; **122** M 1: Mauritius images/Alamy; **123**: Volkhard Binder, Berlin; **124** M 1: bpk/ RMN – Grand Palais/Jean-Gilles Berizzi; **126** M 1: bpk/Scala – courtesy of the Ministero Beni e Att. Culturali; **126** M 2: akg-images; **127** M 3: bpk; **128** M 5: picture-alliance/MAXPPP/© Costa/Leemage; **128** M 4: Volkhard Binder, Berlin; **128** M 6: akg-images; **129** M 7: akg-images; **130** M 8: © The British Library Board; **134** M 1: bpk; **135** M 2: akg-images; **136** M 3: akg-images; **137** M 4: akg-images/Erich Lessing; **138** M 5: akg-images; **141** M 9: © Kunstsammlungen der Veste Coburg; **142** M 11: akg-images; **143** M 14 und M 15: Volkhard Binder, Berlin; **149** M 1: akg-images; **150** M 2: bpk/Dietmar Katz; **150** M 3: bpk; **151** M 4: akg-images; **152** M 7: akg-images; **156** M 1: Volkhard Binder, Berlin; **159** M 2: © David Lewis/X01772/Reuters/Corbis; **160** M 3: picture-alliance/dpa/© dpa – Fotoreport/epa Shane T.; **161** M 5: © MICHAEL KOOREN/Reuters/Corbis; **165** M 2: picture-alliance/dpa/© dpa/ICC; **166** M 7: Carsten Märtin, Oldenburg; **170** M 1: © HANNIBAL HANSCHKE/Reuters/Corbis; **171** M 4: picture-alliance/dpa/© dpa/Heiko Junge; **172** M 2: akg-images; **173** M 2: toonpool.com/ERL; **175** M 2: ver.di.